普通高等教育经管类专业系列教材

公司金融学

（第2版）

张德昌　编著

清华大学出版社
北　京

内 容 简 介

本书基于现代经济理论、公司理论和金融理论,追踪公司金融理论和实践的最新发展,从微观视角构建系统、严谨的公司金融学框架体系,对公司金融活动和金融决策进行系统、全面的阐述。全书共分4篇,即公司金融基础篇、长期投资决策篇、长期筹资决策篇、短期资产投融资管理篇。

本书强调对公司金融理论和方法的深度阐释,力求深入浅出,并配以相应的例题、习题,有助于读者对公司金融理论和方法的理解和掌握。本书结构系统完整、逻辑严谨,并配有教学课件(请读者扫描封底二维码获取),可作为高等院校金融学、经济学、财务管理和会计学等专业本科生及研究生的教材或参考书,也可作为金融机构专业人士、公司财务工作者、公司经营管理者、大学相关课程的教师等的工具书和参考书。

图书在版编目(CIP)数据

公司金融学 / 张德昌编著. —2 版. —北京:清华大学出版社,2024.4(2025.2重印)
普通高等教育经管类专业系列教材
ISBN 978-7-302-65918-1

Ⅰ.①公… Ⅱ.①张… Ⅲ.①公司—金融学—高等学校—教材 Ⅳ.① F276.6

中国国家版本馆 CIP 数据核字 (2024) 第 064195 号

责任编辑: 施 猛 王 欢
封面设计: 周晓亮
版式设计: 孔祥峰
责任校对: 马遥遥
责任印制: 丛怀宇

出版发行: 清华大学出版社
　　　　　 网　　　址:https://www.tup.com.cn,https://www.wqxuetang.com
　　　　　 地　　　址:北京清华大学学研大厦 A 座　　　　 邮　　　编:100084
　　　　　 社 总 机:010-83470000　　　　　　　　　　　 邮　　　购:010-62786544
　　　　　 投稿与读者服务:010-62776969,c-service@tup.tsinghua.edu.cn
　　　　　 质 量 反 馈:010-62772015,zhiliang@tup.tsinghua.edu.cn
印 装 者: 北京同文印刷有限责任公司
经　　销: 全国新华书店
开　　本: 185mm×260mm　　　 **印　张:** 22.75　　 **字　数:** 498 千字
版　　次: 2019 年 7 月第 1 版　 2024 年 6 月第 2 版　 **印　次:** 2025 年 2 月第 2 次印刷
定　　价: 69.00 元

产品编号:105623-01

前　言

公司金融学(corporate finance)与货币银行学、投资学是金融学三大基础组成部分，其他相关课程均为由此延伸的内容。公司金融学属于微观金融学的范畴，是微观金融学的支柱。

公司金融学是经济学与管理学的交叉学科，在内容上更重视经济学理论、金融学理论与实践的结合，属于决策和规划学科。公司金融决策主要包括投资决策和筹资决策。投资活动和筹资活动是公司开展经营活动的基本前提，公司要实现高效运转并在市场经济中持续、健康发展，必须做好投资和筹资决策，因而公司金融决策在公司经济决策中具有十分重要的地位和作用。

党的二十大报告提出："深化金融体制改革，建设现代中央银行制度，加强和完善现代金融监管，强化金融稳定保障体系，依法将各类金融活动全部纳入监管，守住不发生系统性风险底线。健全资本市场功能，提高直接融资比重。"近年来，随着我国公司制企业和资本市场的改革和发展，我国公司金融领域的研究越来越受到学界和业界的关注。从理论框架来说，现代公司金融理论是建立在西方发达国家的成熟资本市场和相对完善的公司治理结构的基础之上的，因此，在研究中国公司金融问题时，还不能简单地照搬西方发达国家的公司金融理论框架和方法，需要构建和发展符合我国国情的公司金融理论框架和方法。

本教材是在《公司金融学》原版的基础上修订而成的，对原版内容进行了较大幅度的精简压缩、修改完善，并增加了课后习题。本教材具有如下几个特点。

第一，框架体系系统、严谨。本教材作者在借鉴国内外同类教材的基础上，经过认真梳理，仔细推敲，扬弃传统教材的框架体系，构建了更为系统、严谨的结构体系，具体包括公司金融基础篇、长期投资决策篇、长期筹资决策篇和短期资产投融资管理篇4个模块。由于短期资产投融资与长期投融资在理论和方法上存在很大差异，本教材将短期资产投融资统一纳入短期资产投融资管理篇中讨论。本教材将企业价值评估纳入长期投资决策篇中，不仅使企业价值评估服务于并购投资决策，也为后续讲解长期筹资和资本结构决策奠定基础。在该篇中还增加了资产重组决策内容，使得公司长期投资决策内容更为完整。在长期筹资决策篇中，增加了股利分配决策相关内容，以更好地体现股利分配的筹资决策性质。

第二，内容充实、完整。为满足公司金融实践发展的需要，本教材增加了经营性项目投资实物期权估值、公司资产重组决策和股票回购决策等同类教材鲜见或没有涉及的内容。为顺应股票回购实践的需要，本教材集中讨论了股票回购的有关决策问题。在同类教材中，讲解公司资产重组时仅涉及并购重组的一些问题，基本没有涉及剥离和分立的有关决策问题。为适应公司金融实践的需要，本教材增加了剥离和分立决策的相关内容。为使学生掌握公司金融理论发展的脉络和前沿知识，本教材专门对公司金融理论进行综述。

第三，内容创新。本教材融入作者多年的公司金融学教学经验和体会，在很多方面有所创新。比如，改进了杜邦财务分析指标体系；分析了负债筹资、资本结构与财务杠杆的关系；提出并分析了兼并收购、剥离和分立的有关决策问题。

第四，深度阐释公司金融理论和模型。本教材力求将深奥的公司金融理论和模型讲深讲透，尽可能做到深入浅出，以帮助学生深刻理解和掌握，并有助于学生自学。本教材针对同类教材含糊不清的内容进行明晰、深入的阐释。比如，明晰了净现值的经济含义；解释了项目现金流出与现金流入使用相同折现率的原因；指出了在估计项目投资现金流出时，相关成本和机会成本应以非货币资产投资为前提。此外，本教材纠正了同类教材的一些错误。比如，明确界定了项目资本成本、财务风险、财务杠杆、营运资本等概念；提出了价值评估应使用税前公司资本成本，等等，不一而足。

第五，内容具有实操性和应用性。公司金融学不仅是一门深奥的理论学科，也是一门操作性很强的应用学科，既需要强调对理论的深度阐释，也需要重视对实务应用能力的培养。为此，作者编写和选用了一些代表性习题，有助于学生掌握和应用公司金融理论和方法，提升实务操作能力。

作者在写作本教材的过程中得到了清华大学出版社的大力支持与鼓励，在再版教材付梓之际，特表示由衷感谢。作者在写作过程中虽然付出了大量心血和努力，但由于水平有限，书中纰漏甚至错误在所难免，敬请读者批评指正。反馈邮箱：shim@tup.tsinghua.edu.cn。

作者
2023年12月

目 录

第 1 篇

公司金融基础

第1章 | 公司金融总论

1.1 公司金融概述

公司金融学是金融学的一个分支学科，与投资学、金融市场学(证券市场微观结构)共同构成了微观金融学的范畴，是微观金融学的支柱。与其他金融学科主要以金融中介机构的金融行为作为研究对象不同，公司金融学以实业公司的金融活动为研究对象。

1.1.1 公司金融活动

公司的基本经济活动就是从资本市场上筹集资本，投资于生产经营性资产，并运用这些资产进行生产经营活动。因此，公司的基本活动可以分为投资、筹资和经营活动三个方面。公司金融活动通常界定为投资活动和筹资活动，投资和筹资是公司开展经营活动的基本前提，是公司重要的经济活动。

1. 投资活动

投资活动表现为资本的投入和配置。在公司投资活动中，投资主体是公司，投资对象主要是经营性资产(包括厂房、建筑物、机器设备、运输设备、存货等)。经营性资产投资属于公司使用法人财产对内的直接投资，这有别于外部投资主体(包括债权人和股东)对公司的债权投资或股权投资，因为他们投入的资金被公司间接投资于经营性资产，属于间接投资。作为投资主体的公司在直接投资以后，可以直接参与生产经营和控制经营资产，因而可以直接控制投资回报，投资风险较低；而间接投资的投资者(公司的债权人和股东)在投资以后不参与日常的生产经营，不能直接控制经营资产，只能通过债务契约或更换代理人间接控制投资回报，投资风险较高。

经营性资产投资包括长期经营资产投资和短期经营资产投资，分别形成公司的长期经营资产和短期经营资产。长期经营资产投资也称为经营性项目投资，其目的是获取从事特定生产经营所需的固定资产等劳动手段，并运用这些生产能力，从事生产经营活动赚取长期投资收益。从某种意义上说，公司就是各个经营性项目的长期投资组合。长期经营资产包括厂房、建筑物、机器设备、运输工具等。短期经营资产是满足经营性项目营运需要的配套投资，具体包括货币资金、存货、应收账款等。

现代公司也会兼并收购其他公司，这种兼并收购属于长期的战略性投资，因为其目的在于控制被并购公司的经营活动和资产以获得长期利益，而不是获取股利或转售的资本利得收益，因而兼并收购本质上也属于长期经营资产投资(或项目投资)。比如，公司对于子公司的长期股权投资，合并报表将这些股权投资抵消，可以显示其长期经营资产投资的本来面目。对于合营公司、联营公司的长期股权投资也属于经营性项目投资，目的是控制和影响其经营活动，而非短期获利。

在现代公司的投资活动中，有时也存在一些公司利用暂时从生产经营中游离出来的闲置资金，进行少量金融资产(证券)投资，比如股票、债券、各种衍生金融工具等，但其目的或者是在保持流动性的前提下降低闲置资金的机会成本，比如购买一些风险较低的证券，将其作为现金的替代品；或者是套期保值，对冲汇率、利率等金融风险。这些金融资产投资并非真正意义上的证券投资。证券投资属于间接投资，不能控制投资资产或直接参与生产经营，公司也不具备金融投资的信息优势和专业优势，投资风险很高。因而，在实务中，实业公司不会也不应该将风险较高的证券投资作为主要的投资形式，而应该发挥其比较优势，将经营性资产作为主要的投资对象，以获取稳定的长期投资回报。

2. 筹资活动

筹资是指公司筹集生产经营所需的资本。在筹资活动中，筹资主体是公司法人，它可以在资本市场上向潜在的投资人直接筹资，例如发行股票、债券等，同时承诺提供回报；也可以通过金融机构间接融资，例如银行借款等。

筹资活动包括长期筹资和短期筹资，长期筹资形成了公司的长期资本，短期筹资形成了公司的短期资本。长期资本(也称为公司资本)是指公司长期可以使用的资本，包括权益资本和长期债务资本。其中，权益资本不需要归还，公司可以长期使用；长期债务资本(包括长期借款和长期债券)虽然需要清偿，但使用期限较长，也属于长期资本。通常把期限在一年以上的债务资本称为长期债务资本。短期资本使用时间较短，一般不超过一年，包括经营负债(应付账款、应付票据等)和短期金融负债(银行短期借款)。应付账款等经营性短期负债是公司赊购所产生的，属于"自发性筹资"，在短期负债中占有相当大的比重。短期借款主要用于补充临时性、季节性的流动资金缺口，是公司的主动短期负债，比较容易取得，但短期借款流动性高，是公司短期需要偿还的债务，相对于长期负债，流动性风险较高。

公司筹资活动不仅表现为资本筹集，还表现为债务本息清偿和权益投资的利润分配。从这个意义上来说，债务本息清偿和股利分配也属于公司的筹资活动。此外，股利分配本身就是内部股权筹资，这是因为净利润归属于股东，股利分配决定了利润留存，而公司留存部分利润实际上是向原有股东筹集权益资本(内部股权筹资)。

1.1.2 公司金融学的内涵和范畴

现代公司金融学是经济学的一个分支。公司金融学的内涵可以表述为：以公司理论为基础，以公司法人的金融活动作为研究对象，将公司理论与公司财务结合起来的应用经济学科。

对于公司金融的英文"corporate finance"，在我国还有不同的译法，可译为"公司财务"，也可译为"公司理财"。近几十年来，现代公司金融理论不断与经济学的其他学科及理论交叉融合,逐渐演变为公司金融的微观经济学理论。从20世纪80年代开始,公司金融理论沿着三个方向进一步发展:一是与公司治理理论相结合的金融契约理论;二是与产业组织理论相融合的战略公司金融理论;三是建立在行为经济学基础上的行为公司金融理论。从研究的外延来看,公司金融学的研究对象并不局限于公司内部,还需要研究公司金融活动所处的金融系统。因为现代公司的生存和发展都离不开金融系统,所以,公司金融学注重研究公司与金融系统之间的关系,注重研究公司如何综合运用各种形式的金融工具有效地开展金融活动和如何进行金融决策。这是现代公司金融学的一个突出特点。

作为决策和规划学科,公司金融学主要解决以下三大基本问题。

(1) 投资决策,即通过资本预算,合理配置公司资本,以提高投资绩效。公司投资决策包括长期投资决策和短期投资决策。长期投资决策是指经营性项目(包括兼并收购)投资决策,其决策方法涉及现金流量的规模、发生时间和不确定性(风险)等因素的考量和建模,目的是评价项目的可行性和投资绩效。短期投资决策主要是指短期资产投资规模的决策。虽然短期经营资产是项目运营的配套投资,但是受外部环境变动等因素的影响,其需求量存在很大的不确定性,很难做出准确的规划,而且现金流量的持续时间不超过一年,因而在实践中,短期投资决策与长期投资决策存在很大的不同,通常采用成本收益分析方法确定最优投资规模。

(2) 筹资决策,即公司有效地利用各种融资渠道和融资工具,并形成合适的资本结构(capital structure),以降低筹资成本。公司筹资决策主要是指长期筹资决策,其中,资本结构决策是长期筹资决策的主题,是企业最重要的筹资决策。资本结构是指长期债务资本和权益资本的特定组合,即两者的比例关系。由于短期负债(包括商业信用、银行短期借款)难以预测和事先规划,所以没有将其列入资本结构决策和规划的范畴。在公司的筹资决策中,短期资产的筹资结构也是一项重要的筹资决策。在实践中,基于降低流动性风险的考虑,短期经营资产的资金来源不仅包括短期债务,也包括营运资本。所谓营运资本是投资在短期经营资产中的长期资本,在短期经营资产规模一定的情况下,营运资本规模决定了短期资产筹资的期限结构,进而关系到企业的流动性风险和资金成本,因而营运资本决策成为短期资产筹资决策的一项重要议题。

(3) 股利政策,即以公司价值最大化为目标,合理确定公司收益在股利和留存收益之间的分配。虽然债务的本息清偿和股利分配是由筹资活动派生的,但是债务的本息清偿是双方事先约定的,不存在决策问题,而股利分配则是一个可以决策的问题。股利分配政策决定了公司内部股权筹资决策,在某种程度上,可以说股利分配决策也就是公司的内部筹资决策,因而可以将股利分配政策纳入企业筹资决策中进行分析。股利分配政策也是一项重要的长期筹资决策。

公司投融资决策在经济决策中具有十分重要的地位和作用,公司要实现高效运转,谋求在市场经济中持续、健康发展,首先必须做好投资决策和筹资决策。如何通过投资决策、筹资决策的最优化来实现公司的目标就是公司金融学研究的主要内容。

1.1.3　公司制企业的特征

公司金融学以公司的金融行为作为研究对象，公司金融理论和实践是伴随公司制企业和资本市场的发展而逐渐产生和发展起来的。公司制企业(公司)是现代企业的主要形式，它是依据公司法登记注册的营利性法人组织，在法律上独立于所有者和经营者。公司制企业包括有限责任公司和股份有限公司，较为典型的是股份有限公司，它具有以下特征或优点。

(1) 无限存续。一个公司在最初的所有者和经营者退出后仍然可以继续存在。

(2) 公司股本等额划分，投资者无身份限制和数量限制。

(3) 有限责任。公司具有独立的法人地位，是独立的民事主体，公司债务是公司法人的债务，不是所有者的债务，公司以其自身财产为限承担债务责任，股东对公司债务仅负有限责任，即只以其出资额为限对公司债务承担责任。

(4) 股份可以自由转让，无须经过其他股东同意，增加了股权的流动性。

股份有限公司的上述优点，即有限责任制度、股权的流动性和公司无限存续有效地降低了投资风险，加之股本等额划分，投资者无身份限制使其在资本市场上的筹资更具吸引力，更容易筹集大量资本，具有其他企业形式无法比拟的融资优势。此外，股份有限公司雄厚的资本实力及相对完善的法人治理结构也有助于提升信用水平和债务融资能力。公司资本来源广泛，筹资能力强大，使公司进行大规模投资成为可能，有利于公司成功把握良好的投资机会，实现快速发展。

在资本市场上，公司筹资活动涉及很多复杂的决策问题，大规模投资还会涉及复杂的资本预算决策问题。随着资本市场的发展和公司规模的扩张，以资本筹集和资本预算为主要内容的公司金融学逐渐上升为一门技术含量较高的应用经济科学，并不断完善和发展。

1.1.4　公司金融理论综述

公司金融理论是随着公司理论和资本市场的发展而逐渐发展起来的。公司金融实践历史悠久，但公司金融理论的形成较晚。20世纪上半叶，公司金融仅仅涉及公司融资和头寸管理。自20世纪30年代，欧文·费雪(Irving Fisher)的"完美资本市场下的储蓄和投资理论"诞生后，公司金融理论才得到了一定的发展。

资产估值是公司投资决策的核心，而企业价值评估则涉及公司的各项金融决策。早在1906年，费雪在其专著《资本与收入的性质》中分析了资本品(资产)价值的形成过程。他认为，资产能够带来一系列收入，因而资产的价值实质上是未来货币收入的折现值，即未来货币收入的资本化。20世纪30年代，费雪对《资本与收入的性质》进行修订，并更名为《利息理论》，提出了确定条件下的价值评估理论。在确定条件下，一个投资项目的价值就是未来预期现金流量按照一定利率折现后的现值。如果投资项目的价值大于投资额，则投资可行；反之则不可行。如果将经营公司视为一种投资，公司价值就是公司所能带来的未来收入现金流量的现值。费雪的这一价值评估理论为价值评估指明了方向,成为现代主流价值评估理论——现金流量折现理论的基础。该理论出现以后,公司金融开始广泛涉足投资领域。

但是,费雪提出的确定性条件在现实中并不存在,市场需求的不确定会导致资产收益现金流量的不确定。不仅如此,费雪认为,无论投资的资本来自债务资本还是股权资本,资产估价使用的折现率(资本机会成本)都是确定的市场利率,也就是说,投资资本的机会成本与资本结构无关。而实际上,债务资本成本与股权资本成本存在很大差别,特别是在市场波动情况下,债务对权益收益的波动产生放大作用,因而在资本结构中增加负债比例会导致权益资本成本和公司资本成本增加。这样,在不确定条件下,不同的资本结构会导致不同的资产或企业价值。正是由于费雪的现值理论存在缺陷,在20世纪初到20世纪50年代末,该理论很难应用于公司投资实践。

资产和企业价值评估的现金流量折现理论由费雪创立,经莫迪格利安尼和米勒(Modigliani & Miller)发展、完善,特别是20世纪60年代以来,随着资本市场理论、资产组合理论的发展,资本资产定价模型(理论)的出现,现金流量折现理论更趋成熟,成为现代公司金融理论的一大基石,并广泛应用于资产和企业价值评估实践中。

建立在投资组合理论基础上的资本资产定价模型是用于估计折现率(投资必要报酬率)的一种模型,它是由财务学家威廉·夏普(William F. Sharpe)在20世纪60年代创建的,研究的是在权益证券市场组合下,如何确定权益证券投资的必要报酬率(折现率)。该模型将权益证券投资风险分为可分散风险(非系统风险)和不可分散风险(系统风险)两类。个别证券的不可分散风险可以用β系数来表示,β系数用于计量该证券与市场组合回报率的敏感程度。资本资产定价模型解决了股权投资折现率(股权资本成本)的估计问题,并为公司价值评估的加权平均资本成本的估计扫清了障碍,使得精确评估企业价值成为可能。资本资产定价模型出现以后,现金流量折现法(discounted cash flow method)逐渐成为价值评估的主流方法。

在公司金融理论的研究中,融资和资本结构理论一直处于核心地位。真正意义上的公司融资理论产生于1958年,莫迪利安尼和米勒提出MM理论,得出了企业价值与资本结构无关的结论,并因此先后获得了诺贝尔经济学奖。但该理论是建立在完善资本市场等假设条件下的,不符合现实。1963年,针对该理论的不足,引入了企业所得税的影响,得出企业价值随债务增加而增加的结论,但这显然与事实不符。斯科特(Scott,1976)等提出债务融资不仅会带来避税收益,而且会增加破产成本,因此公司的融资和资本结构决策应该权衡收益和成本。最优资本结构应实现预期边际税收收益等于预期边际破产成本。

20世纪70年代以来,随着信息经济学和公司理论的发展,公司融资理论集中讨论激励问题(Hart,2001),即信息不对称、代理成本对公司融资结构的影响。虽然道德风险和逆向选择的代理成本会降低公司价值,但企业可通过选择合理的融资结构来限制和降低这一影响。融资结构决策对代理成本和企业价值有重要影响,而并非MM理论所说的无关。

莫迪利安尼和米勒第一次系统地把不确定性引入价值评估的理论体系中，创立了现代企业价值评估理论——MM理论。同时，第一次对企业(资产)价值与资本结构的关系做出精辟的分析。1963年，针对MM理论的不足，他们又论证了存在企业所得税情况下的估价模型。他们的理论是对费雪的现值理论的扬弃。MM理论成功地说明了资本结构(债务)与企业价值的关系，纠正了股权资本与债务资本不分的错误并考虑了所得税的影响，并对企业价值评估的资本化率，即资本的加权平均成本进行了正确的定义和论述。

詹森和麦克林(Jensen & Meckling，1976)提出股权融资会引起经营者道德风险的代理成本。为降低代理成本，公司应采用债务融资，但债务融资也会引起股东的道德风险。有限责任制度会使股东倾向于从事高风险项目，因为这样能够将投资失败的风险转嫁给债权人。债权人预期或观察到这种侵害行为，就会提高利率，导致融资成本上升，这就是债务融资代理成本。因此，需要权衡股权融资代理成本和债务融资代理成本，最优融资结构应该是使两种融资的边际代理成本相等的资本结构。但该理论也存在缺陷，哈特(Hart，2001)指出，既然道德风险是一个典型的激励问题，可以用激励合约设计激励机制，而不一定非要用融资结构解决代理问题。也就是说，代理成本并不是决定融资结构的重要因素。

融资结构激励理论的另一个分支是集中讨论经营者的私人信息，梅叶斯和梅吉拉夫(Myers & Majluf，1984)认为，相较于投资者，经营者具有关于企业资产盈利性和企业价值的信息优势。如果经营者持有公司股份，就能够代表现有股东利益，不会通过发行新股来筹集资本，而是通过发行债券来筹资，原因是新股发行会稀释现有股东的股权价值。虽然私人信息是影响融资结构的一个重要因素，但是梅叶斯和梅吉拉夫的理论仍存在缺陷。因为该理论是建立在对经营者持股这种特殊激励机制的基础上的，如果假设采用其他的激励形式，经营者行为未必符合现有股东的利益。比如向经营者支付企业市场价值的一部分，则经营者并不关心发行新股对现有股东利益的损害，因为在企业价值中，现有股东的价值损失可以通过新股东价值的得益予以补偿，经营者的利益并没有受到损害，他们更愿意发行新股来扩大企业规模。

近年来，现代公司融资理论越来越偏离最初的财务金融方向，与经济学的其他学科及理论不断交叉融合，对现实的解释力越来越强，逐渐演变为公司融资的微观经济学理论。从20世纪80年代开始，公司融资理论沿着三个方向进一步发展：一是与公司治理理论相结合的金融契约理论；二是与产业组织理论相融合的战略公司金融理论；三是建立在行为经济学基础上的行为公司金融理论。

公司通过发行不同的证券获取资金，是否会对其资源配置效率产生影响？这是公司金融理论的一项重要议题。20世纪七八十年代，随着金融契约理论的出现，金融学家开始从契约经济学的角度探讨公司融资问题，出现了金融契约理论。

金融契约理论将每一种筹资证券都视为一种权利契约，权利契约的安排应符合激励相容的原则，以减少代理问题，从而实现融资资金的最佳利用效率。金融契约理论的发展经历了完全契约和不完全契约两个阶段,以汤生(Townsend,1979)为代表的完全契约理论支持者认为,负债契约具有最优激励相容的特征。而现实中契约条件是不完备的,阿洪和博尔顿(Aghion & Bolton,1992)基于不完全契约理论,从公司控制权的角度研究筹资契约设计问题。他们认为在不完备契约条件下,控制权的安排是融资契约最重要的内容。控制权无论事先给予缔约的经营者和投资者中的哪一方,都可能导致非效率行为。解决非效率行为的有效方法是相机抉择,即在公司经营状况好时,将控制权给予经营者,使其选择继续经营;在公司经营状况恶化、陷入不能履行债务的状态时,债权人获得控制权,并对公司进行清算,这样就能确保实现有效率的行为选择。现实中与这种最优控制权配置相对应的金融契约为负债契约。哈特(Hart,2001)对阿洪和博尔顿的模型做出了进一步发展,在契约条件不完备的前提下,将经营者与外部投资者之间的利益冲突集中在"公司继续经营还是清算"的问题上。经营者为维护控制权收益,可能会在公司需要清算时要求维持经营,而外部投资者也可能在公司能够继续经营时要求清算,以维护自身利益。哈特认为,债务合约比激励合约的约束作用更强,可以避免上述情况的发生。

基于控制权的融资理论没有对多种证券共存做出合理解释,迪瓦特里篷特和梯罗尔(Dewatripont & Tirole,1994)在股权和债权共存的基础上,发展了一种"胡萝卜加大棒"的证券契约观点。他们的基本思想是当期中业绩较差时,分配控制权给债权人,以威慑经营者,使公司的收益更为安全。原因在于债权人更为保守,倾向于清算资产、缩减规模,鼓励加强日常管理,与经营者的偏好不一致。与之相反,尽管股东与管理层有实质性的利益冲突,但与债权人相比,股东很少干预管理层。当期中业绩令人满意时,不发生控制权转移,股东继续持有控制权,减少对管理层的干预,会对经营者产生较好的激励。伯格洛夫(Berglof,1994)等人注意到长期债务和短期债务的不同作用,并且认为短期债权人获得控制权对于降低代理成本更加有效。哈特(Hart,1995)也认识到短期债权能够控制经营者的道德风险,而长期债权和股权却有支持公司扩张的作用,因此公司最优的融资结构应该能使两者达到平衡。

20世纪80年代中后期,产业组织理论与金融理论从最初的相互抵触开始走向融合。产业组织理论开始意识到,竞争战略不仅取决于市场结构,也受融资政策的影响,公司融资来源和资本结构会影响竞争策略。同时,公司金融理论也意识到,公司融资并非只从融资成本考虑,也需要从竞争策略考虑,由此出现了所谓的战略公司金融理论。

布兰德尔和刘易斯(Brangder & Lewis,1986)考查了一个在双寡头市场上实施产销量竞争策略的两期模型。他们认为公司会通过增加债务来扩大产量。有限责任制度会使股东和经营者受到通过负债来扩大产量的激励,因为产量竞争失败的风险由债权人承担。也就是说,产量竞争会影响公司的融资决策和融资结构并产生代理问题,但该模型的产量竞争并不符合实际情况。肖沃尔特(Showalter,1995)在布兰德和刘易斯考查的两期模型的基础上,指出在价格竞争时,债务能否成为一种优势策略取决于产品市场不确定性因素的来源。若不确定性因素来源于市场需求方面,则增加债务是公司优先选择的策略；若不确定性因素来源于生产成本方面，则增加债务不是一种优势策略。

布兰德和刘易斯等人的理论提出以后，许多经济学家从不同角度对其提出批评。其中，博尔顿和沙尔夫斯泰因(Bolton & Scharfstein，1990)认为，布兰德和刘易斯等人提出的模型只考虑了资本结构对产品市场竞争的策略效应，而未考虑到其对公司内部代理问题的影响。博尔顿和沙尔夫斯泰因用掠夺性定价理论得出公司与债权人所签订的最优债务契约在最小化代理问题的同时，也最大化了其竞争公司采取掠夺性定价的激励，因而最优负债水平需要在两者之间进行权衡。弗登伯格和梯若尔(Fudenberg & Tirole，1986)也得出类似结论，公司与债权人之间的代理问题会导致融资约束，这种约束为产品市场的竞争者提供了掠夺性定价的激励，而且较高的债务水平使公司进一步贷款的概率降低，使其产品市场策略失去进攻性。

马克斯莫维奇(Maksimovic，1988)用重复博弈模型分析了在寡头垄断市场上，公司融资决策如何内生地决定公司在产品市场上的不同策略。在重复博弈模型中，债务融资为经营者提供了一种偏离合谋均衡而选择竞争的激励，但在寡头垄断市场上，合谋会取得更高的利润水平。公司的债务水平是由合谋激励大小决定的，合谋激励越大，债务水平越低。但是，斯帕尼奥洛(Spagnolo，2000)分析证明，公司经营者的重新选择或激励机制的不同设计可以消除重复博弈模型中债务对合谋的不利影响，他认为通过选择声誉较高的经营者或为经营者提供较为固定的管理激励，可以降低合谋的不利影响。

现代公司金融理论局限于理性的分析框架中，忽视了对市场主体实际决策行为的分析。随着金融市场上各种异常现象的积累，理论与实际背离使公司金融理论的理性分析范式陷入了尴尬的境地。20世纪80年代，随着行为经济学的发展，行为公司金融理论悄然兴起。行为公司金融理论将人类心理和行为纳入金融分析框架，研究非理性情况下公司的金融作为。在非理性假设情况下，公司金融决策会表现出与主流的金融契约理论不同的特征。它主要依据卡尼曼(Kahneman，1979，1998)等人发展的行为经济学的研究成果，探索金融市场参与者理性不对称而非信息不对称下的决策行为的性质和后果。行为公司金融理论的研究主要针对融资实践中的一些异常行为，提出了一些基于行为视角的解释，但由于行为研究涉及心理学和研究难度较高，加之研究刚刚起步，本身存在很多缺陷，尚未形成一套逻辑一致的理论体系，因而本书不进行详细评述。

公司金融理论虽然经历了近百年的发展，但是仍然随现实需要处于不断完善和发展过程中，对于促进公司的发展发挥着更加综合、日益重要的作用。

1.2　公司金融的目标与利益相关者的要求

1.2.1　公司金融的目标

从根本上说，公司金融的目标取决于公司的目标。股东创立公司的目的是获利，已经创立起来的公司，虽然有改善员工待遇、改善劳动条件、提高产品质量、减少环境污染等多种目标，但盈利始终是最基本、最重要的目标，这体现了公司的出发点和归宿，并有助于其他目标的实现。关于公司金融基本目标的表述，主要有利润最大化、每股收益最大化和股东财富最大化三种观点。

1. 利润最大化

利润最大化是西方微观经济学的理论基础，持有利润最大化观点的学者认为，利润代表了公司为所有者创造的财富，公司所有者创立公司的目的就是获得利润，因而利润最大化应该成为公司的目标。利润最大化的观点有其局限性，主要表现在以下几个方面。

(1) 没有考虑利润的取得时间。例如，一个一年期投资项目当年可以获利100万元，另一个两年期投资项目第二年可以获利102万元。如果只考虑利润大小，似乎第二个项目更符合公司的目标。但是如果考虑利润的取得时间，这种判断很可能是错误的，因为第二年的102万元利润折算到当前，其价值可能会低于100万元。

(2) 利润是绝对数，没有考虑所获利润和投入资本的关系。例如，同样获得100万元利润，一个项目投资500万元，另一个项目投资600万元，哪一个项目更符合利润最大化的目标？如果不与投入资本额联系起来，难以做出正确判断。

(3) 没有考虑获取利润和所承担风险的关系。例如，在经济处于繁荣期的情况下，一个高风险、收益不稳定的项目本年获利100万元，另一个低风险、收益稳定的项目本年获利也是100万元，哪一个项目更符合利润最大化的目标？若不考虑风险大小，也难以做出正确判断。

(4) 会计税后利润并不等于股东的真实收益。例如，一家公司获利100万元并全部转化为现金，真实收益与账面利润是相同的；另一家公司获利105万元但全部处于应收账款状态，很可能发生坏账损失，实际收益可能会低于100万元。因此仅依据会计税后利润很难判断哪家公司的盈利水平更高。

如果投入资本相同，利润取得的时间相同，相关的风险也相同，利润最大化是一个可以接受的观点。事实上，许多经营者都把提高利润作为公司的短期目标。短期金融决策也经常将利润最大化作为决策目标。

2. 每股收益最大化

为了克服利润最大化观点没有考虑公司利润与股东投入资本的关系的缺陷，出现了每股收益最大化的观点。但是，每股收益最大化的观点仍然没有克服利润最大化目标其他方面的局限性，比如仍然没有考虑每股收益取得的时间和风险等，而且现实中不同公司每股股票的投入资本(发行价格)差别很大，并不具有可比性。

3. 股东财富最大化

股东财富也称为股权价值。股东财富最大化的观点认为，公司是所有者(股东)出资创办的，目的是获得财富回报。如果公司不能为股东创造价值或财富，股东就不会为公司提供资本，而没有权益资本，公司也就不复存在了。因此，公司必须为股东创造财富，实现股东财富最大化应该成为公司金融的目标。该观点已经在理论界和实务界达成共识。

股东财富是指更为可靠的现金收益，而不是会计利润。股东财富最大化观点有效克服了利润最大化观点的缺陷，具体体现在以下几方面。

(1) 以现金收益取代会计利润，克服了会计利润不能反映真实股东财富的缺陷。

(2) 考虑了现金收益取得的时间。相同的现金收益，取得的时间越短，其价值越高。

(3) 考虑了取得现金收益所承担的风险。取得相同现金收益的不确定性越小，其价值越高。

有时股东财富最大化目标还被表述为公司价值最大化。公司价值为股权价值和债务价值之和，假设股东和债权人投入的资本不变，由于债务现金流和折现率(利率)是契约规定的，债务价值通常可以视为常量，公司价值的增值额就等于股权价值的增值额，因此增加公司价值与增加股东财富、公司价值最大化与股东财富最大化具有相同的意义。

有时股东财富最大化还被表述为股价最大化，在资本市场有效的情况下，股价能够反映每份股权的内在价值。股东财富(股权价值)可以用股价来衡量，股价上涨可以反映每份股东财富的增加，股价下跌可以反映每份股东财富的减损。值得注意的是，公司与股东之间的交易也会影响股价，但不影响股东财富。例如，公司分派股利时股价下跌，公司回购股票时股价上升。

1.2.2 利益相关者的要求

主张股东财富最大化，并非不考虑其他利益相关者的利益。各国公司法都规定，股东权益是剩余权益，只有满足了其他方面的利益要求之后才能分配股东利益。公司必须缴税、给职工发工资、为顾客提供满意的产品和服务、支付债务本息，然后才能获得税后收益。其他利益相关者的要求优先于股东，因此这种要求必须是契约化的。但是，如果对其他利益相关者的要求不加限制，股东就不会有"剩余"。除非股东确信投资会带来满意的回报，否则股东不会出资，其他利益相关者的要求也无法实现。

1. 公司经营者的利益要求与协调

(1) 公司经营者的利益要求。公司股东的目标是追求自身财富最大化，而公司经营者也是利益最大化的追求者，但其具体行为目标与股东不尽一致，公司经营者的要求主要包括以下几点：①增加报酬，包括物质和非物质的报酬，如工资、奖金，提高荣誉和社会地位等。②增加闲暇时间，包括较少的工作时间、工作时间内较多的空闲和有效工作时间内较低的劳动强度等。③避免风险，公司经营者努力工作未必能得到应有的报酬，为规避风险，公司经营者可能选择"偷懒"。

(2) 公司经营者利益与股东利益的协调。公司经营者的利益和股东的利益(或目标)并不完全一致，经营者有可能为了自身的利益而背离股东的利益，具体表现在两个方面：①道德风险。公司经营者为了实现自己的目标，没有尽最大努力去实现股东的目标。他们没有必要为增加股东财富、提高股价而冒险，因为股价上涨的好处将归于股东，但如果失败，他们的"身价"将下跌，因此他们会选择少做事来增加闲暇时间。这样做只是道德问题，不构成法律和行政责任问题，股东很难追究他们的责任。②逆向选择。公司经营者为了自身的利益和目标而背离股东的利益和目标。例如，装修豪华的办公室，购置高档汽车等；以工作需要为借口乱花股东的钱；蓄意压低股票价格买入股票等，这些都会导致股东财富受损。

股东为了防止公司经营者背离股东的目标，可采用下列两种制度性措施：①监督。公司经营者背离股东目标的条件是双方信息不对称，公司经营者了解的信息比股东多。避免"道德风险"和"逆向选择"的方式是股东获取更多的信息，对公司经营者进行制度性监督，完善公司治理结构，当公司经营者背离股东目标时，减少其各种形式的报酬，甚至解雇他们。股东往往远离公司，得不到充分的信息，公司经营者比股东有更大的信息优势，比股东更清楚什么是对公司更有利的行动方案；而全面监督管理行为的代价是高昂的，很可能超过它所带来的收益。因此，股东支付审计费聘请注册会计师，往往限于审计财务报表，而不是全面审查所有管理行为。股东了解情况和监督公司经营者是必要的，但受到监督成本的限制，不可能事事都监督。监督可以减少公司经营者违背股东意愿的行为，但不能解决全部问题。②激励。防止公司经营者背离股东利益的另一种制度性措施是实施激励计划，使公司经营者分享公司增加的财富，鼓励他们采取符合股东利益最大化的行动。例如，企业盈利率或股票价格上涨后，给公司经营者以现金、股票期权奖励。对于支付报酬的方式和数额，有多种选择。报酬过低，不足以激励公司经营者，股东不能获得最大利益；报酬过高，股东付出的激励成本过高，也不能实现自己的最大利益。因此，激励可以减少公司经营者违背股东意愿的行为，但也不能解决全部问题。

通常，股东同时采取监督和激励两种制度性措施来协调自己和公司经营者的目标。尽管如此，仍不可能使公司经营者完全按股东的意愿行动，公司经营者仍然可能采取一些对自己有利而不符合股东利益最大化的决策，并由此给股东带来一定的损失。监督成本、激励成本和偏离股东目标的损失之间此消彼长，相互制约。股东要权衡轻重，力求找出使三项之和最小的解决办法，即最佳的解决办法。

2. 债权人的利益要求与协调

当公司向债权人借入资金后，两者形成一种委托代理关系。债权人把资金借给公司，要求到期时收回本金，并获得约定的利息收入；而公司借款的目的是扩大经营，也可能是投入有风险的经营性项目，两者的利益要求并不完全一致。

债权人事先知道借出资金是有风险的，并把这种风险的相应报酬纳入借款利率。通常要考虑的因素包括公司现有资产的风险、预计公司新增资产的风险、公司现有的负债比率、公司未来的资本结构等。但是，借款合同一旦成为事实，债权人把资金提供给公司，就失去了控制权，股东为了自身利益可以通过公司经营者伤害债权人的利益，可能采取以下方式。

(1) 股东不经债权人的同意，投资于比债权人预期风险更高的新项目。如果高风险的计划侥幸成功，超额的利润归股东独享；如果计划不幸失败，公司无力偿债，债权人与股东将共同承担由此造成的损失。尽管按法律规定，债权人先于股东分配破产财产，但多数情况下，破产财产不足以偿债。所以，对债权人来说，超额利润肯定拿不到，一旦发生损失却有可能要分担。

(2) 股东为了提高公司利润，未征得债权人的同意而指使公司经营者发行新债券，致使旧债券的价值下降，使旧债权人蒙受损失。旧债券价值下降的原因是发行新债后公司负债比率加大，公司破产的可能性增加，如果公司破产，旧债权人和新债权人要共同分配破产后的财产，导致旧债券的风险增加，价值下降，尤其是不能转让的债券或其他借款，债权人没有出售债权来摆脱困境的出路，处境更加不利。

债权人为了防止其利益被损害，除了寻求立法保护，如破产时优先接管、优先于股东分配剩余财产外，通常采取以下制度性措施：①在借款合同中加入限制性条款，如规定资金的用途、规定不得发行新债或限制发行新债的数额等。②发现公司有损害其债权的意图时，拒绝进一步合作，不再提供资金或提前收回借款。

3. 其他利益相关者的利益要求与协调

除股东、债权人和公司经营者之外，还有一些利益相关者，具体可以分为两类：一类是合同利益相关者，包括主要客户、供应商和员工，他们和公司之间存在法律关系，受到合同的约束；另一类是非合同利益相关者，包括一般消费者、社区居民以及其他与公司有间接利益关系的群体。

股东和合同利益相关者之间既有共同利益，也有利益冲突。股东可能为自己的利益损害合同利益相关者的利益，合同利益相关者也可能损害股东的利益。因此，要通过立法调节他们之间的关系，保障双方的合法权益。一般说来，公司只要遵守合同就可以满足合同利益相关者的要求，在此基础上股东追求自身利益最大化也会有利于合同利益相关者。当然，仅有法律是不够的，还需要诚信道德规范的约束，以缓和双方的矛盾。

对于非合同利益相关者，法律关注较少，享受的法律保护低于合同利益相关者，公司的社会责任政策对非合同利益相关者影响很大。

1.3 金融工具与金融市场

1.3.1 金融工具概述

1. 金融工具的含义及特征

金融工具是指筹资者和投资者进行资金融通的具有法律效力的凭证，主要包括股票、债券等。金融工具具有下列基本特征。

(1) 流动性。流动性是指金融工具在必要时迅速转变为现金而不至于遭受损失的能力。

(2) 收益性。收益性是指金融工具能够带来价值增值的特性。

(3) 风险性。风险性是指购买金融工具的本金和预定收益存在不确定性。

2. 金融工具的类型

金融工具按其收益性特征可分为以下三类。

(1) 固定收益证券。固定收益证券是指能够提供固定收益或根据固定公式计算出来现金回报的证券。例如,公司债券的发行人承诺每年向债券持有人支付固定的利息。有些债券的利率是浮动的,但规定了明确的计算方法。例如,某公司债券规定按国库券利率上浮两个百分点计算并支付利息。固定收益证券是公司筹资的重要形式。一般而言,固定收益证券的收益与发行人的经营状况和财务状况无关,除非发行人破产或违约,持有人将按约定数额取得收益。

(2) 权益证券。权益证券是指代表特定公司所有权的证券,普通股是典型的权益证券。发行公司事先不对购买者做出支付承诺,收益的多少不确定,取决于发行公司的经营状况和财务状况,因此其风险高于固定收益证券。权益证券是公司筹资的基本形式,任何公司都必须有权益资本。

(3) 衍生证券。衍生证券是在基本证券的基础上创新的一种交易合约。衍生证券的种类繁多,并不断创新,包括各种形式的金融期权、期货和利率互换合约等。衍生证券既可以用来套期保值,也可以用来投机。公司可将衍生证券作为套期保值或者转移风险的工具,但不应依靠其投机获利。

1.3.2 金融市场概述

1. 金融市场的内涵

公司的金融活动与金融市场密切相关,公司筹资活动和投资活动都离不开金融市场。首先,金融市场是公司融资的场所。金融市场的主要功能是有效配置资源,促使资金由盈余方向赤字方转移。公司是最大的资金需求方,公司的筹资活动在金融市场上是借助发行债券、股票等金融工具进行的。其次,金融市场也是公司投资的场所。兼并收购等公司战略性投资往往是在金融市场上进行的,同时金融市场也是公司利用闲置资金进行金融投资的场所。

2. 金融市场的类型

金融市场种类繁多,每个金融市场服务于不同的交易者,有不同的交易对象。金融市场可能是一个有形的交易场所,也可能是无形的交易场所,如通过通信网络进行交易。按照不同的标准,金融市场有不同的分类,本书只介绍与公司投资和筹资关系密切的金融市场类型。

(1) 货币市场和资本市场。金融市场分为货币市场和资本市场，这两类金融市场的功能不同，所交易的金融工具期限、利率和风险也不同。

货币市场是短期债务工具交易的市场，交易的证券期限不超过一年。在通常情况下，短期债务利率低于长期债务利率，但波动性大于长期利率。货币市场的主要功能是保持金融资产的流动性，以便随时转换为现实的货币。它满足了借款者的短期资金需求，同时为暂时性闲置资金找到出路。货币市场工具包括短期国库券(在英国和美国称为国库券)、可转让存单、商业票据、银行承兑汇票等。

资本市场是指期限在一年以上的金融资产交易市场。资本市场包括银行中长期借贷市场和证券市场。由于长期融资证券化成为未来的一种发展趋势，资本市场也被称为证券市场。与货币市场相比，资本市场交易的证券期限长，其风险也较大，利率或要求的报酬率较高。资本市场的主要功能是进行长期资金融通。资本市场工具包括股票、公司债券、长期政府债券和银行长期贷款等。

(2) 债务市场和股权市场。按照证券的不同属性，金融市场分为债务市场和股权市场。

债务市场的交易对象是债务凭证，例如公司债券、抵押票据等。债务凭证是一种契约，借款者承诺按期支付利息和偿还本金。债务工具的期限在一年以下的是短期债务工具，期限在一年以上的是长期债务工具。

股权市场的交易对象是股票。股票是分享一个公司净收益和资产权益的凭证。股票持有人的权益按照公司总权益的一定份额表示，没有确定的金额。股票持有人可以不定期地收取股利，且没有到期期限。

股票持有人与债务工具持有人的索偿权不同。在公司终止清算时，公司必须先向债权人进行支付，然后才可以向股票持有人支付。股票持有人可以分享公司盈利和资产价值增长。股票的收益不固定，而债权人却能按照约定的利率得到固定收益，因此股票的风险高于债务工具。

(3) 一级市场和二级市场。 按照交易的证券是不是初次发行，金融市场分为一级市场和二级市场。

一级市场也称发行市场或初级市场，是筹资者将证券首次出售给公众时形成的市场，它是新证券或票据等金融工具的买卖市场。该市场的主要经营者是投资银行、经纪人和证券自营商，他们承销政府、公司新发行的证券。投资银行通常采用承购包销的方式承销证券，承销期结束后剩余证券由承销人全部自行购入，发行人可以获得证券发行的全部资金。

二级市场是在证券发行后，各种证券在不同投资者之间买卖流通所形成的市场，也称流通市场或次级市场。该市场的主要经营者是证券商和经纪人。证券持有人在需要资金时，可以在二级市场将证券变现；购买者也可以进入二级市场购买已经上市交易的证券。

一级市场和二级市场有密切关系。一级市场是二级市场的基础，没有一级市场就不会有二级市场。二级市场是一级市场存在和发展的重要条件之一，二级市场使证券更具流动性，正是这种流动性才使得证券发行具有吸引力。某公司证券在二级市场上的价格，决定了该公司在一级市场上新发行证券的价格。二级市场上证券价格越高，公司在一级市场出售证券价格越高。因此，与公司金融关系更为密切的是二级市场，而非一级市场。本书后面提到的证券价格，除非特别指明，否则均是指二级市场价格。

(4) 场内交易市场与场外交易市场。按照交易程序，金融市场分为场内交易市场和场外交易市场。

场内交易市场是指各种证券的交易场所。证券交易所有固定的场所、固定的交易时间和规范的交易规则，按证券市场的程序进行交易。证券持有人拟出售证券时，可以通过网络终端下达指令，将信息输入交易所撮合主机，按价格从低到高排序，低价者优先成交。拟购买证券的投资人，用同样方法下达指令，按照由高到低排序，高价优先成交，出价最高的购买人和出价最低的出售者取得一致时成交。证券交易所通过网络形成全国性的证券交易市场，甚至形成国际化市场。

场外交易市场没有固定场所，由持有证券的交易商分别进行。任何人都可以在交易商的柜台上买卖证券，价格由双方协商形成。这些交易商之间用计算机网络联系，掌握各自开出的价格，竞价充分，与有组织的交易并无多大差别。场外交易市场的交易标的包括股票、债券、大额可转让定期存单和银行承兑汇票等。

1.3.3　金融市场交易主体和中介机构

1. 金融市场交易主体

金融市场交易主体是指资金的提供者和需求者，主要包括居民、公司和政府。其中，公司是金融市场上最大的资金需求者(筹资者)。公司在资本市场上通过发行股票、债券等形式筹集资金，并且在货币市场中筹集短期资金。公司在经营中有时会形成暂时的闲置资金，故会以资金提供者的身份出现，将这部分资金投入货币市场。从总体上看，居民，包括自然人和家庭，都是净储蓄者，是金融市场上最多的资金提供者(投资人)。

2. 金融中介机构

在金融市场上，还有一类专门从事金融活动的主体，包括银行、证券公司等金融机构，它们充当金融交易的媒介。资金提供者和需求者通过金融中介机构实现资金转移的交易称为间接金融交易。

金融中介机构分为银行和非银行金融机构两类。银行是指从事存贷款业务的金融机构，包括商业银行、邮政储蓄银行、农村合作银行等。非银行金融机构是指从事非存贷款业务的金融机构，包括保险公司、投资基金、证券市场机构等。证券市场机构包括证券交易所、证券公司和证券服务机构。下面介绍常见的金融中介机构。

(1) 商业银行。商业银行是指依照商业银行法和公司法设立的公司法人，它是以吸收存款方式取得资本、以发放贷款或投资证券等方式获得收益的金融机构。商业银行业务包括：吸收公众存款；发放短期、中期、长期贷款；办理国内外结算；办理票据承兑与贴现；发行金融债券；代理发行、代理兑付、承销政府债券；买卖政府债券、金融债券；从事同业拆借；买卖及代理买卖外汇等。

(2) 保险公司。保险公司是指依照保险法和公司法设立的企业法人。保险公司收取保费，将保费所得资本投资于债券、股票、贷款等资产，运用这些资产所得收入支付保单所确定的保险赔偿。保险公司通过上述业务能够在投资中获得高额回报并以较低的保费向客户提供适当的保险服务，从而盈利。保险公司的业务范围包括：①人身保险服务，包括人寿保险、健康保险、意外伤害保险等保险业务；②财产保险业务，包括财产损失保险、责任保险、信用保险、保证保险等保险业务。我国的保险公司不得兼营人身保险业务和财产保险业务。

(3) 投资基金。投资基金也称为互助基金或共同基金，是通过公开发售基金份额募集资本，然后投资于证券的机构。投资基金由基金管理人管理，基金托管人托管，以资产组合方式进行证券投资活动，为基金份额持有人的利益服务。基金的运作可以采用封闭式或开放式。封闭式的投资基金是指经核准的基金份额总额在基金合同期限内固定不变，基金份额可以在依法设立的证券交易场所交易，但基金份额持有人不得申请赎回的基金。开放式的投资基金是指基金份额总额不固定，基金份额可以在基金合同约定的时间和场所申购或者赎回的基金。

投资基金把许多人的资金集中起来，形成一定规模，有助于降低交易成本并构建投资组合。每份基金的价格变动，与基金所持有的证券组合的构成有关。如果组合中债券的比例大，则基金风险较小；如果股票的比例大，则基金风险较大。

(4) 证券交易所。证券交易所是依据国家有关法律，经政府证券主管机关批准设立的集中进行证券交易的有形场所，是组织和监督证券交易，实行自律管理的非营利性机构。实行会员制的证券交易所的财产积累归会员所有，其利益由会员共同享有，在其存续期间，不得将其财产积累分配给会员。进入证券交易所参与集中交易的，必须是证券交易所的会员。投资者应当与证券公司签订证券交易委托协议，并在证券公司开立证券交易账户，以书面、电话或网络等方式，委托该证券公司代其买卖证券。

证券交易所的职责：①证券交易所应当为组织公平的集中交易提供保障，公布证券交易即时行情，并按交易日制作证券市场行情表，予以公布。②证券交易所有权依据法律、行政法规，以及国务院证券监督管理机构的规定，办理股票、公司债券暂停上市、恢复上市或者终止上市的事务。③当突发性事件影响证券交易正常进行时，证券交易所可以采取技术性停牌的措施；因突发性事件或者为维护证券交易的正常秩序，证券交易所可以决定临时停市。证券交易所采取技术性停牌或者决定临时停市，必须及时报告国务院证券监督管理机构。④证券交易所对证券交易实行实时监控，并按照证券监督管理机构的要求，针对异常交易的情况出具报告。证券交易所应当对上市公司进行监督，监督其依法、及时、准确地披露信息。⑤证券交易所应当从其收取的交易费用、会员费和席位费中提取一定比例的金额设立风险基金。⑥证券交易所依照证券法律、行政法规制定上市规则、交易规则、会员管理规则和其他有关规则，并报国务院证券监督管理机构批准。

(5) 证券公司。证券公司是指依照公司法和证券法规定设立、专门经营证券业务、具有法人身份的有限责任公司或者股份有限公司。设立证券公司，必须经国务院证券监督管理机构审查批准。

证券公司的业务范围：①证券经纪；②证券投资咨询；③与证券交易、证券投资活动有关的财务顾问；④证券承销与保荐；⑤证券自营；⑥证券资产管理；⑦其他证券业务。

此外，证券市场机构还有证券服务机构，包括专业的投资咨询机构、财务顾问机构、资信评级机构、资产评估机构、会计师事务所等。

1.3.4　金融市场的功能

1. 资金融通功能

金融市场的基本功能之一是融通资金，即将资金提供者的资金转移给资金需求者。通过这种转移，发挥市场对资源的调配作用，提高经济效益，增进社会福利。

2. 风险分配功能

在转移资金的同时，将实际资产预期现金流的风险重新分配给资本提供者和资本需求者。这是金融市场的另一项基本功能。

例如，某人需要投资100万元创立公司，但是他自己只有20万元，还需要筹资80万元。他所需的80万元，可以通过债务筹资和权益筹资获得，两者的比例决定了他自己和其他出资人的利益分享与风险分摊比例。例如，权益筹资40万元，债务筹资40万元，如果经营成功，债权人只收取固定利息，他自己分享1/3净利润，其他权益投资人分享2/3净利润。如果亏损，债权人不承担损失，仍然收取固定利息，他自己承担1/3的损失，其他权益投资人承担2/3的损失。如果改变了筹资结构，风险分摊比例就会改变。因此可以说，在筹资的过程中同时实现了风险的重新分配。

集聚大量资本的金融机构可以通过多元化投资来分散风险，因此有能力向高风险的公司提供资本。金融机构创造出风险不同的金融工具，可以满足风险偏好不同的资金提供者。因此，金融市场在实现风险分配功能时，金融中介机构是必不可少的。

3. 价值发现功能

在有效的金融市场上，证券价格可以反映发行公司的经营状况和发展前景，即反映其内在经济价值。

4. 资源配置功能

在金融市场上，公司的筹资能力取决于它的盈利前景是否能够达到投资者要求的报酬率。如果预期公司报酬率达不到要求，就筹集不到资金。这样，资金就会流向效益高、发展前景良好的行业和公司，使其得到发展，而效益差、没有发展前景的行业和公司吸引不到资金，会逐步萎缩甚至退出市场，从而促进了社会稀缺资源的合理有效配置。

5. 调节经济功能

金融市场为政府实施宏观间接调控提供了条件，政府可以通过央行实施货币政策对各经济主体的行为加以引导和调节。政府的货币政策工具主要有公开市场操作、再贴现政策和存款准备金率政策等。例如，经济过热时，央行可以在公开市场出售证券，缩小基础货币规模，减少货币供应；也可以提高商业银行从央行贷款的贴现率，减少贴现贷款数量，减少货币供应；还可以提高商业银行缴存央行的存款准备金率，商业银行为补足应交准备金就需减少放款，导致货币供应收缩。减少货币供应的结果是利率会提高，投资需求下降，从而达到抑制经济过热的目的。

6. 节约信息成本

如果没有金融市场，那么资金提供者寻找适宜的资金需求者以及资金需求者寻找适宜的资金提供者的信息成本都是非常高的。完善的金融市场提供了充分的信息，可以节约寻找资金投资对象的成本和评估投资价值的成本。

金融市场要想实现上述功能，需要不断完善市场的构成和机制。理想的金融市场需要具备两个条件：①充分、准确和及时的信息；②市场价格完全由供求决定。现实中，错误的信息和扭曲的价格会妨碍金融市场功能的发挥，甚至可能引发金融市场危机。

1.4 资本市场效率

资本市场效率与公司金融理论密切相关，公司金融的基本理论是以有效市场为前提的。比如价值评估理论、投资组合理论、资本结构理论等，在论证和建立模型时都假设市场是有效的。有效资本市场理论对于公司金融决策具有重要的指导意义。

1.4.1 有效资本市场理论

1. 有效资本市场的含义

所谓有效资本市场，是指市场上的证券价格能够同步地、完全地反映与证券价值相关的全部可用信息。

一个高效的资本市场，不但能够为集结和调配资金提供有效的服务，而且能够将有限的资本调配到最能有效使用资本的公司，实现社会资源价值创造的最大化。在一个有效的资本市场中，经营业绩优良的公司能够吸引较多的资本，从而发展壮大，提升公司价值；而经营业绩较差的公司难以吸收更多的资本，公司价值会随着公司经营业绩的下降而降低，甚至陷入破产或被并购的境地。尽管投资者都力图获得最大投资收益，但是在有效的资本市场上，与证券的内在价值相关的信息能够被充分披露。如果每个投资者都能均等共享资本市场的有关信息，并能根据自己掌握的信息及时进行理性的投资决策，同时证券价格能迅速地根据有关信息进行调整，那么任何投资者都无法获得超额投资收益。这种资本市场就是有效资本市场。

在有效资本市场中，价格会对新的信息做出迅速、充分的反应。有效资本市场的外部标志有两个：①与证券价值相关的信息能够充分披露和均匀分布，使每个投资者在同一时间得到等量等质的信息；②证券价格能迅速地根据有关信息变动，而不是没有反应或反应迟钝。

2. 资本市场有效的基础条件

资本市场有效性研究的关键问题之一是与证券价值相关的信息和证券价格之间的关系，即信息的变化如何引起价格的变动。

我们先设想资本市场上理性投资者的行为：收集信息，这些信息是公开的，对所有的人来说机会是均等的；处理信息，投资人采用各种各样的办法迅速地处理这些信息，不同投资者的处理方法可能不同；做出判断，根据信息处理结果，投资人判断有关证券的收益率和风险程度并据以计算证券价值，他们可能得出不同的判断；决定买进或卖出，有人认为价格被高估从而选择出售股票，有人认为价格被低估从而选择购进股票，价格在竞争中波动，随后逐渐趋于均衡。

从上述过程可以看出，导致市场有效的条件有三个，即理性的投资人、独立的理性偏差和套利行为。

(1) 理性的投资人。假设所有投资人都是理性的，当市场发布新信息时，所有投资者都会以理性的方式调整自己对股价的估计。例如，一只股票有100万股，在发布新信息前的股价是10元/股。新信息表明，即将投资的项目可产生100万元净现值，即每股价值将增加1元。拟卖出股票的人，会要求按11元/股的价格出售；拟买入股票的人，也会愿意以11元/股的价格购入股票。理性的投资者会立即接受新价格。理性的预期决定了股价能够反映信息对股价的影响。

(2) 独立的理性偏差。资本市场的投资者并不都是理性的，总有一些非理性投资者存在。如在前述例子中，有的人比较乐观，认为每股价值会增加2元；另一些人比较悲观，认为每股价值不会增加。如果每个投资人都是独立的，则预期的偏差是随机的，而不是系统的。如果乐观的投资者和悲观的投资者人数大体相同，他们的非理性行为就可以互相抵消，使得股价变动与理性预期一致，市场仍然是有效的。

(3) 套利行为。现实中，并不是所有的非理性预期都会相互抵消，有时乐观的投资者和悲观的投资者的人数并不相当，这时市场会高估或低估股价。可以假设市场上有两种投资人，一种是非理性的业余投资人，另一种是理性的专业投资人。非理性的投资人的偏差不能互相抵消时，专业投资者进行套利交易。他们会买进被低估的股票，出售被高估的股票，使股价恢复理性预期，使市场保持有效。

以上三个条件只要有一个存在，资本市场就是有效的。

3. 资本市场有效的程度

资本市场有效性研究的另一个关键问题是如何对影响价格的信息和有效市场进行分级。资本市场有效程度不同，价格可以吸纳的信息类别也不同。

美国经济学家尤金·法玛(Eugene F. Fama)将与证券价格有关的信息分为三类：历史信息，是指证券价格、交易量等与证券交易有关的历史信息；公开信息，是指公司的财务报表、附表、补充信息等公司公布的信息，以及政府和有关机构公布的影响股价的信息；内部信息，是指没有发布的只有内部人知悉的信息。法玛根据这三种信息，把资本市场分为以下三种有效程度。

(1) 弱式有效市场。如果资本市场的股价只反映历史信息，则它是弱式有效市场。弱式有效市场是最低程度的有效证券市场。判断弱式有效的标志是有关证券的历史信息对证券现在和未来的价格变动没有任何影响；反之，如果有关证券的历史信息对证券的价格变动仍有影响，则资本市场尚未达到弱式有效。如果历史信息与现在和未来的股价无关，说明这些历史信息已经在过去为投资者所用，从而表明有关证券的历史信息已经被充分披露、均匀分布和完全使用，任何投资者都不可能通过分析这些历史信息来获取超额收益。值得注意的是，虽然有些研究报告认为我国股市已经达到了弱式有效，但也有许多报告认为，我国股市尚未达到真正意义的弱式有效。

(2) 半强式有效市场。如果资本市场的价格不仅能反映历史信息，还能反映所有的公开信息，则它是半强式有效市场。半强式有效市场的主要特征是现有股票市价能充分反映所有公开可得的信息。对于投资者来说，在半强式有效市场中不能通过对公开信息的分析获得超额利润。公开信息已经反映在股票价格中，所以基本面分析是无用的。

(3) 强式有效市场。如果资本市场的价格不仅能反映历史信息和公开信息，还能反映内部信息，则它是一个强式有效市场。强式有效市场的特征是无论可用信息是否公开，股价都可以完全且同步地反映所有信息。由于股价能充分反映所有公开信息和内幕信息，对于投资者来说，不能从公开信息和非公开信息分析中获得超额利润，所以内幕信息无用。研究资本市场的强式有效问题，要明确"内幕信息获得者"。一般把大股东、董事会成员、监事会和公司高管成员以及其他能接触内部信息的人士列为内幕信息获得者。对强式有效资本市场的检验，主要考察内幕信息获得者参与交易时能否获得超常盈利。

1.4.2　公司金融行为与资本市场的联系

公司金融行为与资本市场具有密切的联系，这种联系主要表现在两个方面。

(1) 在资本市场上，公司是筹资主体，通过资本市场筹资与为数众多的股东建立委托代理关系。理论上，股东可以通过股东大会行使表决权，左右管理层行为，但事实上，大多数中小股东只能通过在资本市场上买卖股票来表达对管理层的态度。因此，股东与管理层通过资本市场建立代理关系，同时又通过资本市场的"用脚投票"与公司解除代理关系。

(2) 有效资本市场可以检验公司金融目标的实现情况。实现股东财富最大化是公司金融决策的目标，而股票价格是股东财富的直接表现，公司金融决策与股票价格的关系如图1-1所示。首先，公司价值是公司金融决策的函数，如果公司投资活动和筹资活动是有效的，能够为股东创造财富，则会增加公司价值(或股权价值)；其次，如果资本市场是有效的，股票价格能够反映股权的内在价值，即公司金融决策引致的公司价值上升会体现为股票价格的上涨，从而增加股东财富。如果省去中间环节，在有效市场上，股票价格是"公司金融决策"的函数。

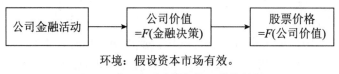

环境：假设资本市场有效。

图1-1 公司金融决策与股票价格的关系

相反，如果市场是无效的，则股票价格未必反映股权的内在价值，尽管有效的公司金融活动会增加公司价值，但是未必能够导致股价同步上涨，甚至由于某种原因导致股价下降，也就是说，无效的资本市场难以准确检验公司金融决策的合理性、有效性，难以评价公司金融活动为股东创造的财富，则公司金融决策就失去了目标和依据。

可见，资本市场的有效性直接关系到资本市场对公司金融决策评价的有效性。

1.4.3 有效资本市场对公司金融决策的意义

有效资本市场对于公司金融决策，尤其是筹资决策具有重要的指导意义，具体体现在以下几个方面。

(1) 公司不能通过改变会计处理方法提升股价。公司的会计政策具有选择性，可能有的公司企图通过会计政策选择改善报告利润，提高股价。如果资本市场是半强式有效或强式有效的，并且财务报告信息是充分、合规的，那么投资者就可以通过数据分析测算出不同会计政策选择下的会计利润，因此管理层的上述努力是徒劳无益的。许多实证研究都支持这一观点。有些公司不是利用会计政策，而是提供虚假的财务报告，这种做法有可能误导投资者并提升股价。不过，提供虚假报告的管理者将面临巨大的法律风险。因此，管理者不能通过改变会计方法提升股价和发行价格，更不能企图愚弄市场。这种做法不仅有违职业道德，在技术上也是行不通的。

(2) 公司在资本市场上不要试图通过金融投机获利。在资本市场上，有许多个人投资者和金融机构从事投机活动，例如从事股票、外汇或衍生金融产品的投机交易。如果市场是有效的，实业公司管理层这样做是非常危险的。管理者的责任是管理好自己的公司，利用竞争优势在产品或服务市场上赚取净现值。实业公司的管理者没有时间和精力研究金融市场，属于金融产品的"业余投资者"，不具有比较优势，不太可能掌握利率、外汇以及其他公司的特别信息。根据公开信息正确预测未来利率和汇率走势是小概率事件，实业公司没有从金融机构投机活动中赚取超额利润的合理依据。实业公司在资本市场上的角色主要是筹资者，而不是投资者。实业公司从事利率和外汇期货等交易的正当目的应当是套期保值，锁定其价格，降低金融风险。企图通过预测利率和外汇走势来赚取额外利润的投机活动，不仅会葬送实业公司，还可能会拖垮银行和其他金融机构，所以实业公司的管理者不应指望通过金融投机获利。

(3) 管理层关注自己公司的股价是有益的。在有效市场上，公司的一项金融决策能否为股东创造财富会及时地体现在股票价格的变动上。有效资本市场能够对公司金融决策行为进行有效评价，公司管理层可以根据公司的股价变动检验决策或计划的合理性，以及公司金融目标的实现程度。例如，公司公布一项收购计划或投资计划，如果股价上涨，则表明该计划能够增加股东财富；相反，如果市场反应是负面的，则在大多数情况下表明该计划并不能增加股东财富，公司应慎重考虑是否继续实施该计划。因此，在有效市场上，管理者必须重视资本市场对企业价值的评估。

思考题

1. 公司金融活动包括哪些内容？

2. 公司金融学主要解决哪些基本决策问题？

3. 为什么将股东财富最大化作为公司金融目标？为什么股东财富最大化目标还可以表述为企业价值最大化和股价最大化？

4. 为什么公司金融活动与金融市场密切相关？

5. 公司金融行为与资本市场的密切联系表现在哪些方面？

6. 有效资本市场的含义是什么？有效资本市场对于公司筹资决策的指导意义体现在哪些方面？

第2章 财务报表分析

2.1 财务报表与分析方法

2.1.1 财务报表分析概述

1. 财务报表的含义

财务报表是反映公司财务状况、经营成果、现金流量等相关信息的书面载体，主要包括资产负债表、利润表、现金流量表以及会计报表附注。财务报表分析作为一门独立的学科，服务对象非常广泛，不仅包括外部利益相关者，比如股东、债权人等，也包括公司内部管理者。财务报表分析的目的是满足报表使用者的决策需要。财务报表分析主体不同，其分析的目的和分析的侧重点也不同。

2. 财务报表的作用

财务报表及分析是公司金融不可或缺的组成部分。财务报表是反映公司金融活动的信息载体，比如资产负债表就反映了公司投资活动、筹资活动的结果。财务报表是公司金融决策和规划的基础和重要工具，其用途主要体现在以下几个方面。

(1) 财务报表为公司金融决策和规划提供了模块，反映金融决策和规划的预计财务报表就是根据财务报表的模块编制的。

(2) 在公司筹资活动中，财务报表是连接公司和资本市场投资者的媒介。财务报表向投资者提供关于公司财务状况及经营业绩的信息，以帮助他们做出合理的投资、信贷及相关决策。

(3) 财务报表为公司股东和债权人提供了设定业绩目标和限制指标的工具，并提供了公司管理层受托责任履行情况的信息。比如，股东设定每股收益、净资产收益率等期望业绩目标；债权人设定流动比率、资产负债率等限制指标，这些指标直接关系到公司筹资的可得性和筹资成本。财务报表为投资者提供了公司管理层受托责任履行情况的"成绩单"，公司管理层只有制定合理的金融决策和财务规划，才能提供令投资者满意的"成绩单"。

(4) 在项目投资决策中，公司需要利用预计财务报表估计项目的现金流量和项目资本成本。比如，预期现金流量来源于预计利润表和预计现金流量表，估计项目资本成本的数据来源于资产负债表。在公司并购投资决策中，需要借助于目标公司的财务报表分析估计其价值，以评价并购的可行性和并购定价。

(5) 通过分析本公司财务比率，实现目标比率和报表管理。比如，通过分析本公司的流动比率、资产负债率等，制定合理的营运资本政策、筹资和资本结构决策，以改善这些比率等。

(6) 利用杜邦财务比率分析体系，诊断并发现公司经营活动和金融活动存在的问题，并提出改进方案，以实现股东财富最大化目标。

2.1.2 资产负债表

资产负债表是反映公司在某一特定日期财务状况的存量报表。以A公司为例，该公司20×1年的资产负债表如表2-1所示。

表2-1 资产负债表

编制单位：A公司　　　　　　　　　　20×1年12月31日　　　　　　　　　　单位：万元

资产	年末余额	年初余额	负债及股东权益	年末余额	年初余额
流动资产：			流动负债：		
货币资金	44	25	短期借款	60	45
交易性金融资产	0	0	交易性金融负债	0	0
应收票据	20	23	应付票据	33	109
应收账款	398	199	应付账款	100	123
预付账款	22	4	预收账款	10	4
其他应收款	12	22	应付职工薪酬	2	1
存货	119	326	应交税费	5	4
持有待售资产	0	0	其他应付款	37	38
一年内到期的非流动资产	77	11	持有待售负债		
其他流动资产	8	0	一年内到期的非流动负债	0	0
流动资产合计	700	610	其他流动负债	53	5
非流动资产：			流动负债合计	300	220
债权投资	0	0	非流动负债：		
其他债权投资	0	0	长期借款	450	245
长期应收款	0	0	应付债券	240	260
长期股权投资	30	0	长期应付款	50	60
其他权益工具投资	0	0	预计负债	0	0
投资性房地产	0	0	递延所得税负债	0	0
固定资产	1 238	1 012	其他非流动负债	0	15
在建工程	18	35	非流动负债合计	740	580
无形资产	6	8	负债合计	1 040	800
开发支出	0	0	股东权益：		
商誉	0	0	股本	100	100
长期待摊费用	5	15	资本公积	10	10
递延所得税资产	0	0	其他综合收益	0	0

(续表)

资产	年末余额	年初余额	负债及股东权益	年末余额	年初余额
其他非流动资产	3	0	盈余公积	60	40
			未分配利润	790	730
非流动资产合计	1 300	1 070	股东权益合计	960	880
资产总计	2 000	1 680	负债及股东权益总计	2 000	1 680

　　资产揭示了公司拥有或控制的资产规模及其结构。从资产负债表项目的列示方法来看，资产各项目是按照流动性递减的顺序排列的，分为流动资产和非流动资产两大部分。流动性高的资产是指那些能够很快转换为现金而且不发生重大价值损失的资产，而流动性低的资产则是指那些不大幅度降价就无法迅速转换为现金的资产。比如，黄金是流动性比较高的资产，而机器设备则不是。公司资产的流动性很有价值，流动性资产占比越高，公司资产的流动性越好。负债和所有者权益反映资产的来源结构。负债部分也按流动性的强弱进行排列，分为流动负债和非流动负债。流动负债主要包括自发的经营性负债(应付账款、应付票据等)和临时性负债(短期借款等)，而非流动负债主要包括长期借款和公司债券等。所有者权益项目按永久性程度从高到低进行排列，具体分为实收资本(或股本)、资本公积、盈余公积及未分配利润等。

　　资产负债表与公司金融活动的联系十分密切，它能够反映公司金融活动的信息。资产负债表与公司金融活动的关系如图2-1所示。

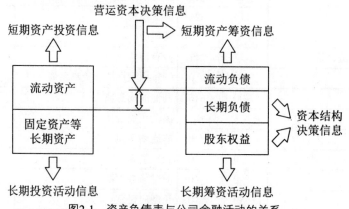

图2-1　资产负债表与公司金融活动的关系

　　具体来看，资产反映了公司投资活动和筹资决策的信息，具体包括以下几点。

　　(1) 资产结构反映了公司资本预算所选择的行业。通常资本密集型产业的固定资产比例较高，劳动密集型产业的流动资产比例较高。

　　(2) 固定资产等长期资产的构建情况反映了公司固定资产等长期投资活动的信息，主要是经营性项目投资决策的结果。从A公司20×1年的资产负债表年初情况来看，固定资产等长期资产为1 070万元，为20×1年年初之前长期资产投资的结果，而本年新增长期资产为230万元，反映的是20×1年的新增投资，其中主要是固定资产投资。

(3) 流动资产规模、现金、应收账款和存货等流动资产的持有情况反映了公司短期资产投资决策的信息。A公司20×1年年初的流动资产为610万元，年末的流动资产为700万元，20×1年新增流动资产投资90万元。

(4) 长期负债和所有者权益主要反映公司长期筹资活动的信息，长期负债和所有者权益的比例关系反映了公司资本结构决策的信息。从A公司20×1年年末的情况来看，长期债务为740万元，权益合计为960万元，A公司20×1年年末长期负债与资本总额的比率为43.53%(740/1 700)，而20×1年年初的相同比率为39.73%(580/1 460)。

(5) 流动资产与流动负债的差额反映了营运资本决策的信息。从A公司20×1年年初的营运资本为390(610-220)万元，而20×1年年末的营运资本为400(700-300)万元，表明A公司20×1年的营运资本略有增加。营运资本规模和流动负债情况共同反映了公司短期资产筹资的信息。

2.1.3　利润表

利润表是反映公司一定会计期间经营成果(盈利或亏损情况)的报表，是公司经营活动和经营决策的结果。A公司20×1年的利润表如表2-2所示。

表2-2　利润表

编制单位：A公司　　　　　　20×1年12月31日　　　　　　单位：万元

项目	本年金额	上年金额
一、营业收入	3 000	2 850
减：营业成本	2 644	2 503
税金及附加	28	28
销售费用	22	20
管理费用	46	40
财务费用	110	96
资产减值损失	0	0
加：其他收益	0	0
投资收益	6	0
公允价值变动收益	0	0
资产处置收益	0	0
二、营业利润	156	163
加：营业外收入	45	72
减：营业外支出	1	0
三、利润总额	200	235
减：所得税费用	64	75
四、净利润	136	140
(一) 持续经营净利润	129	20
(二) 终止经营净利润	16	14

(续表)

项目	本年金额	上年金额
五、其他综合收益的税后净额		
(一) 不能重分类进损益的其他综合收益	0	0
(二) 将重分类进损益的其他综合收益	0	0
六、综合收益总额	136	160
七、每股收益		
(一) 基本每股收益	—	—
(二) 稀释每股收益	—	—

从利润表的构成来看，公司盈利包括两类项目：一类是营业项目，包括公司正常的营运活动取得的收入和发生的费用等，如公司当期销售商品或提供劳务取得的收入，这类项目形成了公司的营业利润；另一类是营业外项目，包括不经常发生的事项，或者非持续经营相关的事项导致的利得或损失等，这类项目构成公司的营业外收支。

2.1.4 现金流量表

现金流量表是反映公司一定会计期间的现金流入和流出情况的会计报表。A公司按直接法编制的现金流量表如表2-3所示。

表2-3 A公司现金流量表

编制单位：　　　　　　　　　　　　20×1年度　　　　　　　　　　　　单位：万元

项目	本年金额	上年金额(略)
一、经营活动产生的现金流量：		
销售商品、提供劳务收到的现金	2 810	
收到的税费返还	0	
收到其他与经营活动有关的现金	10	
经营活动现金流入小计	2 820	
购买商品、接受劳务支付的现金	2 445	
支付给职工以及为职工支付的现金	24	
支付的各项税费	91	
支付其他与经营活动有关的现金支出	14	
经营活动现金流出小计	2 574	
经营活动产生的现金流量净额	246	
二、投资活动产生的现金流量：		
收回投资收到的现金	0	
取得投资收益收到的现金	6	
处置固定资产、无形资产和其他长期资产收回的现金净额	82	
处置子公司及其他营业单位收到的现金净额	0	
收到其他与投资活动有关的现金	0	
投资活动现金流入小计	88	

(续表)

项目	本年金额	上年金额(略)
购置固定资产、无形资产和其他长期资产支付的现金	300	
投资支付的现金	30	
支付其他与投资活动有关的现金	0	
投资活动现金流出小计	330	
投资活动产生的现金流量净额	−242	
三、筹资活动产生的现金流量：		
吸收投资收到的现金	0	
取得借款收到的现金	220	
收到其他与筹资活动有关的现金	0	
筹资活动现金流入小计	220	
偿还债务支付的现金	20	
分配股利、利润或偿付利息支付的现金	170	
支付其他与筹资活动有关的现金	15	
筹资活动现金流出小计	205	
筹资活动产生的现金流量净额	15	
四、汇率变动对现金及现金等价物的影响	0	
五、现金及现金等价物净增加额	19	
加：期初现金及现金等价物余额	25	
六、期末现金及现金等价物余额	44	

现金流量表主要反映以下三方面现金流量信息。

(1) 经营活动现金流量。经营活动现金流量是指来自公司日常生产和销售的现金流量，主要包括销售商品、提供劳务收到的现金，购买商品、接受劳务支付的现金，支付给职工以及为职工支付的现金和支付的各项税费。经营活动现金净流量反映了公司经营主业创造现金的能力。

(2) 投资活动现金流量。投资活动现金流量反映固定资产等长期经营资产和证券投资支出，以及这类资产的处置和回收、现金收益的取得。如果公司在一定时期的投资活动现金流入规模较大，往往是因为公司发生了大规模的长期资产清理变现和投资收回。

(3) 筹资活动现金流量。筹资活动现金流入是指公司外部筹资取得的现金，筹资活动现金流出主要包括偿还债务、回购资本和分配股利或偿付利息等支付的现金。

现金流量表中的经营活动现金流量与反映公司经营活动的利润表具有直接的对应关系，都反映公司日常的产销活动，只不过利润表采用权责发生制，而现金流量表采用收付实现制，可以通过资产负债表将利润表的净利润调整为现金流量表的经营活动现金流量，表达式为

$$经营活动现金净流量＝净利润＋折旧和摊销＋应付的增加－应收的增加－存货的增加$$

由于营运资本可以推导为流动资产与流动负债的差额，赊销赊购引起的应收应付变动和存货变动都会影响营运资本。应付的增加会增加流动负债，意味着营运资本的减

少；应收和存货的增加则会增加流动资产，意味着营运资本的增加。营运资本的净减少则会增加现金流量。

此外，在净利润中扣除属于筹资活动的财务费用净增加额，包含属于投资活动的投资收益、公允价值变动损益，需要进一步调整，最终才能将净利润转换为经营活动现金流量。

现金流量表与资产负债表的资产项具有密切联系。资产增加可视为公司购置资产，是一项现金流出，减少了现金；资产减少则表明公司出售资产，是一项现金流入，增加了现金。同样，如果负债和股东权益规模缩减，表明公司发生了偿债净支出，或者发生了股利分配或股份回购，是一项现金流出，减少了现金；如果公司负债和股东权益规模增加，则表明公司通过筹资活动(包括内部筹资)取得了一些现金，增加了现金。

现金流量表能够解释资产负债表具体项目期初期末存量变动的原因。比如，结合利润表，通过比较销售商品、提供劳务收到的现金和利润表的营业收入，可以解释应收项目的变动原因；固定资产等长期资产支付和收回的现金可以解释资产负债表固定资产等非流动资产增减变动的原因；债务偿还和收到的现金可以解释资产负债表负债增减变动的原因；结合净利润，增发股票、回购股票和分红可以解释股东权益项目增减变动的原因；现金净流量则最终解释了资产负债表货币资金变动的原因。

在公司长期投资决策中，经营活动现金流量的分析和预测具有非常重要的作用，它摆脱了传统财务会计权责发生制的局限性，有助于公司利用货币时间价值对项目进行估值，从而能够更加准确、客观地评价项目的经济可行性和投资效益。

2.1.5　财务报表的局限性

财务报表分析以报表数据为主要依据，报表本身存在一定的局限性。

1. 财务报表信息披露的局限性

财务报表是企业会计系统的产物，而每个企业的会计系统，都会受到会计环境和企业会计战略的影响。会计环境包括会计制度和规范、外部审计、公司治理结构等。这些因素是决定企业会计系统质量的外部因素。会计制度和规范等会计环境的不完善会导致企业会计系统的缺陷，使之不能反映企业的实际状况。会计环境的重要变化会导致会计系统的变化，影响财务数据的可比性。例如，会计规范要求以历史成本报告资产，因此财务数据不能代表其现行成本或变现价值；会计规范要求假设币值不变，使得财务数据无法按通货膨胀率或物价水平调整；会计规范要求遵循谨慎原则，使得会计预计损失而不预计收益，有可能少计收益和资产；会计规范要求按年度分期报告，使得会计报表只报告短期信息，不能提供反映长期潜力的信息等。企业会计策略是企业根据环境和经营目标做出的主观选择，不同企业会有不同的会计策略。企业会计策略包括决定会计政策、会计估计、补充披露以及具体报告格式的选择。不同的会计策略会导致企业财务报表的差异，并影响其可比性。例如，对同一会计事项的会计处理，会计准则允许企业选择不同的会计策略，包括存货计价方法和固定资产折旧方法等。虽然财务报表附注对会计策略的选择有一定的表述，但报表使用人未必能完成可比性的调整工作。

由于以上原因，使得财务报表存在如下局限性：①财务报告并没有披露企业的全部信息。管理层掌握更多的信息，披露的只是其中一部分。②已经披露的财务信息存在会计估计误差，不可能是对真实情况的准确计量。③管理层的各项会计策略选择有可能降低信息可比性。

2. 财务报表信息的可靠性问题

只有依据符合规范的、可靠的财务报表，才能得出正确的分析结论。符合规范、可靠是指除了上述局限性以外，不存在虚假陈述。当然，外部分析人员很难认定是否存在虚假陈述，财务报表的可靠性问题主要依靠注册会计师鉴证。但是，注册会计师也不能保证财务报表没有任何错报和漏报。因此，外部分析人员必须关注财务报表的可靠性，对可能存在的问题保持足够的警觉。

外部分析人员虽然不能认定财务报表是否存在虚假陈述，但可以发现一些危险信号。对于存在危险信号的报表，分析人员要通过更细致的考查或获取其他有关信息对报表的可靠性做出判断。常见的危险信号包括以下几种。

(1) 财务报告失范。不规范的财务报告，其可靠性应受到怀疑。分析人员要注意财务报告是否存在重大遗漏，有的重大遗漏可能是为了故意掩盖对公司不利的事实；要注意是否及时提供财务报告，不能及时提供报告暗示企业当局与注册会计师存在分歧。

(2) 数据出现异常。异常数据如无合理解释，应考虑数据的真实性是否存在问题。例如，原因不明的会计调整，可能是利用会计政策的灵活性粉饰报表数据；与销售相比应收账款异常增加，可能存在提前确认收入问题；报告净利润与经营活动产生的现金流量净额的缺口加大，报告利润总额与应纳税所得额之间的缺口加大，可能存在盈余管理；第四季度出现大额资产冲销和大额调整，可能是中期报告存在问题，年度报告根据注册会计师的意见进行调整。

(3) 关联方交易异常。关联方交易的定价不公允，可能存在转移利润的动机。

(4) 资本利得金额大。在经营业绩不佳时，公司可能通过出售长期资产、债务重组等交易实现资本利得。

(5) 审计报告异常。无正当理由更换注册会计师，或出具非标准审计报告，有待进一步分析判断。

2.1.6 财务报表分析的方法

财务报表分析的方法可归为比较分析法和因素分析法等，不同的财务分析人员会根据分析目的而采用不同的分析方法。

1. 比较分析法

比较分析法是财务报表分析的基本方法，该方法通过对报表两个或两个以上有关的可比数据或比率指标进行对比，从而揭示差异或趋势，以获得与决策相关的有用信息。比较分析法主要用于差异分析和趋势分析。

(1) 差异分析。差异分析是将可比数据或指标进行比较，以此发现差异，并深入分析差异产生的原因及其对差异的影响程度。按比较对象的不同，差异分析可以分为以下几种。

① 纵向差异分析。纵向差异分析是将本期实际与上年同期实际、本年实际与上年实际或历史最好水平等本企业历史数据或指标进行比较，也称为纵向比较。需要注意的是，历史数据代表过去，并不能体现合理性。经营环境变化后，今年比上年利润提高了，未必说明已经达到应该达到的水平，甚至未必说明管理得到了有效改进。

② 横向差异分析。横向差异分析是本企业与同类企业，即与同行业平均数或对标公司进行比较，也称为横向比较。需要注意的是，在同行业比较时，选同行业中代表性公司的平均数作为比较标准，可能比整个行业的平均数更有可比价值。近年来，分析人员以一流企业作为标杆进行对标分析。有不少企业实行多种经营，没有明确的行业归属，同行业比较更加困难。

③ 预算差异分析。预算差异分析是把本期的实际执行结果与计划预算指标相比，以此评价和考核执行部门的经营业绩。实际和预算发生差异，可能是因为执行过程有问题，也可能是因为预算不合理，两者的区分并非易事。

(2) 趋势分析。趋势分析是指将连续若干期(3~10年)的财务报表中的同类数据或指标进行时间序列比较，从而确定变化趋势和变化规律的一种纵向动态分析方法。

趋势分析包括定基分析和环比分析。以前期某一固定年份为基期作趋势比较分析，称为同比分析或定基分析。同比分析需要计算定基动态比率，计算公式为

$$定基动态比率=分析期数值/基期数值$$

以分析期的上一期作为分析基期，并向后滚动，则称为环比分析。环比分析需要计算环比动态比率，计算公式为

$$环比动态比率=分析期数值/前期数值$$

在趋势分析法的应用过程中，经常采用会计报表比较方法，即将连续数期的会计报表指标并列起来。

按比较内容的不同，比较分析还可分为以下几种。

① 会计要素的总量比较分析。总量是指报表项目的总金额，例如，总资产、净资产、净利润等。总量比较主要采用时间序列进行趋势分析，如研究利润的逐年变化趋势，看其增长潜力。有时用于同行业对比，看企业的相对规模和竞争地位的变化。

② 结构百分比比较分析。把资产负债表、利润表、现金流量表转换成结构百分比报表。例如，假设收入为100%，分析利润表各项目所占的比重。结构百分比报表用于发现有显著问题的项目，揭示进一步分析的方向。

③ 财务比率比较分析。财务比率是各会计要素之间的数量关系，反映它们的内在联系。财务比率是相对数，排除规模的影响，具有较好的可比性，是较为常用的比较分析指标。财务比率的计算相对简单，但对其加以说明和解释却比较复杂和困难。

2. 因素分析法

因素分析法是依据财务指标与其驱动因素之间的关系，从数量上确定各因素对指标影响程度的一种方法。该方法将分析指标分解为多个可以量化的因素，并根据各个因素之间的依存关系，顺次用各个因素的实际值替代基准值(通常为历史值、标准值或计划值)，据以测定各因素对分析指标的影响。由于分析时要逐次进行各因素的有序替代，因素分析法又称为连环替代法。

因素分析法一般分为4个步骤：①确定分析对象，即确定需要分析的财务指标，比较其实际数额和标准数额(如上年实际数额)，并计算两者的差额；②确定财务指标的驱动因素，即根据财务指标的内在逻辑关系，建立财务指标与各驱动因素之间的函数关系模型；③确定驱动因素的替代顺序；④按顺序计算各驱动因素脱离标准的差异对财务指标的影响。

【例2-1】某公司20×1年3月生产产品实际消耗某种材料费用为6 720元，而其计划数是5 400元，实际比计划增加1 320元。由于原材料费用是产品产量、单位产品材料消耗用量和材料单价三个因素的乘积，可以把材料费用这一总指标分解为三个因素，然后逐个来分析它们对材料费用总额的影响程度。现假设这三个因素的数值如表2-4所示。

表2-4 材料费用资料

项目	单位	计划数	实际数	差异
产品产量	件	120	140	20
材料单耗	kg/件	9	8	-1
材料单价	元/kg	5	6	1
材料费用	元	5 400	6 720	1 320

根据表2-4中的资料，材料费用总额实际数较计划数增加1 320元，这是分析对象。运用因素分析法，可以计算各因素变动对材料费用总额的影响程度。

计划指标：$120×9×5=5\ 400$(元)   ①

第一次替代：$140×9×5=6\ 300$(元)   ②

第二次替代：$140×8×5=5\ 600$(元)   ③

第三次替代：$140×8×6=6\ 720$(元)(实际数)   ④

各因素变动的影响程度分析：

②-①=6 300-5 400=900(元)   (产量增加的影响)

③-②=5 600-6 300=-700(元)   (材料节约的影响)

④-③=6 720-5 600=1 120(元)   (价格提高的影响)

900-700+1 120=1 320(元)   (全部因素的影响)

公司是一个有机整体，每个财务指标的高低都受其他因素的影响。从数量上测定各因素的影响程度，可以帮助公司抓住主要矛盾，或更有说服力地评价其经营状况。财务分析的核心是追溯产生差异的原因，因素分析法提供了定量解释差异成因的工具。

2.2 财务比率分析

财务比率分析是指根据财务报表中两个或两个以上的项目数据，计算出具有特定经济含义的财务比率或财务指标，通过财务指标揭示公司某一方面的财务状况和经营业绩，或者反映某一方面的能力。财务比率分析是公司金融决策的基础工具。

2.2.1 短期偿债能力或流动性风险指标

债务按到期时间可分为短期债务(当期需要偿还的债务)和长期债务，偿债能力分析由此分为短期偿债能力分析和长期偿债能力分析两部分。短期偿债能力比率是债权人最关注的指标，因为该指标能够反映债权人权益的保障程度。在债务契约中，短期偿债能力是公司负债筹资的硬性约束条款，是决定公司债务筹资成功与否的关键因素。同时，流动性风险引发的破产风险是公司当期面临的最大风险，直接危及公司的生存。当短期偿债能力不足，流动性风险较高时，公司需要通过营运资本决策加以调整和改善。

短期偿债能力或流动性的衡量方法通常包括两种：一种方法是比较可偿债资产与当期需要偿还的债务，可偿债资产通常是指流动资产，因为除非企业终止经营，否则一般不会出售固定资产等长期资产来偿还债务；另一种方法是比较经营活动现金净流量与偿债所需现金，如果经营活动产生的现金超过偿债所需现金较多，则公司短期偿债能力较强。

1. 流动资产与短期债务的存量比较

可偿债资产的存量是指资产负债表中列示的流动资产年末余额。短期债务的存量是指资产负债表中列示的流动负债年末余额。通常认为流动资产能够在一年或一个营业周期内转变为现金，流动负债将在一年或一个营业周期内偿还，因此两者的比较可以反映短期偿债能力。流动资产与流动负债的存量比较有两种方法：一种方法是差额比较，两者相减的差额为营运资本；另一种方法是比率比较，即计算可偿债资产与流动负债的比率。

(1) 营运资本。营运资本是指流动资产超过流动负债的部分，计算公式为

$$营运资本 = 期末流动资产 - 期末流动负债$$

营运资本为投资在流动资产上的长期资本部分，则

$$长期资产 = 长期资本 - 营运资本$$
$$营运资本 = 长期资本 - 长期资产 = (股东权益 + 非流动负债) - 长期资产$$
$$= (总资产 - 流动负债) - (总资产 - 流动资产)$$
$$= 流动资产 - 流动负债$$

根据表2-1的数据，则

$$本年营运资本=700-300=400(万元)$$
$$上年营运资本=610-220=390(万元)$$

如果流动资产与流动负债相等，并不能保证当期的流动负债完全能够得到偿还，不存在流动性风险，因为债务的到期支付与流动资产的现金生成不可能同步同量。而且，为维持经营，公司不可能将全部流动资产变现来偿还即期负债，而是必须维持最低水平的现金、存货、应收账款等。

因此，公司必须保持流动资产大于流动负债，以防止流动负债"穿透"流动资产。A公司现存300万元流动负债的具体到期时间不易判断，现存700万元的流动资产生成现金的金额和时间也不好预测。营运资本400万元是流动负债"穿透"流动资产的"缓冲垫"。因此，营运资本越多，流动负债的偿还越有保障，短期偿债能力越强，公司的流动性风险越小。营运资本之所以能够起到"缓冲垫"的作用，是因为它是长期资本，不需要在1年内偿还。

根据A公司的财务报表数据，则

$$本年年末营运资本=(本年年末股东权益+本年年末非流动负债)-$$
$$本年年末非流动资产$$
$$=(960+740)-1\,300=1\,700-1\,300=400(万元)$$
$$上年年末营运资本=(880+580)-1\,070=1\,460-1\,070=390(万元)$$

营运资本的数额越大，短期偿债压力越小。当全部流动资产未由任何流动负债提供资金来源，而是全部由长期资本提供时，公司没有任何短期偿债压力。

当流动资产小于流动负债时，营运资本为负数，表明有部分长期资产由流动负债提供资金来源。由于流动负债在一年或一个营业周期内需要偿还，而长期资产在一年或一个营业周期内不能变现，偿债所需现金不足，必须设法另外筹资，这意味着流动性风险较大。

营运资本的比较分析，主要涉及公司本年数据与上年数据的比较。A公司本年和上年营运资本的数据比较结果如表2-5所示。

表2-5 A公司营运资本比较结果   单位：万元

项目	本年		上年		变动		
	金额	结构/%	金额	结构/%	金额	增长/%	结构/%
流动资产	700	100	610	100	90	15	100
流动负债	300	43	220	36	80	36	89
营运资本	400	57	390	64	10	2.6	11
长期资产	1 300		1 070		1 230		
长期资本	1 700		1 460		240		

从表2-5的数据可以看出，A公司上年流动资产为610万元，流动负债为220万元，营运资本为390万元。从相对数来看，营运资本的配置比率(营运资本/流动资产)为64%，流动负债提供流动资产所需资金的36%。本年流动资产为700万元，流动负债为300万

元，营运资本为400万元。从相对数来看，营运资本配置比率为57%，流动负债提供流动资产所需资金的43%，偿债能力比上年下降了。本年与上年相比，流动资产增加90万元(增长15%)，流动负债增加80万元(增长36%)，营运资本增加10万元(增长2.6%)。虽然营运资本绝对数增加了，但是流动负债的增长速度超过流动资产的增长速度，即偿债能力降低了。可见，营运资本政策的改变使本年的短期偿债能力下降了。

营运资本是绝对数，不便于本公司不同历史时期及不同公司之间的比较。例如，A公司的营运资本为200万元(流动资产为300万元，流动负债为100万元)，B公司的营运资本与A公司相同，也是200万元(流动资产为1 200万元，流动负债为1 000万元)。但是，它们的偿债能力显然不同。因此，在实务中很少直接使用营运资本作为衡量偿债能力的指标。

(2) 可偿债资产与流动负债的比率。可偿债资产与流动负债的比率包括流动比率、速动比率和现金比率。

① 流动比率。流动比率是流动资产与流动负债的比值，计算公式为

$$流动比率＝期末流动资产/期末流动负债$$

流动比率在本质上反映了流动负债的覆盖率，即一定的流动负债，公司有多少倍的流动资产与之对应。流动比率越高，公司的短期偿债能力越高，流动性风险越小。根据A公司的财务报表数据，则

$$本年年末流动比率＝700/300＝2.33$$
$$上年年末流动比率＝610/220＝2.77$$

A公司的流动比率降低了0.44(2.77－2.33)。

流动比率和营运资本配置比率所反映的偿债能力是相同的，它们可以互相换算，则

$$流动比率＝1/(1－营运资本/期末流动资产)＝1/(1－营运资本配置比率)$$

流动比率越高，意味着营运资本在流动资产中的比例较大，短期资产的资金来源越稳定，但筹资成本也越高。根据A公司的财务报表数据，则

$$本年年末流动比率＝1/(1－57\%)＝2.33$$
$$上年年末流动比率＝1/(1－64\%)＝2.78$$

流动比率是相对数，排除了公司规模的影响，更适合同行业比较以及本公司不同历史时期的比较。流动比率计算简单，所以被广泛应用，它是衡量公司短期偿债能力的通用指标。

根据一般经验和国际公认标准，生产型公司合理的最低流动比率是2。这是因为流动资产中变现能力最差的存货金额约占流动资产总额的一半，剩下流动性较好的流动资产至少要等于流动负债，才能保证最低的短期偿债能力。最近几十年，公司经营方式和金融环境发生很大变化，流动比率有下降的趋势，许多成功的公司的流动比率都低于2。

需要注意的是，不存在统一、标准的流动比率数值，不同行业的流动比率通常有明显差别。比如营业周期较短的行业，合理的流动比率也较低。因而，在应用流动比率评

价某公司的短期偿债能力时，一般采用横向和纵向比较的方法，而不应简单地根据经验值进行判断。由于流动比率并不能反映由流动资产中的应收账款和存货周转性(流动性)所造成的偿债能力的差别，用流动比率分析公司的短期偿债能力，还需要考查应收账款和存货的周转速度，即分析公司的营业周期，对该指标予以补充，从而更为准确地评价公司的短期偿债能力。

营业周期是指从采购存货开始，到销售回款为止所经历的期间，计算公式为

$$营业周期＝存货周转天数＋应收账款周转天数$$

该指标能够反映应收账款和存货周转速度(流动性)。

需要注意的是，流动比率存在一些局限性。流动比率假设全部流动资产都可以变为现金并用于偿债，全部流动负债都需要还清。实际上，经营性流动资产是公司持续经营所必需的，不能全部用于偿债。有些流动资产的账面金额与变现金额有较大差异，如产成品等。经营性应付项目可以滚动存续，无须动用现金全部结清。因此，流动比率只用于对公司短期偿债能力的粗略估计。

② 速动比率。在流动资产的构成中，货币资金、交易性金融资产和应收账款等，可以在较短时间内变现，流动性较高，称为速动资产；预付账款、待摊费用、存货、一年内到期的非流动资产等不可变现或难以变现，称为非速动资产。流动比率没有考虑流动资产构成对短期偿债能力的影响，因而流动比率难以准确反映公司的短期偿债能力，为此需要引入速动比率。速动比率为速动资产与流动负债的比率，计算公式为

$$速动比率＝期末速动资产/期末流动负债$$

根据表2-1中A公司的财务报表数据，则

$$本年年末速动比率＝(44+6+14+398+12)/300＝1.58$$

$$上年年末速动比率＝(25+12+11+199+22)/220＝1.22$$

A公司本年速动比率比上年提高了0.36，说明为流动负债提供的速动资产保障增加了。

存货、一年内到期的非流动资产等非速动资产的变现时间和金额具有较大的不确定性。这是因为存货的变现速度比应收款项要慢得多，部分存货可能已损失报废但尚未处理，或者存货估价结果与变现金额相差甚远。一年内到期的非流动资产变现速度也较慢，而且只是偶然发生的变现行为，不代表正常的变现能力。因此，只将速动资产作为可偿债资产，能够更好地反映企业的短期偿债能力。

影响速动比率可信性的重要因素是应收账款的变现能力。应收账款可能发生逾期，也未必都能按账面金额收回变现，实际坏账可能比计提准备多。与流动比率一样，不同行业的速动比率差别很大。例如，大量现销的商店几乎没有应收账款，速动比率较低也属正常；相反，一些应收账款较多的公司，速动比率则较高。

③ 现金比率。速动资产中，流动性最强、可直接用于偿债的资产是现金，而其他速动资产变现时间和变现金额也具有不确定性。现金比率的计算公式为

$$现金比率＝期末货币资金/期末流动负债$$

根据A公司的财务报表数据，则

$$本年年末现金比率=44/300=0.147$$
$$上年年末现金比率=25/220=0.114$$

A公司本年现金比率比上年下降0.033，说明A公司为流动负债提供的现金保障降低了。

2. 现金流量比率

经营活动现金流量净额与流动负债的比值，称为现金流量比率，计算公式为

$$现金流量比率=经营活动现金流量净额/期末流动负债$$

根据A公司的财务报表数据，则

$$本年年末现金流量比率=246/300=0.82$$

公式中的"经营活动现金流量净额"已经扣除经营活动自身所需的现金流出，因而它是可以用来偿债的现金流量。现金流量比率表明单位流动负债的经营现金流量保障程度，该比率越高，偿债能力越强。

用经营活动现金流量净额代替可偿债资产存量，与短期债务进行比较来反映偿债能力，更具说服力。一方面，它克服了可偿债资产未考虑变现时间和变现金额的不确定性的问题；另一方面，实际用于偿还债务的通常是现金，而不是其他可偿债资产。

3. 影响短期偿债能力和流动性风险的其他因素

短期偿债能力比率都是根据财务报表中的资料计算而得的。还有一些表外因素也会影响公司的短期偿债能力，甚至影响更大。

(1) 增强短期偿债能力的表外因素。①可动用的银行授信额度。公司尚未动用的银行授信额度，可以随时增加公司的现金，提高支付能力。②可很快变现的非流动资产。公司可能有一些非经营性长期资产可随时变现，这未必列示在"一年内到期的非流动资产"项目中。例如，储备的土地、采矿权(未开采)、目前出租的房产等，当公司发生周转困难时，将这些资产出售并不影响公司的持续经营。③偿债能力的声誉。如果公司的信用记录良好，在短期偿债方面暂时出现困难，能够比较容易筹集到短缺现金。

(2) 降低短期偿债能力的表外因素。例如，与担保有关的或有负债事项。如果该金额较大并且可能发生，应在评价偿债能力时予以关注。

2.2.2　长期偿债能力指标

衡量公司长期偿债能力的财务指标分为存量比率和流量比率两类。衡量长期偿债能力的存量比率能够反映公司的资本结构，直接关系到财务杠杆和公司资本成本，因而也是影响公司资本结构决策较为重要的财务比率。

1. 存量比率

从长期来看，所有债务都要偿还。因此，反映长期偿债能力的存量比率是总资产、

总债务之间的比例关系。常用的存量比率包括资产负债率、产权比率、权益乘数和长期资本负债率。

(1) 资产负债率。资产负债率是负债总额占资产总额的百分比，计算公式为

$$资产负债率＝(期末负债总额/期末资产总额)×100\%$$

根据A公司的财务报表数据，则

$$本年年末资产负债率＝(1\ 040/2\ 000)×100\%＝52\%$$

$$上年年末资产负债率＝(800/1\ 680)×100\%＝48\%$$

资产负债率可用于衡量公司资产在清算时对债权人权益的保障程度。资产负债率越低，公司偿债越有保证。通常，资产在破产拍卖时的售价不到账面价值的50%，因此如果资产负债率高于50%，则债权人的权益就缺乏保障。各类资产变现能力有显著区别，房地产变现的价值损失小，专用设备则难以变现。可见，不同公司的资产负债率不同，这与其持有的资产类别相关。

资产负债率还代表公司的再融资能力，一个公司的资产负债率越低，举债越容易，但如果资产负债率高到一定程度，不仅会削弱公司举债能力，而且还会增加股权投资风险、违约风险和破产风险，导致公司的再融资能力大幅下降。

(2) 产权比率和权益乘数。产权比率和权益乘数是资产负债率的另外两种表现形式，它和资产负债率的性质一样，计算公式分别为

$$产权比率＝期末负债总额/期末股东权益$$

$$权益乘数＝期末资产总额/期末股东权益$$

产权比率反映了公司自有资本对偿债风险的承受能力，权益乘数则表明单位股东权益相对于资产的金额，它们也是两种常用的财务杠杆比率。

(3) 长期资本负债率。长期资本负债率是指非流动负债占长期资本(公司资本)的百分比，长期资本为非流动负债与股东权益之和，计算公式为

$$长期资本负债率＝(期末非流动负债/期末长期资本)×100\%$$

根据A公司的财务报表数据，则

$$本年年末长期资本负债率＝[740/(740＋960)]×100\%＝44\%$$

$$上年年末长期资本负债率＝[580/(580＋880)]×100\%＝40\%$$

长期资本负债率可用于反映公司资本结构。由于流动负债的金额经常变化，而非流动负债较为稳定，通常使用长期资本负债率衡量公司的总体债务负担。

2. 流量比率

总债务流量比率主要包括利息保障倍数、现金流量利息保障倍数和现金流量与负债比率。资产负债率等总债务存量比率等都是寄希望于用现有全部资产偿债，但是只有公司清算时才能实现。在公司持续经营的情况下，公司需要通过盈利和现金流量偿还债务本息，而非用现有全部资产偿债。

(1) 利息保障倍数(已获利息倍数)。利息保障倍数是指息税前利润为利息费用的倍

数，计算公式为

$$利息保障倍数＝息税前利润/利息支出$$

$$＝(净利润＋利息费用＋所得税费用)/利息支出$$

利息费用是指计入本期利润表中财务费用的利息费用。利息支出是指本期的全部利息支出，不仅包括计入利润表中财务费用的费用化利息，还包括计入资产负债表固定资产等成本的资本化利息。

根据A公司的财务报表数据，则

$$本年利息保障倍数＝(136＋110＋64)/110＝2.82$$

$$上年利息保障倍数＝(160＋96＋75)/96＝3.45$$

长期债务不需要每年还本，但往往需要每年付息。利息保障倍数表明单位利息费用有多少倍的息税前利润作为偿付保障。如果公司盈利足以维持付息，利息保障倍数越高，偿还到期债务本息的能力越强，举借新债也越容易。如果利息保障倍数较低(小于1)，表明公司盈利不能支持现有规模的债务。在这种情况下，利息支付尚且缺乏保障，归还本金就更难指望。利息保障倍数等于1也很危险，因为息税前利润受经营风险的影响，是不稳定的，但支付利息却是固定的。

此外，利息保障倍数也是公司是否可以通过举债进行杠杆经营的重要依据，只有息税前利润高于负债成本，才能够实现杠杆利益，增加股东收益。

(2) 现金流量利息保障倍数。现金流量利息保障倍数是指经营活动现金流量净额对利息费用的倍数，计算公式为

$$现金流量利息保障倍数＝经营活动现金流量净额/利息支出$$

根据A公司的财务报表数据，则

$$本年现金流量利息保障倍数＝246/110＝2.24$$

现金流量利息保障倍数是现金基础的利息保障倍数，表明单位利息费用有多少倍的经营活动现金流量净额作为保障。它比利润基础的利息保障倍数更可靠，因为实际用以支付利息的是现金，而不是利润。

(3) 现金流量与负债比率。现金流量与负债比率是指经营活动所产生的现金净流量净额与负债总额的比率，计算公式为

$$现金流量与负债比率＝(经营活动现金流量净额/期末负债总额)×100\%$$

根据A公司的财务报表数据，则

$$本年经营活动现金流量与负债比率＝(246/1\ 040)×100\%＝24\%$$

该比率表明公司用经营活动现金流量偿付全部债务的能力。该比率越高，表明公司偿付负债总额的能力越强。

3. 影响长期偿债能力的其他因素

上述衡量长期偿债能力的比率，都是根据财务报表数据计算而得的。此外，一些表外因素可能对公司长期偿债能力产生影响。

(1) 债务担保。担保项目的时间长短不一，有的涉及公司的长期负债，有的涉及公司的流动负债。在分析公司长期偿债能力时，应根据有关资料判断担保责任带来的影响。

(2) 未决诉讼。一旦未决诉讼被判决败诉，便会影响公司的偿债能力，因此在评价公司长期偿债能力时要考虑其潜在影响。

2.2.3 营运能力指标

衡量公司营运能力的指标主要是反映经营资产周转速度的各类指标。

1. 应收账款周转速度指标

衡量应收账款周转速度的财务指标主要包括应收账款周转次数、应收账款周转天数，计算公式分别为

$$应收账款周转次数＝营业收入/应收账款$$

$$应收账款周转天数＝365/应收账款周转次数$$

根据A公司的财务报表数据，则

$$本年应收账款周转次数＝3\,000/418＝7.2(次/年)$$

$$本年应收账款周转天数＝365/7.2＝50.7(天)$$

应收账款周转次数表明一年中应收账款周转的次数，或者说明单位应收账款投资支持的营业收入。应收账款周转天数(应收账款的收现期)表明从销售开始到回收现金平均需要的天数。

在计算和使用应收账款周转速度指标时，应注意以下几个问题。

(1) 营业收入的赊销比例问题。从理论上讲，应收账款是赊销引起的，其对应的流量是赊销额，而非全部营业收入。因此，计算时应使用赊销额而非营业收入。但是，外部分析人员无法取得赊销数据，只能直接使用销售收入进行计算，实际上相当于假设现金销售是收现时间等于零的应收账款。只要现金销售与赊销比例是稳定的，不妨碍与上期数据的可比性，只是一贯高估了周转次数。但问题是与其他公司比较时，不知道可比公司的赊销比例，也就无从知道应收账款是否具有可比性。

(2) 应收账款年末余额的可靠性问题。应收账款是特定时点的存量，容易受季节性、偶然性和人为因素影响。在将应收账款周转率用于业绩评价时，可以使用年初和年末的平均数，最好使用多个时点的平均数，以减少这些因素的影响。

(3) 应收账款的坏账准备问题。财务报表上列示的应收账款是已经提取减值准备的净额，而营业收入并未相应减少，其结果是提取的减值准备越多，应收账款周转次数越多、天数越少。这种周转天数的减少不代表业绩好，反而说明应收账款管理欠佳。如果坏账准备的金额较大，就应进行调整，使用未计提坏账准备的应收账款进行计算。报表附注中应披露应收账款坏账准备的信息，可作为调整的依据。

(4) 应收票据是否计入应收账款周转率。大部分应收票据是赊销形成的，它是应收账款的另一种形式，应将其纳入应收账款周转率的计算。

(5) 应收账款周转天数是否越少越好。应收账款是赊销引起的，如果赊销有可能比现销更有利，周转天数就不会越少越好。收现时间的长短与公司的信用政策有关。例如，甲公司的应收账款周转天数是18天，信用期是20天；乙公司的应收账款周转天数是15天，信用期是10天。前者的收款业绩优于后者，尽管其周转天数较多。改变信用政策，通常会引起公司应收账款周转天数的变化。信用政策的评价涉及多种因素，不能仅仅考虑周转天数。

(6) 应收账款分析应与赊销分析、现金分析联系起来。应收账款的起点是赊销，终点是现金。正常情况是赊销增加引起应收账款增加，现金存量和经营现金流量净额也会随之增加。如果一个公司应收账款日益增加，而现金日益减少，则可能是赊销出了比较严重的问题。例如过于放宽信用政策，甚至随意发货，未能收回现金。

2. 存货周转速度指标

衡量存货周转速度的财务指标主要包括存货周转次数、存货周转天数，计算公式为

$$存货周转次数＝营业收入或营业成本/存货$$

$$存货周转天数＝365/存货周转次数$$

根据A公司的财务报表数据，则

$$本年存货周转次数＝3\,000/119＝25.2(次/年)$$

$$本年存货周转天数＝365/25.2＝14.5(天)$$

存货周转次数表明一年中存货周转的次数，或者说明单位存货支持的营业收入。存货周转天数表明存货周转一次需要的时间，也就是存货转换成现金平均需要的时间。

在计算和使用存货周转速度指标时，应注意以下几个问题。

(1) 计算存货周转次数时，是使用"营业收入"还是"营业成本"作为周转额，要看分析目的。在短期偿债能力分析中，为了评估资产的变现能力，需要计量存货转换为现金的数量和时间，应采用"营业收入"。在分解总资产周转次数时，为系统分析各项资产的周转情况并识别主要的影响因素，应统一使用"营业收入"。如果是为了评估存货运用效率，应当使用"营业成本"计算存货周转次数，使其分子和分母保持口径一致。实际上，两种周转次数的差额是毛利引起的，用营业收入或营业成本计算都能达到分析目的。

依据A公司的财务报表数据，则

$$本书存货(成本)周转次数＝营业成本/存货＝2\,644/119＝22.22(次)$$

(2) 存货周转天数不是越少越好。存货过多会浪费资金，存货过少不能满足流转需要，在特定生产经营条件下存在一个最佳存货水平，所以存货不是越少越好。

(3) 应注意应付账款、存货和应收账款(或营业收入)之间的关系。一般说来，销售增加会拉动应收账款、存货、应付账款增加，不会引起周转率的明显变化。但是，当公司接受一个大订单时，先要增加采购，然后依次推动存货和应收账款增加，最后才引起应收账款(营业收入)增加。因此，在该订单没有实现销售以前，先表现为存货等周转天数增加，这种周转天数增加没有什么不好。与此相反，当公司预见到销售会萎缩时，会

先减少采购，依次引起存货周转天数等减少。在这种情况下，周转天数减少并不是因为资产管理的改善。因此，任何财务分析都应以认识经营活动的本来面目为目的，不可仅根据数据的高低做出简单的结论。

(4) 应关注构成存货的产成品、半成品、原材料、在产品和低值易耗品之间的比例关系。各类存货的明细资料以及存货重大变动的解释，应在报表附注中披露。正常情况下，它们之间存在某种比例关系。如果产成品大量增加，其他项目减少，很可能是因为销售不畅，放慢了生产节奏。此时，总存货金额可能并没有显著变动，甚至尚未引起存货周转率的显著变化。因此，在财务分析时既要重点关注变化大的项目，也不能完全忽视变化不大的项目，这些项目内部可能隐藏着重要问题。

3. 流动资产周转速度指标

衡量流动资产周转速度的财务指标包括流动资产周转次数、流动资产周转天数，计算公式为

$$流动资产周转次数＝营业收入/流动资产$$
$$流动资产周转天数＝365/流动资产周转次数$$

根据A公司的财务报表数据，则

$$本年流动资产周转次数＝3\,000/700＝4.3(次/年)$$
$$本年流动资产周转天数＝365/4.3＝85.2(天)$$

流动资产周转次数表明流动资产一年中周转的次数，或者说明单位流动资产所支持的营业收入。流动资产周转天数表明流动资产周转一次所需要的时间，也就是流动资产转换成现金平均所需要的时间。

4. 营运资本周转速度指标

衡量营运资本周转速度的财务指标包括营运资本周转次数、营运资本周转天数，计算公式为

$$营运资本周转次数＝营业收入/营运资本$$
$$营运资本周转天数＝365/营运资本周转次数$$

根据A公司的财务报表数据，则

$$本年营运资本周转次数＝3\,000/400＝7.5(次/年)$$
$$本年营运资本周转天数＝365/7.5＝48.7(天/次)$$

营运资本周转次数表明一年中营运资本周转的次数，或者说明单位营运资本额支持的营业收入。营运资本周转天数表明净营运资本周转一次需要的时间，也就是营运资本转换成现金平均需要的时间。

5. 非流动资产周转速度指标

衡量非流动资产周转速度的财务指标包括非流动资产周转次数、非流动资产周转天数，计算公式为

$$非流动资产周转次数=营业收入/非流动资产$$
$$非流动资产周转天数=365/非流动资产周转次数$$

根据A公司的财务报表数据，则

$$本年非流动资产周转次数=3\ 000/1\ 300=2.3(次/年)$$
$$本年非流动资产周转天数=365/(3\ 000/1\ 300)=158.2(天)$$

非流动资产周转次数表明一年中非流动资产的周转次数，或者说明单位非流动资产支持的营业收入。非流动资产周转天数表明非流动资产周转一次的时间，也就是非流动资产转换成现金平均需要的时间。

6. 总资产周转速度指标

衡量总资产周转速度的财务指标包括总资产周转次数、总资产周转天数，计算公式为

$$总资产周转次数=营业收入/总资产$$
$$总资产周转天数=365/总资产周转次数$$

根据A公司的财务报表数据，则

$$本年总资产周转次数=3\ 000/2\ 000=1.5(次/年)$$
$$本年总资产周转天数=365/(3\ 000/2\ 000)=243.3(天/次)$$

总资产周转次数表明一年中总资产的周转次数，或者说明单位总资产支持的营业收入。总资产周转天数表明总资产周转一次需要的时间，也就是总资产转换成现金平均需要的时间。

总资产是由各项资产组成的，总资产周转速度变动是由各项资产周转速度变动所引起的，通过分析各项资产周转速度变动对总资产周转速度变动的影响，能够找出影响较大的资产项目，为进一步分析指明方向。分析总资产和各项资产周转速度的变动通常采用周转天数而不采用周转次数，原因在于各项资产的周转次数之和不等于总资产周转次数。我们选择占总资产比重较大的资产项目，比如应收账款、存货和固定资产，分析这些项目对总资产周转天数变动的影响。

根据表2-6的周转天数分析，A公司本年总资产周转天数增加了28.1天，影响较大的资产项目是应收账款周转天数增加了22.3天，存货周转天数减少了27.3天，非流动资产周转天数增加了21.2天。由于非流动资产，尤其是固定资产占总资产比重很大，总资产周转速度下降主要是由固定资产周转速度下降导致的。

表2-6　A公司主要资产项目周转天数

资产	资产周转天数		
	本年	上年	变动额
应收账款	50.7	28.4	22.3
存货	14.5	41.8	−27.3
流动资产合计	85.2	78.1	7.1
非流动资产合计	158.2	137	21.2
资产总计	243.3	215.2	28.1

2.2.4 盈利能力指标

盈利能力指标主要包括权益净利率、总资产净利率、营业净利率。

1. 权益净利率

权益净利率也称为股东报酬率或净资产收益率，是净利润与股东权益的比率，反映单位股权资本的投资回报，是衡量权益资本盈利能力和公司盈利能力的核心指标，计算公式为

$$权益净利率=(净利润/股东权益)\times100\%$$

根据A公司的财务报表数据，则

$$本年权益净利率=(136/960)\times100\%=14.17\%$$

$$上年权益净利率=(160/880)\times100\%=18.18\%$$

A公司的权益净利率有所下降，总体来讲不如上一年。

权益净利率不仅具有很强的综合性，能全面概括公司的经营业绩和财务业绩，还具有很好的可比性，可以用于不同公司绩效优劣的比较。

权益净利率公式可以做如下推导

$$权益净利率=(净利润/股东权益)\times100\%$$

$$=(净利润/资产)\times(资产/股东权益)\times100\%$$

$$=总资产净利率\times权益乘数\times100\%$$

可见，权益净利率是由反映总资产盈利能力的总资产净利率指标，和反映公司偿债能力和财务杠杆的权益乘数指标共同决定的。

2. 总资产净利率

总资产净利率是指净利润与总资产的比率，它反映公司运用单位资产为股东创造的收益，是反映公司总资产盈利能力的指标，计算公式为

$$总资产净利率=(净利润/总资产)\times100\%$$

根据A公司的财务报表数据，则

$$本年总资产净利率=(136/2\,000)\times100\%=6.8\%$$

$$上年总资产净利率=(160/1\,680)\times100\%=9.52\%$$

$$差异=6.8\%-9.52\%=-2.72\%$$

总资产净利率是决定公司权益资本盈利能力(权益净利率)的关键指标。虽然股东报酬率由总资产净利率和财务杠杆共同决定，但提高财务杠杆会增加财务风险，并不一定会增加股东财富。此外，财务杠杆的提高存在许多限制，公司经常处于财务杠杆不可能再提高的临界状态。因此，提高权益净利率的基本驱动因素是总资产净利率。

影响总资产净利率的驱动因素是营业净利率和总资产周转率，相关的计算公式为

$$总资产净利率=净利润/总资产$$

$$=(净利润/营业收入)×(营业收入/总资产)$$

$$=营业净利率×总资产周转次数$$

总资产周转次数是单位资产投资所支持或创造的营业收入，反映了公司资产的运用和管理效率。营业净利率是单位营业收入创造的净利润，反映了公司销售商品和提供劳务的获利能力。两者共同决定了总资产净利率。

A公司总资产净利润率的分解如表2-7所示。

表2-7　A公司总资产净利润率的分解

项目	本年	上年	变动
营业收入/万元	3 000	2 850	150
净利润/万元	136	160	−24
总资产/万元	2 000	1 680	320
总资产净利率/%	6.80	9.52	−2.72
营业净利率/%	4.53	5.61	−1.08
总资产周转次数/次	1.50	1.70	−0.20

A公司本年的资产净利率比上年降低2.72%，其原因是营业净利率和总资产周转率都降低了。那么，哪一个原因更重要呢？可以使用因素分析法进行定量分析。

$$营业净利率变动影响=营业净利率变动×上年总资产周转次数$$

$$=-1.08\%×1.70=-1.84\%$$

$$总资产周转次数变动影响=本年营业净利率×总资产周转次数变动$$

$$=4.53\%×(-0.20)=-0.91\%$$

$$两项因素变动的共同影响=-1.84\%-0.91\%=-2.75\%$$

可见，营业净利率下降使总资产净利率下降了1.84%，总资产周转率下降使总资产净利率下降了0.91%。两者共同作用使总资产净利率下降2.75%(计算过程取小数点后两位，因而计算结果略大于2.72%)，其中，营业净利率下降是主要影响因素。

3. 营业净利率

营业净利率是指净利润与营业收入的比率，是反映公司销售商品、提供劳务，即经营活动的获利能力的指标，计算公式为

$$营业净利率=(净利润/营业收入)×100\%$$

营业净利率越大，公司经营活动的盈利能力越强。需要注意的是，只有在投资收益、公允价值变动损益和营业外收支净额等在净利润中所占比重很小的情况下，该指标才能反映公司经营活动为股东创造收益的能力。

根据A公司的财务报表数据，则

$$本年营业净利率=(136/3\ 000)\times100\%=4.53\%$$

$$上年营业净利率=(160/2\ 850)\times100\%=5.61\%$$

$$变动额=4.53\%-5.61\%=-1.08\%$$

A公司本年营业净利率减少了1.08%。

营业净利率的变动，是由利润表中各个相关项目金额变动引起的。分析人员可以编制以营业收入为基数的利润结构百分比报表。如表2-8所示为A公司的利润结构百分比变动情况表，找出影响较大的不利因素，确定重点项目并进一步分析。百分比报表排除了规模的影响，提高了数据的可比性。

表2-8 A公司利润结构百分比变动情况表 单位：万元

项目	本年金额	上年金额	变动额	本年百分比/%	本年百分比/%	百分比变动/%
一、营业收入	3 000	2 850	150	100	100	0
减：营业成本	2 644	2 503	141	88.13	87.82	0.31
税金及附加	28	28	0	0.93	0.98	-0.05
销售费用	22	20	2	0.73	0.7	0.03
管理费用	46	40	6	1.53	1.4	0.13
财务费用	110	96	14	3.67	3.37	0.3
加：投资收益	6	0	6	0.2	0	0.2
二、营业利润	156	163	-7	5.2	5.73	-0.52
加：营业外收入	45	72	-27	1.5	2.53	-1.03
减：营业外支出	1	0	1	0.03	0	0.03
三、利润总额	200	235	-35	6.67	8.25	-1.58
减：所得税费用	64	75	-11	2.13	2.63	-0.5
四、净利润	136	160	-24	4.35	5.61	-1.08

A公司本年营业净利率(净利润百分比)下降了1.08个百分点，影响较大的不利因素是营业外收入百分比下降了1.03个百分点，营业成本百分比(营业成本率)增加了0.31个百分点，财务费用百分比增加了0.3个百分点。应重点关注结构百分比变动较大的项目，如A公司的营业外收入、营业成本和财务费用。确定重点分析的项目以后，需要深入到各项目内部进一步分析。此时，需要参考报表附注提供的明细资料以及其他可以收集到的信息。

2.2.5 市价比率

1. 市盈率

市盈率是指普通股每股市价与每股收益的比率，它反映普通股股东愿意为单位净利润支付的价格。其中，每股收益是指可分配给股东的净利润与流通在外普通股加权平均股数的比率，它反映单位普通股当年获得的净利润，计算公式为

$$市盈率＝每股市价/每股收益$$

$$每股收益＝普通股股东净利润/流通在外普通股加权平均股数$$

假设A公司无优先股，20×3年12月31日普通股每股市价为36元，20×3年发行在外的普通股为100万股。根据A公司的财务报表数据，则

$$本年每股收益＝136/100＝1.36(元/股)$$

$$本年市盈率＝36/1.36＝26.47(倍)$$

在计算和使用市盈率及每股收益时，应注意以下问题。

(1) 每股市价反映了投资者对未来每股收益的预期，相当于未来预期每股收益的资本化。但是，市盈率是基于过去年度的每股收益计算的，如果投资者预期收益大幅增长，市盈率也会相应增加。但是，如果投资者预期收益下降，市盈率将会相应降低。成熟市场上的成熟公司有非常稳定的收益，通常其每股市价为每股收益的10～12倍。

(2) 如果公司存在优先股，则计算公式为

$$每股收益＝(净利润－优先股股利)/流通在外普通股加权平均股数$$

每股收益的概念仅适用于普通股，即普通股的每股收益。优先股股东除了能够分享优先股股利外，对剩余的净利润不再有索取权。在有优先股股息的情况下，计算每股收益的分子必须等于可分配给普通股股东的净利润，即从净利润中扣除当年宣告或积累的优先股股息。

2. 市净率

市净率是指普通股每股市价与每股净资产的比率，它反映普通股股东愿意为单位净资产支付的价格，表明市场对公司净资产质量的评价。其中，每股净资产也称每股账面价值，是指普通股股东权益与流通在外普通股股数的比率，它反映单位普通股享有的净资产，代表理论上的每股最低价值，计算公式为

$$市净率＝每股市价/每股净资产$$

$$每股净资产＝普通股股东权益/流通在外的普通股股数$$

对于既有优先股又有普通股的公司，通常只为普通股计算净资产。在这种情况下，普通股每股净资产的计算需要分两步来完成。第一步，从股东权益中减去优先股权益，包括优先股的清算价值及全部拖欠的股利，得出普通股权益。第二步，用普通股权益除以流通在外普通股股数，确定每股净资产。

假设A公司有优先股10万股，清算价值为每股15元，拖欠股利为每股5元；20×3年12月31日普通股每股市价36元，流通在外普通股股数为100万股。根据A公司的财务报表数据，则

$$每股净资产＝[960－(15＋5)×10]/100＝7.6(元/股)$$

$$市净率＝36/7.6＝4.74$$

在计算市净率和每股收益时，应注意所使用的是资产负债表日流通在外普通股股数，而不是当期流通在外普通股加权平均股数。这是因为每股净资产为时点数，分母也

应选取同一时点数。

3. 市销率

市销率是指普通股每股市价和每股营业收入的比率，它反映普通股股东愿意为单位营业收入支付的价格。其中，每股营业收入是指营业收入和流通在外普通股加权平均股数的比率，计算公式为

$$市销率=每股市价/每股营业收入$$

$$每股营业收入=营业收入/流通在外普通股加权平均股数$$

假设20×3年12月31日普通股每股市价为36元，20×3年流通在外普通股为100万股，根据A公司的财务报表数据，则

$$本年每股营业收入=3\,000/100=30(元/股)$$

$$市销率=36/30=1.2$$

市盈率、市净率和市销率主要用于公司价值评估，具体应用方法将在第7章详细讨论。

2.3　杜邦财务分析体系

杜邦财务分析体系简称杜邦体系，是利用主要财务比率之间的内在联系，对公司的财务状况和经营成果进行综合评价的系统方法。该体系以权益净利率为核心，以总资产净利率和权益乘数为分解，重点揭示公司总资产的获利能力及财务杠杆对权益净利率的影响，以及相关指标间的相互关系。杜邦体系因美国杜邦公司成功应用而得名。

2.3.1　杜邦财务分析体系的核心比率

权益净利率是杜邦财务分析体系的核心比率，它具有很好的可比性，可以用于不同公司之间的比较。原因在于资本具有逐利性，总是流向投资回报率高的行业和公司，使得各公司的权益净利率比较接近。如果一个公司的权益净利率经常高于其他公司，就会引来竞争者，迫使该公司的权益净利率回到平均水平。如果一个公司的权益净利率经常低于其他公司，就难以获得新增资本，最终会被市场驱逐，从而使得幸存公司的权益净利率提升到平均水平。权益净利率不仅有很好的可比性，而且有很强的综合性。权益净利率可以分解为两因素模型，表达式为

$$权益净利率=净利润/股东权益$$

$$=(净利润/总资产)\times(总资产/股东权益)$$

$$=总资产净利率\times权益乘数$$

总资产净利率反映公司管理层运用受托资产赚取利润的能力，它是由公司项目投资和经营活动决定的，而权益乘数则反映了公司筹资和资本结构决策决定的杠杆效应。

我们对总资产净利率进行分解，可以得到股东权益净利率的三因素模型，表达式为

$$权益净利率=(净利润/营业收入)×(营业收入/总资产)×权益乘数$$
$$=营业净利率×总资产周转率×权益乘数$$

该模型综合反映了公司经营活动的获利能力、资产的运用和管理效率和财务杠杆效应，可见，净资产收益率在各项财务指标中具有综合性。其中，营业净利率可以反映公司经营成果，是对利润表的高度概括；权益乘数反映了资产、负债和股东权益的比例关系，是对资产负债表的概括，可以反映公司基本的财务状况；总资产周转率则反映总资产的运用和管理效率，它把利润表和资产负债表联系起来，使权益净利率可以综合整个公司的经营成果和财务状况。通过分解影响净资产收益率的因素，可以解释公司净资产收益率变动的原因。为提高权益净利率，管理者从3个分解指标入手，无论提高其中哪一个比率，权益净利率都会得到提升。

2.3.2　杜邦财务分析体系的基本框架

杜邦财务分析体系的基本框架(举例说明)如图2-2所示。

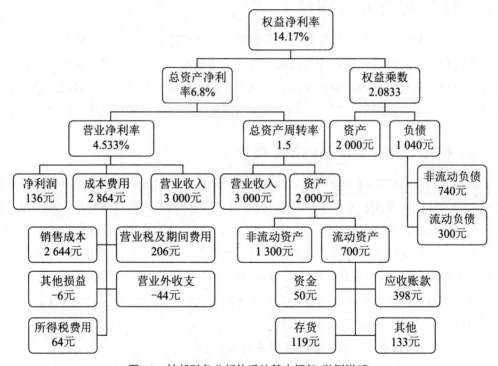

图2-2　杜邦财务分析体系的基本框架(举例说明)

由图2-2可见，该体系是一个多层次财务比率分解体系。各项财务比率在每个层次上与本公司历史或同业进行比较，比较之后逐级向下分解，逐步覆盖公司活动的每一个环节，可以实现系统、全面评价公司经营成果和财务状况的目的。

第一层次的分解是把权益净利率分解为总资产净利率和权益乘数，第二层次的分解是把总资产净利率分解为营业净利率和总资产周转率，这3个比率在各公司之间可能存

在显著差异。通过对差异的比较，可以观察本公司与其他公司的经营战略、筹资和资本结构决策存在哪些不同。

　　分解出来的营业净利率和总资产周转率，可以反映公司的经营战略。一些公司营业净利率较高，而总资产周转率较低；另一些公司与之相反，总资产周转率较高，而营业净利率较低。两者经常呈反方向变化，这种现象不是偶然的。为了提高营业净利率，公司需要增加产品的附加值，往往需要增加资产投资，这会引起总资产周转率下降；与此相反，为了加快周转，增加销售量，就要降低价格，但会引起营业净利率下降。通常，营业净利率较高的制造业，其总资产周转率都比较低；总资产周转率很高的零售业，营业净利率很低。是采取"高盈利、低周转"策略，还是采取"低盈利、高周转"策略，是公司根据外部环境和自身情况所做出的战略选择。正因为如此，仅通过营业净利率的高低并不能看出业绩好坏，把它与总资产周转率联系起来可以考查公司经营战略，而真正重要的是两者共同作用得到的总资产净利率。总资产净利率反映管理层运用公司资产赚取盈利的业绩，是衡量公司盈利能力最重要的指标。

　　分解出来的财务杠杆(用权益乘数表示)可以反映公司的筹资和资本结构决策。在总资产净利率不变的情况下，提高财务杠杆可以提高权益净利率，但同时也会增加财务风险。如何配置财务杠杆是公司最重要的金融政策。通常总资产净利率较高的公司，财务风险和财务杠杆较低，为提高权益净利率，会倾向于增加负债比例，以获得更多的杠杆利益。但是，债权人不一定会同意这种做法。债权人不分享超过利息的收益，倾向于为预期未来经营活动现金净流量比较稳定的公司提供贷款。为了稳定现金流量，公司的一种选择是降低价格以减少竞争；另一种选择是增加营运资本以避免流动性风险，这都会导致总资产净利率下降。这就是说，为了提高流动性，只能降低盈利性。因此，经营风险低的公司可以得到较多的贷款，其财务杠杆较高；经营风险高的公司，只能得到较少的贷款，其财务杠杆较低。总资产净利率与财务杠杆呈负相关，共同决定了公司的权益净利率。在实践中，公司必须使其经营战略与筹资和资本结构政策相匹配。

2.3.3　权益净利率的驱动因素分解

　　杜邦财务分析体系要求在每一个层次上进行财务比率的比较和分解，通过与上年比较可以预测变动的趋势，通过与同业的比较可以识别存在的差距。分解的目的是认识引起变动(或产生差距)的原因，并衡量其重要性，为后续分析指明方向。

　　下面以A公司权益净利率的比较和分解为例，说明其分析方法。

　　权益净利率的比较对象，可以是其他公司的同期数据，也可以是本公司的历史数据，这里仅以本公司当年与上年的比较为例，则

$$权益净利率＝营业净利率×总资产周转率×权益乘数$$

$$本年权益净利率＝4.533\%×1.5×2.0833＝14.17\%$$

$$上年权益净利率＝5.614\%×1.696×1.9091＝18.18\%$$

$$权益净利率变动＝-4.01\%$$

与上年相比，股东的报酬率降低了，公司整体业绩不如上年。影响权益净利率变动的不利因素是营业净利率和总资产周转率下降，有利因素是财务杠杆提高。

利用连环替代法可以定量分析它们对权益净利率变动的影响程度。

(1) 营业净利率变动的影响，可用公式表示为

按本年营业净利率计算的上年权益净利率=4.533%×1.696×1.9091=14.68%

营业净利率变动的影响=14.68%-18.18%=-3.5%

(2) 总资产周转率变动的影响，按本年营业净利率、总资产周转次数计算的上年权益净利率为

上年权益净利率=4.533%×1.5×1.9091=12.98%

总资产周转次数变动的影响=12.98%-14.68%=-1.7%

(3) 财务杠杆变动的影响为

财务杠杆变动的影响=14.17%-12.98%=1.19%

通过分析可知，最重要的不利因素是营业净利率降低，使权益净利率减少3.5%；其次是总资产周转率降低，使权益净利率降低1.7%。有利因素是权益乘数提高，使权益净利率增加1.19%。不利因素超过有利因素，所以权益净利率减少4.01%，因此应重点关注营业净利率降低的原因。

在分解之后进入下一层次的分析，分别考查营业净利率、资产利润率和财务杠杆的变动原因。前文已经对此做过说明，此处不再赘述。

2.3.4 杜邦财务分析体系的局限性

前述杜邦财务分析体系虽然被广泛使用，但是也存在某些局限性。

1. 净利润没有区分经营活动损益和金融活动损益

公司经济活动分为经营活动和金融活动。经营活动是指销售商品或提供劳务等营业活动以及与此相关的生产性资产投资活动。金融活动是指筹资活动以及利用多余资金所进行的金融市场投资活动。传统的杜邦财务分析体系没有区分经营活动和金融活动、经营活动损益和金融活动损益。

权益净利率的三因素模型的表达式为

权益净利率=营业净利率×总资产周转率×权益乘数

营业净利率=净利润/营业收入

在营业净利率的计算公式中，净利润既包括经营活动损益，也包括金融活动损益，而营业收入仅仅是销售商品或提供劳务等(经营活动)的收入，显然，两者并不完全匹配。由于净利润没有扣除金融活动损益，在金融活动损益对净利润影响较大的情况下，营业净利率不能客观反映公司销售商品或提供劳务的获利能力。

需要指出的是，公司金融活动损益往往表现为净筹资费用(净利息费用)，原因在于大多数公司在金融市场上的金融活动主要是筹资，而不是投资，表现为净筹资。虽然利

息费用是否属于经营活动费用在理论界和实务界始终存在争议，但利息费用并不是公司经营活动必然发生的费用，与经营活动损益的多少也不存在明确的相关关系，因此，将净利润区分为经营活动损益和金融活动损益更为合理。

2. 总资产净利率的"总资产"与"净利润"不完全匹配

根据权益净利率的两因素模型

$$权益净利率＝总资产净利率×权益乘数$$

$$总资产净利率＝净利润/总资产$$

总资产是全部资产提供者提供的，这些资产的提供者包括无息负债(应付账款等经营性负债)的债权人、有息负债的债权人和股东。无息负债的债权人无偿提供资产而不要求分享收益，但股东和有息负债的债权人要求分享收益，而净利润却专属于股东，显然，两者并不完全匹配。

3. 公司负债没有区分金融负债和经营负债

公司负债包括经营负债和金融负债。经营负债是指销售商品或提供劳务所涉及的自发性负债，金融负债是筹资活动所涉及的负债。权益乘数中的总负债并没有区分经营负债和金融负债。由于经营负债属于无息负债，没有固定融资成本，不会产生财务杠杆作用，将其纳入负债计算权益乘数，会歪曲财务杠杆的实际效应，因此需要区分金融负债和经营负债。如果将权益乘数的总资产调整为扣除应付账款等无息经营负债的总资产，这样与股东权益对比，才可以得到更符合实际的财务杠杆。

此外，金融负债属于有息负债，而经营负债为无息负债，公司负债没有区分为金融负债和经营负债也是导致总资产净利率的"总资产"与"净利润"不完全匹配的重要原因，因而在区分金融负债和经营负债的基础上，将总资产净利率的"资产"调整为股东和金融债权人投资形成的资产(即总资产扣除经营负债)，更为恰当。

4. 总资产没有区分经营资产和金融资产

与经营活动和金融活动相对应，总资产也应分为经营资产和金融资产。经营资产是指销售商品或提供劳务所涉及的资产。金融资产是将尚未投入实际经营活动的闲置资金进行金融投资所涉及的资产。传统的杜邦财务分析体系没有区分经营资产和金融资产。

权益净利率的三因素模型中总资产周转率的表达式为

$$总资产周转率＝营业收入/总资产$$

总资产不仅包括经营资产，还包括金融资产，显然，营业收入与总资产存在不匹配问题。由于总资产包括金融资产，在金融资产占比较大的情况下，总资产周转率并不能准确反映经营资产周转速度。

5. 不能清晰地显示资本结构对权益净利率的影响

在权益净利率的两因素模型中，权益净利率与权益乘数成正比，负债比率的增加会导致权益净利率提高。但是，有息负债的增加也会导致利息费用增加，从而使净利润和总资产净利率下降，所以资本结构(权益乘数)对净资产收益率的影响是不明确的。

2.3.5 杜邦财务分析体系的改进

鉴于传统杜邦财务分析体系存在的局限性，需要重新设计改进的杜邦财务分析体系。

1. 净利润区分为经营活动损益和金融活动损益

为克服传统杜邦财务分析体系存在的局限性，需要区分公司的经营活动和金融活动、经营活动损益和金融活动损益。为此，在权益净利率的表达式中，需要将净利润分解为经营损益和金融损益，即

$$税后利润=税后经营损益+税后金融损益$$
$$=经营损益+金融损益$$
$$金融损益=金融投资收益-金融筹资费用$$

由于大多数公司在金融市场上表现为净筹资，金融损益往往表现为抵减金融投资收益的税后净筹资费用(税后净利息费用)，即

$$金融损益=-税后净利息费用$$
$$税后净利息费用=金融筹资费用-金融投资收益$$
$$=(利息费用-公允价值变动损益-投资收益)×(1-所得税税率)$$
$$税后利润=税后经营利润-税后净利息费用$$

这样，权益净利率的表达式可以改写为

$$权益净利率=(税后经营利润-税后净利息费用)/股东权益$$

2. 改进的权益净利率两因素模型

对权益净利率进行如下分解

$$权益净利率=(税后经营利润/股东权益)-(税后净利息费用/股东权益)$$
$$=(税后经营利润/净经营资产)×(净经营资产/股东权益)-$$
$$(税后净利息费用/净金融负债)×(净金融负债/股东权益)$$

"税后经营利润/净经营资产"为税后净经营资产利润率，即

$$税后净经营资产利润率=税后经营利润/净经营资产$$

税后经营利润代表公司给股东和有息债权人创造的投资报酬。

$$净经营资产=经营资产-经营负债$$

净经营资产反映了股东和有息债权人投入资本所形成的经营资产。由于公司利用暂时闲置的资金进行金融投资所形成的金融资产规模很小，净经营资产可以大致反映股东和有息负债债权人的投入资本所形成的全部资产。

税后净经营资产利润率反映了净经营资产的投资报酬率，它是反映公司经营活动盈

利能力的核心指标。将传统权益净利率两因素模型中的总资产净利率调整为税后净经营资产利润率，能够克服总资产净利率的净利润与总资产不匹配的问题。因为净经营资产可以大致代表股东和有息负债债权人的投入资本，而税后经营利润能够大致代表公司给股东和有息债权人创造的投资报酬，两者相除才是合乎逻辑的投资回报率。

"税后净利息费用/净金融负债"中，净金融负债的计算公式为

$$净金融负债 = 金融负债 - 金融资产$$

由于大多数公司的金融活动体现为负债筹资，金融负债规模较大，而金融资产规模很小，将金融资产作为金融负债的抵减项，两者的差额为净金融负债。

$$税后利息率 = 税后净利息费用/净金融负债$$

税后利息率反映公司净金融负债的平均筹资成本。为客观计算公司的权益乘数或财务杠杆，需要将金融负债与经营负债区别开来。除此之外，剥离经营负债还在于准确计量筹资成本的需要。因为利息支出仅仅是金融负债的成本，经营负债是无息负债，利息与金融负债的比值才是真正的负债筹资成本。

这样，权益净利率的表达式为

$$权益净利率 = 税后净经营资产利润率 \times (净经营资产/股东权益) -$$
$$税后利息率 \times (净金融负债/股东权益)$$
$$经营资产 + 金融资产 = 经营负债 + 金融负债 + 股东权益$$
$$净经营资产 = 净金融负债 + 股东权益$$

权益净利率的表达式可以推导为

$$权益净利率 = 税后净经营资产利润率 \times (1 + 净金融负债/股东权益) -$$
$$税后利息率 \times (净金融负债/股东权益)$$
$$净财务杠杆 = 净金融负债/股东权益$$

净财务杠杆以净负债与股东权益的对比关系来反映公司的资本结构和杠杆效应。与权益乘数相比，由于净财务杠杆采用净金融负债，剔除经营负债的影响，克服了权益乘数不能客观反映杠杆效应的缺陷，其反映的财务杠杆更符合实际。

这样，权益净利率的表达式为

$$权益净利率 = 税后净经营资产利润率 \times (1 + 净财务杠杆) - 税后利息率 \times 净财务杠杆$$
$$= 税后净经营资产利润率 + (税后净经营资产利润率 - 税后利息率) \times$$
$$净财务杠杆$$

根据该公式，权益净利率取决于3个驱动因素，即资产盈利能力(税后净经营资产利润率)、负债筹资成本(税后利息率)和资本结构(净财务杠杆)。税后净经营资产利润率体现了经营资产的盈利能力，取决于公司的经营活动；而税后利息率和净财务杠杆则体现了负债筹资成本和资本结构，取决于公司的筹资(金融)活动。

$$杠杆贡献率 = (税后净经营资产利润率 - 税后利息率) \times 净财务杠杆$$

杠杆贡献率综合反映了负债筹资(金融活动)对权益净利率的贡献，它不仅取决于资

本结构(净财务杠杆)，也取决于公司的盈利能力(表现为税后净经营资产利润率与税后利息率的差额)。当净经营资产利润率与税后利息率相等时，杠杆贡献率为0，即不存在杠杆效益。这时，无论如何加大金融负债比例，也不能提高股东的投资报酬率。当净经营资产利润率小于税后利息率时，杠杆贡献率小于0，这时加大金融负债比例只能降低股东的投资报酬率。当净经营资产利润率高于税后利息率时，即在公司的盈利能力较高的情况下，杠杆贡献率大于0，存在杠杆效益。这时，加大杠杆能够提高股东的投资回报率。公司的盈利能力越高(表现为两者差值越大)，杠杆效益越显著。可见，在改进的权益净利率两因素模型中，负债比例的增加对权益净利率的影响取决于公司的盈利能力，并且这种影响可以量化，能够清晰地显示资本结构(净财务杠杆)对权益净利率的影响，从而克服了传统权益净利率两因素不能清晰地显示资本结构对权益净利率影响的缺陷。

这样，我们可以推导出改进的权益净利率两因素模型为

$$权益净利率=税后净经营资产利润率+杠杆贡献率$$

根据改进的权益净利率两因素模型，净经营资产利润率取决于公司的经营活动，而杠杆贡献率取决于筹资活动，表现出权益净利率受经营活动和筹资活动的共同影响。

3. 改进的权益净利率三因素模型

根据改进的权益净利率两因素模型

$$权益净利率=税后净经营资产利润率+杠杆贡献率$$

对税后净经营资产利润率进一步分解，可以得到权益净利率三因素模型为

$$税后净经营资产利润率=税后经营利润/净经营资产$$
$$=(税后经营利润/营业收入)\times(营业收入/净经营资产)$$
$$=税后经营利润率\times净经营资产周转率$$

与传统权益净利率三因素模型中的营业净利率相比，税后经营利润排除了金融损益的影响，与营业收入直接匹配，因此税后经营利润率能够更为客观地反映公司销售商品、提供劳务的盈利能力。同样，经营资产扣除了未投入公司经营活动的金融资产，也解决了总资产周转率中营业收入与总资产存在的不匹配问题，因此净经营资产周转率能够更加准确地反映经营资产的利用和管理效率，从而有效地克服了传统杜邦三因素模型的缺陷。可见，在区分经营活动和金融活动的基础上，将税后净经营资产利润率分解为税后经营利润率和净经营资产周转率，比将资产净利率直接分解为销售净利率和资产周转率更符合逻辑。

改进后的杜邦三因素模型为

$$权益净利率=税后经营利润率\times净经营资产周转率+杠杆贡献率$$

权益净利率的3个驱动因素为税后经营利润率、净经营资产周转率和杠杆贡献率。

2.3.6 改进的财务报表

杜邦财务分析体系的改进也要求财务报表体系做出相应的改进，以适应报表使用者

分析、决策和管理的需要。为此需要将传统的财务报表所反映的经济活动划分为经营活动和金融活动，将总资产划分为经营资产和金融资产，将经营成果划分为经营损益和金融损益。

1. 改进的资产负债表

改进的资产负债表将总资产划分为经营资产和金融资产，经营资产是指公司销售商品或提供劳务所涉及的资产，金融资产是指公司利用经营活动多余资金投资所涉及的资产。与此相对应，将负债划分为经营负债和金融负债，经营负债是指公司销售商品或提供劳务所涉及的负债，金融负债是指公司筹资活动所涉及的负债。由此形成下列关系表达式

总资产＝经营资产＋金融资产；总负债＝经营负债＋金融负债

净经营资产＝经营资产－经营负债；净金融负债＝金融负债－金融资产

经营资产＋金融资产＝经营负债＋金融负债＋股东权益

经营资产－经营负债＝金融负债－金融资产＋股东权益

净经营资产＝净金融负债＋股东权益

以A公司为例，改进的资产负债表如表2-9所示。

表2-9 资产负债表

编制单位：A公司　　　　　　20×1年12月31日　　　　　　单位：万元

净经营资产	年初余额	年末余额	净金融负债及股东权益	年初余额	年末余额
经营性流动资产：			金融负债：		
货币资金	44	25	短期借款	60	45
应收票据及应收账款	418	222	交易性金融负债	0	0
预付账款	22	4	其他应付款(应付利息)	12	16
其他应收款(应收股利)	0	0	其他应付款(应付股利)	0	0
其他应收款(扣除应收利息、应收股利)	12	22	一年内到期的非流动负债	0	0
存货	119	326	长期借款	450	245
一年内到期的非流动资产	77	11	应付债券	240	260
其他流动资产	8	0	金融负债合计	300	220
经营性流动资产合计	700	610	金融资产：		
经营性流动负债：			交易性金融资产	0	0
应付票据及应付账款	133	123	其他应收款(应收利息)	0	0
预收账款	10	4	债权投资	0	0
应付职工薪酬	2	1	其他债权投资	0	0
应交税费	5	4	其他权益工具投资	0	0
其他应付款(扣除应付利息、应付股利)	25	22	投资性房地产	0	0
其他流动负债	53	5	金融资产合计	0	0

(续表)

净经营资产	年初余额	年末余额	净金融负债及股东权益	年初余额	年末余额
经营性流动负债合计	228	159	净金融负债	762	566
经营性非流动资产:					
长期应收款	0	0			
长期股权投资	30	0			
固定资产	1 238	1 012			
在建工程	18	35			
无形资产	6	8			
开发支出	0	0			
商誉	0	0			
长期待摊费用	5	15			
递延所得税资产	0	0			
其他非流动资产	3	0			
经营性非流动资产合计	1 300	1 070			
经营性长期负债:			股东权益:		
长期应付款	50	60	股本	100	100
预计负债	0	0	资本公积	10	10
递延所得税负债	0	0	其他综合收益	0	0
其他非流动负债	0	15	盈余公积	60	40
经营性长期负债合计	50	75	未分配利润	790	730
净经营性非流动资产	1 250	995	股东权益合计	960	880
净经营性资产总计	1 722	1 446	净金融负债及股东权益合计	1 722	1 446

2. 改进的利润表

改进的利润表将净利润区分为金融损益和经营损益。其中，金融损益(税后净利息费用)为金融负债利息支出(财务费用)与金融投资收益(投资收益、金融资产公允价值变动收益)的差额，经营损益为税后经营利润。以A公司为例，改进的利润表如表2-10所示。

表2-10　利润表

编制单位：A公司　　　　　　　　　20×1年12月31日　　　　　　　　　单位：万元

项目	本年金额	上年金额
经营损益:		
一、营业收入	3 000	2 850
减：营业成本	2 644	2 503
税金及附加	28	28
销售费用	22	20
管理费用	46	40

(续表)

项目	本年金额	上年金额
经营资产减值损失(资产减值损失)	0	0
加：其他收益	0	0
经营资产处置收益(资产处置收益)	0	0
加：营业外收入	45	72
减：营业外支出	1	0
二、税前经营利润	304	331
减：经营利润所得税费用	97.28	105.62
三、税后经营利润	206.72	225.38
金融损益：		
四、财务费用	110	96
减：公允价值变动收益	0	0
减：投资收益	6	0
五、税前净利息费用	104	96
减：净利息费用抵税	33.28	30.63
六、税后净利息费用	70.72	65.37
七、净利润	136	160
附注：平均所得税税率＝32%		

思考题

1. 财务报表主要包括哪些内容？资产负债表反映了公司金融活动的哪些信息？

2. 财务报表的局限性体现在哪些方面？

3. 企业财务报表分析包括哪些基本方法？比较分析法包括哪些内容？因素分析法一般分为哪些步骤？

4. 短期偿债能力包括哪些指标？影响短期偿债能力的其他因素是什么？

5. 为什么用流动比率分析公司的短期偿债能力，还需要考查应收账款和存货的周转速度？

6. 衡量长期偿债能力的财务比率包括哪些？影响长期偿债能力的其他因素是什么？

7. 营运能力比率包括哪些？在计算和使用应收账款周转率、存货周转率时应注意哪些问题？

8. 盈利能力指标主要包括哪些？市价比率包括哪些？

9. 权益净利率的两因素模型和三因素模型是什么？为什么权益净利率具有综合性？

10. 传统的杜邦财务分析体系存在哪些局限性？如何改进？

练习题

某公司20×1年和20×2年的营业净利率、总资产周转率、权益乘数和权益净利率的资料如表2-11所示。

表2-11　某公司财务指标

指标	20×1年	20×2年
营业净利率/%	4	5
总资产周转率/%	1.5	1
权益乘数	2	2
权益净利率/%	12	10

要求：运用因素分析法，分析各因素变动对权益净利率的影响程度。

第3章 | 资产估值、时间价值与风险报酬

在公司金融决策中，资产估值是一个核心问题。这里的"资产"可以是金融资产、经营资产，也可以是一家公司。在长期投资决策中，公司需要对拟投资的经营性资产进行估值，判断其能否给股东创造财富，以评价该投资方案的可行性和绩效。长期筹资决策涉及一个重要的问题，即拟发行证券的定价，为此公司需要评估拟发行的股票和债券等金融资产的内在价值，确定投资者能够接受的发行价格，以实现筹资的目的。目前，资产估值的主流方法是现金流量折现法，即按适当的折现率将资产预期未来现金流量折算为现值。因而，资产估值需要预测资产未来的现金流量和设定折现率。不同资产的现金流量具有不同的特点，后续章节将结合具体资产集中讨论现金流量的估计问题，本章集中探讨资金的时间价值和风险报酬，目的是解决折现率如何设定的问题。

3.1 资产估值概述

公司金融决策涉及很多资产估值问题，具体来看，包括以下4个方面。

(1) 在公司长期投资决策中，需要估算和比较项目产出的经济价值(项目的内在价值)和项目投入的经济价值，即对项目所创造的价值进行估计，以选择可行或最优的投资方案。

(2) 在公司长期筹资决策中，公司需要站在出资者的角度，对拟发行的债券和股票的价值进行预估，以确定发行定价。

(3) 在资本结构决策中，公司需要评估资本结构决策方案对公司价值的影响，以选择最优的资本结构方案。这必然会涉及不同资本结构方案下公司价值的评估。

(4) 在公司股利分配决策中，公司需要对分配方案对股权价值或股价的影响进行估计，以制定合理的分配政策。

资产估值的目的是评价公司各项金融决策是否能够给股东创造财富，是否符合股东财富最大化目标或公司价值最大化目标，以实现科学决策，因此资产估值是公司金融决策的核心问题。

3.1.1 资产价值与资产估值的主流方法

经济学家将资产定义为未来的经济利益。资产之所以有价值，就在于它未来能够给投资者带来经济利益或投资回报，资产带来的经济利益越大，价值就越高。这里，资产的"价值"是指资产内在投资特征所决定的内在价值，这些内在投资特征主要是指资产

带来的投资回报和时间分布，以及投资回报的不确定程度。一项资产的内在价值是其在未来不同时点给投资者带来的一系列经济利益或投资回报的当前时点的价值(现值)，也称为资本化价值。当前时点是资产估值和决策的时点，未来一定投资回报的价值在投资者现在看来是"打折扣的"。比如，某投资者购买一次还本付息的一年期债券，到期还本付息额为1 100元，债券价格只有低于1 100元，他才可能购买，因为在他现在看来债券不值1 100元。至于债券价格为多少，投资者才能够接受，则取决于他将还本付息额1 100元折算到现在的价值。债券未来还本付息额越少，取得的时间越晚，还本付息越缺乏保证，则投资者认为该债券越不值钱或越没有价值，即该债券的还本付息额折算到现在的价值越小。

资产价值是该资产未来给投资者所带来的经济利益的当前价值。围绕如何将未来经济利益折算为现值这一主题，以折现理论和模型为代表的价值评估理论应运而生。随着认识的深化，当前，经济利益或投资回报已经进化为现金流量，依据现金流量的折现模型已经取代了过去使用的会计收益折现模型，成为资产估值的主流方法，广泛应用于证券、经营性投资项目和企业价值评估。主流的现金流量折现模型就是通过将资产的现金流量折算为现值，即按适当的折现率折算资产预期未来现金净流量的现值，来确定资产内在价值的。现金流量折现模型的基本思想如图3-1所示。

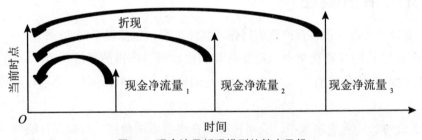

图3-1　现金流量折现模型的基本思想

$$\text{现金净流量}_1\text{的现值}=\text{现金净流量}_1/(1+\text{折现率})$$
$$\text{现金净流量}_2\text{的现值}=\text{现金净流量}_2/(1+\text{折现率})^2$$
$$\text{现金净流量}_3\text{的现值}=\text{现金净流量}_3/(1+\text{折现率})^3$$
$$\text{资产价值}=\text{现金净流量}_1\text{的现值}+\text{现金净流量}_2\text{的现值}+\text{现金净流量}_3\text{的现值}+\cdots$$

可以得出现金流量模型的一般形式为

$$\text{资产价值}=\sum_{t=1}^{n}\frac{\text{资产收益现金流量}_t}{(1+\text{折现率})^t}$$

在现金流量折现模型中，资产带来的经济利益或投资回报体现为一系列不同时点的现金回报，而非会计收益。对投资者而言，资产的内在投资特征或品质主要表现为不同时间点的一系列投资现金回报和现金回报的不确定性。在现金流量折现模型中，现金流量反映的是不同时间点的一系列投资现金回报，而折现率则是由现金回报不确定程度决定的，两者共同决定了资产的内在价值。

3.1.2 现金流量和折现率

在现金流量折现模型中，现金流量和折现率是资产内在价值的决定性因素。为理解并运用现金流量折现理论和模型，实现科学估值，需要理解和掌握这两大因素。

1. 现金流量

资产价值是其在未来不同时点给投资者带来的一系列经济利益或投资回报的当前价值。现金是经济利益(或财富)的一般形式，通常被认为是价值确定的经济利益，因为现金形式的财富比其他形式的财富更为可靠。

现金流量是指现金流及时间分布。这一概念不仅包括现金流的金额，还包括现金流的时间分布。现金流量是公司金融决策的一个核心概念，具有重要的决策意义。在项目投资决策中，需要估计投资项目的价值，并与投入价值相比较，以确定投资方案是否具有经济可行性。项目价值在很大程度上取决于其给投资者带来的现金回报，但是，在资产的现金回报总额一定的情况下，如果现金回报在时间上的分布不同，项目价值也是不同的。比如，一个项目能够在一年内给投资者带来100万元现金回报，而另一个项目带来100万元现金回报需要两年，显然，第一个项目更有价值。因而，在进行资产估值时，不仅需要关注现金回报总量，还需要关注现金回报的时间分布，即需要考查项目的现金流量。在公司筹资活动中，筹资工具(证券)的内在价值是发行定价的依据。为此，公司需要站在投资者视角，根据证券的现金流量估计拟发行证券的价值。

现金流量概念包括现金流入量、现金流出量和现金净流量三个子概念。比如，在经营性项目投资中，投资建设阶段的现金流量主要体现为现金流出量；在项目运营阶段，每个营业周期的现金流量既包括营业现金流入量，也包括营业现金流出量，两者的差额则构成了营业现金净流量。营业现金净流量是估计项目价值的依据，与净利润存在密切的联系，但与净利润相比，用营业现金净流量反映的投资回报更为真实、可靠。

随着研究的深化，用于公司估值的现金流量又进化为自由现金流量。所谓自由现金流量(free cash flow)是指公司剩余的、可自由支配的现金流量。自由现金流量是由美国西北大学的拉巴波特、哈佛大学的詹森等学者于1986年提出的，历经二十多年的发展，在以美国安然、世通等为代表的在财务报告中利润指标完美无瑕的绩优公司纷纷破产后，以自由现金流量为基础的现金流量折现模型成为公司估值领域理论最健全、使用最广泛的估值模型。

需要指出的是，财务学意义上的现金流量与会计学意义上的现金流量并不等同，主要差别在于是否包含现金等价物，会计学意义上的现金流量包含现金等价物，而财务学意义上的现金流量则不包含现金等价物。

2. 折现率

把未来现金流量折算为现值，需要一定的折现率。折现率是把未来现金流量折算为现值时所用的一种比率。在上例中，该债券值多少钱呢？投资者需要采用一定的折现率将债券的现金流入量(到期本息)折算为现值，如果他选择10%的折现率，经过折算后，该债券的价值为1 000元。那么为什么他会选择10%作为折现率呢？这是因为他认为购买该债券至少应该达到10%的报酬率，以此作为折现率，折现后的现值为1 000元，假设以此价格购买该债券，投资一年后的报酬率刚好可以达到10%的要求。可见，所谓折现率，实质上是投资者要求的最低报酬率(必要报酬率)。在现金流量折现模型中，折现率，即投资者的必要报酬率是由资金的时间价值和投资资产的风险报酬共同决定的，我们将在本章第3.2节和3.3节详细讨论。

可见，应用现金流量折现模型进行资产估值，除了需要预计资产的现金流量，还需要确定折现率或投资者的必要报酬率。虽然投资者的必要报酬率具有很强的"主观色彩"，是投资者主观要求的，但它又是客观的，因为对于理性投资者而言，其要求的最低报酬率应该是投资特定资产的机会成本，机会成本是市场上其他等风险资产的平均报酬率，而一定时期等风险资产的平均报酬率是客观的。

需要注意的是，折现率并不等同于贴现率。贴现率主要用于应收票据贴现，而折现率则用于资产估值。

3.1.3　净现值

净现值是指一项资产内在价值与该资产投入价值的差额，基本表达式为

$$净现值=资产内在价值-资产投入价值$$

从投入产出关系来看，资产内在价值可以理解为投资的产出价值。

净现值的经济含义是指投资的净增价值，即资产为投资者创造的财富或价值。比如，对于购买公司债券的债权人或投资公司股票的股东而言，净现值反映了债权投资或股权投资为债权人或股东创造的财富，归属于债权人或股东。净现值为正值的资产能够为投资者创造价值或财富，净现值为负值的项目不仅不能为投资者创造价值或财富，还会减损投资者投入的价值或财富。

资产估值是公司长期金融决策的核心，而资产估值的目的是估算决策方案的净现值，据此评估决策方案的可行性。比如，在项目投资决策中估算资产的内在价值(或投资的产出价值)，目的是与投入价值进行比较，计算净现值，评价投资方案的可行性。再如，在长期筹资决策中，对拟发行证券估值的目的是将其与发行价格进行比较，估算投资者的净现值，据此评价发行方案的可行性。

可见，净现值也是公司长期金融决策的一个核心概念。

3.2　资金时间价值与有关计算

3.2.1　资金时间价值

1. 资金时间价值的内涵

资金时间价值是指货币经历一定时间的投资和再投资所增加的价值。这里之所以强

调资金时间价值而非货币时间价值，原因在于货币并非天然具有时间价值，因为如果将货币闲置或"窖藏"，无论经历多长时间也不会增值，只有投资于生产经营领域的货币(即资金)才会产生时间价值。资金时间价值是经济生活中普遍存在的一个客观现象，比如，将现在的100元钱投资运用(比如存入银行)，1年后可得到110元(假设存款利率为10%)。这100元钱经过1年时间的投资增加了10元，这就是资金时间价值。

时间价值概念强调的是资金具有随着时间的延续而不断增值的性质。企业资金循环和周转的起点是投入货币资金，企业用它来购买所需的生产要素，然后生产出新的产品，产品出售时得到的货币量大于最初投入的货币量。资金每完成一次循环和周转，货币就增加一定数额，周转的次数越多，年增值额就越大。

理解和掌握资金时间价值的概念，需要注意以下几个方面。

(1) 资金时间价值是社会整体概念，而非个体概念。从个体投资来看，投资有赔有赚，有些投资者投入的货币并没有显示出时间价值，甚至投入货币价值随时间延续而降低。资金时间价值强调社会整体性，因为从全社会来看，随着投资时间的延续，全社会投入货币的价值会有所增加，比如一个国家的GDP或多或少有所增长。

(2) 资金时间价值通常用相对数表示。上述资金时间价值表现为货币增值的绝对数，而在实务中，为便于应用，普遍使用相对数表现资金时间价值，即用年增加值占投入货币的百分数来表示，也就是单位资金的年增值程度。

(3) 资金时间价值是投资的机会成本。资金时间价值实际上是无投资风险的社会平均报酬率(简称无风险报酬率)。资金时间价值的机会成本性质强调投资者要求的报酬率不能低于社会整体平均报酬率。

(4) 不同时点的货币价值不具有可比性。由于资金会随时间的延续而增值，现在的1元钱和1年后的1元钱的经济价值或经济效用是不同的，现在的1元钱比1年后的1元钱的经济价值大。也就是说，不同时点的货币价值不具有可比性，需要将它们折算到同一时点，才能进行比较。

2. 资金时间价值对于公司长期金融决策的应用价值

(1) 作为无风险投资的机会成本或必要报酬率。比如在公司长期筹资活动中，在不考虑投资风险的情况下，发行公司必须以股息或利息的方式补偿投资者投入资金的时间价值(资金的机会成本)，满足投资者最低报酬率的要求，否则筹资难以成功。

(2) 作为一种资产估值和投资决策的理念和方法。比如，在项目投资决策中，评价项目的可行性需要比较投入产出关系。由于资金时间价值的存在，现在投入的货币价值与项目未来净流入的货币价值不具有可比性，这就需要将项目未来取得的货币价值按照时间价值折算到当前时点(决策时点)，即进行项目估值，再与当前投入的货币价值进行比较，才能实现科学决策。

在实务中，通常以同期的国库券或国债的利率作为资金时间价值，因而一定时期的资金时间价值比较容易取得，不作为讨论的重点，所以本节主要讨论资金时间价值理念和有关计算。

3.2.2 资金时间价值的有关计算

资金时间价值的有关计算主要是指应用资金时间价值的理念和方法，对不同时间的货币价值进行相同时点的折算。由于折算是为了满足当前决策的需要，这种价值折算主要是指现值的计算。同时，为满足后续章节资产估值和决策的需要，这些计算还包括终值、年金、折现率和期数等的计算。

1. 复利终值和现值

复利是计算利息的一种方法。按照这种方法，每经过一个计息期，要将所生利息加入本金再计利息，逐期滚算，俗称"利滚利"。这里所说的计息期，是指相邻两次计息的时间间隔，如年、月、日等。除非特别指明，计息期为一年。与复利相对的是单利。单利是指只对本金计算利息，而不将以前计息期产生的利息累加到本金中去计算利息的一种计息方法，即利息不再生息。由于在数学上，资金随时间增长过程与复利的计算过程很相似，在价值折算时广泛采用复利计算方法。

(1) 复利终值。复利终值是指现在特定资金按复利计算的在将来一定时间的价值，或者说是现在的一定本金在将来一定时间按复利计算的本金与利息之和，简称本利和(已知现值P，求终值F)。

【例3-1】某公司将80 000元投资于一项事业，年报酬率为5%，试求经过1年时间的期末金额。

$$F=P+Pi=P(1+i)=80\ 000\times(1+5\%)=84\ 000(元)$$

若此人不提走现金，将84 000元继续投资于该事业，试求第2年的本利和。

$$F=[P(1+i)]\times(1+i)=P(1+i)^2=80\ 000\times(1+5\%)^2=80\ 000\times1.1025=88\ 200(元)$$

若此人仍不提走现金，将88 200元再次投资于该事业，试求第3年的本利和。

$$F=\{[P(1+i)]\times(1+i)\}\times(1+i)=P(1+i)^3=8000\times(1+5\%)^3=80\ 000\times1.1576=92\ 608(元)$$

同理，第n年的期终金额为$F=P(1+i)^n$。

这是计算复利终值的一般公式，其中的$(1+i)^n$被称为复利终值系数或1元的复利终值，用符号$(F/P, i, n)$表示。这样，复利终值的计算公式也可写作

$$F=P(F/P, i, n)$$

式中：P表示现值或初始值；i表示报酬率；F表示终值。

在【例3-1】中，$F=80\ 000\times(F/P, 5\%, 3)$。

为了便于计算，本书附有"复利终值系数表"(见附表A)。该表的第一行是利率i，第一列是计息期数n，相应的$(1+i)^n$值在其纵横相交处。通过该表可查出，$(F/P, 5\%, 3)=1.1576$。根据这个系数可以把现值换算成终值，则$F=80\ 000\times1.1576=92\ 608(元)$。

该表的作用不仅在于已知i和n时查找1元的复利终值，而且可在已知1元复利终值和n时查找i，或已知1元复利终值和i时查找n。

(2) 复利现值。复利现值是复利终值的对称概念，它是指未来一定时间的特定资金

按复利计算的现在价值，或者说是为取得将来一定本利和现在所需要的本金。

通过复利终值的一般公式，可以推导出复利现值的一般公式为

$$P = F/(1+i)^n = F(1+i)^{-n}$$

式中：$(1+i)^{-n}$表示把终值折算为现值的系数，称为复利现值系数，或称为1元的复利现值，用符号$(P/F, i, n)$来表示。

为了便于计算，本书附有"复利现值系数表"(见附表B)，该表的使用方法与"复利终值系数表"相同。

【例3-2】某公司投资A项目，预计5年后可获得60万元收益，假定投资者的必要报酬率为10%，这笔收益的现值是多少？

$$P = 60 \times (P/F, 10\%, 5) = 60 \times 0.6209 = 37.245(万元)$$

2. 年金终值和现值

年金是指等额、定期的系列收支款项。例如，分期付款赊购、分期偿还贷款、发放养老金、分期支付工程款、每年相同的销售收入等，都属于年金收付形式。按照收付时点和方式的不同，可以将年金分为普通年金、预付年金、递延年金和永续年金4种。

1) 普通年金

(1) 普通年金终值。普通年金又称后付年金，是指在各期期末收付的年金。普通年金的收付形式如图3-2所示。横线代表时间的延续，用数字标出各期的顺序号；竖线的位置表示支付的时刻，竖线下端数字表示支付的金额。

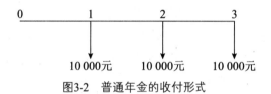

图3-2 普通年金的收付形式

普通年金终值是每次收付的复利终值之和。

每年的收付金额为A，利率为i，期数为n，则按复利计算的普通年金终值F为

$$F = A + A(1+i) + A(1+i)^2 + \cdots + A(1+i)^{n-1}$$

等式两边同乘$(1+i)$

$$(1+i)F = A(1+i) + A(1+i)^2 + \cdots + A(1+i)^n$$

两式相减，得到

$$(1+i)F - F = -A + A(1+i)^n$$

$$F = A \times \frac{(1+i)^n - 1}{i}$$

式中：$\dfrac{(1+i)^n - 1}{i}$表示普通年金终值系数，记作$(F/A, i, n)$。

本书附有"年金终值系数表"(见附表C)，可供查阅。

【例3-3】某房地产商计划在5年建设期内的每个年末向银行借款2 000万元，借款利率为10%，建设期满应付本息总额为多少？

$$F=2\,000\times(F/A,\,10\%,\,5)=2\,000\times6.1051=12\,210.2(万元)$$

(2) 偿债基金(已知年金终值F，求年金A)。狭义的偿债基金是指为了在约定的未来某一时点清偿某笔债务而必须分次等额形成的存款；广义的偿债基金泛指为使年金终值达到既定金额，每年年末应收付的年金数额。

【例3-4】某公司拟在5年后还清10 000元债务，从现在起需要在每年年末等额存入银行一笔款项。假设银行存款利率为10%，公司每年需要存入多少钱？

由于有利息，该公司不必每年存入2 000(10 000/5)元，只要存入较少的金额，5年后本利和即可达到10 000元，可用以清偿债务。

根据普通年金终值计算公式

$$F = A\times\frac{(1+i)^{n}-1}{i}$$

可知

$$A = F\times\frac{i}{(1+i)^{n}-1}=\frac{F}{(F/A,\,i,\,n)}$$

式中：$1/(F/A,\,i,\,n)$表示偿债基金系数，记作$(A/F,\,i,\,n)$。

偿债基金系数可根据普通年金终值系数求倒数确定。

$$A=F/(F/A,\,i,\,n)=10\,000/6.105=1\,638(元)$$

因此，当银行利率为10%时，每年存入1 638元，5年后可得10 000元用来还清债务。

有一种折旧方法称为偿债基金法。采用这种方法，公司在若干年后购置设备，并不需要每年提存设备原值与使用年限的算术平均数，由于利息不断增加，每年只需提存较少的数额即按偿债基金提取折旧，即可在使用期满时得到设备原值。偿债基金法的年折旧额，就是根据偿债基金系数乘固定资产原值计算出来的。

(3) 普通年金现值。普通年金现值是指为在每期期末收付相等金额的款项，现在需要投入或收取的金额。

计算普通年金现值的一般公式为

$$P=A(1+i)^{-1}+A(1+i)^{-2}+\cdots+A(1+i)^{-n}$$

等式两边同乘$(1+i)$

$$P(1+i)=A+A(1+i)^{-1}+\cdots+A(1+i)^{-(n-1)}$$

后式减前式

$$P(1+i)-P=A-A(1+i)^{-n}$$

$$Pi=A[1-(1+i)^{-n}]$$

$$P=A\times\frac{1-(1-i)^{-n}}{i}$$

式中：$[1-(1+i)^{-n}]/i$表示普通年金现值系数表，记作$(P/A,\,i,\,n)$。

本书附有"年金现值系数表"(见附表D)，可供查阅。

【**例3-5**】某公司年初准备建立一项为期3年的奖励基金，每年奖励100万元，设银行3年期等额还本付息的存款利率为10%，公司现在应当存入银行多少钱?

$$P=A\times(P/A, i, n)=100\times2.4868=248.68(万元)$$

(4) 年资本回收额。年资本回收额是指在给定的年限内等额回收初始投入资本的金额，计算公式为

$$A=P\times\frac{i}{1-(1+i)^{-n}}$$

式中：$i/[1-(1+i)^{-n}]$表示普通年金现值系数的倒数，称为投资回收系数，记为$(A/P, i, n)$，上式也可写作

$$A=P(A/P, i, n)$$
$$资本回收额=年金现值\times资本回收系数$$

【**例3-6**】某公司以10%的利率借款20 000元，投资于某个寿命为10年的项目，该借款为期限10年的等额还本付息贷款，该公司每年至少要收回多少现金才能还本付息?

根据资本回收额的计算公式可知

$$A=P/(P/A, 10\%, 10)=20\,000\times0.1627=3\,254(元)$$

因此，每年至少要收回3 254元，才能还清贷款本利。

2) 预付年金

(1) 预付年金终值。预付年金是指在每期期初收付的年金，又称即付年金或期初年金。预付年金的收付形式如图3-3所示。

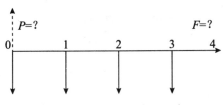

图3-3　预付年金的收付形式

预付年金终值的计算方法有两种，下面结合图3-3提供的数据，分别介绍这两种方法。

第一种方法：假设第4期期末存在年金A，这样计算4期预付年金终值就转化为计算5期普通年金终值，然后减去假设的第4期期末年金A，即可得到预付年金终值。

$$F=A+A(1+i)+A(1+i)^2+\cdots+A(1+i)^nA$$
$$F=A(F/A, i, n)-A$$
$$F=A[(F/A, i, n+1)-1]$$

式中：$[(F/A, i, n+1)-1]$表示预付年金终值系数，可利用"年金终值系数表"(见附表C)查得$(n+1)$期的值，减去1后求得。

【例3-7】$A=200$元，$i=8\%$，$n=6$，预付年金终值是多少？

$$F=A[(F/A, i, n+1)-1]$$
$$=200\times[(F/A, 8\%, 6+1)-1]$$

查"年金终值系数表"，$(F/A, 8\%, 7)=8.9228$

$$F=200\times(8.9228-1)=1\ 584.56(元)$$

第二种方法：先计算第3期期末普通年金终值，然后再将第3期期末普通年金终值换算为第4期期末的终值，即可得到预付年金终值。

$$F=A(1+i)+A(1+i)^2+\cdots+A(1+i)^n$$
$$F=[A+A(1+i)+\cdots+A(1+i)^{n-1}](1+i)$$
$$F=A(F/A, i, n)(1+i)$$

(2) 预付年金现值。预付年金现值的计算方法也有两种。

第一种方法：假设第1期期末没有年金A，这样计算第4期预付年金现值就转化为计算第3期普通年金现值，然后加上假设不存在的第1期期末年金A，即可得到预付年金现值。

$$P=A+A/(1+i)+A/(1+i)^2+\cdots+A/(1+i)^{n-1}$$
$$P=A+A(P/A, i, n-1)$$
$$P=A[(P/A, i, n-1)+1]$$

式中：$[(P/A, i, n-1)+1]$表示预付年金现值系数，可利用"年金现值系数表"查得$(n-1)$期的值，然后加1求得。

【例3-8】某公司6年分期付款购买原材料，每年年初付200元，设银行利率为10%，该项分期付款相当于一次现金支付的购价是多少？

$$P=A[(P/A, i, n-1)+1]$$
$$=200\times[(P/A, 10\%, 5)+1]$$
$$=200\times(3.7908+1)$$
$$=958.16(元)$$

第二种方法：先计算第-1期期初普通年金现值，然后再将第-1期期初普通年金现值换算为第1期期初的终值，即可得到预付年金现值。

$$P=A+A/(1+i)+A/(1+i)^2+\cdots+A/(1+i)^{n-1}$$
$$P=[A/(1+i)+A/(1+i)^2+\cdots+A/(1+i)^n](1+i)$$
$$P=A(P/A, i, n)(1+i)$$

3) 递延年金

递延年金是指第一次收付发生在第2期或第2期以后的普通年金。递延年金的收付形式如图3-4所示。从图3-4中可以看出，前3期没有发生收付。一般用m表示递延期数，本例中$m=3$。第一次支付在第4期期末，连续收付4次，即$n=4$。

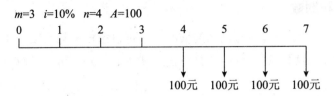

图3-4 递延年金的收付形式

递延年金终值的计算方法和普通年金终值类似，已知$m=3$，$i=10\%$，$n=4$，则

$$F=A(F/A, i, n)=100\times(F/A, 10\%, 4)$$
$$=100\times4.641=464.1(元)$$

递延年金的现值计算方法有以下三种。

第一种方法：把递延年金视为n期普通年金，求出递延期末的现值，然后将此现值调整到第1期期初(即图3-4中0的位置)。

$$P_3=A(P/A, i, n)=100\times3.170=317(元)$$
$$P_0=P_3(P/F, i, m)=317\times0.751\ 3=238.15(元)$$

可以得出这种方法的一般计算公式为

$$P=A(P/A, i, n)\times(P/F, i, m)$$

第二种方法：假设递延期中也进行收付，先求出$(m+n)$期的年金现值，然后扣除实际并未收付的递延期间(以m表示递延期数)的年金现值，即可得出最终结果，则

$$P_{m+n}=A(P/A, i, m+n)=A(P/A, i, 3+4)=100\times4.8684=486.84(元)$$
$$P_m=100\times(P/A, 10\%, 3)=100\times2.4869=248.69(元)$$
$$P_n=P_{m+n}-P_m=486.84-248.69=238.15(元)$$

可以得出这种方法的一般计算公式为

$$P=A[(P/A, i, m+n)-(P/A, i, m)]$$

第三种方法：先计算递延年金的终值，然后将终值折为现值，计算公式为

$$P=A(F/A, i, n)\times(P/F, i, m+n)$$

4) 永续年金

永续年金，即无限期等额收入或付出的年金，即期限趋于无穷的普通年金。现实中的存本取息，可视为永续年金的一个例子。

永续年金没有终止时间，即没有终值。永续年金的现值可以通过普通年金现值的计算公式导出，则

$$P=A\times\frac{1-(1+i)^{-n}}{i}$$

当$n\to\infty$时，$(1+i)^{-n}$的极限为零，故上式可写成$P=A/i$

【例3-9】某公司发行优先股，每季分得每股股息2元，假设市场利率为6%。对于一个准备买该公司股票的人来说，他愿意出多少钱来购买此优先股？

$$P=2/6\%=33.33(元)$$

3. 折现率和期数

在现值、终值和年金等参数已知的情况下，可以求出换算系数。比如，在现值和终值已知的情况下，根据复利终值的计算公式 $F=P(F/P, i, n)$，可以求解复利终值系数，公式为

$$(F/P, i, n)=F/P$$

根据复利现值的计算公式 $P=F(P/F, i, n)$，可以求得复利现值系数，公式为

$$(P/F, i, n)=P/F$$

同理，在终值和年金已知的情况下，可以求得年金终值系数，公式为

$$(F/A, i, n)=F/A$$

在现值和年金已知的情况下，可以求得年金现值系数，公式为

$$(P/A, i, n)=P/A$$

这样，在换算系数中，如果期数已知，可以求解折现率；如果折现率已知，则可以求解期数。

(1) 求折现率。

【例3-10】某公司现有50万元，希望在12年后使其达到原来的2倍，那么，在选择投资方案时最低可接受的报酬率为多少？

$$F=50\times2=100(万元)$$
$$100=50\times(F/P, i, 12)$$
$$(F/P, i, 12)=2$$

查"复利终值系数表"，在 $n=12$ 的行中寻找2，对应的最接近的 i 值为6%，即 $(F/P, 6\%, 12)\approx2$。所以，当预期投资方案报酬率约为6%时，才能使初始投资在12年后达到原来的2倍。

(2) 求期数。

【例3-11】某公司拟购买一台柴油机替代目前使用的汽油机。用柴油机替代汽油机，需要将汽油机清理变现。假设柴油机价格较汽油机清理变现净收入高出24 000元，但用柴油机替代汽油机每年可节约税后燃料费用6 000元。若折现率为10%，柴油机应至少使用多少年对公司而言才有利？

用柴油机替代汽油机可以视为一项投资决策，柴油机价格较汽油机清理变现净收入高出的24 000元作为投资的现金流出(现值)，而每年节约的税后燃料费用作为这项投资每年的现金流入(年金)。在折现率已知的情况下，求解期数，即 $P=24\,000$，$A=6\,000$，$i=10\%$，求 n。

24 000=6 000$(P/A, 10\%, n)$，$(P/A, 10\%, n)=24\,000/6\,000=4$，查"年金现值系数表"，在 $i=10\%$ 的列上纵向查找，虽然无法找到系数恰好为4的值，但是可以查到大于和小于4的临界系数值：$P_1=4.3553>4$，$P_2=3.7908<4$，对应的期数为 $n_1=6$，$n_2=5$，可采用"插值法"计算期数。插值法的原理可以用图3-5来说明。

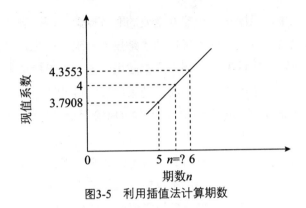

图3-5　利用插值法计算期数

根据图3-5，$(4.3553-3.7908)/(4.3553-4)=(6-5)/(6-n)$

$$n=5.4(年)$$

3.3　资产的风险与报酬

根据现金流量估价模型，资产估价需要解决折现率问题，折现率应当根据投资者的必要报酬率来确定。理论和实证研究表明，必要报酬率不仅取决于资金时间价值，即无风险条件下的社会平均报酬率，也取决于投资资产的风险程度。投资资产的风险越大，投资者的必要报酬率越高。不同风险的投资，需要使用不同的折现率，那么投资的风险如何计量？特定的风险需要多少报酬来补偿？这些成为确定折现率的关键问题。本节探讨风险与报酬的关系，目的是解决资产估价时如何确定折现率的问题。如何计量特定投资资产的风险以及所需风险报酬(补偿)，是确定投资者必要报酬率或折现率需要解决的关键问题。

3.3.1　风险与风险报酬

1. 风险

任何经济决策都存在风险，这使得风险观念在公司金融决策中具有普遍意义。在社会经济生活中，通常所说的风险是发生财务损失的可能性。发生损失的可能性越大，风险越大。它可以用不同结果出现的概率来描述，坏结果出现的概率越大，就可认为风险越大。这个定义主要强调风险可能带来的损失，与危险的含义类似。在对风险进行深入研究以后，人们发现，风险表现为经济活动结果的不确定性。实际上，由于这种不确定性的存在，风险不仅可以带来超出预期的损失，还可能带来超出预期的收益，于是人们的风险观念发生转变，将风险定义为"预期结果的不确定性"。风险不仅包括负面效应的不确定性，还包括正面效应的不确定性。该定义区分了风险和危险，危险专指负面效应。危险只是风险的一部分，风险的另一部分即正面效应，可以称为"机会"。该风险概念反映了人们对风险的深刻认识，也就是危险与机会并存。

在公司投资决策中，风险是一个非常重要的财务概念，可以表述为"预期投资收益的不确定性"，与投资收益相关的不确定性才是投资风险。但是，"预期投资收益的不确定性"只是投资风险的定性概念，还不具有应用价值。如果投资者不能事先估计可能出现的不同收益结果，也不能预测每种收益结果出现的可能性，一项投资的风险程度就无法量化，也就无法根据风险程度确定风险报酬(风险定价)和投资必要报酬率。因而，将风险定义为"可量化的预期收益结果的不确定性"更为恰当。实际上，投资资产的风险具有客观性，例如，投资国库券收益的不确定性较小，而投资股票收益的不确定性就大得多。这种不确定性是客观存在的，不以投资人的意志为转移。正因为投资资产风险的客观性，我们才能够用客观尺度来计量投资资产的风险程度。

在投资组合理论出现之后，人们认识到投资多样化可以降低风险。当增加投资组合中资产的种类时，组合的风险将不断被分散而降低，而报酬仍然是个别资产的加权平均值。当投资组合中的资产多样化达到一定程度后，资产的特殊风险可以被忽略，投资者只需要关注无法通过组合消除的风险(系统风险)。系统风险是影响所有资产的风险，它来自整个经济系统影响公司经营的普遍因素，公司必须承担系统风险。在充分组合(市场组合)的情况下，单项资产的特殊风险对决策失去了意义，投资者只需关注处于组合中的单项资产的系统风险。在投资组合理论出现后，风险更多是指系统风险，而非全部风险。在资本资产定价理论出现以后，单项资产的系统风险计量问题得到了有效解决。

在组合投资的情况下，投资者选择投资某项资产意味着其将该资产加入已有的投资组合中，那么投资者需要站在组合整体角度评价该资产的风险，而该资产的风险取决于它对投资组合收益波动性的影响方向和影响程度。因此，一项资产最佳的风险度量，是其报酬率变动对市场投资组合报酬率变动的敏感程度，或者说是一项资产对投资组合风险的贡献。在此之后，投资风险被定义为资产对投资组合风险的贡献，或者是指该资产报酬率变动与市场组合报酬率变动之间的相关性。

2. 风险报酬

在存在投资风险的情况下，相对于无风险项目而言，投资者要求风险项目预期的报酬率不仅达到无风险必要报酬率水平，还必须能够补偿投资者承担的风险，这样他才愿意投资。风险报酬是指投资者根据投资资产风险的大小所确定的额外补偿。通常，风险报酬用风险报酬率或补偿率来表示，风险报酬率是资产风险程度的增函数。值得注意的是，虽然资产的风险具有客观性，但是，投资者对待风险的态度也使风险报酬具有一定的主观性。投资相同风险程度的资产，敢于冒风险的激进投资者要求的风险报酬较低，而厌恶风险的保守投资者要求的风险报酬较高。但这里研究的风险报酬是以投资者"风险中性"作为前提的，否则难以客观地计量风险报酬，风险定价也就失去了意义。因而在实践中，通常按市场等风险资产的平均报酬率来计算风险报酬。

3.3.2　单项资产的风险计量

量化风险程度一般需要使用概率和统计方法，对投资资产风险进行衡量包括以下几个步骤。

1. 确定投资收益的概率分布

在经济活动中，某一事件在相同的条件下可能发生也可能不发生，这类事件称为随机事件。概率就是用来表示随机事件发生可能性大小的数值。通常，把必然发生的事件的概率定为1，把不可能发生的事件的概率定为0，而一般随机事件的概率是介于0与1之间的一个数值。概率越大，就表示该事件发生的可能性越大。

【例3-12】某公司面临两个投资机会，A项目是需求弹性较大的奢侈品项目，产品需求受宏观经济环境的影响较大，如果宏观经济环境非常好，销售量和利润会很高；否则，销售量和利润很低，甚至亏本，预期报酬率分布离散程度较高。B项目是需求刚性较大的生活必需品项目，产品需求对经济环境的变动不敏感，预期报酬率分布比较集中。实际上，项目预期报酬率受多种因素的影响，为简化起见，假设项目预期报酬率只受经济环境的影响。假设未来的宏观经济环境只有繁荣、正常、衰退3种，有关的概率分布和期望报酬率如表3-1所示。

表3-1　A、B项目预期报酬率分布

经济环境	发生概率	A项目期望报酬率/%	B项目期望报酬率/%
繁荣	0.3	90	20
正常	0.4	15	15
衰退	0.3	−60	10
合计	1.0		

在这里，概率表示每一种经济情况出现的可能性，同时也是各种不同期望报酬率出现的可能性。例如，未来经济情况出现繁荣的可能性有0.3。假如这种情况真的出现，A项目可获得高达90%的报酬率，也就是说，采纳A项目获利90%的可能性是0.3。当然，报酬率作为一种随机变量，受多种因素的影响。这里为了简化计算，假设其他因素都相同，只有经济环境一个因素影响报酬率。

2. 离散型分布和连续型分布

如果将所有可能事件或结果都列示出来，并对每一个事件或结果赋予一个概率，则可得到事件或结果的概率分布。如果随机变量(如报酬率)只取有限个值，并且对应于这些值有确定的概率，则称随机变量是离散型分布。【例3-12】所述事件就属于离散型分布，它有3个值，如图3-6所示。

实际上，可能出现的经济情况远不止3种，如果对每种情况都赋予一个概率，并分别测定其报酬率，则可用连续型分布来描述，如图3-7所示。

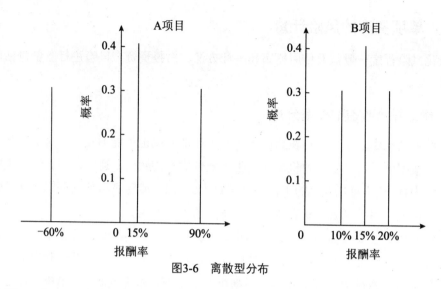

图3-6   离散型分布

从图3-7中可以看到，我们给出例子的报酬率呈正态分布，其主要特征是曲线为对称的钟形。实际上并非所有问题都呈正态分布。但是，按照统计学理论，不论总体分布是正态还是非正态，当样本很大时，其样本平均数都呈正态分布。一般说来，如果被研究的量受彼此独立的大量偶然因素的影响，并且每个因素在总体影响中只占很小部分，那么，这个总体影响所引起的数量变化，就近似服从正态分布，所以，正态分布在统计领域被广泛使用。

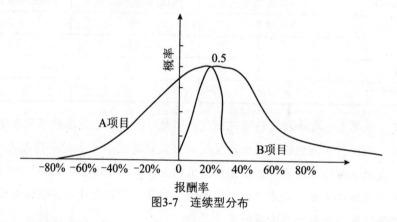

图3-7   连续型分布

3. 计算期望报酬率

将各种可能的报酬率以其所对应的发生概率为权数的加权平均数，就是期望报酬率(或报酬率均值)，它反映各种可能结果的平均数，计算公式为

$$K = \sum_{i=1}^{n} P_i K_i$$

式中：P_i表示第i种经济环境出现的概率；K_i表示第i种经济环境出现后的报酬率；n表示所有可能经济环境的数目。

据此计算，则

$$A项目的期望报酬率=0.3×90\%+0.4×15\%+0.3×(-60\%)=15\%$$
$$B项目的期望报酬率=0.3×20\%+0.4×15\%+0.3×10\%=15\%$$

虽然两者的期望报酬率相同，但其概率分布不同(见图3-6)。A项目的报酬率的分散程度高，变动范围为-60%～90%；B项目的报酬率的分散程度低，变动范围为10%～20%。这说明两个项目的报酬率相同，但分散程度不同。概率分布越集中，表明预期结果接近期望值(或均值)的可能性越大，而背离期望值的可能性越小，也就是说，不确定程度越低，或风险越小。B项目报酬率的分散程度低，表明B项目的风险小。

为了定量衡量风险大小，还要使用统计学中衡量概率分布离散程度的指标。

4. 计算离散程度

衡量随机变量分布离散程度的常用指标是标准差。在已经知道每个变量值出现概率的情况下，标准差的计算公式为

$$\sigma = \sqrt{\sum_{i=1}^{n}(K_i - \bar{K})^2 P_i}$$

标准差实际是偏离期望值离差的加权平均值，它能够反映随机变量与期望值之间的离散程度。标准差越小，表明随机变量概率分布越集中，相应的风险就越小；标准差越大，表明随机变量概率分布越分散，相应的风险就越大。在【例3-12】中，A项目的标准差是58.09%，B项目的标准差是3.87%，由于它们的期望报酬率相同，可以认为A项目的风险比B项目大。

标准差是以均值为中心计算出来的，因而有时直接比较标准差是不准确的，需要剔除均值大小的影响。在【例3-12】中，A项目和B项目的期望报酬率相同，如果两个投资方案的预期报酬率不同，标准差并不反映项目风险，标准差反映的是偏离期望报酬率的绝对程度，而不是相对程度。

为了解决这个问题，在此引入变异系数(离散系数)的概念。变异系数是标准差与均值的比值，它从相对的角度观察差异和离散程度，在比较期望报酬率不同的项目的风险程度时，采用变异系数更为科学，计算公式为

$$变异系数=标准差/期望收益率$$

【例3-13】A证券的期望报酬率为10%，标准差是12%；B证券的期望报酬率为18%，标准差是20%。求两个证券的变异系数。

$$变异系数(A)=12\%/10\%=1.20$$
$$变异系数(B)=20\%/18\%=1.11$$

直接从标准差来看，虽然B证券的离散程度较高，但还不能说B证券的风险比A证券大，因为B证券的平均报酬率也较大。如果以各自的平均报酬率为基础来观察，A证券的标准差是其均值的1.20倍，而B证券的标准差只是其均值的1.11倍，B证券的相对风险较小。也就是说，A证券的绝对风险较小，但相对风险较大，B证券则与此相反。

3.3.3 投资组合的风险计量

在投资实践中，为分散投资风险，证券投资普遍采取组合投资，即使是公司的实业投资，也会普遍采取多元化的组合投资。投资组合理论认为，若干种证券组成的投资组合，其收益是这些证券收益的加权平均数，但是其风险不是这些证券风险的加权平均风险，投资组合能降低风险。这里的"证券"是"资产"的代名词，它可以是任何能够产生现金流的东西，既可以是金融资产，也可以是实物资产，例如一台设备、一条生产线或者一家公司。

在组合投资的情况下，可以将投资组合视为一项投资，需要估计投资组合的风险程度，以确定投资组合的必要报酬率。

1. 投资组合的期望报酬率和标准差

(1) 期望报酬率。两种或两种以上证券的组合，其期望报酬率可以直接表示为

$$\bar{K}_\mathrm{p} = \sum_{j=1}^{m} \bar{K}_j W_j$$

式中：$\bar{K}_j$表示第j种证券的期望报酬率；W_j表示第j种证券在全部投资额中所占的比重；m表示组合中的证券种类总数。

(2) 标准差与相关性。证券组合的标准差，并不是单个证券标准差的简单加权平均。证券组合的风险不仅取决于组合内各证券的风险，还取决于各证券之间的关系。

【例3-14】假设投资100万元，A和B各占50%。如果A和B完全负相关，即A报酬率的增加值永远等于B报酬率的减少值，组合的风险被全部抵消，如表3-2所示。如果A和B完全正相关，即A报酬率的增加值永远等于B报酬率的增加值，组合的风险不减少也不增加，如表3-3所示。

表3-2　完全负相关的证券组合数据

年度	方案					
	A		B		组合	
	收益	报酬率/%	收益	报酬率/%	收益	报酬率/%
20×1	20	40	−5	−10	15	15
20×2	−5	−10	20	40	15	15
20×3	17.5	35	−2.5	−5	15	15
20×4	−2.5	−5	17.5	35	15	15
20×5	7.5	15	7.5	15	15	15
平均数	7.5	15	7.5	15	15	15
标准差		22.6		22.6		0

表3-3 完全正相关的证券组合数据

年度	方案					
	A		B		组合	
	收益	报酬率/%	收益	报酬率/%	收益	报酬率/%
20×1	20	40	20	40	40	40
20×2	−5	−10	−5	−10	−10	−10
20×3	17.5	35	17.5	35	35	35
20×4	−2.5	−5	−2.5	−5	−5	−5
20×5	7.5	15	7.5	15	15	15
平均数	7.5	15	7.5	15	15	15
标准差		22.6		22.6		22.6

实际上，各种股票之间不可能完全正相关，也不可能完全负相关，所以不同股票的投资组合可以降低风险，但又不能完全消除风险。一般而言，股票的种类越多，风险越小。

2. 投资组合的风险计量方法

投资组合的风险不是各证券标准差的简单加权平均数，那么它如何计量呢？ 投资组合报酬率概率分布的标准差为

$$\sigma_p = \sqrt{\sum_{j=1}^{m} \sum_{k=1}^{m} W_j W_k \sigma_{jk}}$$

式中：m表示组合内的证券种类总数；W_j表示第j种证券在投资总额中所占的比例；W_k表示第k种证券在投资总额中所占的比例；σ_{jk}表示第j种证券与第k种证券报酬率的协方差；根号内双重Σ符号，表示对所有可能配成组合的协方差，分别乘两种证券的投资比例，然后求其总和。

协方差反映两项资产(证券)报酬率变动的相互关系，计算公式为

$$\sigma_{jk} = \frac{1}{n} \sum_{i=1}^{n} (K_{ji} - \bar{K}_j)(K_{ki} - \bar{K}_k)$$

可以推导出

$$\sigma_{jk} = r_{jk} \sigma_j \sigma_k$$

式中：r_{jk}表示证券j和证券k报酬率之间的预期相关系数；σ_j表示第j种证券的标准差；σ_k表示第k种证券的标准差。

相关系数具有与协方差相同的经济含义，也能表现两项资产(证券)报酬率变动的相互关系。r_{jk}的取值范围为−1～+1。

相关系数的经济含义：当相关系数为1时，表示两种资产(证券)报酬率总是发生相同比例的同向变动(完全正相关)；当相关系数为0～1时，表示两项资产(证券)报酬率发生同向变动(正相关)，但变动比例并不相同；当相关系数为−1时，表示两种资产(证券)报酬率总是发生相同比例的反向变动(完全负相关)；当相关系数为0和−1时，表示两项资产(证券)报酬率发生反向变动(负相关)，但变动比例并不相同；当相关系数为0时，表

示无相关性，两项资产(证券)报酬率独立变动。

一般而言，资产(证券)报酬率受多种因素变动的影响，但因受宏观因素变动的影响而导致的报酬率变动具有一致性。多数资产(证券)的报酬率趋于同向变动，因此两种资产(证券)之间的相关系数多为小于1的正值，计算公式为

$$\sigma_p = \sqrt{\sum_{j=1}^{m} \sum_{k=1}^{m} W_j W_k r_{jk} \sigma_j \sigma_k}$$

影响证券组合的标准差不仅取决于单个证券的标准差，还取决于证券之间的相关系数。

为简化起见，本书只分析两项资产(证券)构成的投资组合的风险。

【例3-15】假设A证券的期望报酬率为10%，标准差是12%；B证券的期望报酬率是18%，标准差是20%。假设等比例投资两种证券，即各占50%，求该组合的期望报酬率。

该组合的期望报酬率为

$$K_p = 10\% \times 0.5 + 18\% \times 0.5 = 14\%$$

该组合的标准差为

$$\sigma_p = \sqrt{W_1^2 \sigma_1^2 + W_2^2 \sigma_2^2 + 2 W_1 W_2 r_{12} \sigma_1 \sigma_2}$$

如果两种证券期望报酬率的相关系数等于1，没有任何抵消作用，在等比例投资的情况下，该组合的标准差等于两种证券各自标准差的简单算术平均数，即

$$\sigma_p = W_1 \sigma_1 + W_2 \sigma_2 = 12\% \times 0.5 + 20\% \times 0.5 = 16\%$$

如果两种证券之间的期望报酬率的相关系数是0.4，组合的标准差为

$$\sigma_p = \sqrt{0.5^2 \times 12\% \times 12\% + 0.5^2 \times 20\% \times 20\% + 2 \times 0.5^2 \times 0.4 \times 12\% \times 20\%}$$
$$= 13.56\%$$

如果两种证券之间的期望报酬率的相关系数是0.2，组合的标准差为

$$\sigma_p = \sqrt{0.5^2 \times 12\% \times 12\% + 0.5^2 \times 20\% \times 20\% + 2 \times 0.5^2 \times 0.2 \times 12\% \times 20\%}$$
$$= 12.65\%$$

当相关系数为0时，组合的标准差为11.66%；当相关系数为-0.5时，组合的标准差为8.72%；当相关系数为-1时，组合的标准差为4%。

从【例3-15】的计算过程可以看出，只要两种证券期望报酬率的相关系数小于1，证券组合报酬率的标准差就小于各证券报酬率标准差的加权平均数。随着正相关程度的降低，证券组合报酬率的标准差也在下降，在完全负相关的情况下，证券组合的标准差最低。

3. 两种证券组合的投资比例与有效集

在【例3-15】中，两种证券的投资比例是相等的。如投资比例变化，投资组合的期望报酬率和标准差也会发生变化。对于这两种证券其他投资比例的组合，计算结果如表3-4所示。

表3-4 不同投资比例的组合

组合	对A的投资比例	对B的投资比例	组合的期望报酬率/%	组合的标准差/%
1	1	0	10.00	12.00
2	0.8	0.2	11.60	11.11
3	0.6	0.4	13.20	11.78
4	0.4	0.6	14.80	13.79
5	0.2	0.8	16.40	16.65
6	0	1	18.00	20.00

图3-8描绘出随着两种证券投资比例的改变，期望报酬率与风险之间的关系。根据表3-4中的6种投资组合的期望报酬率和标准差，可以绘制被称为"机会集"的曲线，它反映了风险与报酬之间的权衡关系。

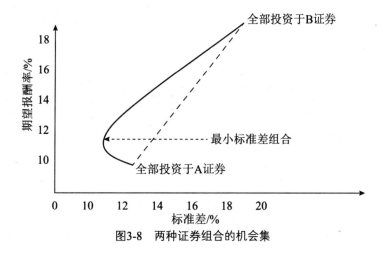

图3-8 两种证券组合的机会集

图3-8中，有以下几项特征是非常重要的。

(1) 它揭示了分散化效应。比较曲线和以虚线绘制的直线的距离可以判断分散化效应的大小。该直线是由全部投资于A和全部投资于B所对应的两点连接而成的，它是当两种证券完全正相关(无分散化效应)时的机会集曲线。曲线则代表相关系数为0.2时的机会集曲线。从曲线和直线间的距离可以看出，本例的风险分散效果是相当显著的。投资组合的抵消风险效应可以通过曲线的弯曲程度看出来。从初始点出发，拿出一部分资金投资于标准差较大的B证券会比将全部资金投资于标准差较小的A证券的组合标准差还要小。这种结果与人们的直觉相反，揭示了风险分散化的内在特征。一种证券的未预期变化往往会被另一种证券的反向未预期变化所抵消。从总体上看，这两种证券是同向变化的，抵消效应仍然存在，在图中表现为机会集曲线有一段弯曲。

(2) 它表达了最小方差组合。曲线最左端的组合被称为最小方差组合，它在持有证券的各种组合中有最小的标准差。本例中，最小方差组合是80%的资金投资于A证券、20%的资金投资于B证券。离开此点，无论增大还是减小投资B证券的比例，都会导致标准差的小幅上升。必须注意的是，机会集曲线向点A左侧凸出的现象并非必然伴随分散化投资发生，它是否出现取决于相关系数的大小。

(3) 它表达了投资的有效集合。在只有两种证券的情况下，投资者的所有投资机会只能出现在机会集曲线上，而不会出现在该曲线上方或下方。改变投资比例只会改变组合在机会集曲线上的位置。最小标准差组合以下的组合是无效的。没有人会打算持有期望报酬率比最小方差组合期望报酬率还低的投资组合，它们比最小标准差组合风险大且报酬低。因此，机会集曲线的弯曲部分(图3-8中虚线箭头所指部分)是无效的，这些组合与最小标准差组合相比，不但标准差大(即风险大)，而且报酬率低。本例中，有效集是从最小标准差组合点到最高期望报酬率组合点的那段曲线。

4. 相关性对风险的影响

图3-9列示了相关系数为0.2和1.0的机会集曲线，还可增加一条相关系数为0.5的机会集曲线，相关系数为0.5的机会集曲线与完全正相关的直线的距离缩短了。最小方差组合是100%投资于A证券，将任何比例的资金投资于B证券，所形成的投资组合的方差都会高于将全部资金投资于风险较低的A证券的方差。因此，新的有效边界就是整个机会集。证券报酬率之间的相关系数越小，机会集曲线就越弯曲，风险分散化效应也就越强。证券报酬率之间的相关系数越大，风险分散化效应就越弱。完全正相关的投资组合，不具有风险分散化效应，其机会集是一条直线。

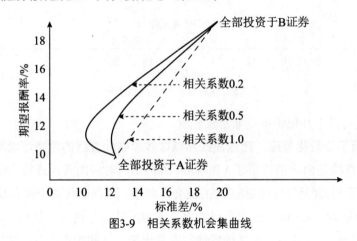

图3-9　相关系数机会集曲线

5. 多种证券组合的风险和报酬

对于两种以上证券构成的组合，以上原理同样适用。值得注意的是，多种证券组合的机会集不同于两种证券组合的机会集。两种证券的所有可能组合都落在一条曲线上，而两种以上证券的所有可能组合会落在一个平面中，如图3-10中的阴影部分。这个机会集反映了投资者所有可能的投资组合，图中阴影部分中的每一个点都与一种可能的投资组合相对应。随着可供投资的证券数量的增加，所有可能的投资组合数量将呈几何级数上升。

最小方差组合是图3-10中最左端的点，它具有最小组合标准差。多种证券组合的机会集外缘有一段向后弯曲，这与两种证券组合中的现象类似——不同证券报酬率相互抵消，产生风险分散化效应。

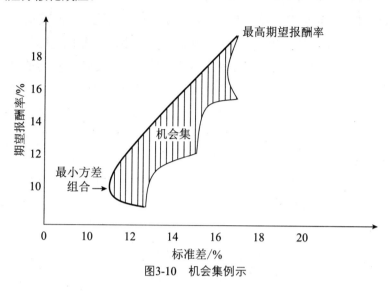

图3-10 机会集例示

在图3-10中以粗线描出的部分，称为有效集或有效边界。它位于机会集的顶部，从最小方差组合点起到最高期望报酬率点止。投资者应在有效集上寻找投资组合。有效集以外的投资组合与有效边界上的组合相比，有三种情况，即相同的标准差和较低的期望报酬率、相同的期望报酬率和较高的标准差、较低的期望报酬率和较高的标准差。这些投资组合都是无效的。如果投资组合是无效的，可以通过改变投资比例转换为有效边界上的某个组合，以实现提高期望报酬率而不增加风险，或者降低风险而不降低期望报酬率，或者既提高期望报酬率又降低风险。

6. 资本市场线

如图3-11所示，从无风险资产的收益率(Y轴的R_f)开始，作有效边界的切线，切点为M，该直线被称为资本市场线。

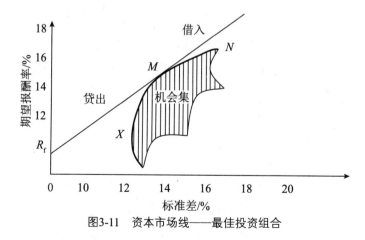

图3-11 资本市场线——最佳投资组合

现针对资本市场线的有关问题做如下说明。

(1) 假设存在无风险资产，投资者可以在资本市场上借到钱，将其纳入自己的投资总额，或者可以将多余的钱贷出。无论借入还是贷出，利息都是固定的无风险资产的报酬率。R_f 代表无风险资产的报酬率，它的标准差为零，即报酬率是确定的。

(2) 在存在无风险资产的情况下，投资人可以通过贷出资金减少自己的风险，当然也会同时降低预期报酬率。最厌恶风险的人可以将全部资金贷出，例如购买政府债券并持有至到期。偏好风险的人可以借入资金(对无风险资产的负投资)，增加购买风险资产的资本，以使期望报酬率增加。

$$总期望报酬率 = Q \times 风险组合的期望报酬率 + (1-Q) \times 无风险报酬率$$

式中：Q 表示投资者自有资本总额中投资于风险组合 M 的比例；$(1-Q)$ 表示投资于无风险资产的比例。

如果贷出资金，Q 将小于1；如果借入资金，Q 会大于1。

$$总标准差 = Q \times 风险组合的标准差$$

此时不用考虑无风险资产，因为无风险资产的标准差等于零。如果贷出资金，Q 小于1，投资者承担的风险小于市场平均风险；如果借入资金，Q 大于1，投资者承担的风险大于市场平均风险。

(3) 切点 M 是市场均衡点，它代表唯一最有效的风险资产组合，它是所有证券以各自的总市场价值为权数的加权平均组合，我们将其定义为"市场组合"。虽然理智的投资者可能选择 XMN 线上的任何有效组合(它们在任何给定风险水平下收益最大)，但是无风险资产的存在，使投资者可以同时持有无风险资产和市场组合(M)，从而位于 MR_f 上的某点。MR_f 上的组合与 XMN 上的组合相比，风险小而报酬率与之相同，或者报酬高而风险与之相同，或者报酬高且风险小。

(4) 图3-11中的直线揭示出持有不同比例的无风险资产和市场组合情况下的风险和期望报酬率的权衡关系。直线的截距表示无风险报酬率，它可以视为等待的报酬率。直线的斜率代表风险的市场价格，它告诉我们当标准差增长某一幅度时相应要求的报酬率的增长幅度。直线上的任何一点都可以告诉我们投资于市场组合和无风险资产的比例。在 M 点的左侧，投资者将同时持有无风险资产和风险资产组合。在 M 点的右侧，投资者将仅持有市场组合 M，并且会借入资金以进一步投资于组合 M。

(5) 个人的效用偏好与最佳风险资产组合相独立(或称相分离)。投资者个人对风险的态度仅仅影响借入或贷出的资金量，而不影响最佳风险资产组合，其原因是当存在无风险资产并可按无风险报酬率自由借贷时，市场组合优于所有其他组合。对于不同风险偏好的投资者来说，只要能以无风险报酬率自由借贷，他们都会选择市场组合 M，这就是所谓的分离定理。它也可表述为最佳风险资产组合的确定独立于投资者的风险偏好。它取决于各种可能的风险组合的期望报酬率和标准差。个人的投资行为可分为两个阶段，第一阶段为确定最佳风险资产组合，第二阶段为考虑无风险资产和最佳风险资产的理想组合。只有第二阶段受投资人对风险反感程度的影响。分离定理在理财方面非常重要，它表明公司管理层在决策时不必考虑每位股东对风险的态度。证券的价格信息完全可用于确定投资者所要求的报酬率，该报酬率可指导管理层做出有关决策。

7. 系统风险和非系统风险

在投资组合的讨论中，我们知道个别资产的风险有些可以被分散掉，有些则不能。无法分散掉的风险是系统风险，可以分散掉的风险是非系统风险。

(1) 系统风险。系统风险是指那些影响所有公司的因素引起的风险。这些因素往往是一些宏观因素，例如，战争、经济衰退、通货膨胀、高利率等非预期的变动。这些宏观因素的变动会对处于同一经济系统内的所有资产报酬产生相同的影响，只是影响程度不同而已，因而被称为系统风险。例如，各种股票处于同一经济系统之中，它们的价格变动有趋同性。经济繁荣时，多数股票的价格都上涨；经济衰退时，多数股票的价格都下跌。尽管不同股票的涨跌幅度各有区别，但变动方向是一致的。所以，不管投资多样化有多充分，即使购买的是全部股票的市场组合，也不可能消除全部风险。由于系统风险没有有效的方法消除，也称为不可分散风险。

(2) 非系统风险。除宏观因素以外，其他因素变动也会引起资产收益变动，但是不具有全局性，只是影响个别行业、个别公司的经营业绩和股票的市场表现，并不会对同一经济系统内所有公司产生影响，因此称为非系统风险。这些因素是指只影响个别公司的行业因素和公司因素，例如，一家公司所处行业不景气、新产品开发失败、失去重要的销售合同、诉讼失败，或者宣告发现新矿藏、取得一份重要合同等。这类因素的非预期变动只影响一个或少数公司，不会对整个市场产生太大影响。由于非系统风险是个别公司或个别资产所特有的，也称为特有风险。这种风险可以通过多样化投资来分散，即发生于一家公司的不利事件可以被其他公司的有利事件所抵消，因此也称为可分散风险。

个别资产的风险可以用标准差计量，这个标准差是指它的整体风险。个别资产整体风险可划分为系统风险和非系统风险。根据前文，投资组合可以降低风险。投资组合的理论和实证分析表明，随着投资组合中资产种类的不断增加，组合风险也会不断降低，当组合资产多样化到一定程度后，特有风险被大大分散。在一个充分的投资组合下，几乎不存在非系统风险，只残留无法分散的系统风险，如图3-12所示。

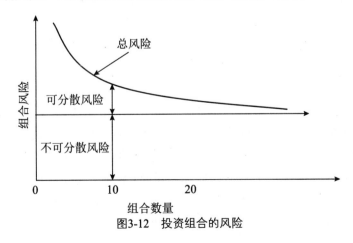

图3-12　投资组合的风险

在资本市场上，假设投资人都是理智的，他们就会选择充分的证券组合(市场组合)。由于不存在非系统风险，风险报酬仅取决于证券的系统风险。这就是说，一项资产的期望报酬率高低取决于该资产的系统风险大小。

综上所述，证券组合的风险不仅与组合中每个证券的报酬率标准差有关，而且与各证券之间报酬率的协方差有关。对于一个含有两种证券的组合，投资机会集曲线描述了不同投资比例组合的风险和报酬之间的权衡关系。风险分散化效应有时使得机会集曲线向左凸出，并产生比最低风险证券标准差还低的最小方差组合。有效边界就是机会集曲线上从最小方差组合点到最高期望报酬率点的那段曲线。投资者持有多种彼此不完全正相关的证券可以降低风险。如果存在无风险证券，新的有效边界是经过无风险报酬率并和机会集相切的直线，该直线称为资本市场线，该切点被称为市场组合，其他各点为市场组合与无风险投资的有效搭配。资本市场线横坐标是标准差，纵坐标是报酬率，该直线反映两者的关系，即风险价格。

3.3.4 资本资产定价模型

在组合投资的情况下，投资某种证券实际上是将其加入已有的投资组合中。假设理性投资者为分散风险，选择足够充分的证券组合，该证券的非系统风险就会被分散掉，研究特有风险对于投资决策而言就会失去意义。这时风险概念已演化为系统风险，因而估计该资产的风险只需要关注和衡量它的系统风险。

既然资产的必要报酬率取决于该资产的系统风险，那么如何度量系统风险就成为一个关键问题。在资本资产定价理论出现以后，系统风险计量问题得到了有效解决。

1964年，威廉·夏普(William Sharp)在投资组合理论的基础上，以股票市场投资作为研究对象，揭示了在均衡状态下股票必要报酬率与风险之间的关系，创立了资本资产定价模型。资本资产定价模型就是投资特定股票必要报酬率与预期所承担的系统风险之间关系的数学模型。资本资产定价模型是财务学形成和发展过程中的重要里程碑，它使人们能够量化系统风险程度，并进行风险定价。

在前文的讨论中，我们将风险区分为系统风险和非系统风险，知道了在高度分散化的资本市场里只有系统风险。现在我们将讨论如何度量系统风险以及如何给风险定价。

1. 系统风险的度量

度量一项资产系统风险的指标是β系数，它被定义为某个资产的报酬率与市场组合之间的相关性，计算公式为

$$\beta系数＝某项股票资产报酬率/股票市场组合的平均报酬率$$

在有效市场假设条件下，二级市场上股票的预期报酬率(内含报酬率)等于必要报酬率；而在组合投资的情况下，市场组合必要报酬率是组合系统风险程度的增函数，因而可以用来反映市场组合系统风险程度。同样，某项资产的必要报酬率也能够反映该资产系统风险的大小。因此，β系数可以表达为

$$\beta系数＝某项股票的系统风险/股票市场组合的系统风险$$

可见，β系数并没有直接计量某种资产系统风险的大小，而是利用相对数的形式表现某项资产系统风险的大小。因此，β系数是度量某项资产系统风险的相对指标，反映该资产系统风险相对于组合系统风险的大小，也称为系统风险指数。β系数的经济含义是特定资产相对于市场组合而言的系统风险大小。例如，如果一项资产的$\beta＝0.5$，表明它的系统风险是市场组合系统风险的一半，即这种资产报酬率的波动幅度只是一般市场报酬率波动幅度的一半；如果一项资产的$\beta＝2.0$，说明它的系统风险是市场组合系统风险的2倍，即这种资产报酬率的波动幅度是一般市场报酬率波动幅度的2倍。

β系数也可以推导为

$$\beta_j=\frac{\mathrm{Cov}(K_j,K_m)}{\sigma_m^2}=\frac{r_{jm}\,\sigma_j\,\sigma_m}{\sigma_m^2}=r_{jm}\left(\frac{\sigma_j}{\sigma_m}\right)$$

式中：$\mathrm{Cov}(K_j,K_m)$表示第j种证券的报酬率与市场组合报酬率之间的协方差。它等于该证券的标准差、市场组合的标准差及两者相关系数(r_{jm})的乘积。

由β系数的公式可以看出，一种股票的β值的大小取决于该股票与整个股票市场的相关性、它自身的标准差以及整个市场组合的标准差。

2. 投资组合的β值

在组合投资的情况下，投资组合的β_p等于组合中各证券β值的加权平均数，则

$$\beta_p=\sum_{i=1}^{n}X_i\beta_i$$

在组合投资的情况下，如果一个高β值的股票($\beta>1$)被加入一个平均风险组合(β_p)中，组合风险将会提高；反之，如果一个低β值股票($\beta<1$)加入一个平均风险组合中，则组合风险将会降低。

【例3-16】一个投资者将10万元现金用于组合投资，共投资10种股票且各占1/10，即各投资1万元。如果这10种股票的β值皆为1.18，则$\beta_p＝1.18$。该组合的风险比市场风险大，即其报酬率的波动较大。现在假设完全售出其中一种股票且以一种$\beta＝0.8$的股票取代之，试分析β系数。

此时，股票组合的β值将由1.18下降至1.142，则

$$\beta_p=0.9\times1.18+0.1\times0.8=1.142<1.18$$

假设完全售出其中一种股票且以一种$\beta＝1.2$的股票取代之。此时，股票组合的β值将由1.18上升至1.182，则

$$\beta_p=0.9\times1.18+0.1\times1.2=1.182>1.18$$

【例3-16】说明，在组合投资的情况下，如果投资某股票的系统风险低于投资组合风险，会导致组合β值下降，即作为整体组合的投资者所承担的风险会减少，即使该股票投资报酬率较低，投资者也能够接受；如果该股票的系统风险高于市场组合风险，则组合β值会上升，即投资者承担的风险会增加，这就要求该股票能够给投资者带来更高

的预期报酬率，以补偿投资该股票给投资者带来的额外风险，否则投资者不会投资该股票；如果该股票的系统风险等于市场组合风险，则投资者所承担的风险不会因该股票的加入而发生变动，只要该股票能给投资者带来与组合投资相同的报酬率，投资者就可以接受。现在的问题是，如何设定投资某种股票的风险补偿率，进而确定必要报酬率。

3. 资产定价模型和证券市场线

按照资本资产定价模型理论，单一资产(股票)的系统风险可由β系数来度量，其风险与必要报酬率之间的关系式(资本资产定价模型)为

$$R_i = R_f + \beta_i(R_m - R_f)$$

式中：R_i表示第i个股票的要求报酬率；R_f表示无风险报酬率(通常以国库券的报酬率作为无风险报酬率)；R_m表示平均股票的必要报酬率(包括所有股票的组合，即市场组合的必要报酬率)；$(R_m - R_f)$表示市场组合投资者为补偿承担超过无风险报酬的平均风险而要求的额外报酬，称为市场组合风险溢价或风险价格，它取决于市场对风险的态度，市场对风险的厌恶感越强，要求的风险补偿越高；$\beta_i(R_m - R_f)$表示根据投资者投资第i种股票的系统风险程度确定的风险报酬率。可见，根据资本资产定价模型设定的资产必要报酬率仍然为无风险报酬率和风险报酬率之和。

第i种股票风险报酬率是根据风险程度(β_i)，对市场组合风险溢价进行调整得出的。当$\beta_i > 1$时，比如$\beta_i = 2$，表明该股票的系统风险是市场组合风险的2倍，则投资该股票的风险补偿也会提高到市场组合风险补偿的2倍；当$\beta_i = 1$时，表明该股票系统风险与市场组合风险相同，则投资该股票的风险补偿率与市场组合风险溢价相同；当$\beta_i < 1$时，比如$\beta_i = 0.5$，表明该股票系统风险只是市场组合风险的一半，投资该股票的风险补偿也只需要市场组合风险补偿的一半。

在【例3-16】中，10种股票组合β值为1.18，假设市场风险溢价($Rm - Rf$)为5%，则组合风险报酬为5.9%(1.18×5%)。假设完全售出其中一种股票且以一种$\beta = 0.8$的股票取代，由于该股票的加入，股票组合的β值降为1.142(0.9×1.18+0.1×0.8)。从组合整体角度看，投资者面临的风险减少了，因而其要求的风险溢价也下降到5.71%(1.142×5%)。那么，如何设定投资这种股票的风险溢价，以实现整体组合5.71%的风险补偿率水平呢？由于组合的风险报酬为构成组合股票风险报酬的加权平均数，假设加入股票的风险补偿率为i，则

$$组合风险报酬率 = 0.9×5.9\% + 0.1i = 5.71\%$$

求解得到$i = 4\%$，按上述方法确定股票的风险补偿率也是4%(0.8×5%)。

假设完全售出其中一种股票，且以另一种$\beta = 1.2$的股票取代之，此时，股票组合的β值将上升至1.182。从组合整体角度来看，投资者面临的风险增加了，因而其要求的风险溢价也提高到5.91%(1.182×5%)，则

$$组合风险报酬率 = 0.9×5.9\% + 0.1i = 5.91\%$$

求解得到$i = 6\%$，而按上述方法确定股票的风险补偿率也是6%(1.2×5%)。

资本资产定价模型可由证券市场线来描述，证券市场线如图3-13所示。

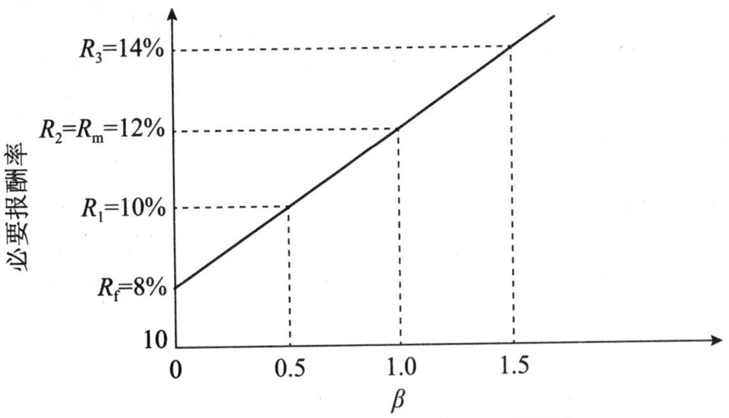

图3-13 证券市场线——β值与必要报酬率

证券市场线主要有如下含义。

(1) 纵轴为必要报酬率，横轴则是以β值表示的风险。

(2) 无风险证券的$\beta=0$，故R_f(8%)成为证券市场线在纵轴的截距。

(3) 证券市场线的斜率$[(R_2-R_f)/(1-0)=12\%-8\%=4\%]$表示投资者对风险的厌恶程度。一般来说，对风险的厌恶程度越高，斜率越大，对风险资产所要求的风险补偿越大，对风险资产的要求报酬率越高。

(4) 在β值分别为0.5、1和1.5的情况下，必要报酬率$R_1=10\%$，上升到市场平均的$R_m=12\%$，再上升到$R_3=14\%$。β值越大，必要报酬率越高。

从证券市场线可以看出，投资者必要报酬率不仅取决于无风险报酬率(证券市场线的截距)，而且取决于证券风险和风险补偿程度(证券市场线的斜率)。由于这些因素始终处于变动之中，证券市场线也不会一成不变。预计通货膨胀加剧时，无风险报酬率会随之提高，进而导致证券市场线向上平移。风险厌恶程度的提高，会提高证券市场线的斜率。

4. 资本资产定价模型的假设

资本资产定价模型建立在如下基本假设之上。

(1) 所有投资者均追求单期财富的期望效用最大化，并以各备选组合的期望报酬和标准差为基础进行组合选择。

(2) 所有投资者均可以无风险报酬率无限制地借入或贷出资金。

(3) 所有投资者拥有同样的预期，即对所有资产报酬的均值、方差和协方差等，投资者均有完全相同的主观估计。

(4) 所有的资产均可被完全细分，拥有充分的流动性且没有交易成本。

(5) 没有税金。

(6) 所有投资者均为价格接受者，即任何一个投资者的买卖行为都不会对股票价格产生影响。

(7) 所有资产的数量是给定的和固定不变的。

在以上假设的基础上，提出了具有奠基意义的资本资产定价模型。随后，每一个假设逐步放开，并在新的基础上进行研究，这些研究成果都是对资本资产定价模型的突破与发展。自资本资产定价模型提出以来，各种理论争议和经验证明便不断涌现。尽管该模型存在许多问题，但它仍以其科学的简单性、逻辑的合理性赢得了人们的支持，各种实证研究也验证了β系数的科学性及适用性。

需要指出的是，虽然资本资产定价模型以股票投资作为研究对象，用于估计股票投资的必要报酬率，但是资本资产定价模型的思想对于公司经营性项目投资必要报酬率的设定也具有指导意义。

思考题

1. 为什么资产估值是公司金融决策的核心问题？

2. 什么是资产价值？在现金流量折现模型中，资产内在价值的决定因素是什么？

3. 折现率实质上是投资者的必要报酬率，而必要报酬率为投资的机会成本，这种说法正确吗？

4. 什么是净现值？为什么净现值能够评价公司一项金融决策的可行性以及绩效？

5. 什么是资金时间价值？理解资金时间价值的概念时需要注意哪些问题？

6. 资金时间价值在公司长期金融决策中具有哪些重要的应用价值？

7. 计量单项资产风险的指标是什么？如果两个投资方案期望报酬率不同，采用什么指标计量不同方案的风险程度？为什么？

8. 投资组合的风险为什么不是各项组合资产标准差的加权平均数？

9. 相关系数不同取值的经济含义是什么？

10. 什么是系统风险和非系统风险？为什么充分的投资组合只残留无法分散的风险？

11. 什么是β系数？其不同取值的经济含义是什么？一种股票的β值取决于哪些因素？

12. 在组合投资的情况下，投资组合的β值如何计量？

13. 资本资产定价模型的表达式是什么？如何理解？

练习题

1. 某公司发行2年期一次还本付息债券，到期还本付息额为1 200万元，等风险债券市场利率为10%，该债券的现值是多少？

2. 某房地产商计划在5年建设期内的每年年初向银行借款1 000万元，借款利率为10%，建设期满应付本息总额为多少？如果该公司拟在第5年年末还清贷款本息，假设银行存款利率为5%，从现在起每年年末需要等额存入银行多少款项？如果该房地产商另投资兴建一个5年期项目，总投资额为5 000万元，全部采用银行借款，借款利率为9%，分5年等额归还银行借款，该公司每年至少要收回多少现金才能还本付息？

3. 某人出国5年，请你代付房租，每年年初支付租金10 000元，设银行存款利率为2%，他现在应当给你存入多少钱？

4. 某人选择5年分期付款购物，付款可以递延2年，第3年年初开始每年付款2 000元，设银行利率为5%，该项分期付款相当于一次现金支付的购价是多少？

5. 如果1股优先股每季分得股息2元，假设市场利率为8%，对于一个准备购买该优先股票的人来说，他愿意出多少钱？

6. 某公司现有100万元，如果想在10年后使其达到原来的2倍，选择投资机会时最低可接受的报酬率是多少？

7. 某公司拟购买一台新能源设备替代目前的汽油设备。新能源设备价格较汽油设备高出10 000元，但每年可节约燃料费用5 000元。若市场利率为10%，柴油机应至少使用多少年对公司而言才有利？

8. A公司和B公司股票的期望报酬率及其概率分布如表3-5所示。

表3-5　A、B公司股票的期望报酬率及其概率

经济环境	发生概率	A股票期望报酬率/%	B股票期望报酬率/%
繁荣	0.3	40	60
正常	0.5	20	20
衰退	0.2	0	−10
合计	1.0		

要求：①画出期望报酬率的概率分布图；②分别计算两家公司的期望报酬率和标准差；③分析哪家公司的股票投资风险较大；④应该购买哪家公司的股票，为什么？

9. 某公司拟分别投资A资产和B资产。其中，投资A资产的期望报酬率为8%，计划投资额为500万元；投资B资产的期望报酬率为12%，计划投资额为500万元。求该投资组合的期望报酬率。假定投资A、B资产的期望报酬率的标准离差均为8%。

要求：计算当A、B两项资产的相关系数分别为1、0.5、0、−0.5和−1时的投资组合报酬率的标准离差，并对计算结果做出说明。

10. 一个投资者将100万元现金用于组合投资，共投资5种股票且各占1/5。如果这5种股票的β值皆为1.2，则组合的β值是多少？现在假设完全售出其中一种股票且以一种$\beta=0.5$的股票取代之，此时，股票组合的β值是多少？

11. 假设无风险报酬率为5%，市场组合平均报酬率为15%，某投资者购买某股票的系统风险程度为市场组合的2倍，则投资该股票的必要报酬率是多少？

第4章 | 资本成本

资本成本是公司金融领域非常重要的基础概念，在公司金融决策中具有十分重要的作用。在公司长期投资决策中，项目资本成本作为公司投资的必要报酬率，是评价投资项目是否具有经济可行性的标准；在长期筹资和资本结构决策中，公司资本成本(加权平均资本成本)用于指导资本结构决策，以实现公司资本成本最低、企业价值最大的最优资本结构。不仅如此，资本成本还被用于企业价值评估等公司金融决策。

4.1 资本成本概述

4.1.1 资本成本的概念

这里的"资本"定义为公司长期资本(权益资本和长期债务资本)。资本成本的概念包括两个方面，即公司资本成本和项目资本成本。两者既有联系，也有区别。

1. 公司资本成本

公司资本成本是指公司募集和使用资本(包括权益资本和长期债务资本)的成本，是公司投资者(包括股东和债权人)针对整个公司或公司全部资产要求的报酬率，它与公司的长期筹资活动有关，它是构成公司特定资本结构的资本要素成本的加权平均数。公司存在多种资本来源，如债务、普通股、优先股等，每一种资本来源被称为一种资本要素(或个别资本)。根据资本来源性质的不同，公司的资本要素通常可以划分为权益资本和债务资本两大类。公司资本成本基本的计算公式为

$$公司资本成本=债务资本成本\times W+权益资本成本\times(1-W)$$

式中：W表示长期债务资本(简称债务资本)占总资本的比重。

这里，资本成本通常以资本成本率表示，计算公司资本成本首先需要测算各资本要素的成本。

理解公司资本成本，需要注意以下问题。

(1) 资本要素成本取决于投资的必要报酬率。在金融交易中，投资方获得的投资报酬就是筹资方支付的筹资成本。例如，一家公司向银行申请贷款，银行根据借款方的信用状况制定了7%的贷款利率，即银行所要求的报酬率，借款方必须按照7%的贷款利率支付贷款利息，否则难以从该银行借到款项，因而借款成本是由债权人要求的报酬率决定的。那么银行要求的报酬率(7%)一定是它能够接受的最低报酬率(必要报酬率)吗？答

案是肯定的。原因是在充分竞争的债务市场上，如果该银行制定的贷款利率高于其他银行同类贷款的利率，借款方就不会向该银行借款，而转向其他银行借款，只有贷款利率与同类贷款的平均利率相同，借款方才能接受。同时，同类贷款的平均利率也是银行能够接受的最低贷款利率，因为如果贷款利率低于同类贷款的平均利率，该银行不如将贷款借给其他借款者，因而银行制定的贷款利率通常代表了其要求的最低报酬率。可见，借款成本取决于银行的必要报酬率，如果不考虑所得税的抵税作用，则税前借款成本与银行的必要报酬率相同。再如，一家公司发行普通股，股东获得的投资回报通常体现为税后利润，发行公司的筹资成本则是其为股东创造的税后利润。虽然税后利润并没有事先约定，取决于公司未来的经营状况，但是投资者可以根据其掌握的公司信息对投资报酬进行预期，如果预期的投资报酬率低于其设定的最低报酬率，他就不会购买，公司股票发行也不会成功。为此，发行公司未来就应该给股东创造出满足投资者最低要求的投资回报，也就是说，投资者必要报酬率应作为股权筹资成本。

资本要素成本取决于投资者的必要报酬率。其中，税前债务资本成本等于债权人的必要报酬率，股权资本成本等于股东的必要报酬率。

(2) 投资者的必要报酬率为投资者的机会成本。可以通过估计投资者的必要报酬率来估计资本要素成本。从理论上讲，投资者的必要报酬率是由无风险报酬率和风险溢价(风险报酬率)构成的，无风险报酬率可以根据政府债券报酬率确定，但是风险溢价很难准确估计，而且带有一定的主观色彩，估计必要报酬率并不容易。因而，在实践中，投资者会寻求一种简单的方法确定必要报酬率，即采用投资的机会成本确定必要报酬率。比如在上例中，银行贷款规定的利率(必要报酬率)为7%。之所以规定7%的贷款利率，是因为市场上同类贷款的平均利率(市场利率)，即等风险公司相同期限和性质的贷款的平均利率也是7%，则同类贷款的平均利率7%就是银行贷款的机会成本。再如，投资者购买一家公司的股票，如果预期的投资报酬率低于市场相同风险公司的平均报酬率，他就不会购买该公司的股票。可见，投资者要求的最低报酬率就是投资的机会成本，以投资的机会成本确定投资者的必要报酬率相对简单，也比较客观。

(3) 不同资本要素的筹资成本不同。由于股东和债权人面临的投资风险不同，两者所要求的风险报酬率和必要报酬率必然也不相同。相对而言，股东的投资风险大大高于债权人，因而股东要求的必要报酬率也必然高于债权人，为此，公司为了获得权益资本，理应为股东支付更高的报酬，以补偿其所承受的风险，因而股权资本成本也大大高于债权资本成本。

(4) 不同公司的资本成本不同。公司的资本成本是资本要素成本的加权平均数，资本要素的成本是由资本要素提供者的必要报酬率所决定的，因而公司的资本成本是由资本要素提供者的必要报酬率和资本结构(负债率W)共同决定的。其中，风险溢价或必要报酬率取决于投资风险的大小。公司的总风险包括经营风险和财务风险(筹资风险)，因此，风险溢价包括经营风险溢价和财务风险溢价。经营风险溢价是指由于公司未来经营前景的不确定导致的要求报酬率增加的部分。一些公司的经营风险比另一些公司高，投资者，尤其是股东对其要求的报酬率也会提高。财务风险溢价是指高负债或高财务杠杆产生的风险。公司的负债率(W)越高，公司不能还本付息的违约风险越大，债权人要求的报酬率也会越高。不仅如此，负债规模和负债比率越大，普通股收益的波动性也越大，股东的风险溢价也会越高。不同公司所经营的业务和资本结构不同，它们的经营风险和财务风险也存在较大差异，因此不同公司的资本成本也不相同。

2. 项目资本成本

项目资本成本是公司为投资项目募集资本所发生的成本，它是作为项目投资主体的公司对投资项目所要求的最低报酬率，它与公司的长期投资活动有关。运作良好的公司一般不会保有闲置资本，因此在经营性项目投资中，需要为项目筹资，这时项目资本成本表现为投资项目的筹资成本。项目资本成本的计算公式为

项目资本成本＝项目筹资成本

　　　　　　＝项目债务资本成本×W＋项目权益资本成本×$(1-W)$

　　　　　　＝项目债权人必要报酬率×$(1-$所得税税率$)$×W＋项目股东必要报酬率×$(1-W)$

项目资本成本是由项目出资者的必要报酬率决定的，而项目出资者的必要报酬率则取决于投资风险的高低。

项目投资可能对公司的经营风险和财务风险造成影响，进而对项目出资者的投资风险和必要报酬率造成影响。通常公司为保持目标资本结构，项目筹资结构会与公司目标资本结构保持一致。这样，项目筹资不会改变公司的财务风险。根据投资组合理论，投资新项目实际上是将新项目加入公司已有的投资项目组合中。不同投资项目的经营风险不同，如果公司新投资项目的经营风险与现有资产平均风险相同，则该投资项目不会给公司经营风险带来影响。在筹资结构与公司现有资本结构相同或对现有结构影响不大的情况下，由于该投资项目不影响公司总风险，则项目出资人要求的报酬率也不会发生变化，即项目资本成本与公司资本成本相同。如果新投资项目的经营风险与公司现有资产平均风险存在显著差异，高风险项目会导致公司整体的经营风险上升，项目出资者(尤其是股东)承受的风险会增加，其要求的必要报酬率和项目的筹资成本也必然上升，从而使项目资本成本高于投资前的公司资本成本；而低风险的项目则会导致公司整体的经营风险下降，从而导致项目资本成本低于投资前的公司资本成本。在这种情况下，如何计算项目资本成本呢？

我们可以通过计算项目出资者的必要报酬率确定项目资本成本。由于项目筹资结构与公司现有资本结构相同，公司的财务风险没有发生变动，债权人的必要报酬率与公司债务资本的税前成本相同。即使项目筹资结构与公司资本结构不一致，债权人的必要报酬率也可以用等风险债券市场利率确定。现在的问题是项目股东的必要报酬率如何确定。从理论上说，项目股东的必要报酬率可以应用资本资产定价模型进行估计。在信息完全的市场环境中，项目股东知晓加入新项目后会增加公司系统风险，他需要根据项目

的系统风险程度设定其必要报酬率，以使新项目带来的报酬能够补偿公司全体股东(包括项目股东)承受的项目增加的风险。

【例4-1】假设在项目投资前，某公司资产的β值为1，公司资产全部由权益资本筹资形成。假设实业市场风险溢价(R_m-R_f)为5%，无风险报酬率R_f为2%。现在假设新项目的β值为2，新项目也采用权益资本筹资，项目投资规模与公司资产相同。

在项目投资前，原有股东的必要报酬率为

$$R_{投资前}=R_f+\beta(R_m-R_f)=2\%+1\times5\%=7\%$$

新项目加入后公司的β_p值和必要报酬率为

$$\beta_p=50\%\times1+50\%\times2=1.5$$

$$R_{投资后}=R_f+\beta_p(R_m-R_f)=2\%+1.5\times5\%=9.5\%$$

其中，风险补偿率由原来的5%上升到7.5%。

这表明新项目的加入增加了公司全体股东承受的系统风险，风险补偿率有所上升。现在问题是，项目股东如何设定投资该项目的风险补偿率，才能实现公司全体股东7.5%的风险补偿率。

新项目加入后，公司全体股东的风险报酬为原股东风险报酬和项目股东风险报酬之和，假设项目股东对项目要求的风险补偿率为R，则

项目加入后权益资本×7.5%＝原公司权益资本×5%+项目权益资本×R

项目加入后公司资产×7.5%＝原公司资产×5%+项目资产×R

$$7.5\%=50\%\times5\%+50\%\times R$$

求解得到

$$R=10\%$$

这表明只有项目股东对项目要求的风险报酬率达到10%，新项目带来的报酬才能补偿公司全体股东(包括项目股东)承受的项目增加的风险。

如果项目股东根据项目的系统风险程度设定其投资必要报酬率，则

$$R_{项目股东}=R_f+\beta_{项目}(R_m-R_f)=2\%+2\times5\%=12\%$$

其中，风险补偿率为10%。

可见，项目股东只有按项目的系统风险程度设定其投资必要报酬率，才能补偿公司全体股东(包括项目股东)承受的项目增加的风险。

需要注意的是，虽然从理论上说，项目股东必要报酬率可以根据项目的系统风险程度，应用资本资产定价模型进行计算。但是实业市场不同于股票市场，我们不仅很难取得计算实业市场组合(涵盖各行各业以及行业内的各种公司)平均收益率(R_m)所需的可靠市场数据，而且计算特定项目的β值也难有可靠的市场数据可依赖。

4.1.2 资本成本在公司金融决策中的应用

1. 用于长期投资决策

在公司经营性项目投资决策中，通常需要对投资项目进行估值，而项目资本成本则作为必要报酬率或折现率来使用。虽然项目资本成本的估计比较困难，但是公司资本成本可以作为设定项目资本成本的重要参考依据。在筹资结构对公司现有资本结构影响不大的情况下，如果新项目的经营风险与公司现有资产平均风险相同，则公司资本成本可以作为项目资本成本。即使新项目的经营风险会显著改变公司整体资产的风险，公司资本成本也可以作为设定项目资本成本的基础，根据项目风险与公司风险的差别，适当调增或调减公司资本成本作为项目资本成本。

2. 用于长期筹资和资本结构决策

长期筹资决策的核心问题是决定资本结构。最优资本结构是使企业价值或股东财富最大化的资本结构。企业价值取决于公司现金流量和加权平均资本成本(公司资本成本)，与公司现金流量成正比，与加权平均资本成本成反比。现金流量主要取决于公司的长期投资决策，而加权平均资本成本则取决于资本结构决策。从长期筹资和资本结构决策角度出发，实现企业价值最大化就是要选择加权平均资本成本最小化的资本结构，因而公司资本成本可以指导资本结构决策。

3. 用于企业价值评估

在实务中，经常会遇到需要评估企业价值的情况，例如企业并购、重组等。在制定公司金融决策时，需要知道每种决策方案对企业价值的影响，也会涉及企业价值评估。评估企业价值时，主要采用现金流量折现法，需要使用公司资本成本作为公司现金流量的折现率。

4.1.3 资本成本的影响因素

在市场经济环境中，多方面因素的综合作用决定着公司资本成本的高低，具体可分为外部因素和内部因素。外部因素主要有市场无风险利率、市场风险溢价和税率；内部因素主要有资本结构和投资决策。这些因素发生变化时，公司资本成本也会随之变动。

1. 外部因素

(1) 市场无风险利率。市场无风险利率上升，债务成本会上升，因为投资的机会成本增加了，公司筹资时必须付给债权人更多的报酬。根据资本资产定价模型，无风险利率上升也会引起权益资本成本上升。个别公司无法改变无风险利率，只能被动接受。

(2) 市场风险溢价。市场风险溢价是由资本市场上的供求双方决定的，个别公司无法控制。通过资本资产定价模型可以看出，市场风险溢价会影响股权资本成本。

(3) 税率。税率是由政府政策决定的，个别公司无法控制。税率变化直接影响税后债务成本以及加权平均资本成本。此外，资本性收益的税务政策发生变化，会影响人们对于权益投资和债权投资的选择，并间接影响公司的最佳资本结构，进而影响公司资本成本。

2. 内部因素

(1) 资本结构。在计算加权平均资本成本时，我们假定公司的目标资本结构已经确定。公司改变资本结构时，资本成本会随之改变。增加债务的比重，有可能会使平均资本成本趋于降低，同时会增加公司的财务风险。财务风险的提高，又会引起债务成本和股权成本上涨。因此，公司应适度负债，寻求资本成本最小化的资本结构。

(2) 投资政策。公司的资本成本反映现有资产的平均风险。如果公司向高于现有资产风险的新项目大量投资，公司资产的平均风险就会提高，并使得公司资本成本上升。因此，当公司投资政策发生变化时，公司资本成本就会发生变化。

4.2　债务资本成本的估计

4.2.1　债务筹资的特征

估计债务成本就是估计债权人的必要报酬率，而估计债权人的必要报酬率需要了解债务筹资的特征。与权益筹资相比，债务筹资有以下特征。

(1) 债务筹资产生合同义务。筹资公司在取得资金的同时，必须承担合同规定的义务，包括在未来某一特定日期归还本金，以及按照合同约定的时间和金额支付利息。

(2) 债权人本息的请求权优先于股东的股利。

(3) 提供债务资本的投资者，没有权利获得高于合同规定利息之外的任何收益。

由于债务筹资的上述特点，债务资本的提供者承担的风险显著低于股东，所以其要求的报酬率也低于股东，即债务的资本成本低于权益筹资。

公司有多种债务，它们的利率各不相同。从理论上看，需要分别计算每一种债务的成本，然后计算出其加权平均债务成本。

计算资本成本的主要目的是用于长期投资决策，而长期投资需要长期筹资(权益筹资和长期债务筹资)予以支持，因此，债务成本的计算只涉及长期债务，而忽略各种短期债务。值得注意的是，有时候公司无法发行长期债券或取得长期银行借款，被迫采用短期债务筹资并将其不断续约。这种债务实质上是一种长期债务，是不能忽略的。

公司的长期负债主要包括公司债券和长期银行借款，商业银行贷款主要以短期为主，而且长期银行借款成本的确定与债券成本的确定类似，因此本节考查债务资本成本，主要分析和估计债券资本成本。

4.2.2 债务资本成本的估计方法

1. 不考虑发行费用的债务资本成本的估计

(1) 到期收益率法。如果公司目前有上市的长期债券，则可以使用到期收益率法计算债务的税前成本。到期收益率是指债券持有者一直持有到期，根据已知债券现金流量测算的投资报酬率。

根据债券估价的公式，到期收益率是使下式成立的K_d，则

$$P_0 = \sum_{t=1}^{n} \frac{利息(I)}{(1+K_d)^t} + \frac{本金(M)}{(1+K_d)^n} = I(P/A, K_d, n) + M(P/F, K_d, n)$$

式中：P_0表示债券市价，在有效市场假设条件下，债券市价能够反映其内在价值；K_d表示到期收益率，当债券市价表现为债券内在价值时，计算出的K_d则为债权人的必要报酬率，因为债权人使用必要报酬率来估计债券内在价值，而对发行公司而言，K_d表示税前债券成本；n表示债务的期限，通常以"年"表示。

求解到期收益率的目的是计算债务资本成本，在有效市场假设条件下，到期收益率为债权人的必要报酬率，而债权人的必要报酬率决定了债务资本成本。由于债务利息的抵税作用，使得债务资本成本低于债券的必要报酬率(税前债务资本成本)。债务资本成本的计算公式为

债务资本成本=到期收益率×(1−所得税税率)=税前债务资本成本×(1−所得税税率)

【例4-2】A公司8年前发行了面值为1 000元、期限为30年的长期债券，利率是7%，每年付息一次，目前市价为900元。求到期收益率和债券成本。

$$900 = 1\ 000 \times 7\% \times (P/A, K_d, 22) + 1\ 000 \times (P/F, K_d, 22)$$

使用试误法和插值法求解，$K_d = 7.98\%$。

该债券成本=7.98%×(1−25%)=5.99%

(2) 可比公司法。如果公司的债券没有上市，则不存在债券市价，难以直接应用到期收益率法。这就需要找一个可比公司的上市债券作为参照物，通过计算可比公司上市债券的到期收益率，作为本公司的税前债券成本。可比公司应当与目标公司处于同一行业，具有类似的商业模式，最好两者的规模、负债比率和财务状况比较类似。

(3) 风险调整法。如果本公司的债券没有上市，而且找不到合适的可比公司，那就需要使用风险调整法估计债务成本。按照这种方法，债务成本通过同期限政府债券的市场收益率与公司的信用风险补偿相加求得，公式为

税前债务成本=政府债券的市场回报率+公司的信用风险补偿率

关于政府债券的市场回报率，将在股权成本估计中讨论，现在的问题是如何估计公司的信用风险补偿率。

信用风险的大小可以用信用级别来估计，具体做法如下所述。

第一，选择若干信用级别与本公司相同的上市公司债券(不一定符合可比公司条件)；

第二，计算这些上市公司债券的到期收益率，作为这些债券的必要报酬率；

第三，计算与这些上市公司债券同期的长期政府债券到期收益率(无风险利率)；

第四，计算上述两个到期收益率的差额，即信用风险补偿率；

第五，计算信用风险补偿率的平均值，作为本公司的信用风险补偿率。

【例4-3】某公司的信用级别为B级。为估计其债务成本，收集了目前上市交易的4种B级公司债券。不同期限债券的利率不具可比性，期限长的债券利率较高。对于已经上市的债券来说，到期日相同则可以认为未来的期限相同，其无风险利率相同，两者的利率差额是风险不同引起的。寻找与公司债券到期日完全相同的政府债券几乎不可能。因此，要选择4种到期日分别与4种公司债券近似的政府债券，进行到期收益率的比较，有关数据如表4-1所示。求到期收益率和债券成本。

表4-1 到期收益率比较结果

发行公司	上市债券到期日	到期收益率/%	政府债券到期日	政府债券到期收益率/%	公司债券风险补偿率/%
甲	2017.1.28	4.80	2017.1.4	3.97	0.83
乙	2017.9.26	4.66	2017.7.4	3.75	0.91
丙	2018.8.15	4.52	2019.2.15	3.47	1.05
丁	2022.9.25	5.65	2023.2.15	4.43	1.22
风险补偿率平均值					1.00

假设同期限政府债券的市场收益率为3.5%，则该公司的税前债券资本成本为

$$K_d = 3.5\% + 1\% = 4.5\%$$

$$该债券成本 = 4.5\% \times (1 - 25\%) = 3.38\%$$

(4) 财务比率法。如果目标公司没有上市的长期债券，也找不到合适的可比公司，并且没有信用评级资料，那么可以使用财务比率法估计债券成本。

按照该方法，需要知道目标公司的关键财务比率，根据这些比率可以大体上判断该公司的信用级别，有了信用级别就可以使用风险调整法确定其债券成本。

财务比率和信用级别存在相关关系。工作人员应收集目标公司所在行业各公司的信用级别及其关键财务比率，并计算出各财务比率的平均值。编制信用级别与关键财务比率对照表，如表4-2所示。

表4-2 信用级别与关键财务比率对照表

信用级别	AAA	AA	A	BBB	BB	B	CCC
利息保障倍数	12.9	9.2	7.2	4.1	2.5	1.2	-0.9
净现金流/总负债/%	89.7	67.0	49.5	32.2	20.1	10.5	7.4
资本回报率/%	30.6	25.1	19.6	15.4	12.6	9.2	-8.8
经营利润/销售收入/%	30.9	25.2	17.9	15.8	14.4	11.2	5.0
长期负债/总资产/%	21.4	29.3	33.3	40.8	55.3	68.8	71.5
总负债/总资产/%	31.8	37.0	39.2	46.4	58.5	71.4	79.4

根据目标公司的关键财务比率和信用级别与关键财务比率对照表，就可以估计出公司的信用级别，然后可以按照前述的风险调整法估计其债务成本。

2. 考虑发行费用的债务资本成本的估计

由于公司资本筹资大部分采用内部筹资或定向私人筹资，一般不涉及发行费用，但是如果采用公开发行的方式筹资，则需要考虑发行费用对筹资成本的影响。

公司委托券商公开发行债券所支付的发行费用通常在发行额中直接扣除，这样虽然公司的净筹资额减少，但是仍然需要按名义发行额支付满足投资者必要报酬率的债券利息，显然债券成本会上升。那么考虑发行费用以后，债券的税前成本 K_d 应使下式成立，则

$$P_0(1-F) = \sum_{t=1}^{n} \frac{I}{(1+K_d)^t} + \frac{M}{(1+K_d)^n} = I(P/A, K_d, n) + M(P/F, K_d, n)$$

式中：P_0 表示债券发行价格；F 表示发行费用率；n 表示债券期限；K_d 表示经发行费用调整后的债券税前资本成本。

由于发行费用减少了净筹资额，债券税前成本有所增加。

【例4-4】假设某公司拟按面值1 000元发行30年期的按年付息、一次还本债券，票面利率为10%，所得税税率为25%，发行费率为1%。该债券资本成本为多少？

根据题意，求解税前债券成本 K_d 的现金流量折现模型为

$$M(1-F) = I(P/A, K_d, n) + M(P/F, K_d, n)$$

将数据带入公式，则

$$990 = 100 \times (P/A, K_d, 30) + 1\ 000 \times (P/F, K_d, 30)$$

利用试误法和插值法，得出税前债券成本 $K_d = 10.11\%$。

$$该债券资本成本 = K_d(1-T) = 7.58\%$$

如果不考虑发行费用，该债券资本成本 $= 10\%(1-25\%) = 7.5\%$

在【例4-4】中，虽然发行费用会使债券成本有所增加，但差别并不大。在进行经营性项目估值时，预计现金流量的误差较大，远大于发行费用调整对于资本成本的影响。这里的"债务成本"是按承诺收益计量的，没有考虑违约风险，违约风险会降低债务成本，可以抵消发行成本增加对债务成本的影响。因此，多数情况下没有必要调整发行费用。实际上，除非发行成本很高，否则很少有人花大量时间调整发行费用。

3. 优先股资本成本的估计

优先股股息通常是固定的，与债务利息类似，在某种程度上可以说优先股属于无期限债券(永续债券)。永续债的利息是一种永续年金。永续债税前资本成本的计算公式为

$$K_{pd} = I_{pd} / P_{pd}(1-F)$$

式中：K_{pd} 表示永续债税前资本成本；I_{pd} 表示永续债每年利息；P_{pd} 表示永续债发行价格；F 表示永续债发行费用率。

优先股成本的估计方法与永续债类似，不同的是其股利在税后支付，没有抵税作用，其资本成本会高于债券。优先股资本成本的计算公式为

$$K_p = D_p / P_p(1-F)$$

式中：K_p表示优先股资本成本；D_p表示优先股每股年股息；P_p表示优先股每股发行价格；F表示优先股发行费用率。

【例4-5】某公司拟发行一批优先股，每股发行价格为105元，发行费用为5元，预计每股年股息10元，试测算资本成本。

$$K_p = 10/(105 - 5) = 10\%$$

优先股筹资属于混合筹资，兼具债权筹资和股权筹资双重属性，其他混合筹资还包括可转换债券筹资和认股权证筹资等。本书将在后续章节详细介绍后两种混合筹资资本成本的估计方法。

4.3 权益资本成本的估计

权益资本成本是指公司筹集权益资本所需的成本。这里的"权益资本"是指普通股，公司增加普通股通常有两种方式：一种是增发普通股；另一种是通过留存收益转增普通股。由于留存收益的所有权仍然属于股东，保留盈余是股东对公司普通股的再投资，股东仍然有必要报酬率的要求。对公司而言，这种内部权益筹资未来也需要支付权益资本成本。

4.3.1 不考虑发行费用的普通股资本成本的估计

在实务中，定向增发普通股和留存收益转增普通股都不涉及发行费用问题。普通股资本成本估计方法有3种，即资本资产定价模型、股利增长模型和债券报酬率风险调整模型。3种方法各有优点和缺点，究竟选择哪一种，往往要看相关数据的可靠性，选用最有把握的一种。其中，资本资产定价模型被广泛使用。

1. 资本资产定价模型

资本资产定价模型是估计普通股资本成本的常用方法。按照资本资产定价模型，普通股股东的必要报酬率等于无风险利率加上风险溢价；而对筹资公司而言，股东的必要报酬率就是普通股资本成本。相关的计算公式为

$$K_s = R_f + \beta(R_m - R_f)$$

式中：$(R_m - R_f)$表示权益市场组合风险报酬率(市场风险溢价)；$\beta(R_m - R_f)$表示投资该股票的风险报酬率(投资该股票的风险溢价)。

【例4-6】假定市场组合风险报酬率为10%，股票市场组合的平均报酬率(必要报酬率)为14%，假设某公司普通股β值为1.2，试计算普通股的资本成本。

$$K_s = 10\% + 1.2 \times (14\% - 10\%) = 14.8\%$$

根据资本资产定价模型计算普通股的资本成本，需要估计以下3个指标。

(1) 无风险报酬率。无风险资产可以定义为预期报酬率确定的资产。通常认为，政府债券没有违约风险，可以代表无风险利率。但在具体操作中，选择无风险报酬率时应

注意以下3个问题。

第一，期限不同的政府债券，其利率也不同。通常认为，在估计股权资本成本时，选择长期政府债券的利率作为无风险报酬率比较适宜。在实务中，较为常见的做法是选用10年期的政府债券利率，也有人主张选用期限更长的政府债券利率。

第二，不同年份发行的，或计息期不同的债券，票面利率存在很大差别，而根据当前市价和未来现金流计算的到期收益率的差别却很小，因而应当选择上市交易的政府长期债券的到期收益率作为无风险报酬率。

第三，在通货膨胀的现实环境下，存在名义无风险报酬率和实际无风险报酬率的区别，两者的关系可表述为

$$1 + r_{名义} = (1 + r_{实际}) \times (1 + 通货膨胀率)$$

在决策分析中，有一条必须遵守的原则，即含有通胀的现金流量要使用含有通胀的折现率进行折现，消除通胀影响的实际现金流量要使用实际的折现率进行折现。在实务中，通常使用含通胀的名义货币编制预计财务报表并确定现金流量，与此同时，使用含通胀的无风险报酬率计算资本成本。除非存在恶性的通货膨胀或者预测周期特别长(通货膨胀的累积影响巨大)，才使用实际无风险报酬率计算资本成本。

(2) β值。根据前述资本资产定价模型，β值为某股票的报酬率与市场组合报酬率的协方差与市场组合报酬率方差的比值。在确定β值时，需要做出以下两项选择。

第一，如果风险特征公司过去风险特征无重大变化，可以采用5年或更长时间的历史报酬率数据；如果风险特征发生了重大变化，则应使用变化后年份的数据。例如，在进行回归分析时，两年前公司举借了大量的债务用于收购其他公司，公司的基本风险特征有很大变化，那么用最近两年的数据计算的结果要比用5年的数据计算的结果更能反映公司未来的风险。

第二，股票报酬率可以是每年、每月、每周甚至每天的数据。每天的历史数据不宜采用，因为如果有些日子没有成交或者停牌，报酬率为0，则会造成数据偏差，而使用每周或每月的数据则能降低这种偏差，因此被广泛采用。年度数据也较少采用，因为在多年的期间里，资本市场和公司会发生很大变化。

需要注意的是，资产估值使用的现金流量数据是未来的，而计算股权成本使用的β值却是过去的。事实上，我们无法确定未来的β值，只能假设历史可以重演。如果有理由认为未来的风险会发生重大变化，则历史的β值是不可靠的。判断历史的β值是否可靠，就要看影响β值的经营杠杆、财务杠杆和报酬的周期性这3个关键因素是否发生重大变化。其中，报酬的周期性是指公司盈利对经济周期的依赖性。如果这3个因素没有显著改变，则可以用历史的β值估计股权成本。

(3) 市场风险溢价。市场风险溢价通常被定义为在一个相当长的历史时期里，市场平均报酬率与无风险资产平均报酬率之间的差异。在采集计算市场平均报酬率的历史数据时，应注意以下两个问题。

第一，由于短期内股价和股票报酬率波动性很大，数据可能比较极端，市场平均报酬率无法反映平均水平，应选择较长时间跨度的数据。例如，采用过去几十年的数据，既包括经济繁荣时期，也包括经济衰退时期，要比近几年的数据更具代表性。

第二，计算市场平均报酬率可采用算数平均数和几何平均数。主张使用算数平均数的理由是，算数平均数更符合资本资产定价模型中的平均方差的结构，因而更适合作为下一阶段风险溢价的预测指标。主张使用几何平均数的理由是，几何平均数的计算考虑了复合平均，能更好地预测长期的平均风险溢价。多数人倾向于采用几何平均数，采用几何平均数得出的预期风险溢价，一般情况下比采用算术平均数得出的预期风险溢价要低一些。

2. 股利增长模型

股利增长模型假设公司未来的股利以固定的年增长率递增，按照这一思路计算权益资本成本。假定股利收益以固定的年增长率递增，根据权益估价的现金流量折现模型，权益资本成本的计算公式为

$$P_0 = \sum_{t=1}^{\infty} \frac{D_t}{(1+K_s)^t}$$

$$D_t = D_0(1+g)^t$$

推导出权益资本成本的近似计算公式为

$$K_s \approx \frac{D_1}{P_0} + g$$

式中：D_1表示预期投资第1年的股利额，$D_1 = D_0(1+g)$；P_0表示普通股当前市价，在有效市场条件下股价能够反映普通股的内在价值；K_s表示股东必要报酬率，即普通股资本成本；g表示股利的年增长率。

使用股利增长模型的主要问题是估计增长率g。如果一家公司在支付股利，那么D_0就是已知的，而$D_1 = D_0(1+g)$，所以剩下的问题只是估计增长率g。

估计增长率g的方法有以下3种。

(1) 历史增长率。根据过去的股利支付数据估计未来的股利增长率。股利增长率可以按几何平均数计算，也可以按算术平均数计算，两种方法的计算结果会有很大的区别。

【例4-7】某公司20×1—20×5年的股利支付情况如表4-3所示，试计算股利增长率。

表4-3　某公司20×1—20×5年的股利支付情况

年份	20×1年	20×2年	20×3年	20×4年	20×5年
股利	0.16	0.19	0.20	0.22	0.25

按几何平均数计算，股利的平均增长率为

$$g = \sqrt[n]{\frac{FV}{PV}} - 1$$

式中：PV表示最早支付的股利；FV表示最近支付的股利；n表示股息增长期的期数。

该公司的股利(几何)增长率为

$$g= \sqrt[4]{\frac{0.25}{0.16}} -1 =11.80\%$$

该公司的股利(算术)增长率为

$$g =(\frac{0.19-0.16}{0.16} + \frac{0.20-0.19}{0.19} + \frac{0.22-0.20}{0.20} + \frac{0.25-0.22}{0.22})/4 =11.91\%$$

哪种计算方法更适合股利增长模型呢？几何增长率适合投资者在整个期间长期持有股票的情况，而算术增长率适合投资者在某一段时间持有股票的情况。由于股利折现模型的增长率需要长期的平均增长率，几何增长率更符合逻辑。

在计算历史增长率时采用数据的年份不同，得出的股权资本成本也会不同，因此需要谨慎选择。通常，需要使用计算出来的历史增长率和股权资本成本，利用股票估价模型$P_0=D_1(K_s-g)$以及历史各年股利，计算出相应的一系列模型预计股价，并对历史实际股价和模型预计股价进行相关性分析，选择相关性最好的历史增长率。

如果公司过去的股利增长率相对平稳，并且预期这种趋势会继续下去，那么过去的增长率就可以作为未来的增长率。但是，股利稳定增长的公司并不多见，有些公司甚至多年不支付股利。股利支付与公司所处的生命周期有关，在公司初创期和成长期很少支付股利，进入成熟期以后才会有较多的股利支付。因此，历史增长率法很少单独应用，它通常被作为估计股利增长率的一个参考，或者是一个需要调整的基础。

(2) 可持续增长率。假设公司未来不依靠增发新股，完全依靠内部积累实现权益筹资，并且保持当前的经营效率和财务政策不变，则可根据可持续增长率来确定股利增长率，计算公式为

股利增长率＝可持续增长率＝留存收益比率×期初权益预期净利率

公式的推导过程为

股利增长率＝净利润增长率＝销售增长率＝资产增长率＝留存收益增长率

＝Δ留存收益/期初权益＝留存收益比率×当年净利润/期初权益

＝留存收益比率×期初权益预期净利率

【例4-8】某公司预计未来保持经营效率、财务政策不变，预计股利支付率为20%，期初权益预期净利率为6%，试计算股利增长率。

$$g=6\%×(1-20\%)=4.8\%$$

根据可持续增长率估计股利增长率的假设条件包括：利润留存率不变；预期新投资的权益净利率等于当前权益净利率；公司不发行新股；未来投资项目的风险与现有资产相同。如果这些假设与未来的状况有较大区别，则可持续增长率法不宜单独使用，需要与其他方法结合使用。

(3) 采用证券分析师的预测。证券服务机构的分析师会经常发布大多数上市公司的增长率预测值。估计增长率时，可以将不同分析师的预测值进行汇总，求其平均值。在

计算平均值时，可以给权威性较强的机构以较大的权重，给其他机构较小的权重。

证券分析师发布的各公司增长率预测值通常是分年度或季度的，不是唯一的长期增长率。对此，有两种解决办法：①将不稳定的增长率平均化，转换方法是计算未来足够长期间的年度增长率的几何平均数。通常只保留30年或50年的数据，舍去更远的数据，因为它们对计算结果的影响甚微。②根据不均匀的增长率直接计算股权成本。

【例4-9】A公司当前股利为2元/股，股票实际价格为23元。证券分析师预测，未来5年的股利增长率逐年递减，第5年及其以后年度为5%。

(1) 计算几何平均增长率。预计未来30年的股利如表4-4所示。

表4-4 对A公司的股利预测

年度	0	1	2	3	4	5	30
增长率/%		9	8	7	6	5	5
股利	2	2.1800	2.3544	2.5192	2.6704	2.8039	9.4950

设平均增长率为g，则

$$2 \times (1+g)^{30} = 9.4950$$

$$g = 5.3293\%$$

如果按照$g=5.3293\%$计算股权成本，则

股权成本$=2 \times (1+5.3293\%)/23+5.3293\%=9.15907\%+5.3293\%=14.49\%$

(2) 根据不均匀的增长率直接计算股权成本。根据固定增长股利估价模型，设股权成本为K_s，则第4年年末的股价为

$$P_4 = 2.8039/(K_s - 5\%)$$

当前的股价等于前4年的股利现值与第4年年末股价现值之和，则

$$P_0 = \sum_{t=1}^{4} \frac{D_t}{(1+K_s)^t} + \frac{P_4}{(1+K_s)^4}$$

$$23 = \frac{2.1800}{(1+K_s)} + \frac{2.3544}{(1+K_s)^2} + \frac{2.5192}{(1+K_s)^3} + \frac{2.6704}{(1+K_s)^4} + \frac{2.8039/(K_s-5\%)}{(1+K_s)^4}$$

最后求解上述方程式

$$K_s = 14.91\%$$

为了计算股权成本K_s，需要使用试误法和内插法，手工计算十分麻烦，应用Excel的"单变量求解"功能可以方便地解决这类问题，其计算结果可以通过表4-5验证。

表4-5 权益资本成本的验证

年度	0	1	2	3	4	5
增长率/%		9	8	7	6	5
股利/(元/股)	2	2.1800	2.3544	2.5192	2.6704	2.8039
现值系数(14.91%)		0.8702	0.7573	0.659	0.5735	
股利现值合计	6.8716	1.8970	1.7830	1.6602	1.5315	
期末价值及其现值	16.2263				28.2934	
股票价值合计	23					

$$期末(第4年年末)价值 = 2.8039/(14.91\% - 5\%) = 28.2934(元)$$
$$期末价值的现值 = 28.2934 \times 0.5735 = 16.2263(元)$$
$$股票价值 = 4年的股利现值 + 期末价值 = 6.8716 + 16.2263 = 23(元)$$

计算结果与实际股价一致，说明权益资本成本14.91%是正确的。

两者的误差是舍去30年以后的股利数据造成的，这种误差还是可以接受的，比起现金流量的估计误差要小得多。

在以上3种增长率的估计方法中，采用分析师的预测增长率可能是最好的方法。投资者在股票估值时也经常采用这种方法，而多数投资人的预期对于实际股价有重要影响。

3. 债券报酬率风险调整模型

根据"风险越大，要求的报酬率越高"的投资原理，普通股股东的投资风险大于债券投资者，因而会在债券投资者要求的报酬率的基础上再要求一定的风险溢价。依照这一理论，权益资本的成本公式为

$$K_s = K_d + RP_c$$

式中：K_d表示债务成本；RP_c表示股东比债权人承担更大风险所要求的风险溢价。

风险溢价是凭借经验估计的。一般认为，某公司普通股的风险溢价(对其发行的债券来讲)为3%～5%，风险较高的股票采用5%，风险较低的股票采用3%。

例如，对于债券成本为9%、中等风险的公司来讲，其普通股成本为

$$K_s = 9\% + 4\% = 13\%$$

而对于债券成本为13%的另一家中等风险公司来讲，其普通股成本为

$$K_s = 13\% + 4\% = 17\%$$

估计RP_c的另一种方法是分析历史数据，即比较过去不同年份的权益报酬率和债务收益率。通常在比较时会发现，虽然权益报酬率和债券报酬率有较大波动，但两者的差额RP_c相当稳定。正因为如此，历史的RP_c可以用来估计未来普通股成本。

前文讲述了3种计算普通股成本的方法，这3种方法的计算结果经常不一致，我们不知道哪一个更接近真实的普通股成本，实际上不存在一个公认的确定普通股真实成本的方法。一种常见的做法是将每种方法计算出来的普通股成本进行算术平均。有时决策者也会因为他对某种方法采用的数据更有信心，而注重其中一种方法。

此外，估计增长率需要依据经验。例如，一个公司的长期增长率不太可能与GDP的增长率相差太多。长期的市场竞争会使高增长公司的优势逐渐消失，并淘汰增长缓慢的公司。只有那些具有独特资源和垄断优势的少数公司，才可能较长时期维持高增长率。如果给一个公司较高的增长率估值，必须要知道它的长期竞争优势是如何取得和维持的。

4.3.2 考虑发行费用的普通股资本成本的估计

公开发行普通股会发生各种筹集费用，比如发行费用(发行手续费)、律师费、公证费及广告宣传费等。公开发行普通股的成本，也被称为外部权益资本成本。由于需要支

付发行费用，外部权益资本成本高于内部权益筹资成本。由于把发行费用考虑在内，公开发行普通股资本成本采用股利增长模型估计，计算公式为

$$K_s = \frac{D_1}{P_0(1-F)} + g$$

式中：F表示发行费用率。

【例4-10】某公司现有资产10 000万元，没有负债，全部为权益资本。总资产净利率为15%，每年净收益1 500万元，全部用于发放股利，公司的增长率为零。公司发行在外的普通股为1 000万股，每股收益为1.5元(1 500万元/1 000万股)，股票价格为每股10元。公司为了扩大规模购置了新的资产(该资产的期望报酬率与现有资产相同)，拟以每股10元的价格增发普通股1 000万股，发行费用率为10%，该增资方案是否可行？

该公司考虑发行费用的普通股资本成本为

$$K_s = D_1/P_0(1-F) + g = 1.5/10 \times (1-10\%) + 0 = 16.67\%$$

从公司的角度来看，由于资产净利率仅为15%，该增资方案不可行。

我们再站在股票投资者的角度，验证该结论的正确性。

$$增发获得的资金 = 10 \times 1\,000 \times (1-10\%) = 9\,000(万元)$$
$$新增资产净收益 = 9\,000 \times 15\% = 1\,350(万元)$$
$$每股净收益 = (1\,500 + 1\,350)/(1\,000 + 1\,000) = 1.425(元/股)$$

假设市盈率(10/1.5)不变，则股价 = (10/1.5) × 1.425 = 9.5(元/股)

也就是说，如果按10元每股价格增发普通股1 000万股，股价会下降到9.5元，股票投资者遭受损失，发行无法成功，该增资方案也不可行。

如果仍然按10元每股价格发行，新增资产后每股收益仍然需要达到每股1.5元。在市盈率不变的情况下，要保证发行后股价仍然为每股10元，则应该提高新增权益资本的投资回报率X，以使新增资产净收益达到1 500万元，即

$$新增资产净收益 = 9\,000 \times X = 1\,500(万元)$$
$$X = 16.67\%$$

也就是说，投资回报率必须达到16.67%，与普通股筹资成本相同，该增资方案才可行。

4.4 加权平均资本成本的估计

4.4.1 加权平均资本成本的意义

加权平均资本成本即公司资本成本，是公司全部长期资本成本的加权平均数。加权平均资本成本主要应用于公司价值评估和资本结构决策。

4.4.2 加权平均资本成本的估计方法

加权平均资本成本一般是以资本要素(个别资本)占全部资本的比重为权数，对个别资本成本进行加权平均确定的，计算公式为

$$K_{WACC} = \sum K_j \times W_j$$

计算公司的加权平均资本成本，有3种权重依据可供选择，即账面价值权重、实际市场价值权重和目标资本结构权重。

1. 账面价值权重

账面价值权重是根据公司资产负债表上显示的会计价值来衡量每种资本要素的比例的。资产负债表提供负债和权益的金额，计算时很方便。但是，账面结构反映的是历史的结构，不一定符合未来的状态；账面价值会歪曲资本成本，因为账面价值与市场价值有极大的差异。

2. 实际市场价值权重

实际市场价值权重是根据当前负债和权益的市场价值比例衡量每种资本要素的比例的。由于市场价值不断变动，负债和权益的比例也随之变动，计算出的加权平均资本成本数额也是经常变化的。

3. 目标资本结构权重

目标资本结构权重是根据按市场价值计量的目标资本结构衡量每种资本要素的比例的。目标资本结构是公司估计和追求的未来最佳长期筹资结构。如果公司向目标资本结构发展，目标资本结构权重更为合适。这种权重可以选用平均市价，以避免证券市场价格变动频繁带来的不便。

【例4-11】某公司按平均市场价值计量的目标资本结构：40%的长期债务，10%的优先股，50%的普通股。长期债务的税后成本是3.9%，优先股的成本是8.16%，普通股的成本是11.8%，试求该公司的加权平均资本成本。

$$K_{WACC} = 40\% \times 3.9\% + 10\% \times 8.16\% + 50\% \times 11.8\%$$
$$= 1.56\% + 0.816\% + 5.9\%$$
$$= 8.276\%$$

加权平均资本成本是公司未来全部资本的加权平均成本，而不是过去所有资本的平均成本。其中，债务成本是发行新债务的成本，而不是已有债务的利率；优先股和普通股成本是新筹资成本，而不是过去的成本。在【例4-11】中，加权平均资本成本0.08276元是每1元新资本使用权的成本，它由0.0156元的税后债务成本、0.00816元的优先股成本和0.059元的普通股成本组成。

思考题

1. 什么是公司资本成本？理解和掌握公司资本成本需要注意哪些问题？
2. 什么是项目资本成本？它与公司资本成本存在什么区别和联系？
3. 资本成本的影响因素有哪些？
4. 资本成本在公司金融决策中有哪些应用？
5. 为什么用投资者必要报酬率估计债务资本成本和普通股资本成本？
6. 债务资本成本估计的方法有哪些？普通股资本成本估计的方法有哪些？
7. 优先股筹资成本如何计算？
8. 使用资本资产定价模型估计普通股资本成本必须估计哪些参数？
9. 以目标资本结构为权重计算加权平均资本成本，资本要素的价值如何确定？

练习题

1. 假设某公司9年前发行了面值为1 000元、期限为10年的每年付息一次、到期还本债券，票面利率为10%，目前市价为900元，公司所得税税率为25%，该债券的成本为多少？如果该公司计划在债券到期时，继续按面值1 000元发行10年期的相同债券，票面利率仍然为10%，发行费率为1%，该债券资本成本为多少？

2. 假定市场无风险报酬率为6%，股票市场组合的平均报酬率为10%，某公司普通股β值为1.2，该普通股的成本为多少？

3. 假设某企业集团为扩大经营规模，成立一家独立的新公司，采用普通股筹资，拟以每股10元价格发行100万股，发行费率为1%，发行后预计每年净利润增长率为2%，净利润全部用于发放股利，预计投资第一年每股收益为1.5元，则该普通股的成本为多少？假设预期投资净利率为15%，该发行方案是否可行？

第 2 篇

长期投资决策

第5章

经营性项目投资决策原理与应用

公司金融学所讨论的"公司"是指从事生产经营的实业公司,而非各类金融机构。实业公司的投资主要体现为内部投资,即经营性项目投资,比如建造生产线、开发新产品等。在公司金融活动中,经营性项目投资是公司从事经营活动的基础,是为股东创造财富的直接手段,因而成为公司的重要金融活动。经营性项目投资决策是公司资本预算的核心内容,所谓公司资本预算是指公司所进行的长期资本支出计划,又称为投资预算或建设性预算,因而经营性项目投资决策也称为公司资本预算。

5.1 经营性项目投资决策概述

5.1.1 经营性项目投资的含义

经营性项目投资是一种以特定的经营性项目为投资对象的投资行为,是直接与新建项目或更新改造项目有关的经营性长期投资行为。经营性项目可以是单一投资项目,也可以是组合投资项目,甚至是整个公司的投资项目。一个完整的经营性投资项目不仅包括固定资产投资,而且涉及营运资本投资,甚至包括无形资产投资。

在经营性项目投资中,一般而言,固定资产投资所占的比重最大,而配套的无形资产投资以及启动项目所需垫支的营运资本所占的比重较小,所以经营性项目投资有时专指固定资产投资。

5.1.2 经营性项目投资的特点

经营性项目投资具有以下特点。

(1) 投资规模较大。

(2) 所形成的固定资产通常具有专属性,即只能满足特定经营领域生产能力的需要,因而通用性和变现性较差。

(3) 经营性项目的运营期(或寿命期)较长,需要通过在每期项目产生的营业现金净流量中提取折旧基金的方式来回收初始投资,因而投资回收期较长,很难准确可靠地预测项目未来营业现金净流量。如果未来实际的营业现金净流量达不到预期的营业现金净流量,就需要及时放弃止损,但由于项目所形成的固定资产通常具有专属性,很难清理变现,加之投资规模较大,使得经营性项目投资面临很高的投资风险,一旦预测和决策失误会对公司造成长期性的不利影响。为此,公司需要准确预测经营性投资项目并进行估价，从而做出正确的投资决策，以规避较高的投资风险。

5.1.3 经营性项目投资的类型

按投资对象的不同，经营性项目投资可以分为5种类型。

(1) 新产品开发项目或现有产品的规模扩张项目。这类项目投资属于扩充生产能力的投资，通常需要添置新的固定资产，能够增加公司的营业现金流入。

(2) 固定资产更新项目。固定资产更新项目需要更新固定资产(比如设备、厂房和建筑物等)，通常需要追加投资，但一般不会改变公司的营业现金收入。

(3) 新产品研究与开发项目。研究与开发项目通常不直接产生现实的收入，但能够得到一项是否投产新产品的选择权，并可能增加公司未来的营业现金收入。

(4) 勘探项目。勘探项目类似研发项目，也能够使公司得到一项是否开发的选择权，也可能会增加公司未来的营业现金收入。

(5) 其他项目。其他项目包括劳动保护设施建设、购置污染控制装置等。这些决策虽然不直接产生营业现金流入，但使公司在履行社会责任方面的形象得到改善，有可能减少未来的现金流出。这些投资项目的现金流量分布具有不同的特征，具体的分析方法也存在差别。

此外，按投资项目之间的相互关系，经营性项目还可以分为独立项目和互斥项目。独立项目是相容性投资，这些项目之间互不关联、互不影响，可以并存。独立项目是否具有经济可行性或是否可以采纳，需要看其是否满足评价标准。互斥项目是非相容性投资，各投资项目不能共存，因此，需要从多个可行性方案中选择最优方案。

5.2 经营性项目投资决策的评价方法

经营性项目投资决策的评价方法分为现金流量折现法和非现金流量折现法两大类。其中，现金流量折现法包括净现值法和内含报酬率法，非现金流量折现法主要包括投资回收期法和会计报酬率法。在评价经营性项目投资决策的两类方法中，现金流量折现法考虑了项目的现金流量、资金时间价值和投资风险价值，能够更为科学地评价投资项目的可行性和优劣，因而成为经营性项目投资方案评价的主要方法，而非现金流量折现法通常只作为项目评价的辅助方法来使用。

5.2.1 净现值法

1. 项目净现值

项目净现值通常定义为特定投资项目(资产)预期现金流入的现值与预期现金流出的现值之间的差额。在使用净现值法评价经营性投资项目时，预期现金流入是指项目运营期的营业现金净流入量，即营业现金流入与营业现金流出的差额；预期现金流出则是指项目投资的现金净流出量。从投入产出关系来说,预期投资项目的现金净流出量的现值为项目的投入价值,而预期投资项目的营业现金净流量的现值则为项目的内在价值,可以视为投资项目的产出价值。预期投资项目的产出价值(项目的内在价值)与项目的投入价值的差额构成了项目的投资回报,称为项目净现值(net present value,NPV)。

项目净现值的经济含义是项目为股东创造的财富。公司法人是项目投资的主体,投资回报或净现值也理应归属于公司。那么,如何理解项目净现值是给股东创造的财富以及其应归属于股东呢?虽然公司是项目投资的主体,但实际上,公司只是项目投资者的受托者或代理人,项目真正的投资主体为股东和债权人。因此,从投资收益的角度来看,项目的产出价值应该分属于股东和债权人。假设公司通过增发股票(或利用留存收益)和发行债券为项目筹资,项目投入价值和项目产出价值的关系可表示为

项目投入价值=股东投入价值+债权人投入价值=股票购买价格+债券购买价格

项目产出价值=归属于股东的价值+归属于债权人的价值

项目净现值为项目产出价值与项目投入价值的差额,即

项目净现值=项目产出价值-项目投入价值

=(归属于股东的价值-股东投入价值)+

(归属于债权人的价值-债权人投入价值)

=项目为股东创造的财富+(归属于债权人价值-债券购买价格)

项目归属于债权人的价值是债权人预期应付本息的现值,即债权人购买债券时债券的内在价值。债券本息现金流量是债务契约事先约定的,而折现率取决于债权人购买债券时等风险债券的市场利率,也是确定的,因此债权人购买债券时,债券的内在价值是确定的。公司在债券发行定价时,需要按照债券的内在价值确定发行价格 (即债券购买价格),这样,债券的内在价值与债券购买价格相等,项目不会为债权人创造净现值或财富。可见,项目的净现值归属于股东,是项目为股东创造的财富。

2. 项目净现值的计算公式

项目净现值的计算公式为

净现值(NPV)=项目内在价值-项目投入价值

=项目营业现金净流量的现值-项目投资现金净流量的现值

$$净现值(\text{NPV}) = \sum_{t=1}^{n} \frac{I_t}{(1+i)^t} - \sum_{t=0}^{n} \frac{O_t}{(1+i)^t} = \sum_{t=1}^{n} I_t(P/F, i, t) - \sum_{t=0}^{n} O_t(P/F, i, t)$$

在计算营业现金净流入量(I_t)的现值时,折现率(i)为项目的资本成本。由于项目筹资结构通常与公司目标资本结构保持一致,如果项目对公司整体的经营风险影响不大,则项目筹资成本与公司资本成本基本相同,因而公司资本成本可以作为项目资本成本。但如果项目筹资结构与公司当前资本结构显著不同,或者项目风险与公司整体风险差异较大时,则不能用公司资本成本作为项目资本成本。

如果项目投资是分阶段进行的，也需要将建设起点以后的投资现金净流出量(O_t)折算为现值。值得注意的是，计算远期投资支出的现值与计算项目内在价值采用相同的折现率，即项目资本成本，这样处理是否合理呢？将未来投资现金净流出量折算为现值，实际上是估计未来一定的现金支出相当于现在支出多少现金。由于时间价值的存在，购货者能够接受的即时现金支出肯定低于远期现金支出。比如，某人购货可选择即期付款和一年以后付款，假设远期付款价格为1 100元。如果即期付款和远期付款都需要借款，贷款年利率为10%。若选择即期付款，他需要提前1年借入P，当即期借款1年后的本息和[$P(1+10\%)$]低于远期付款额1 100元时，提前借款、即期支付比远期付款更划算。相反，如果1年后的本息和高于远期付款额，则不如选择远期付款。只有在提前借款1年后的本息和等于远期付款额时，即$P\times(1+10\%)=1\,100$(元)，提前借款即期付款和远期付款在经济上才是等效的，因而该购货人能够接受的即期付款价格(P)，即远期付款的现值为

$$P=1\,100/(1+10\%)=1\,000(元)$$

可见，付款价格是按借款利率(筹资成本)折算的远期付款额的现值。

在项目投资中，运作良好的公司通常不会保有闲置现金，与上例借款付款类似，公司也需要为项目筹资，因而计算远期投资支出的现值也需要以项目筹资成本(项目资本成本)作为折现率。这样，第t期远期投资支出现值为

$$远期投资支出现值=远期投资支出/(1+项目资本成本)^t$$

可见，选择项目资本成本作为折现率，计算未来投资现金流出的现值是合理的。

3. 净现值法的原理

净现值是评价项目是否具有经济可行性的重要指标。如果项目净现值为正数，表明该项目可以为股东创造财富，同时也表明项目的预期投资报酬率大于项目资本成本(投资者的必要报酬率)，应予采纳；如果项目净现值为负数，表明该项目不仅不能为股东创造财富，还会折损股东财富，同时也表明项目的预期投资报酬率小于项目资本成本，应予放弃；如果项目净现值为零，表明该项目不能为股东创造财富，同时也表明项目的预期投资报酬率等于项目资本成本，投资该项目没有意义。

【例5-1】假设某公司项目的资本成本为10%，有3个投资项目，有关数据如表5-1所示，试分析这3个项目。

表5-1 投资项目数据　　　　　　　　　　　　　　　　　　　单位：万元

年份	A项目			B项目			C项目		
	净收益	折旧	现金流量	净收益	折旧	现金流量	净收益	折旧	现金流量
0			(20 000)			(9 000)			(12 000)
1	1 800	10 000	11 800	(1 800)	3 000	1 200	600	4 000	4 600
2	3 240	10 000	13 240	3 000	3 000	6 000	600	4 000	4 600
3				3 000	3 000	6 000	600	4 000	4 600
合计	5 040		5 040	4 200		4 200	1 800		1 800

净现值(A)=(11 800×0.9091+13 240×0.8264)-20 000=21 669-20 000=1 669(万元)

净现值(B)=(1 200×0.9091+6 000×0.8264+6 000×0.7513)-9 000=1 557(万元)

净现值(C)=4 600×2.487-12 000=11 440-12 000=-560(万元)

A、B两个项目投资的净现值都为正数，说明这两个项目都能够为股东创造财富，投资报酬率均超过项目资本成本，都可以采纳。C项目净现值为负数，说明该项目会减损股东财富，投资报酬率达不到项目资本成本，应予放弃。

A、B两个项目净现值大于0，为什么两个项目的预期投资报酬率都高于项目资本成本(10%)？C项目净现值小于0，为什么其预期投资报酬率低于项目资本成本？我们将在后续介绍内含报酬率法时予以证明。

净现值法在理论上比其他方法更为完善，具有广泛的适用性，不仅适用于评价项目可行性，而且适用于期限相同的互斥方案的选择。因为净现值越大，意味着该项目在相同期限内为股东创造的财富越多。

4. 净现值法的局限性

净现值法的局限性主要体现在以下几个方面。

(1) 不能反映项目投资效率的高低。净现值是绝对数，不能反映单位投入资本为股东创造的财富，净现值最大的方案未必是投资效率最高的方案，在比较投资额不同的项目时，净现值法存在局限性。在上例中，A项目用20 000万元投资取得较多的净现值，B项目用9 000万元投资取得较少的净现值，比较净现值不能说明哪个项目的投资效率更高。

(2) 不适用于期限不同的互斥方案的选择。假如A项目投资4年创造了较多的净现值，B项目投资2年创造了较少的净现值，但由于期限不同，两个项目的净现值没有可比性。A项目不一定比B项目好，因为在项目能够持续经营的情况下，B项目在2年后收回投资进行重置投资，在4年内可能创造出比A项目更多的净现值。

(3) 不适用于独立项目优先顺序的选择。在实践中，公司普遍存在资金约束，需要对有限的资金进行优化配置，投资于不同的独立项目，以实现一个净现值最大的投资组合。为此，公司需要依据投资效率的高低对各投资方案进行排序，优先选择投资效率最高的项目，然后选择次优方案，以此类推，从而形成净现值最大的最优投资组合。显然，净现值不能反映项目投资效率的高低，因而不适用于独立项目优先顺序的选择。

5. 净现值的变换形式

为了克服净现值不能比较不同项目投资效率的缺陷，出现了净现值的变换形式，包括净现值率和现值指数。

(1) 净现值率。净现值率是指项目净现值与现金流出现值的比率，记作NPVR，该指标能够反映项目单位投入价值为股东创造的财富(NPV)，计算公式为

$$NPVR=NPV/现金流出现值(投入价值)$$

(2) 现值指数。现值指数是未来现金流入现值与现金流出现值的比率，记作PI，亦称获利指数，计算公式为

$$PI＝现金流入现值(产出价值)/现金流出现值(投入价值)$$

$$PI＝NPVR＋1$$

可见，净现值率和现值指数为相对数，具有相同的经济含义，都能够反映项目单位投入资本为股东创造的财富，即项目的投资效率。

根据表5-1的资料，3个项目的现值指数为

$$现值指数(A)＝21\ 669/20\ 000＝1.08$$

$$现值指数(B)＝10\ 557/9\ 000＝1.17$$

$$现值指数(C)＝11\ 440/12\ 000＝0.95$$

按净现值的评价标准，A、B项目投资的现值指数大于1，说明这两个项目的净现值都大于零，都可以采纳。C项目现值指数小于1，应予放弃。

虽然净现值率和现值指数可以比较不同项目的投资效率，但是与净现值相同，它们也不适用于期限不同的互斥方案的选择。

5.2.2　内含报酬率法

1. 内含报酬率法的含义

内含报酬率法是根据投资方案的内含报酬率来评价投资方案可行性和投资效率高低的一种方法。内含报酬率(internal rate of return，IRR)是能够使资产未来现金净流入现值等于投资现金净流出现值所使用的折现率，计算公式为

$$\sum_{t=1}^{n}\frac{I_t}{(1+\text{IRR})^t}=\sum_{t=0}^{n}\frac{O_t}{(1+\text{IRR})^t}$$

内含报酬率是项目本身能够给投资者带来的投资报酬率，它是由项目预期现金流所决定的。那么为什么项目未来现金流入现值等于投资现金流出现值所使用的折现率为项目的投资报酬率呢？这里以股票投资为例说明其原因。在股票投资中，股票预期现金流入量现值是按投资者所要求的最低报酬率估计的股票价值，如果投资者估计的股票价值超过投入价值(购买价格)，说明该股票除了能满足其最低报酬率的要求以外，还能给他带来额外的报酬(即净现值)，这表明该股票给投资者带来的报酬率超过了必要报酬率。如果投资者提高最低报酬率要求，使其估计的股票内在价值，即股票预期现金流入量现值等于投入价值(购买价格)，则该股票投资只能满足其最低报酬率的要求，不会带来额外报酬，也就是说，该股票能够给投资者带来的投资报酬率与其所要求的最低报酬率(折现率)是相同的。可见，项目未来现金流入现值等于投资现金流出现值所使用的折现率是项目能够给投资者带来的投资报酬率。

2. 内含报酬率法的评价标准

如果项目内含报酬率大于项目资本成本，则项目具有经济可行性，同时也表明该项目的内在价值大于按内含报酬率折算的未来现金流入量现值，即大于未来现金流出量现值(投入价值)，项目净现值大于0；相反，如果项目内含报酬率小于项目资本成本，则项目不具有经济可行性，同时也表明该项目的内在价值会小于或等于按内含报酬率计算的未来现金流入量现值，即小于未来现金流出量现值(投入价值)，项目净现值小于0。

以分期付息一次还本债券的投资为例，说明两种评价方法的一致性。

债券购买价格＝债券年利息×$(P/A, \text{IRR}_d, n)$＋债券面值×$(P/F, \text{IRR}_d, n)$

债券的内在价值＝债券年利息×$(P/A, i, n)$＋债券面值×$(P/F, i, n)$

由于折现率与债券购买价格或债券的内在价值成反比，当(IRR_d)大于项目资本成本(i)时，债券购买价格(投入价值)会小于债券的内在价值，即净现值大于0；相反，当IRR_d小于i时，净现值小于0。

可见，无论采用内含报酬率法还是净现值法，得出的评价结论都是一致的。

3. 内含报酬率的计算

内含报酬率的计算，通常需要采用逐步测试法或试误法，估计一个折现率计算项目的净现值。如果净现值为正，说明项目的内含报酬率超过折现率，应提高折现率后进一步测试；如果净现值为负，说明内含报酬率低于折现率，应降低折现率后进一步测试。经过多次测试，找出使净现值接近零的折现率，即为项目的内含报酬率。

沿用【例5-1】的数据，已知A、B项目的净现值均为正，说明投资报酬率都大于10%，因此，应提高折现率测试。假设以17%为折现率测试A项目，其净现值为-243元；再降低到16%重新测试，结果净现值为9万元，已接近零，可以认为A项目的内含报酬率是16%。假设以17%为折现率测试B项目，其净现值为155万元；再用18%作为折现率测试，净现值为-22万元，接近零，可以认为其内含报酬率为18%。

如果对测试结果精确度不满意，可以使用插值法或内插法，则

$$(\text{IRR}_A - 16\%)/(0-9) = (17\%-16\%)/(-243-9)$$

$$\text{IRR}_A = 16\% + (17\%-16\%) \times 9/(243+9) = 16.04\%$$

$$(\text{IRR}_B - 17\%)/(0-155) = (18\%-17\%)/(-22-155)$$

$$\text{IRR}_B = 17\% + (18\%-17\%) \times 155/(22+155) = 17.88\%$$

C项目各期现金流入量相等，符合年金形式，则

$$原始投资＝每年现金流入量×年金现值系数$$

$$12\,000 = 4\,600 \times (P/A, i, 3)$$

$$(P/A, i, 3) = 2.609$$

查阅"年金现值系数表"，查找n=3时的系数2.609对应的利率。与2.609接近的现值系数2.624和2.577分别对应7%和8%，用插值法或内插法计算，则

$$(\text{IRR}_C - 7\%)/(2.609-2.624) = (8\%-7\%)/(2.577-2.624)$$

$$IRR_C = 7\% + (8\% - 7\%) \times (2.609 - 2.624)/(2.577 - 2.624) = 7.32\%$$

计算出各项目的内含报酬率以后，可以根据项目资本成本对方案进行取舍。假设项目资本成本是10%，那么，A、B两个项目都可以接受，而C项目则应放弃。

4. 内含报酬率法与净现值法的比较

虽然净现值法可以说明投资项目的回报率是否超过项目资本成本，但不能揭示项目本身可以给投资者带来的报酬率是多少，而内含报酬率法则能计算出项目本身的投资报酬率。内含报酬率法与净现值法、现值指数法有相似之处，都是根据相对比率来评价项目，能够反映项目投资效率的高低，但它不像净现值法那样使用绝对数来评价项目，因而也适用于在资本约束条件下，对独立方案的优先排序。

5.2.3 投资回收期法

1. 静态回收期

静态回收期是指投资引起的现金流入累积到与投资额相等所需要的时间，它代表收回投资所需的年限，回收年限越短，项目越有利。

在原始投资一次支出，每年现金净流入量相等时，则

静态回收期=原始投资额/年现金净流入量

如果现金流入每年不等，或原始投资是分几年投入的，则静态回收期为累积未来现金净流量等于原始投资额的时间。

沿用【例5-1】的数据，A、B项目的静态回收期分别为1.62年和2.30年，如表5-2所示。

表5-2 A、B项目静态回收期计算 单位：万元

A项目	现金流量	回收额	未回收额
原始投资	(20 000)		
现金流入			
第一年	11 800	11 800	8 200
第二年	13 240	8 200	0
B项目	**现金流量**	**回收额**	**未回收额**
原始投资	(9 000)		
现金流入			
第一年	1 200	1 200	7 800
第二年	6 000	6 000	1 800
第三年	6 000	1 800	0

A项目回收期=1+(8 200/13 240)=1.62(年)

B项目回收期=2+(1 800/6 000)=2.30(年)

静态回收期法的优点是计算简便，易于理解。回收期可以大体上衡量项目的流动性

和风险，回收期越短的项目流动性越好、风险越低，而且能给公司提供较大的经营灵活性，快速收回的资金可用于更有利的项目。但是这种方法存在很多缺陷，它未考虑货币收支的时间性，未考虑回收期以后的现金流量状况，可能导致公司急功近利，优先考虑短期项目，放弃有战略意义的长期项目。事实上，有战略意义的长期投资往往早期的现金流入和收益较低，而在中后期才能体现收益。下面举例说明静态回收期法的不足。

【例5-2】A、B 两个投资方案的预计现金流量如表5-3所示。

表5-3　A、B两个投资方案的预计现金流量　　　　　　　　　　　单位：万元

时间	0	1	2	3	4	5
A方案	−600	100	200	300	200	100
B方案	−600	200	200	200	300	300

两个方案的静态回收期都是3年，但是B方案显然优于A方案。首先，B方案第一年现金流入较多，而A方案第3年现金流入较多。其次，在初始投入回收后，B方案营业现金流入明显多于A方案。利用静态回收期法进行分析时就不会考虑这两个因素。

2. 动态回收期

为克服静态回收期法不考虑时间价值的缺点，出现了动态回收期法(或折现回收期法)。它是指在考虑时间价值的情况下，项目现金流量流入累积到原始投资所需要的时间。

沿用【例5-1】的数据，A项目折现回收期为1.85年，计算过程如表5-4所示。

表5-4　A项目投资回收期计算　　　　　　　　　　　单位：万元

A项目	现金流量	折现系数(10%)	净现金流现值	累计净现金流现值
原始投资	(20 000)	0	(20 000)	(20 000)
第一年流入	11 800	0.9091	10 727	(9 273)
第二年流入	13 240	0.8264	10 942	1 669

折现回收期=1+(9 273/10 942)=1.85(年)

5.2.4　会计报酬率法

会计报酬率是指投资项目寿命期内平均的年投资报酬率，也称为平均投资报酬率。这种方法计算简便，应用范围很广，在计算时可使用会计报表上的数据，运用会计的收益和成本观念，计算公式为

$$会计报酬率=年平均净收益/初始投资额×100\%$$

沿用【例5-1】的数据计算会计报酬率，则

$$会计报酬率(A)=[(1\ 800+3\ 240)/2]×100\%=12.6\%$$

$$会计报酬率(B)=[(-1\ 800+3\ 240+3\ 240)/3]×100\%=15.6\%$$

$$会计报酬率(C)=600/12\ 000×100\%=5\%$$

采用会计报酬率法评价投资项目，需事先确定一个必要平均投资报酬率，作为项目可行性的标准。在多个互斥方案的选择中，应选择平均投资报酬率最高的项目。

会计报酬率法优点在于易于理解，在计算时可以直接使用会计报表上的数据，容易取得，考虑了整个项目寿命期的全部利润。会计报酬率法的缺点是使用会计利润而非现金流量，忽视了折旧对现金流量的影响，忽视了净收益的时间分布对项目价值的影响。

在20世纪50年代之前，西方各国公司在投资决策时多采用非现金流量折现法。20世纪50年代以后，现金流量折现法得到越来越广泛的应用。从20世纪70年代开始，现金流量折现法已占据主要地位，成为主流的项目评价方法。现金流量折现法相对于非现金流量折现法的优势之所以越来越明显，原因在于非现金流量折现法没有考虑资金时间价值，夸大了远期现金流量的价值。现金流量折现法则考虑资金时间价值，将不同时点的现金流量按照一定的折现率折算为决策时的现金流量，这样更具可比性，因而更加科学。此外，电子计算机的广泛应用使现金流量折现的复杂计算变得容易，从而使非现金流量折现方法的优势不复存在。

虽然非现金流量折现评价指标和方法存在很多缺陷，但在实践中，非现金流量折现指标经常会被作为项目评价的辅助指标。现金流量折现法是评价项目可行性的基础方法，对于一个投资项目，首先需要采用现金流量折现法进行评价或检验。在项目通过检验的基础上，如果公司还有回收期或会计报酬率的要求，则它们也会成为项目可行性或优劣的辅助评价指标。比如，在多个互斥方案的选择中，如果各个方案的净现值都为正数，而且净现值和内含报酬率也相同，则应选择回收期最短或会计报酬率更好的项目。

5.3 经营性项目现金流量的估计

预测投资项目的现金流量是应用现金流量折现法进行资产估值的首要环节。

5.3.1 经营性项目现金流量概述

1. 现金流量

现金流量是指投资项目所引起的公司整体现金流量的变动量。这里，现金流量是广义的现金流量概念。比如在项目投资阶段，可能涉及使用公司原有的非货币资产投资，虽然这些实物资产投资没有发生直接的现金流出，但是这些资产的机会成本或在其他经济用途中体现的价值也视为投资的现金流出量。例如，一个新项目需要使用公司原有的未使用和不需用的厂房、设备、材料等，如果这些实物资产不用于该项目投资，则需要清理变现，其变现净值应计入投资该项目的现金流出量。

2. 经营性项目现金流量的计算期

经营性项目现金流量的计算期是指项目从投资建设开始到最终清理结束整个过程的

全部时间，一般包括建设期和运营期，表达式为

$$项目现金流量的计算期＝建设期＋运营期$$

建设期是指从正式投资开始到项目建成投产为止所需时间，建设期的第一年年初称为建设起点，建设期的最后一年年末称为投产日。运营期是指从投产日到终结点之间的时间，一般根据项目主要设备的经济使用寿命确定。运营期的最后一年年末称为项目终结点。

3. 经营性项目现金流量的构成

不同项目的现金流量分布具有不同的特征。以最具一般意义的新建固定资产为例，项目现金流量可以分为项目投资期现金流量和项目运营期现金流量。

(1) 项目投资期现金流量。在项目投资建设期，现金流量是指投资方案所引起的公司整体现金流出的净增加额。例如，公司增加一条生产线，通常引起的现金流出包括：①构建生产线的价款，包括设备购置费、安装费和建筑工程费等，价款可能是一次性支出，也可能分次支出。②原有固定资产的变现净流入。③垫支运营资本。由于该生产线扩大了公司的生产能力，引起对流动资产需求的增加，需要追加的运营资本，也是增加该生产线引起的，应列入该方案的现金流出。由于这部分垫支的营运资本一般要到该生产线营业终了或出售(报废)时才能收回，也将其视为长期经营性投资。

在投资建设期，现金净流量往往为负值，即表现为净现金流出。

(2) 项目运营期现金流量。在项目运营期，现金流量是指投资方案所引起的运营期公司整体现金流入的净增加额。例如，公司增加一条生产线，通常会引起下列运营期现金净流入：①增加生产线扩大了公司的生产能力，公司销售收入增加，扣除有关的付现成本增量后的余额，是该生产线引起的一项现金净流入。②项目终结时，该生产线清理(报废)时的残值变现净收入(指扣除所需上缴税金等费用后的净收入)。③项目终结时，公司原垫支在各种流动资产上的营运资本可以相应收回，因此应将其作为该方案的一项现金流入。其中，第①项称为营业现金净流量，第②项和第③项称为终结点现金净流量。

在运营期(比如一个会计年度)，现金净流量往往表现为正值，即表现为净现金流入。

5.3.2 经营性项目现金流量估计的原则和应注意的问题

估计经营投资方案所需的投资额以及该方案营运期每年能产生的现金净流量，会涉及很多变量，需要公司有关部门共同参与。例如，销售部门负责预测售价和销量，涉及产品价格弹性、广告效果、竞争者动向等；产品开发和技术部门负责估计投资方案的净经营性长期资产总投资，涉及研制费用、设备购置、厂房建筑等；生产和成本部门负责估计制造成本，涉及原材料采购价格、生产工艺安排、产品成本等。财务人员的主要任务是为销售、生产等部门的预测建立共同的基本假设条件，如物价水平、折现率、可供

资源的限制条件等；协调参与预测工作的各部门人员，使其相互衔接与配合，防止预测者因个人偏好或部门利益而高估或低估收入和成本。

1. 经营性项目现金流量估计的原则

在估计投资方案现金流量时，应遵循公司整体增量现金流量原则，即只有增量现金流量才是与项目相关的现金流量。所谓增量现金流量，是指所采纳的投资方案所引起的公司整体现金流量的变动量。只有所采纳的投资方案引起的公司整体现金流出的增加额，才视为该投资项目的现金流出量；只有所采纳的投资方案引起的公司整体现金流入的增加额，才视为该投资项目的现金流入量。

2. 经营性项目现金流量估计应注意的问题

为遵循公司整体增量现金流量原则，正确估计项目现金流量，需要注意4个问题。

(1) 在使用非货币资产投资时，只有非货币资产的取得成本为相关成本才构成项目投资的现金流出。如果该非货币资产的取得不是项目投资引起的，则取得成本是与投资项目无关的成本(非相关成本)，不构成项目投资的现金流出。只有该非货币资产的取得是投资项目引起的，取得成本才是与投资项目相关的成本(相关成本)，应作为投资项目的一项现金流出。比如，为投资某项目所发生的研发费用是该投资项目引起的，则研发费用属于相关成本，应作为项目投资的一项现金流出；而如果这些研发费用是公司为其他目的发生的，即使新项目使用了该研发技术，由于该研发费用属于与新项目不相关的成本支出，也不应作为项目投资的现金流出。再如，公司为其他项目建设了厂房，后因项目终止而闲置，公司新项目投资刚好可以使用该厂房，但该厂房建设支出并不是公司新项目投资引起的，属于非相关成本，也不能作为该项目投资的现金流出。

(2) 在使用非货币资产投资时，非货币资产的机会成本为投资现金流出量。如果公司不使用原有非货币资产投资新项目，则该非货币资产还可以用于其他经济用途，并取得收入，该非货币资产通过其他经济用途取得的现金净流入的现值，即用于其他经济用途体现的经济价值，就是将其用于该投资项目的机会成本，应视为该投资项目的一项投资现金流出。例如，公司新建车间需要使用公司拥有的一块土地，虽然并没有发生现金流出，但是如果该公司不利用这块土地来兴建车间，则可将这块土地出售取得出让收入，正因为在这块土地上兴建车间才放弃了这笔收入，那么这笔收入就是兴建车间使用土地的机会成本。

(3) 需要考虑投资方案对公司整体现金流量的影响。当公司采纳一个新项目后，该项目可能对公司的其他项目现金流量造成有利或不利的影响，进而影响公司整体现金流量。例如，如果新建车间生产的新产品上市影响其他产品的销量，则不应将新车间的销售收入作为增量收入来处理，而应扣除其他项目因此减少的销售收入。当然，新产品上市也可能促进其他产品的销售，这要看新项目和原有项目是竞争关系还是互补关系。

(4) 需要考虑项目对公司营运资本的影响。一般而言，当公司启动一个新项目，公司产销规模会增加，对于存货和应收账款等经营性流动资产的需求也会增加。虽然应付账款等经营性负债也会同步增加，但并不能充分满足经营性流动资产增加的需要，为此公司需要筹集长期资本追加流动资产投资(营运资本投资)，新项目导致公司这部分的投资支出增加，也应将其列入该投资方案的现金流出量。

当投资方案的寿命周期结束时，公司将与项目有关的存货出售，应收账款变为现金，应付账款等商业负债也随之偿付，公司流动资产恢复到原有水平，投资在流动资产上的营运资本得以收回。按增量现金流量原则，应将其列入该投资方案的终结现金流入量。通常，在进行投资分析时，假定开始投资时筹措的营运资本在项目结束时收回。

5.3.3 所得税和折旧对现金流量的影响

所得税也是企业的一项现金流出。折旧虽然是非付现成本，但是折旧大小会影响应税利润，进而通过对所得税的影响，对公司现金流出量产生影响。

1. 税后成本和税后收入

一笔成本费用的发生会减少公司应税利润，进而抵减所得税，因而实际成本费用低于名义成本费用，扣除所得税抵减额以后的成本费用净额，称为税后成本。

税后成本的一般公式为

$$税后成本 = 税前成本 \times (1 - 所得税税率)$$

比如，某公司正在考虑一项广告计划，每年支付2 000元。如果不做广告，公司税前利润为10 000元；如果做广告，公司税前利润为8 000元(10 000-2 000)。假设所得税税率为25%，则做广告使公司减少纳税500元(10 000×25%-8 000×25%=2 000×25%)，这是广告费抵减所得税的结果，因而扣除所得税抵减额后的广告费净额为1 500元(2 000-2 000×25%)，即税后广告费=广告费×(1-所得税税率)=2 000×(1-25%)=1 500(元)。

同理，一笔收入的发生会增加应税所得，所得税的增加额会减少实际收入或收入净额，扣除所得税增加额以后的收入净额，称为税后收入，计算公式为

$$税后收入 = 收入金额 \times (1 - 税率)$$

2. 折旧的抵税作用

折旧(包括无形资产摊销等)也是一项成本费用，也可以起到减少税负的作用，这种作用称为"折旧抵税"。折旧抵税额的计算公式为

$$折旧抵税额 = 折旧额 \times 税率$$

假设有甲公司和乙公司，全年销货收入、付现费用均相同，所得税税率为25%。两者的区别是甲公司有一项可计提折旧的资产，每年折旧额(3 000元)相同。乙公司的税前利润为10 000元，所得税支出为2 500元(10 000×25%)。由于扣除折旧费用3 000元，甲公司的税前利润为7 000元，所得税支出为1 750元(7 000×25%)，比乙公司少纳税

750(3 000×25%)元。

3. 现金流量的计算方法

(1) 直接法。根据现金流量的定义，所得税是一种现金支付，应当作为每年营业现金流量的一个减项。直接法的计算公式为

$$营业现金流量=营业收入-付现成本-所得税$$

在项目营业现金流量估计中，假设营业收入与销售商品、提供劳务所收到的现金相同。原因在于应收挂账情况无法准确预计，虽然存在本年销售部分挂账，但是也会回收上年销售的挂账，所以假设项目每年的营业收入能够全额收现。接下来需要估计付现成本，在产销平衡的情况下，项目每年的营业收入决定了项目的产量，而产量决定了成本费用及付现部分。付现成本包括购买商品、接受劳务支付的现金，支付给职工以及为职工支付的现金，还有付现的管理费用和销售费用等。这里同样不需要考虑赊购所形成的应付账款的影响，也是出于无法准确预计等原因。此外，通常假设项目每年营业收入相同，因为年度间营业收入的变动也难以准确估计。

(2) 间接法，计算公式为

$$营业现金流量=税后利润+折旧$$

推导过程为

$$营业现金流量=营业收入-付现成本-所得税$$
$$=营业收入-(营业成本-折旧)-所得税$$
$$=营业利润+折旧-所得税=税后利润+折旧$$

(3) 根据所得税对收入、成本和折旧的影响来计算现金流量，计算公式为

$$营业现金流量=税后收入-税后付现成本+折旧抵税$$
$$=收入×(1-税率)-付现成本×(1-税率)+折旧×税率$$

推导过程为

营业现金流量=税后净利润+折旧
$$=(收入-成本)×(1-税率)+折旧$$
$$=(收入-付现成本-折旧)×(1-税率)+折旧$$
$$=收入×(1-税率)-付现成本×(1-税率)-折旧×(1-税率)+折旧$$
$$=收入×(1-税率)-付现成本×(1-税率)-折旧+折旧×税率+折旧$$
$$=收入×(1-税率)-付现成本×(1-税率)+折旧×税率$$

第三种计算方法较为常用，因为企业所得税是根据利润总额计算的。在确定某个项目是否值得投资时，不知道整个企业的利润总额及与此有关的所得税会妨碍第一种和第二种方法的公式使用。而运用第三种方法并不需要我们知道企业的利润是多少，使用起来比较方便。尤其是对于有关固定资产更新的决策，没有办法计量某项资产给企业带来的收入和利润，因此无法使用第一种和第二种方法来计算现金流量。

5.4 经营性项目资本成本的估计

在使用现金流量折现法对经营性项目进行估价和决策时，需要使用项目资本成本作为折现率，而项目资本成本是根据项目资本提供者所承担的风险进行估计的。在实践中，通常采用以下方法估计项目资本成本。

5.4.1 使用公司当前加权平均资本成本作为项目的资本成本

使用公司当前资本成本作为项目资本成本，应具备两个条件：一是公司继续采用相同的资本结构为新项目筹资；二是项目的经营风险与公司当前资产的平均经营风险相同。

在项目筹资中，为维持目标资本结构，公司通常要求项目筹资结构与目标资本结构保持一致，因而项目筹资不会改变公司的目标资本结构和财务风险。如果新项目只是公司现有资产的复制品，它们的经营风险相同。这种情况经常会出现，例如，固定资产更新、现有生产规模扩张等。这样，项目加入也不会影响公司整体的经营风险，项目出资者所面临的投资总风险也没有发生变动，因而项目的筹资成本(投资的必要报酬率)与公司当前的加权资本成本相同。

5.4.2 运用可比公司法估计项目资本成本

如果新项目的经营风险和现有资产的平均风险有显著差别，即使项目筹资没有改变公司的目标资本结构，使用公司目前的加权平均资本成本作为折现率也是不恰当的。例如，一家传统行业公司，其经营风险较小，最近进入了经营风险较大的信息产业。在评价其信息产业项目时，使用公司目前的资本成本作为项目资本成本显然就不合适了。在这种情况下，需要估算项目的资本成本。

公司投资一个新项目，实际上是将该项目加入原有的项目组合中，因而可以根据项目(可以理解为一只股票)的系统风险程度，应用资本资产定价模型估计项目权益资本成本。但问题在于，估算项目系统风险(β系数)十分困难，经营性项目市场或实业市场不同于股票市场，股票市场提供了股价，为计算某公司股票的β值提供了数据，而项目没有充分的交易市场，没有可靠的市场数据，解决办法是运用可比公司法。

可比公司法是将项目独立化为一家公司，然后寻找一家经营业务与该项目类似的上市公司作为可比公司，因为经营业务类似的公司，它们的经营风险也相近。比如，某公司计划投资一个房地产项目，则找一家房地产公司作为可比公司。根据股票交易市场提供的市场数据，计算得到可比公司的β系数，然后将这家公司的β系数作为投资项目的β系数。但这样做的问题在于没有考虑项目筹资结构与可比公司资本结构的差异对权益必要报酬率的影响。如果项目筹资结构或项目所在公司资本结构与可比公司的资本结构显著不同，则不能采用可比公司股票的β系数作为项目的β系数。

实际上，找到与项目所在公司资本结构相同的可比公司十分困难，解决问题的方法是先将可比公司的资本结构和财务杠杆因素排除，重新计算可比公司股票的β系数，并将这家公司无负债的β系数作为项目无负债的β系数，之后再根据项目所在公司的资本结构做出相应调整，基本步骤如下所述。

1. 计算可比公司的β系数

由于公司整体资产是由股东和债权人共同投资形成的，投资报酬体现为息前税后利润(税后利润和债务利息之和)。其中，净利润属于股东的报酬，而债务利息为债权人的报酬。公司整体资产的风险是指息前税后利润的不确定性，也称为经营风险。

由于投资项目与可比公司属于"同业公司"，具有相似的风险特征，我们可以用可比公司的风险来估计项目的风险。但是，投资项目与可比公司的风险并不完全相同，虽然两者面临相同的系统风险，但各自也存在异质性产生的特有风险。因此，可比公司法只是在无法直接估计项目风险情况下的一种次优选择，只能得到近似的结果，并不是一个完美的方法，但这并不影响利用可比公司间接估计项目风险的有效性，因为我们可以根据项目的风险特征进行调整。

公司息前税后利润的不确定性受多种因素的影响，既包括同质的系统风险，也包括异质的特有风险。其中，系统风险主要体现为市场需求波动的影响。运用可比公司法时，我们应忽略可比公司异质的特有风险，只考虑同质的系统风险，以使可比公司法能够得到应用。我们可以将公司整体资产的系统风险($\beta_{资产}$)定义为市场需求波动引起的公司整体资产的经营风险，即息前税后利润对销售量的敏感程度，用公式表示为

$$\beta_{资产}=(\Delta 息前税后利润/息前税后利润)/(\Delta Q/Q)$$

$$\Delta 息前税后利润=\Delta 税后利润+\Delta 债务利息$$

由于债权投资的收益相对稳定，基本不会受市场变动的影响，可以不考虑销售量变动引起的债务利息变动，即Δ债务利息为零，这样息前税后利润的变动率为

$$\Delta 息前税后利润/息前税后利润=\Delta 税后利润/息前税后利润$$

$$=(\Delta 税后利润/税后利润)/(税后利润/息前税后利润)$$

$$=净利润变动率/(税后利润/息前税后利润)$$

税后利润和息前税后利润可以推导为

$$税后利润=股东权益×权益净利率$$

$$息前税后利润=资产×资产息前税后利润率$$

在可比公司无负债的情况下，权益净利率等于资产息前税后利润率，可得

$$税后利润/息前税后利润=股东权益/资产$$

$\beta_{资产}$可推导为

$$\beta_{资产}=净利润变动率/(\Delta Q/Q)×(股东权益/资产)$$

$$=\beta_{权益}×(股东权益/资产)$$

$\beta_{权益}$代表市场变动引起股东收益的波动性，为股东所承受的系统风险，推导得出

$$\beta_{权益}=\beta_{资产}/(1+净债务/股东权益)$$

$\beta_{资产}$是没有区分权益和负债，或没有考虑负债情况下的公司整体资产的系统风险，也称为"不含负债"的$\beta_{资产}$。而$\beta_{权益}$反映的是股东所承受的系统风险，负债会加剧股东收益的波动性或风险，因此确定$\beta_{权益}$时必须考虑公司的负债情况，$\beta_{权益}$是"含有负债"的系统风险，也就是说，$\beta_{权益}$不仅包括公司的经营风险，还包含财务风险和财务杠杆。这里的"不含负债"可以理解为不考虑资本结构因素和财务风险，而"含有负债"则可以理解为考虑资本结构因素和财务风险。

在存在负债的情况下，股东收益的风险($\beta_{权益}$)要大于公司整体资产的风险($\beta_{资产}$)，原因在于公司投资者的息前税后收益仅受经营风险的影响，而股东收益 (税后利润)的波动性不仅受经营风险的影响，而且固定的债务利息的税前支付会导致股东收益进一步波动，这是财务风险和财务杠杆作用的结果。

我们可以根据股票交易市场提供的市场数据，利用资本资产定价模型计算可比公司的$\beta_{权益}$，进而根据资本结构计算可比公司"不含负债"的系统风险($\beta_{资产}$)。

2. 卸载可比公司的财务杠杆

由于可比公司的资本结构与项目所在公司不同，需要将资本结构和财务杠杆(负债)因素排除，计算可比公司不含财务杠杆的$\beta_{权益}$。$\beta_{资产}$就是在计算可比公司的$\beta_{权益}$的基础上，根据资本结构计算的可比公司整体资产"不含负债"的系统风险。由于需要排除财务杠杆因素，则在可比公司的资本结构中全部为权益资本，没有负债，股东收益的风险($\beta_{权益}$)只受可比公司经营风险的影响，没有负债引发的财务风险，因而不含财务杠杆的股东收益风险($\beta_{权益}$)与公司整体资产的经营风险($\beta_{资产}$)相同。也就是说，可比公司股东权益的风险($\beta_{权益}$)可以用"不含负债"的$\beta_{资产}$表示，该过程通常叫"卸载财务杠杆"，关系式为

$$"卸载财务杠杆"的\beta_{权益}="不含负债"的\beta_{资产}$$
$$=\beta_{权益}/(1+负债价值/股东权益价值)$$

【例5-3】A公司拟进入飞机制造业。飞机制造业的代表企业是B公司，其资本结构债务/权益成本为7/10，股东权益的β值为1.2。我们需要将B公司的$\beta_{权益}$转换为无负债的$\beta_{权益}$，试求"卸载财务杠杆"的$\beta_{权益}$。

"卸载财务杠杆"的$\beta_{权益}=$"不含负债"的$\beta_{资产}=1.2/(1+7/10)=0.7058$

由于项目与可比公司的经营业务和经营风险相同，我们可以将卸载财务杠杆后可比公司的$\beta_{权益}$，即可比公司的经营风险($\beta_{资产}$)作为项目无负债或无财务杠杆的$\beta_{项目}$。

3. 加载项目所在公司的财务杠杆

根据项目所在公司的资本结构调整项目无负债或无财务杠杆的$\beta_{项目}$，该过程称为"加载财务杠杆"。由于我们将项目视为一家独立公司，可比公司整体资产系统风险的计算公式同样适用于计算项目"不含负债"的系统风险($\beta_{项目}$)，即

$$"不含负债"的\beta_{项目}=\beta_{项目权益}/(1+负债价值/权益价值)$$

这里，"不含负债"的$\beta_{项目}$为可比公司"卸载财务杠杆"的$\beta_{权益}$，可以推导出

"加载财务杠杆"的$\beta_{项目权益}$="卸载财务杠杆"的$\beta_{权益}$×(1＋负债价值/权益价值)

这里，负债与股东权益的对比关系为项目所在公司的资本结构或项目筹资结构。

沿用【例5-3】的数据，假设A公司目前负债/股东权益为2/3，进入飞机制造业后仍维持该资本结构。根据"卸载财务杠杆"的$\beta_{权益}$，加载财务杠杆，还原计算A公司飞机制造业项目"含有负债"的$\beta_{项目权益}$。

$$"加载财务杠杆"的\beta_{项目权益}=0.7058×(1＋2/3)=1.1763$$

4. 根据项目股东的β值计算项目股东要求的报酬率

此时项目"加载财务杠杆"的$\beta_{项目权益}$既包含项目的经营风险，也包含项目所在公司的财务杠杆，可据此计算项目股东权益成本，计算公式为

$$项目股东权益成本=无风险报酬率+\beta_{项目权益}×市场风险溢价$$

市场风险溢价为经营业务与该项目类似的上市公司股票的市场风险溢价。

5. 计算项目的加权资本成本

$$项目加权平均成本=债务成本×(1-税率)×净债务/资本+股权成本×股东权益/资本$$

沿用【例5-3】的数据，假设A公司在该目标资本结构下，债务税前成本为6%。已知无风险报酬率为5%，市场风险溢价为8%。根据β项目权益计算A公司的项目股权成本。

$$项目股权成本=5\%+1.1763×8\%=5\%+9.4104\%=14.41\%$$

计算项目加权平均资本成本，则

$$项目加权平均资本成本=6\%×(1-30\%)×(2/5)+14.41\%×(3/5)=1.68\%+8.65\%=10.33\%$$

尽管可比公司法不是一种完美的方法，但估算项目系统风险还是比较有效的。

5.5　经营性项目投资决策方法的基本应用

本节主要介绍如何运用现金流量折现法对投资项目进行决策，主要包括互斥项目的优选问题、固定资产的更新决策以及总量有限时的资本分配决策3个方面。

5.5.1　互斥项目的优选问题

互斥项目是指备选项目或方案之间是相互排斥的，采纳或接受一个项目就必须放弃其他项目。例如，为了生产一个新产品，可以选择进口设备，也可以选择国产设备，公司只需购买其中之一，而不会同时购置。

对于互斥项目，如果评价的基本指标净现值和内含报酬率出现矛盾，那么我们应该以哪个指标作为选择依据呢？比如有A、B两个净现值都为正的互斥项目，A项目的净现值大于B项目，而B项目的投资报酬率大于A项目。虽然A项目能给股东带来更多的财富，但是B项目的投资回报率更高，应该以哪个指标作为选择依据呢？答案是以净现

值作为选择依据，因为股东需要的是实实在在的投资回报(股东财富)，而不是投资回报率。但是，应用净现值指标优选互斥项目的前提是两个项目的投资期限相同，因为投资者不仅关注项目投资回报，也非常关注投资期限，投资期限长的项目创造的投资回报与投资期限短的项目创造的投资回报并没有可比性。

假设A项目的投资期限为4年，而B项目的投资期限为2年，尽管A项目的净现值大于B项目，但是B项目结束后收回投资还可以重置投资，B项目的性质并没有改变，还可以创造相同的净现值，那么在A项目结束后，B项目4年创造的净现值可能会超过A项目。对于投资期限不同的互斥项目，应用净现值指标进行优选，有两种解决方法，一个是共同年限法，另一个是等额年金法。

1. 共同年限法

共同年限法的原理是假设投资项目可以在终止时进行重置，通过重置使两个项目达到相同年限，然后比较其净现值。该方法也被称为重置价值链法、项目复制法。

【例5-4】有A和B两个互斥的投资项目，项目资本成本均为10%，A项目的投资期限为 6年，净现值为12 441万元；B项目的投资期限为3年，净现值为8 324万元。A项目的净现值大于B项目，有关现金流量数据如表5-5所示，试评价两个项目。

由于两个项目的投资期限不同，不能依据净现值大小来选择，可用共同年限法进行分析。假设B项目终止时可以重置一次，该项目的投资期限延长到6年，与A项目相同。

$$
\begin{aligned}
\text{NPV}_{\text{重置B}} =\, & 7\,000(P/F, 10\%, 1) + 13\,000(P/F, 10\%, 2) + 12\,000(P/F, 10\%, 3) + \\
& 7\,000(P/F, 10\%, 4) + 13\,000(P/F, 10\%, 5) + 12\,000(P/F, 10\%, 6) - \\
& 17\,800 - 17\,800(P/F, 10\%, 3) \\
=\, & 14\,577(\text{万元})
\end{aligned}
$$

经计算，重置B项目的净现值为14 577万元，因此，B项目优于A项目。

表5-5 项目的现金流量分布　　　　　　　　　　　　单位：万元

时间	折现系数	项目					
		A		B		重置B	
		现金流	现值	现金流	现值	现金流	现值
0	1	−40 000	−40 000	−17 800	−17 800	−17 800	−17 800
1	0.9091	13 000	11 818	7 000	6 364	7 000	6 364
2	0.8264	8 000	6 612	13 000	10 744	13 000	10 744
3	0.7513	14 000	10 518	12 000	9 016	−5 800	−4 358
4	0.6830	12 000	8 196			7 000	4 781
5	0.6209	11 000	6 830			13 000	8 072
6	0.5645	15 000	8 467			12 000	6 774
净现值			12 441		8 324		14 577

应用共同年限法有一个问题，即共同比较期的时间可能很长。例如，一个项目周期为7年，另一个项目周期为9年，那么就需要以63年作为共同比较期。虽然计算机能够完

成复杂的计算，但远期的现金流量更难以准确预计，尤其是重置时的原始投资，因技术进步或通货膨胀等原因总会发生变化，更难以准确预计。

2. 等额年金法

等额年金法是用于比较年限不同的互斥项目的一种简易方法。等额年金法假设项目可以无限重置，在一定程度上，能够解决在共同比较期较长的情况下，难以应用共同年限法的复杂计算问题。计算步骤：首先，计算两个项目的净现值；其次，计算净现值的等额金额；最后，计算不同项目的永续净现值。

沿用【例5-4】的数据，则

$$A项目的净现值=12\ 441(万元)$$
$$A项目的净现值的等额年金=12\ 441/4.3553=2\ 857(万元)$$
$$A项目的永续净现值=2\ 857/10\%=28\ 570(万元)$$
$$B项目的净现值=8\ 324(万元)$$
$$B项目的净现值的等额年金=8\ 324/2.4869=3\ 347(万元)$$
$$B项目的永续净现值=3\ 347/10\%=33\ 470(万元)$$

比较永续净现值，B项目优于A项目，结论与应用共同年限法得出的结论相同。

其实，等额年金法最后一步计算永续净现值并不是必要的。在项目资本成本相同时，等额年金额大的项目，永续净现值一定大，根据等额年金大小就可以直接判断项目的优劣。

以上两种分析方法有所区别。共同年限法理论上相对完善，也比较直观，易于理解，但是预计现金流量的工作很困难。等额年金法应用简单，但不便于理解。

两种方法存在共同的局限性：①有的领域技术进步快，目前就可以预期升级换代不可避免，不可能原样复制；②如果通货膨胀比较严重，必须考虑重置成本的上升，这是一个非常具有挑战性的任务，对此两种方法都没有考虑；③从长期来看，竞争会使项目营业现金净流量下降，甚至会导致项目被淘汰，对此这两种方法都没有考虑。

在实务中，通常只有重置概率很高的项目才适宜采用上述分析方法。对于预计项目年限差别不大的项目，例如，8年期限和10年期限的项目，直接比较净现值即可，不需要做重置现金流量分析，因为预计现金流量和项目资本成本的误差比年限差别还大。预计项目的有效年限本来就很困难，技术进步和竞争随时会缩短一个项目的经济年限，不断维修和改进也会延长项目的有效年限。有经验的分析人员历来不重视10年以后的数据，因其现值已经很小，往往直接舍去10年以后的数据，只进行10年内的重置现金流量分析。

5.5.2　固定资产的更新决策

固定资产更新是指用新资产更换技术上或经济上不宜继续使用的旧资产或用先进的技术对原有设备进行局部改造。旧设备在修理后可以继续使用，所以更新决策是对继续使用旧设备或购置新设备的选择。固定资产更新决策方法主要有期限不同的互斥方案决策法和平均年成本法。

1. 期限不同的互斥方案决策法

由于新旧设备使用年限通常不同，固定资产更新决策可以视为继续使用旧资产和采用新资产这两个期限不同的互斥方案的决策问题。

【例5-5】某公司有一台旧设备，工程技术人员提出更新要求，有关数据如表5-6所示。假设不考虑新旧设备终结现金流量，该公司要求的必要报酬率为10%，企业所得税税率为25%，请确认设备更新方案是否可行。

表5-6 新旧设备的现金流情况

单位：万元

项目	旧设备	新设备
原值	50 000	60 000
尚可使用年限/年	3	6
初始投资	15 000	60 000
年营业现金流量		
销售收入	40 000	40 000
付现成本	31 000	8 000
折旧额	5 000	10 000
年营业现金净流量	8 000	26 500
净现值	4 896	5 905.5

注：旧设备初始投资15 000万元为旧设备的清理变现净值。

(1) 采用共同年限法进行分析。假设旧设备终止使用时可以重置投资一次，旧设备的使用期限就延长到了6年，与新设备相同。假设重置旧设备投资仍然为15 000万元，则

旧设备年营业现金净流量=税后销售收入−税后付现成本+折旧抵税

$$=(40\,000-31\,000)\times(1-25\%)+5\,000\times25\%=8\,000(万元)$$

采用旧设备的净现值为NPV$=8\,000\times(P/A,10\%,3)-15\,000=4\,896(万元)$

计算重置投资后旧设备的净现值

NPV$=8\,000\times(P/A,10\%,6)-15\,000\times(P/F,10\%,3)-15\,000$

$$=8\,000\times4.355-15\,000\times0.751-15\,000=8\,575(万元)$$

新设备年营业现金净流量=税后销售收入−税后付现成本+折旧抵税

$$=(40\,000-8\,000)\times(1-25\%)+10\,000\times25\%=26\,500(万元)$$

采用新设备的净现值为

NPV$=26\,500\times(P/A,10\%,6)-60\,000=26\,500\times4.355-60\,000=55\,407.5(万元)$

继续使用旧设备的净现值小于采用新设备的净现值，因此，设备更新方案可行。

(2) 采用等额年金法进行分析，则

旧设备净现值的等额年金=旧设备的净现值/$(P/A,10\%,3)$

$$=4\,896/2.487=1\,968.64(万元)$$

$$新设备净现值的等额年金=新设备的净现值/(P/A, 10\%, 6)$$
$$=55\,407.5/4.355=12\,722.73(万元)$$

根据分析结果，应采用新设备，设备更新方案可行。

2. 平均年成本法

平均年成本是指该资产引起的现金流出的年平均值，它是未来使用年限内现金流出总现值与年金现值系数的比值，即平均每年的现金流出。平均年成本的计算公式为

$$平均年成本=现金流出总现值/(P/A, i, n)$$

可见，平均年成本是现金流出现值的等额年金。平均年成本法与等额年金法具有一致性，以下为分析过程。

$$NPV=项目的内在价值-项目的投入价值$$
$$=营业现金净流量现值-投资现金流出现值$$
$$=(营业现金流入现值-营业现金流出现值)-投资现金流出现值$$
$$=营业现金流入现值-现金流出总现值$$

等额年金的计算公式为

$$净现值的等额年金=NPV/(P/A, i, n)$$
$$=营业现金流入现值/(P/A, i, n)-现金流出总现值/(P/A, i, n)$$
$$=营业现金流入现值等额年金-平均年成本$$

由于无论继续使用旧设备还是采用新设备，营业现金流入现值等额年金(年平均营业收入)都是相同的，根据等额年金法，应该选择净现值的等额年金最大的方案，也就是应该选择平均年成本最低的方案。

可见，平均年成本法与上述等额年金法的原理是相同的，但由于平均年成本法不需要计算互斥方案的净现值，计算更为简单。

【例5-6】某公司有一台旧设备，工程技术人员提出更新要求，有关数据如表5-7所示，请确认设备更新方案是否可行。

表5-7 新旧设备数据　　　　　　单位：万元

项目	旧设备	新设备
原值	2 200	2 400
预计使用年限	10	10
变现净值	600	2 400
已经使用年限	4	0
年运行成本	700	400
最终残值净收入	200	300

假设必要报酬率为15%，需要计算新旧设备现金流出的总现值，然后分摊到每年。

旧设备现金流出的总现值$=600+700\times(P/A, 15\%, 6)-200\times(P/F, 15\%, 6)$

$$=600+700\times3.784-200\times0.432=3\,162.4(元)$$

旧设备平均年成本=旧设备现金流出的总现值/(P/A, 15%, 6)

$$=3\ 162.4/3.784=836(元)$$

同理，新设备平均年成本=[2 400+400×(P/A, 15%, 6)−300×(P/F, 15%, 6)]/(P/A,15%, 6)

$$=1\ 000(元)$$

通过计算结果可知，使用旧设备的平均年成本较低，不宜进行设备更新。

沿用【例5-5】的数据，计算新旧设备平均年成本。

旧设备现金流出的总现值=15 000+[31 000×(1−25%)−5 000×25%]×(P/A, 10%, 3)

$$=15\ 000+22\ 000×2.487=69\ 714(万元)$$

新设备现金流出的总现值=60 000+[8 000×(1−25%)−10 000×25%]×(P/A, 10%, 6)

$$=60\ 000+3\ 500×4.355=75\ 242.5(万元)$$

旧设备平均年成本=旧设备现金流出的总现值/(P/A ,10%, 3)=28 031.36(万元)

新设备平均年成本=新设备现金流出的总现值/(P/A, 10%, 6)=17 277.27(万元)

新设备平均年成本低于旧设备平均年成本，因此，设备更新方案可行。

5.5.3 总量有限时的资本分配决策

前述内容都是互斥投资项目的优选问题，现在讨论独立项目投资组合决策问题。从理论上说，凡是净现值为正数的项目，或者内含报酬率大于项目资本成本的项目，都可以增加股东财富，都应被采纳。但是，在现实世界中会有许多总量资本受到限制的情况出现，无法为全部净现值为正数的项目筹资。

一个有效的做法是，按投资效率对独立项目进行排序。首先选择投资效率最高的项目，然后选择次优项目，以此类推，通常会构成净现值最大的投资组合。

【例5-7】甲公司可以投资的资本总量为10 000万元，项目资本成本为10%。现有3个投资项目，有关数据如表5-8所示，请确认项目投资组合。

表5-8　投资项目净现值与现值指数　　　　　　　单位：万元

项目	时间(年末)	0	1	2	现金流入现值	净现值	现值指数
	现值因数(10%)	1	0.9091	0.8264			
A	现金流量	−10 000	9 000	5 000			
	现值	−10 000	8 182	4 132	12 314	2 314	1.23
B	现金流量	−5 000	5 057	2 000			
	现值	−5 000	4 597	1 653	6 250	1 250	1.25
C	现金流量	−5 000	5 000	1 881			
	现值	−5 000	4 546	1 554	6 100	1 100	1.22

首先，计算项目的现值指数(或者净现值率、内含报酬率)并排序，其优先顺序为B、A、C。其次，在资本限额内优先安排现值指数高的项目。优先安排B项目，用掉5 000万元；下一个应当是A项目，但是剩余5 000万元，无法安排；接下来安排C项目，全部资本使用完毕。因此，应当选择B项目和C项目的投资组合，放弃A项目。

在实务中，选择项目组合比上述举例复杂得多。例如，假设B项目的投资额为8 000万元，净现值为2 000万元，现值指数仍为1.25，按效率优先原则，在资本限额内应该优选B项目，但是A项目的净现值大于B项目，按效益优先原则，选择B项目是错误的。

具有一般意义的做法：首先，将全部项目排列出不同的组合，保证每个组合的投资不超过资本总量；其次，计算各项目的净现值以及各组合的净现值合计，选择净现值最大的组合项目。

5.6　经营性投资项目的敏感分析

5.6.1　敏感分析的含义及作用

1. 敏感分析的含义

敏感分析是投资项目评价中常用的一种研究不确定性的方法。它在确定性分析的基础上，进一步分析不确定性因素对投资项目的净现值(或内含报酬率)指标的影响及影响程度。

敏感因素一般可选择主要参数(如销售收入、经营成本、生产能力、初始投资、寿命期、建设期、达产期等)进行分析。若某参数的小幅度变化能导致项目净现值(或内含报酬率)指标的较大变化，则称为敏感因素，反之则称为非敏感因素。

2. 敏感分析的作用

(1) 确定影响项目净现值(或内含报酬率)的敏感因素。寻找影响最大、最敏感的主要变量因素，进一步分析、预测或估算其影响程度，找出产生不确定性的根源，采取相应的有效措施。

(2) 计算主要因素的变化引起项目净现值(或内含报酬率)变动的范围，使决策者全面了解项目投资方案可能出现的净现值(或内含报酬率)变动情况，以减少和避免不利因素的影响，改善和提高项目的投资效果。

(3) 通过对比各种方案敏感度的高低，区别敏感度高或敏感度低的方案，选择敏感度低的方案，即风险小的项目投资方案。

(4) 通过分析可能出现的最有利与最不利的净现值(或内含报酬率)的变动范围，为决策者预测可能出现的风险程度，对原方案采取某些控制措施或寻找可替代方案，为最后确定投资方案提供可靠的决策依据。

5.6.2　敏感分析的方法

投资项目的敏感分析，通常是在假定其他变量不变的情况下，测定某一变量发生特定变化时对净现值(或内含报酬率)的影响。敏感分析的方法主要有最大最小法和敏感程度法。

1. 最大最小法

最大最小法的分析步骤如下所述。

(1) 给定计算净现值的每个变量的预期值。计算净现值时需要使用预期的投资现金流量、营业现金流入、营业现金流出等变量，这些变量都是最可能发生的数值，称为预期值。

(2) 根据变量的预期值计算净现值，由此得出的净现值称为基准净现值。

(3) 选择一个变量并假设其他变量不变，令净现值等于零，计算选定变量的临界值。如此往复，测定每个变量的临界值。

通过上述步骤，可以得出使基准净现值由正值变为负值(或相反)的各变量最大(或最小)值，可以帮助决策者认识项目的特有风险。

【例5-8】公司拟投产一个新产品项目，预计需要初始投资90万元，项目寿命为4年，假设按直线法计提折旧，无残值；预期每年增加税后营业现金流入200万元，增加税后营业现金流出69万元。公司的所得税税率为20%。假设主要的不确定性来自营业现金流量，有关数据如表5-9所示，请对该项目进行敏感分析。

表5-9 最大最小法敏感分析　　　　　　　　　　　　　　　单位：万元

项目	预期值	税后营业流入最小值	税后营业流出最大值
每年税后营业现金流入	100	92.89	100.00
每年税后营业现金流出	69	69	76.11
折旧抵税(20%)	4.5	4.5	4.5
每年税后营业现金净流量	35.5	28.39	28.39
年金现值系数(10%, 4年)	3.1699	3.1699	3.1699
营业现金净流量现值	112.53	90.00	90.00
初始投资	90.00	90.00	90.00
净现值	22.53	0.00	0.00

由于假设主要的不确定性来自营业现金流量，我们只分析营业流入和流出变动对净现值的影响。

首先分析营业现金流入变动的影响。令净现值等于零，其他因素不变。

NPV=(税后营业现金流入−税后营业现金流出+折旧抵税)×年金现值系数−初始投资

$$0=(税后营业现金流入−69+4.5)×3.1699−90$$

税后营业现金流入=92.89(万元)

这表明，如果每年税后营业现金流入下降到92.89万元，则净现值为0，该项目不再具有投资价值。

其次分析现金流出的影响。令净现值为0，其他因素不变，求解税后营业现金流出，其结果为76.11万元。计算结果表明，税后营业现金流出上升至76.11万元，则项目不再具有投资价值。如果决策者对于上述最小营业流入和最大营业流出有信心，则项目是可行的；如果相反，决策者认为现金流入很可能低于上述最小值，或者现金流出很可能超出上述最大值，则项目风险很大，应慎重考虑是否应承担该风险。

还可分析初始投资额等的临界值，或者进一步分析营业现金流量的影响因素，如销量最小值、单价最小值、单位变动成本最大值等，以更为全面地认识项目风险。

2. 敏感程度法

敏感程度法的分析步骤如下所述。

(1) 计算项目的预期净现值，方法与最大最小法相同。

(2) 选定一个变量，如每年税后营业现金流入，假设其发生一定程度的变化，而其他因素不变，重新计算净现值。

(3) 计算选定变量的敏感系数，计算公式为

$$敏感系数=目标值变动百分比/选定变量变动百分比$$

目标值通常为净现值或内含报酬率，它表示选定变量变化1%时导致目标值变动的百分数，可以反映净现值或内含报酬率对于选定变量变化的敏感程度。

(4) 根据上述分析结果，对项目的敏感系数做出判断。

沿用【例5-8】的数据，首先，计算税后营业现金流入增减5%和增减10%(其他因素不变)的净现值，以及税后营业现金流入变动净现值的敏感系数，如表5-10所示。

表5-10 每年税后营业现金流入变化 单位：万元

变动百分比	−10%	−5%	预期值	+5%	+10%
每年税后营业现金流入	90	95	100	105.00	110.00
每年税后营业现金流出	69	69	69	69	69
每年折旧抵税(20%)	4.5	4.5	4.5	4.5	4.5
每年税后营业现金净流量	25.5	30.5	35.5	40.5	45.5
年金现值系数(10%，4年)	3.1699	3.1699	3.1699	3.1699	3.1699
现金流入总现值	80.83	96.68	112.53	128.38	144.23
初始投资	90.00	90.00	90.00	90.00	90.00
净现值	−9.17	6.68	22.53	38.38	54.23

首先，计算营业现金流入减少10%时营业现金流入的敏感系数，则

营业现金流入的敏感系数=净现值变动百分比/营业现金流入变动百分比

$$=[(-9.17-22.53)/22.53]/(-10\%)=140.7\%/10\%=14.07$$

当营业现金流入减少5%、增加10%和5%时，营业现金流入敏感系数也是14.07。

其次，按照同样方法，分别计算税后营业现金流出和初始投资变动对净现值的影响，如表5-11和表5-12所示。

表5-11　每年税后营业现金流出变化　　　　　　　单位：万元

变动百分比	-10%	-5%	预期值	+5%	+10%
每年税后营业现金流入	100	100	100	100	100
每年税后营业现金流出	62.10	65.55	69	72.45	75.9
每年折旧抵税(20%)	4.50	4.50	4.50	4.50	4.50
每年税后营业现金净流量	42.40	38.95	35.50	32.50	28.60
年金现值系数(10%，4年)	3.1699	3.1699	3.1699	3.1699	3.1699
营业现金流入总现值	134.40	123.47	112.53	101.60	90.66
初始投资	90.00	90.00	90.00	90.00	90.00
净现值	44.40	33.47	22.53	11.60	0.66
税后营业现金流出的敏感系数	[(0.66-22.53)/22.53]/10%=-97.07%/10%=-9.71				

表5-12　初始投资变化　　　　　　　　　　　单位：万元

变动百分比	-10%	-5%	预期值	+5%	+10%
每年税后营业现金流入	100	100	100	100	100
每年税后营业现金流出	69	69	69	69	69
每年折旧抵税(20%)	4.05	4.275	4.5	4.725	4.95
每年税后现金净流量	35.05	35.275	35.5	35.725	35.95
年金现值系数(10%，4年)	3.1699	3.1699	3.1699	3.1699	3.1699
现金流入总现值	111.10	111.82	112.53	113.24	113.96
初始投资	81	85.5	90	94.5	99
净现值	30.10	26.32	22.53	18.74	14.96
初始投资的敏感系数	[(14.96-22.53)/22.53]/10%=-33.60%/10%=-3.36				

表5-10、表5-11和表5-12分别计算了3个变量变动一定的百分比对净现值的影响。在本例中，当税后营业现金流入降低10%时，项目净现值为负值，该项目失去投资价值，若这种可能性较大就应考虑放弃项目，或者重新设计项目，至少要有应对的预案。计算结果表明，营业现金流入每减少1%，项目净现值就会损失14.07%；或者税后营业现金流入每增加1%，净现值就会提高14.07%。而税后营业现金流出每变动1%，项目净现值变动9.71%；初始投资每变动1%，净现值就会变动3.36%。这说明项目净现值对营业收入的变动最为敏感，营业现金流入是引发净现值变化的主要敏感因素，若实施该项目，应予以重点关注。次要敏感因素是税后营业现金流出，相对不敏感的因素是投资额，但也有一定的影响，因此，从总体上看该项目风险较大。

敏感分析是一种较为常用的投资风险分析方法，计算过程简单，易于理解，但也存在局限性，主要有：①在进行敏感分析时，只允许一个变量发生变动，而假设其他变量保持不变，但在实务中这些变量通常是相互关联的，会一起发生变动，但是变动的幅度不同；②每次测算一个变量变化对净现值的影响，可以提供一系列分析结果，但是没有给出每一个数值发生变动的可能性。

思考题

1. 什么是经营投资项目？按投资对象和项目之间的关系，它可以分为哪些类型？

2. 项目净现值的经济含义和净现值法的原理是什么？净现值法存在哪些局限性？

3. 内含报酬率法评价项目可行性的标准是什么？它与净现值法存在哪些联系和区别？

4. 哪些指标和方法适用于资本约束条件下独立项目优先顺序的选择？

5. 经营性项目现金流量由哪些部分构成？

6. 经营性项目现金流量估计的原则和应注意的问题是什么？

7. 现金流量的计算方法有哪些？计算公式分别是什么？

8. 在什么情况下适合使用公司当前的资本成本作为项目的资本成本？

9. 如何运用可比公司法估计投资项目的资本成本？

10. 经营性项目敏感分析的含义及作用是什么？

11. 经营性项目敏感分析包括哪些方法？

练习题

1. 某公司有A、B两个互斥投资方案，其现金流量分布情况如表5-13所示，假设两个方案的项目资本成本都为10%，计算两个方案的净现值和内含报酬率并做出投资决策。

表5-13 某公司A、B投资方案的现金流量分布   单位：万元

年份	0	1	2	3	4	5	6
A方案	−500	200	200	150	150	100	50
B方案	−500	100	100	150	200	200	250

2. 假设某公司项目的资本成本为10%，有3个投资项目，有关数据如表5-14所示。

表5-14 投资项目数据   单位：万元

年份	A项目			B项目			C项目		
	净收益	折旧	现金流量	净收益	折旧	现金流量	净收益	折旧	现金流量
0			(30 000)			(6 000)			(12 000)
1	3 000	10 000		2 000	3 000		600	4 000	
2	4 000	10 000		2 000	3 000		600	4 000	
3	5 000	10 000					600	4 000	

要求：①计算分析3个项目的经济可行性；②假设可行性项目为互斥项目，试采用共同年限法和等额年金法分析判断该公司应选择哪个投资方案。

3. 某公司拟用一台效率更高的新设备替换旧设备，有关数据如表5-15所示。假设不考虑新旧设备终结现金流量，该公司要求的必要报酬率为10%，企业所得税税率为25%。

要求：①计算新旧设备年营业现金净流量；②假设旧设备重置投资仍然为9 000万元，采用平均年成本法分析计算是否应该进行设备更新。

表5-15　新旧设备的现金流情况　　　　　　　　　　单位：万元

项目	旧设备	新设备
尚可使用年限	3	7
初始投资	9 000	35 000
年销售收入	40 000	40 000
年付现成本	31 000	8 000
年折旧额	3 000	5 000

4. 某公司有A、B、C、D、E共5个独立投资项目，有关资料如表5-16所示。

(1) 计算各项目的现值指数并按投资效率进行排序。

(2) 假设投资总额受到限制，分别为400、500、600、700、800万元，其最优投资组合分别是什么？

表5-16　投资项目情况　　　　　　　　　　单位：万元

项目	初始投资	净现值	现值指数
A	300	120	
B	200	40	
C	200	100	
D	100	22	
E	100	30	

5. A公司计划投资房地产项目，目前的资本结构为债务资本/股东权益为2/3，进入房地产业后仍维持该目标结构。在该目标资本结构下，债务税前成本为5%。房地产业的代表公司是B公司，其资本结构为债务资本/权益成本为5/3，股东权益的β值为1.2。已知无风险报酬率为5%，市场风险溢价为7%，两个公司的所得税税率均为25%，计算该项目的资本成本。

6. A公司拟投产一个新产品项目，预计需要初始投资150万元，项目寿命为4年，假设按直线法计提折旧，无残值。预期每年增加税后营业现金流入200万元，增加税后营业现金流出140万元。公司的所得税税率为20%。假设主要的不确定性来自营业现金流量。

要求：①使用最大最小法进行敏感分析，如果对最小营业流入和最大营业流出没有信心，应如何处理？②分别计算营业现金流入、营业现金流出的敏感系数，说明两者之中哪个是引发净现值变化的主要敏感因素。

第6章 | 期权估值与经营性项目投资决策

期权是不附带义务的选择权利。在实践中，公司许多经营性投资项目都存在隐含的期权，比如在投资项目实施后，公司不一定坚持按原计划经营到项目结束。如果在项目建设和营运过程中发现项目并没有原来设想的好，就会收缩甚至放弃项目，以减少损失。期权是一项权利资产，同样具有价值。一般来说，后续能够进行灵活调整的项目，比没有灵活性的项目更有价值，这种灵活性使公司具有项目后期做出改变的选择权，这种选择权是有价值的，甚至有时一项资产隐含的期权比该资产本身更有价值。期权估值在公司经营性项目投资决策中的意义在于，公司在进行资产估值时，不仅需要估计经营性项目本身的价值，还需要评价其隐含的期权价值，这样才能做到准确估值和科学决策。

6.1 期权估值

6.1.1 期权的概念和种类

1. 期权的概念

期权是一种合约，该合约赋予期权持有人在未来的特定日期或该日期之前的任何时间以约定的价格购进或售出某种标的资产的权利。例如，王先生于20×0年以100万元的价格购入一处房产，同时与房地产商A签订了一项期权合约。合约赋予王先生享有在20×2年8月30日，以120万元的价格将该房产回售给A的权利。如果在到期日之前该房产的市价高于120万元，王先生不会执行期权，而选择在市场上出售或者继续持有。如果该房产的市价在到期日之前低于120万元，则王先生可选择执行期权，将房产出售给A。

期权的标的资产包括股票、政府债券、货币、股票指数、商品期货等。期权到期时双方不一定进行标的物的实物交割，只需按价差补足价款即可。

2. 期权的种类

按期权合约赋予期权持有人的权利类别，可将期权分为看涨期权和看跌期权两大类。

(1) 看涨期权。看涨期权(买入期权)是指期权赋予持有人在到期日或到期日以前，按固定价格(执行价格)购买期权标的资产的权利。看涨期权执行的前提是执行日标的资产价格高于执行价格。购买看涨期权的期权费，是投资的现金流出；而看涨期权投资者执行期权取得的差价收入(执行日标的资产价格与执行价格的差额)，是期权投资者取得的现金流入，称为看涨期权的到期日或执行日价值。如果执行日标的资产价格不高于执行价格，投资者不会行使购买权，这时，看涨期权的现金流入或执行日价值为零。

(2) 看跌期权。看跌期权(卖出期权)是指期权赋予持有人在到期日或到期日以前，按固定价格(执行价格)出售期权标的资产的权利(可以是卖空)。看跌期权执行的前提是执行日金融资产价格低于执行价格。投资购买看跌期权的期权费，是投资的现金流出；而看跌期权投资者执行期权取得的差价收入，是看跌期权投资所取得的现金流入，称为看跌期权的到期日或执行日价值。如果执行日标的资产价格不低于执行价格，看跌期权持有人就不会行使出售权，这时，看跌期权执行价值为零。

6.1.2　金融期权估值

从20世纪50年代开始，现金流量折现法成为资产估值的主流方法，任何资产的价值都可以用其预期未来现金流量的现值来估计。金融期权也是一项重要的金融资产，理论上可以采用现金流量折现法进行估价，人们也曾试图使用这种方法解决期权估值问题，但是一直没有成功。原因在于期权的必要报酬率非常不稳定，期权的风险依赖于标的资产的市场价格，而市场价格是随机变动的，期权投资的必要报酬率也处于不断变动之中。既然找不到一个适当的折现率，现金流量折现法就无法应用。因此，理论上和实践上都需要开发新模型，才能解决期权定价问题。直到1973年，布莱克-斯科尔斯期权定价模型(B-S模型)问世，期权定价才取得突破性进展，成为实用的期权估值方法，并有效地解决了实物期权估值问题，得到广泛采用。1973年，由于对期权定价问题研究的杰出贡献，斯科尔斯和默顿获得了诺贝尔经济学奖。此后，有关期权的理论和估值方法的研究方兴未艾。本节主要介绍期权估值的基本原理和主要模型的使用方法。

1. 期权估价原理

(1) 复制原理。根据现金流量折现模型的基本理念，预期未来现金流量概率分布完全相同的金融资产，其现金流的期望值和风险程度相同，进而它们的价值也相同。复制原理的基本思想是如果能够构建一个与金融期权具有相同现金流概率分布的某种金融资产，则这种金融资产的价值就是金融期权的价值。因而，如何构建一项与金融期权预期现金流量概率分布完全相同的金融资产成为期权估价的关键。

由于期权的标的金融资产(比如某种股票)价格并不能完全反映和模拟期权的现金流，不能直接利用标的股票投资模拟期权投资。但是金融期权到期日价值与标的金融资产价格之间存在某种函数关系，比如对于看涨期权而言，期权现金流分布为Max(标的金融资产价格-执行价格，0)。到期标的金融资产价格高于执行价格时，期权现金流等于金融资产价格高于执行价格(常数)的差额；到期标的金融资产价格低于或等于执行价格时，期权现金流等于0。这表明短期股票投资到期现金流总是高于期权到期日价值，但是，如果在到期日投资者有一笔固定支出刚好能够抵销股票变现收入，也许在投资期满时能够取得与期权到期一样的现金流。复制原理的基本思想是构造一个股票和借款的适当组合，由于到期借款本息的固定支出，使得无论股价如何变动，这一组合的现金流的概率分布都与股票期权相同，那么，创建该投资组合的成本支出就是期权的价值。

【例6-1】假设某公司股票现在的市价为50元/股。有1股以该股票为标的资产的看涨期权，执行价格为52.08元，到期时间为6个月。6个月后股价有两种可能：上升33.33%，或下降25%。无风险利率为每年4%。假设建立一个用定量自有资金加一部分借款组成的资金组合，投资于某公司的1股股票，以使得无论股价如何变动，该组合6个月后的损益与该看涨期权相同，试确定该投资资金组合。

第一步：确定6个月后可能的股票价格分布。

假设股票当前价格为S_0，未来变化有两种可能：上升后股价S_u和下降后股价S_d。为便于用当前价格表示未来价格，设：$S_u = uS_0$，u称为股价上行乘数；$S_d = dS_0$，d为股价下行乘数。用二叉树图形表示的股价分布如图6-1所示，图的左侧是一般表达式，右侧是将数据带入的结果。其中，$S_0 = 50$元，$u = 1.3333$，$d = 0.75$。

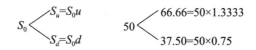

图6-1 股票价格分布

第二步：确定看涨期权的到期日价值。

由于执行价格$X = 52.08$元，到期日看涨期权的价值如图6-2所示。左边是一般表达式，右边是代入数据后的结果。

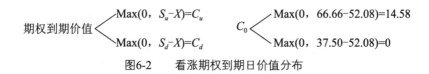

图6-2 看涨期权到期日价值分布

第三步：建立模拟组合

期权的到期日价值(现金流入)有两种可能，即股价上行时为14.58元、股价下行时为0。这里构建一个"自有资金+借款"的资金组合投资于标的股票，使得无论股价如何变动，该投资组合到期的现金流概率分布都与购进该看涨期权相同，以下为模拟过程。组合现金流量模型为

组合现金流量=购买股票数量×到期股票价格−借款到期本息和

为模拟看涨期权的现金流，在初始投资时，组合现金流量应等于看涨期权价格；在到期日时，组合现金流量应等于看涨期权期权现金流分布，即

组合现金流量=Max(到期股票价格−执行价格，0)

6个月后，股价有高于执行价格或低于执行价格两种可能。当到期股票价格高于执行价格时，要求看涨期权期权现金流(期权到期日价值)与组合投资的现金流相等，即

到期股票价格−执行价格=购买股票数量×到期股票价格−借款到期本息和

当到期股票价格低于执行价格时，期权现金流为0，要求组合投资的现金流也为0，即

$$购买股票数量×到期股票价格-借款到期本息和=0$$

$$购买股票数量×66.66-借款到期本息和=66.66-52.08=14.58$$

$$0=购买股票数量×37.5-借款到期本息和$$

由此得出，购买股票数量为0.5股，借款到期本息为18.75元。也就是说，投资 0.5 股股票，同时借款在到期日时的债务本息为18.75元，借款本金为18.38(18.75/1.02)元，组合投资标的股票的到期现金流与期权到期现金流完全一致。借款利率之所以选择无风险利率(2%)，是因为无论估价是66.66元还是37.50元，股票投资在到期日都足以偿还本息18.75元，不存在违约风险，因此借款利率只能是无风险利率。这样，该投资组合为：购买0.5股的股票，同时借入18.38元，购买股票的净支出为50×0.5-18.38=6.62元。这个投资组合的现金流分布如表6-1所示。

表6-1　投资组合的现金流分布　　　　　　　　　　　　　　　　单位：元

股票到期日价格	66.66	37.5
组合中股票到期日收入	66.66×0.5=33.33	37.5×0.5=18.75
组合中借款本息偿还	18.38×1.02=18.75	18.75
到期日收入合计	14.58	0

根据现金流量折现模型的基本理念，在有效市场中，预期未来现金流量概率分布完全相同的两项金融资产，它们的价值也相同。该投资组合的到期日净收入分布与购入看涨期权一样，看涨期权的价值就应当与组合投资的净支出(组合价值)相等，也是6.62元，如图6-3所示。

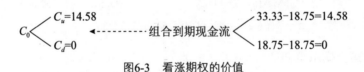

图6-3　看涨期权的价值

(2) 套期保值原理。在实践中，要估计期权价值，还可以直接利用套期保值原理求解，而不需要模拟一个投资组合。套期保值通过构造一个金融期权和金融标的资产的组合，来规避价格波动的风险，稳定现金流。以抛补套期保值组合为例，在卖出看涨期权的同时，购入一定比例的股票，以实现风险对冲的套期保值，这个比例称为套期保值比率(或称对冲比率)。通过上述分析过程求解的股票购买数量，实际上就是套期保值交易中求解的套期保值率。以下为套期保值比率(H)的推导过程。

当到期日股价高于执行价格时，期权持有者会执行期权，看涨期权卖出方的到期现金流出(到期日价值)为C_u：$C_u=S_0u-$执行价格。同时，卖出现货股票的现金流入为C_d：$C_d=S_0uH$。要实现套期保值，则需要到期现金流出与现金流入实现对冲，并获得确定的无风险现金流量B，即

$$B = S_0 uH - C_u \tag{6-1}$$

当到期日股价低于执行价格时，期权持有者会放弃期权，套期保值者到期的现金流出为0，同时卖出现货股票的现金流入为$S_0 dH$。要实现套期保值，则需要到期现金流出与现金流入实现对冲，并获得确定的无风险现金流量，即

$$B = S_0 dH - C_d \tag{6-2}$$

由式(6-1)减去式(6-2)，得

$$0 = S_0 uH - C_u + C_d - S_0 dH = S_u H - C_u + C_d - S_d H$$

套期保值比率为

$$H = \frac{C_u - C_d}{S_u - S_d} = \frac{C_u - C_d}{S_0(u - d)}$$

确定的无风险现金流量现值 $= B(1+i)^{-n}$

将数据带入，求解

$$H = \frac{14.58 - 0}{50 \times (1.3333 - 0.75)} = 0.5$$

既然【例6-1】中的两个方案在经济上是等效的，那么，购入0.5股股票，同时卖空1股看涨期权，就应该能够实现完全的套期保值，即获得未来确定的无风险现金流量，可以通过表6-2加以验证。

表6-2 股票和卖出看涨期权　　　　　　　　　　　　　　　　　　　　单位：元

套期保值组合策略	现金流量		
	当前(0时刻)	到期日价格$S_u = 66.66$	到期日价格$S_d = 37.50$
购入0.5股股票	$-HS_0 = -25$	现金流入$HS_u = 33.33$	现金流入$HS_d = 18.75$
抛出1股看涨期权	$+C_0$	现金流出$C_u = 14.58$	现金流出$C_d = 0$
合计净现金流量	现金净流出$25 - C_0$	现金净流入18.75	现金净流入18.75

从表6-2中可以看出，无论股价上涨还是下跌，抛补看涨期权都将获得确定的未来现金流量18.75元，即实现完全的套期保值。可见，只有股票与期权的比例适当才能完全对冲风险。由于风险可以完全对冲，该抛补看涨期权投资组合的要求报酬率应为无风险收益率2%，由此推出该抛补看涨期权组合投资的现金流量现值为18.38元(18.75/1.02)。

由于在有效市场上，无风险金融资产的收益率应为无风险必要报酬率，即该抛补看涨期权组合投资并不能为投资者创造超过必要报酬的额外报酬，即净现值等于0，到期现金净流入现值等于初始现金净流出现值，而初始现金净流出现值为购买股票的支出与卖出看涨期权收入(期权价值)的差额，则

$$25 - C_0 = 18.38$$
$$C_0 = 6.62元$$

在【例6-1】中，期权的公平市场价值只能是6.62元，任何偏离6.62元的期权价值都将使无风险套利行为的收益率偏离无风险收益率，而这在有效市场中是不可能成立的。

例如，若期权价值C_0=7元(高估)，则上述抛补看涨期权的初始现金流出量=7-25=-18元，18.75=18×(1+r)，解得r=4.17%，大于无风险利率2%。

将该抛补看涨期权组合视为一项投资，最初投资于0.5股股票，需要投资25元，而出售1股看涨期权只收取6.62元的期权价格，抛补看涨期权组合投资净支出为18.38元。半年到期后，如果股价上涨到66.66元，在到期日股票价值为33.33元(0.5×66.66)，减去投资净支出到期日价值18.75元(18.38×1.02)，到期日盈余价值为14.58元。由于在到期日股价上涨，看涨期权持有者会执行期权，期权约定出售股价为52.08元，期权出售人需要支付给持有者价差14.58元(66.66-52.08)，因而在到期日投资者的盈余价值为0，或者说投资者只能获得2%的净投资收益。相反，如果股价下降到37.5元，在到期日股票价值为18.75元(0.5×37.5)，减去投资净支出到期日价值18.75元(18.38×1.02)，到期日盈余价值为0元。由于在到期日股价下跌，看涨期权持有者不会执行期权，期权出售人不需要支付给持有者价差，因而在到期日投资者的盈余价值为0，或者说投资者只能获得2%的净投资收益。利用套期保值原理估计期权价格是以套利理论为基础的，任何偏离6.62元的期权价值都将使无风险的套利行为的收益率偏离无风险收益率，而这在有效市场中是不可能成立的，因此该看涨期权的公平价值就是6.62元。

可见，估计期权价格，还可以直接利用套期保值原理求解，套期保值原理与复制原理本质上是一致的，或者说套期保值原理就是利用复制原理实现套期保值，可以统称为复制原理。

(3) 风险中性原理。从【例6-1】中可以看出，运用财务杠杆投资股票来复制期权是很麻烦的，如果是复杂期权或涉及多个期间，复制就成为令人苦恼的工作。好在有一个替代办法可使我们无须在每一步计算中复制投资组合。

所谓风险中性原理，是指假设投资者对待风险的态度是中性的，所有证券的预期报酬率都应当是无风险利率。风险中性的投资者不需要额外的收益补偿其承担的风险。在风险中性的世界里，将期望值用无风险利率折现，可以获得现金流量的现值。在这种情况下，期望报酬率的计算公式为

$$期望报酬率=上行概率×上行概率+下行概率×下行概率$$

假设公司不派发股票红利，股票价格的上升百分比就是股票投资报酬率，则

$$期望报酬率=上行概率×股价上升百分比+下行概率×股价下降百分比$$

根据这个原理，在期权定价时只要先求出期权执行日的期望值，然后用无风险利率折现，就可以求出期权的现值。

沿用【例6-1】中的数据，则

$$期望回报率=2\%=上行概率×33.33\%+下行概率×(-25\%)$$
$$2\%=上行概率×33.33\%+(1-上行概率)×(-25\%)$$
$$上行概率=0.4629$$
$$下行概率=1-0.4629=0.5371$$
$$期权6个月后的期望价值=0.4629×14.58+0.5371×0=6.75(元)$$
$$期权的现值=6.75/1.02=6.62(元)$$

期权定价以套利理论为基础。如果期权的价格高于6.62元，就会有人购入0.5股股票，卖出1股看涨期权，同时借入18.38元，肯定可以盈利。如果期权价格低于6.62元，就会有人卖空0.5股股票，买入1股看涨期权，同时借出18.38元，他也肯定可以盈利。因此，只要期权定价不是6.62元，套利活动会促使期权只能定价为6.62元。

风险中性原理的本质是将期权的现金流量进行去风险化处理，即将原始的现金流量转化为无风险的现金流量，然后用无风险利率来折现确定的现金流量，从而得到期权的价值。应用风险中性原理只能解决两个确定结果的分布，否则不适用。

2. 二叉树期权定价模型

二叉树期权定价模型是套期保值定理和风险中性定理的具体应用形式，其主要优势体现在期权估价的多期模型中。

(1) 单期二叉树定价模型。二叉树期权定价模型建立在以下假设基础上：①市场投资没有交易成本；②投资者都是价格的接受者；③允许完全使用卖空所得款项；④允许以无风险利率借入或贷出款项；⑤未来股票的价格将是两个可能值中的一个。

二叉树模型的推导始于建立一个投资组合：①一定数量的股票多头头寸；②该股票的看涨期权的空头头寸。股票的数量要使头寸足以抵御资产价格在到期日的波动风险，即组合能实现完全套期保值，产生无风险利率(r)，推导过程为

$$初始投资 = 股票投资 - 期权收入 = HS_0 - C_0$$
$$投资到期日终值 = (HS_0 - C_0) \times (1 + r)$$

无论价格是上涨还是下降，该投资组合的收入都一样。我们采用价格上涨后的收入，即股票出售收入减去期权买方执行期权的支出，则

$$投资组合到期日价值 = HS_u - C_u$$

令到期日投资终值等于投资组合到期日价值，则

$$(1 + r)(HS_0 - C_0) = HS_u - C_u$$
$$C_0 = HS_0 - (HS_u - C_u)/(1 + r)$$

由于套期保值比率的公式为

$$H = (C_u - C_d)/(u - d)S_0$$

将其代入上述化简后的等式，再次化简得

$$C_0 = (\frac{1 + r - d}{u - d}) \times \frac{C_u}{1 + r} + (\frac{u - 1 - r}{u - d}) \times \frac{C_d}{1 + r}$$

如果根据公式直接计算【例6-1】的期权价格，则

$$C_0 = (\frac{1 + 2\% - 0.75}{1.3333 - 0.75}) \times \frac{14.58}{1 + 2\%} + (\frac{1.3333 - 1 - 2\%}{1.3333 - 0.75}) \times \frac{0}{1 + 2\%} = 6.62(元)$$

沿用【例6-1】的数据回顾公式的推导思路。最初，投资于0.5股股票，需要投资25元，收取6.62元的期权价格，尚需借入18.38元资金。半年后，如果股价涨到66.66元，投资人的0.5股股票收入33.33元，借款本息为18.75元(18.38×1.02)，看涨期权持有人会

执行期权，期权出售人补足价差14.58元(66.66-52.08)，投资人的净损益为0。半年后，如果股价跌到37.50元，投资人的0.5股股票收入18.75元，支付借款本息18.75元，看涨期权持有人不会执行期权，期权出售人没有损失，投资人的净损益为0。因此，该看涨期权的公平价值就是6.62元。

(2) 两期二叉树定价模型。单期的定价模型假设本来股价只有两个可能，对于时间很短的期权来说是可以接受的。若到期时间很长，例如在【例6-1】中，半年时间，就与事实相去甚远。改善办法是把到期时间分割成两部分，每期3个月，这样就可以增加股价的选择。还可以进一步分割，如果每天为一期，情况就好多了。如果每个期间无限小，股价就呈现连续分布状态，布莱克-斯科尔斯模型就诞生了。

简单地说，由单期模型向两期模型的扩展，不过是单期模型的两次应用。

沿用【例6-1】的数据，把6个月的时间分为两期，每期3个月。变动以后，某公司的股票现在的市价为50元/股，看涨期权的执行价格为52.08元/股。每期股价有两种可能，即上升22.56%或下降18.4%。无风险利率为每3个月1%。

为了直观地显示有关数量关系，我们仍然使用二叉树图示。两期二叉树的一般形式如图6-4所示。将数据填入后，如图6-5所示。

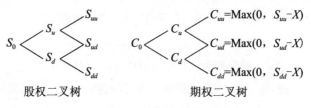

图6-4 两期二叉树

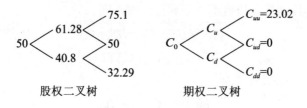

图6-5 代入数据后的二叉树模型

解决问题的办法：首先，利用单期定价模型，根据C_{uu}和C_{ud}计算节点C_u的价值，利用C_{ud}和C_{dd}计算C_d的价值；其次，再次利用单期定价模型，根据C_u和C_d计算C_0的价值；最后，从后往前推进。

第一步：计算C_u的价值

计算C_u的价值，有两种方法。

第一种方法是复制组合定价。

$$H = (23.02 - 0)/(75.10 - 50) = 0.91713$$

$$借款 = (50 \times 0.91713)/1.01 = 45.855/1.01 = 45.40(元)$$

投资组合收入的计算如表6-3所示。

表6-3 投资组合收入

单位：元

股票价格	6个月后股价=75.10	6个月后股价=50
组合中股票到期日收入	75.10×0.91713=68.88	50×0.91713=45.86
组合中借款本利和偿还	45.86	45.86
组合的收入合计	23.02	0

3个月后股票上行的价格是61.28元。

$$C_u=投资成本=购买股票支出-借款=61.28×0.91713-45.40=10.80(元)$$

由于C_{ud}和C_{dd}的值均为0，C_d的值也为0。

第二种方法是风险中性定价。

$$期望回报率=1\%=上行概率×22.56\%+下行概率×(-18.4\%)$$

$$1\%=上行概率×22.56\%+(1-上行概率)×(-18.4\%)$$

$$上行概率=0.47363$$

$$期权价值6个月后的期望值=0.47363×23.02+(1-0.47363)×0$$

$$=10.9030(元)$$

$$C_u=10.9030/1.01=10.80(元)$$

第二步：根据C_u和C_d计算C_0的价值

第一种方法是复制组合定价。

$$H=期权价值变化/股价变化=(10.80-0)/(61.28-40.80)$$

$$=10.80/20.48=0.5273$$

$$借款=(40.80×0.5273)/1.01=21.3008(元)$$

投资组合收入的计算如表6-4所示。

表6-4 投资组合收入

股票价格	3个月后股价=61.28	3个月后股价=40.80
组合中股票到期日收入	61.28×0.5273=32.31	40.80×0.5273=21.51
组合中借款本利和偿还	21.30×1.01=21.51	21.51
收入合计	10.80	0

$$C_0=投资成本=购买股票支出-借款=50×0.5273-21.3008=5.06(元)$$

第二种方法是风险中性定价。

$$C_0=0.47363×10.80/1.01=5.06(元)$$

两期二叉树模型的公式推导过程如下所述。

设C_{uu}表示标的资产两个时期都上升的期权价值，C_{dd}表示标的资产两个时期都下降的期权价值，C_{ud}表示标的资产一个时期上升、另一个时期下降的期权价值，其他参数使用的字母与单期定价模型相同。

利用单期定价模型，计算C_u和C_d，则

$$C_u = (\frac{1+r-d}{u-d}) \times \frac{C_u}{1+r} + (\frac{u-1-r}{u-d}) \times \frac{C_d}{1+r}$$

根据公式计算期权价值，则

$$C_u = (\frac{1+1\%-0.8160}{1.2256-0.8160}) \times \frac{23.02}{1+1\%} + (\frac{1.2256-1-1\%}{1.2256-0.8160}) \times \frac{0}{1+1\%} = 10.8(元)$$

$$C_d = (\frac{1+r-d}{u-d}) \times \frac{C_d}{1+r} + (\frac{u-1-r}{u-d}) \times \frac{C_d}{1+r} = 0$$

计算出C_u和C_d后，再根据单期定价模型计算C_0，则

$$C_0 = 0.47363 \times 10.80/1.01 = 5.06$$

(3) 多期二叉树定价模型。如果继续增加分割期数，就可以使期权价值更接近实际。从原理上看，多期模型与两期模型一样，从后向前逐级推进，只不过多了个层次。期数增加以后带来的主要问题是股价上升与下降的百分比如何确定的问题。期数增加以后，要调整价格变化的升降幅度，以保证年报酬率的标准差不变。把年报酬率标准差和升降百分比联系起来的公式是

$$u = 1 + 上升百分比 = e^{\sigma\sqrt{t}}$$
$$d = 1 - 下降百分比 = 1/u$$

式中：e表示自然常数，约等于2.7183；σ表示标的资产连续复利收益率的标准差；t表示以"年"表示的时段长度。

在【例6-1】中采用标准差$\sigma = 0.4068$，$u = e^{0.4068 \times \sqrt{0.5}} = 1.3333$。

该数值可以利用函数计算器直接求得，或者使用Excel的EXP函数功能，输入0.2877，就可以得到以e为底数、指数为0.2877的值，即1.3333，则

$$d = 1/1.3333 = 0.75$$

如果间隔期为1/4年，$u=1.2256$，即上升22.56%；$d=0.816$，即下降18.4%。如果间隔期为1/6年，$u=1.1807$，即上升18.07%；$d=0.847$，即下降15.30%。如果间隔期为1/52年，$u=1.058$，即上升5.8%；$d=0.945$，即下降5.5%。如果间隔期为1/365，$u=1.0215$，即上升2.15%；$d=0.9790$，即下降2.1%。

沿用【例6-1】中的数据，将半年的时间分为6期，即每月1期。已知：股票价格$S_0=50$元，执行价格为52.08元，年无风险利率为4%，股价波动率(标准差)为0.4068，到期时间为6个月。

确定每期股价变动乘数，则

$$u = e^{0.4068 \times \sqrt{1/2}} = 1.1246$$
$$d = 1/1.1246 = 0.8892$$

建立股票价格二叉树模型。

见表6-5中的"股票价格"部分，第一行从当前价格50元开始，以后是每期上升12.46%的价格路径，6期后为101.15元。第二行为第1期下降、第2期～第6期上升的路

径，以下各行以此类推。

根据股票价格二叉树模型和执行价格，构建期权价值的二叉树模型。

见表6-5中的"买入期权价格"部分，构建顺序为由后向前，逐级推进。

首先，确定第6期各种价格下的期权价值，则

$$C_{u6}=S_{u6}-X=101.15-52.08=49.07(元)$$
$$C_{du5}=S_{du5}-X=79.98-52.08=27.90(元)$$
$$C_{d2u4}=S_{d2u4}-X=63.24-52.08=11.16(元)$$

以下4项股票价格均低于或等于执行价格，所以期权价值为0。

其次，确定第5期的期权价值，则

$$上行百分比=u-1=1.1246-1=12.46\%$$
$$下行百分比=1-d=1-0.8892=11.08\%$$
$$4\%/12=上行概率×12.46\%+(1-上行概率)×(-11.08\%)$$
$$上行概率=0.4848$$
$$下行概率=1-0.4848=0.5152$$
$$C_{u5}=(上行期权价值×上行概率+下行期权价值×下行概率)/(1+r)$$
$$=(49.07×0.4848+27.90×0.5152)/(1+4\%/12)=38.04(元)$$
$$C_{u4d}=(27.90×0.4848+11.16×0.5152)/(1+4\%/12)=19.21(元)$$
$$C_{u3d2}=(11.16×0.4848+0×0.5152)/(1+4\%/12)=5.39(元)$$

因为第6期上行和下行的期权价值均为0，第5期价值也为0。第4期、第3期、第2期和1期的期权价值以此类推。

最后，确定期权的现值，则

$$期权现值=(8.52×0.4848+2.30×0.5152)/(1+4\%/12)=5.30(元)$$

表6-5　股票期权的6期二叉树模型数据

序号	0	1	2	3	4	5	6
时间/年	0	0.083	0.167	0.250	0.333	0.417	0.500
上行乘数	1.1246						
下行乘数	0.8892						
	50	56.23	63.24	71.12	79.98	89.94	101.15
		44.46	50.00	56.23	63.24	71.12	79.98
			39.53	44.46	50.00	56.23	63.24
股票价格				35.15	39.53	44.46	50.00
					31.26	35.15	39.53
						27.80	31.26
							24.72
执行价格							52.08
上行概率							0.4848
下行概率							0.5152

(续表)

序号	0	1	2	3	4	5	6
	5.30	8.52	13.26	19.84	28.24	38.04	49.07
		2.30	4.11	7.16	12.05	19.21	27.90
			0.61	1.26	2.61	5.39	11.16
买入期权价格				0	0	0	0
					0	0	0
						0	0
							0

二叉树模型是一种近似计算方法。期数划分不同，可以得到不同的近似值。期数越多，计算结果与布莱克-斯科尔斯期权定价模型的计算结果的差额越小。

3. 布莱克-斯科尔斯期权定价模型

布莱克-斯科尔斯期权定价模型(简称B-S模型)是财务学中较为复杂的公式之一，其证明和推导过程涉及复杂的数学问题，但是用起来并不麻烦。该公式有非常重要的意义，它对财务学具有广泛的影响，是近代财务学不可缺少的内容。该模型具有很强的实用性，实际的期权价格与模型计算结果接近，而且使用简单，应用较为广泛。

布莱克-斯科尔斯期权定价模型建立在以下假设条件基础上：①在期权寿命期内，买方期权标的股票不发放股利，也不做其他分配；②股票额期权的买卖没有交易成本；③短期的无风险利率是已知的，并且在期权寿命期内保持不变；④任何金融资产投资者都能够以短期无风险利率借得任何数量的资金；⑤允许卖空，卖空者能够立即得到相应的资金(按所卖空股票当天的价格计算)；⑥看涨期权只能在到期日执行(欧式看涨期权)；⑦所有证券交易都是连续发生的，股价随机变动。布莱克-斯科尔斯模型的公式为

$$C_0 = S_0[N(d_1)] - X e^{-r_c t}[N(d_2)]$$
$$C_0 = S_0[N(d_1)] - \text{PV}(X)[N(d_2)]$$

式中：PV(X)表示执行价格的连续复利现值。

$$d_1 = \frac{\ln(S_0 / X) + \left(r_c + \frac{\sigma^2}{2}\right)t}{\sigma\sqrt{t}} = \frac{\ln(S_0 / \text{PV}(X))}{\sigma\sqrt{t}} + \frac{\sigma\sqrt{t}}{2}$$

$$d_2 = d_1 - \frac{\sigma\sqrt{t}}{2}$$

式中：C_0表示看涨期权的当前价值；S_0表示标的股票的当前价格；$N(d)$表示标准正态分布中离差小于d的概率；X表示期权的执行价格；$e \approx 2.7183$；r_c表示连续复利年度的无风险利率；t表示期权到期日前的时间(年)；$\ln(S_0/X)$表示S_0/X的自然对数，它等于连续复利的以"年"计的股票回报率的方差。

从直观上来解释，期权价值公式的第一项是最终股票价格的期望现值，第二项是期权执行价格的期望现值，两者之差是期权价值。公式的第一项是当前股价和概率$N(d_1)$

的乘积，股价越高，第一项的数值越大，期权价值 C_0 越大。公式的第二项是执行价格的现值和概率 $N(d_2)$ 的乘积，是按连续复利计算的执行价格 X 的现值，也可以写成 $PV(X)$。执行价格越高，第二项的数值越大，期权的价值 C_0 越小。

概率 $N(d_1)$ 还可以大致看成看涨期权到期时处于实值状态的风险调整概率。当前股价和 $N(d_1)$ 的乘积是股价的期望现值，执行价格的现值与它的乘积是执行价格的期望现值。在股价上升时，d_1 和 d_2 都会上升，$N(d_1)$ 和 $N(d_2)$ 也都会上升，股票价格越是高出执行价格，期权越有可能被执行。简而言之，当 $N(d_1)$ 和 $N(d_2)$ 接近1时，期权肯定被执行。此时期权价值等于 $S_0 - X_e - r_c t$。前一项是期权持有者拥有的对当前价格为 S_0 的要求权，后一项是期权持有者的义务的现值。反过来看，当 $N(d_1)$ 和 $N(d_2)$ 接近0时，意味着期权几乎不会被执行，看涨期权的价值 C_0 接近0。如果当 $N(d_1)$ 和 $N(d_2)$ 等于0～1之间的数值，看涨期权的价值是其潜在收入的现值。

沿用【例6-1】的数据，某股票当年的价格为50元/股，执行价格为52.08元/股，期权到期前的时间为0.5年。每年复利一次的无风险利率为4%，相当于连续复利的无风险利率为 $r_c = \ln(1.04) = 3.9921\%$，连续复利的标准差 $\sigma = 0.4068$，即 $\sigma^2 = 0.1655$，试计算期权价格。

$$d_1 = \{\ln(50/52.08) + [0.039221 + (0.1655/2)] \times 0.5\}/(0.4068 \times 0.51/2)$$
$$= (-0.04076 + 0.061)/0.2877 = 0.07$$
$$d_2 = 0.07 - 0.4068 \times 0.51/2 = 0.07 - 0.2877 = -0.217$$
$$N(d_1) = N(0.070) = 0.5280$$
$$N(d_2) = N(-0.217) = 0.4140$$
$$C_0 = 50 \times 0.5280 - 52.08e^{-3.9921\% \times 0.5} \times 0.4140 = 26.40 - 21.14 = 5.26(\text{元})$$

根据【例6-1】的资料，采用单期二叉树模型计算的期权价值是6.62元，采用两期二叉树模型计算的期权价值是5.06元，采用6期二叉树模型计算的期权价值是5.30元，采用B-S模型计算的期权价值是5.26元。随着二叉树模型设置期数的增加，其计算结果不断逼近B-S模型。

通过该模型可以看出，决定期权价值的因素有5个，即股价、股价的标准差、利率、执行价格和到期时间。它们对期权价值的影响，可以通过敏感分析表来观察，如表6-6所示。

表6-6　期权价值的敏感分析

项目	基准	股价提高	σ增大	利率提高	执行价格X提高	时间延长
当前股价(S)	50	60	50	50	50	50
标准差	0.4068	0.4068	0.4068	0.4068	0.4068	0.4068
连续复利率(r)	3.9921%	3.9921%	3.9921%	4.7065%	3.9921%	3.9921%
执行价格(X)	52.08	52.08	52.08	52.08	62.50	52.08
期权期限(t)	0.50	0.50	0.50	0.50	0.50	0.60
d_1	0.0703	0.7041	0.1113	0.0839	−5637	0.1029

(续表)

项目	基准	股价提高	σ增大	利率提高	执行价格X提高	时间延长
d_2	−0.2173	0.4165	−0.2339	−0.2037	−0.8514	−0.2122
$N(d_1)$	0.5280	0.7593	0.5443	0.5334	0.2865	0.5410
$N(d_2)$	0.4140	0.6615	0.4075	0.4193	0.1973	0.4160
期权价值	5.26	11.78	6.40	5.34	2.23	5.89
期权价值增长率		123.92%	21.73%	1.58%	−57.55%	11.95%

(1) 当前股价。如果当前股价提高20%，由50元/股提高到60元/股，期权价值由5.26元提高到11.78元，提高123.92%。可见，期权价值的增长率大于股价增长率。

(2) 标准差。如果标准差提高20%，期权价值提高21.73%。可见，标的股票的风险越大，期权的价值越高。

(3) 连续复利率。如果利率提高20%，期权价值提高1.58%。可见，虽然利率的提高有助于期权价值的提高，但是期权价值对于无风险利率的变动并不敏感。

(4) 执行价格。如果执行价格提高20%，期权价值降低57.55%。可见，期权价值的变化率大于执行价格的变化率。值得注意的是，此时期权价值的下降额(5.26−2.23＝3.03)小于执行价格的上涨额(62.50−52.08＝10.42)。

(5) 期权期限。如果期权期限由0.5年延长到0.6年，期权价值由5.26元提高到5.89元。可见，期权期限的延长增加了股票上涨机会，有助于提高期权价值。

前文中的讨论主要针对看涨期权，那么如何对看跌期权估价呢？

在套利驱动均衡状态下，看涨期权价格、看跌期权价格和股票价格之间存在一定的依存关系。对于欧式期权，假定看涨期权和看跌期权有相同的执行价格和到期日，则

看涨期权价格(C)−看跌期权价格(P)＝标的资产价格(S)−执行价格现值PV(X)

这种关系被称为看涨期权—看跌期权平价定理(关系)。利用该定理，已知等式中4个数据中的3个，就可以求出另外1个，则

$$C=S+P-PV(X)$$

$$P=-S+C+PV(X)$$

$$S=C-P+PV(X)$$

$$PV(X)=S-C+P$$

该公式的有效性，可以通过表6-7验证。

表6-7 看涨期权和看跌期权的平价关系

交易策略	现金流量		
	购买日	到期日	
		$S_t \geq X$	$S_t < X$
购入1股看涨期权	$-C_0$	S_t-X	0
卖空1股股票	$+S_0$	$-S_t$	$-S_t$
借出$X/(1+r)^t$	$-X/(1+r)^t$	X	X
抛出1股看跌期权	$+P_0$	0	$-(X-S_t)$
净现金流量合计	$-C_0+S_0-X/(1+r)^t+P_0$	0	0

【例6-2】两种期权的执行价格均为30元，6个月到期，6个月的无风险利率为4%，股票的现行价格为35元，看涨期权的价格为9.20元，试求看跌期权的价格。

$$P = -S + C + PV(X) = -35 + 9.20 + 30/(1 + 4\%) = -35 + 9.20 + 28.8 = 3(元)$$

布莱克-斯科尔斯期权定价模型假设在期权寿命期内，买方期权标的股票不发放股利。那么，在标的股票派发股利的情况下应如何对期权估值呢？

股利现值是股票价值的一部分，但是只有股东可以享有该收益，期权持有人不能享有。因此，在期权估值时要从股价中扣除期权到期日前所派发的全部股利的现值。也就是说，把所有到期日前预期发放的未来股利视同已经发放，将这些股利的现值从现行股票价格中扣除。此时，模型建立在调整后的股票价格而不是实际价格的基础上。

考虑派发股利的期权定价公式为

$$C_0 = S_0 e^{-\delta t}\left[N(d_1)\right] - X e^{-r_c t}\left[N(d_2)\right]$$

$$d_1 = \frac{\ln(S_0/X) + (r_c - \delta + \frac{\sigma^2}{2})t}{\sigma\sqrt{t}}$$

$$d_2 = d_1 - \sigma\sqrt{t}$$

式中：δ表示标的股票的年股利报酬率(假设股利连续支付，而不是离散分期支付)。如果标的股票的年股利报酬率δ为0，则与前文介绍的布莱克-斯科尔斯模型相同。

布莱克-斯科尔斯期权定价模型假设看涨期权只能在到期日执行，即模型仅适用于欧式期权，那么美式期权如何估值呢？美式期权在到期前的任意时间都可以执行，除享有欧式期权的全部权利之外，还有提前执行的优势。因此，美式期权的价值应当至少等于相应的欧式期权的价值，在某种情况下比欧式期权的价值更高。

6.2 实物期权估值与经营性项目投资决策

6.2.1 实物期权与估价概述

1. 实物期权的内涵

金融资产投资与经营性项目投资在控制其产生的现金流方面存在较大差异。对于金融资产投资，公司不能直接参与被投资对象的经营，一旦购买了证券，一般情况下只能被动地等待而无法影响它所产生的现金流；而投资经营资产或实物资产则不同，投资者可以通过经营和管理影响它所产生的现金流，也就是说，经营性项目投资在执行过程中可能会出现许多新的变化和新的机会，给投资者带来经营灵活性，可以增加投资者的选择权，而这种选择权可以增加现金流，因而是有价值的。经营性项目投资通常会同时获得未来特定的选择权，由于这些选择权是以实物资产为标的资产的，也称为实物期权。

2. 实物期权的意义

在应用现金流量折现法评估项目价值时，通常假定公司会按既定方案执行，在执行过程中不会做重大调整和修改。实际上，管理者会随时关注各种变化，如果事态发展表明未来前景比最初设想得更好，就会加大投资力度；反之，则会设法减少损失。只要未来存在不确定性，管理者就会根据情况的变化，相机而动，而不是被动地接受既定方案，这说明公司具有一定的对既定方案的调整权，公司按有利原则所进行的调整能够增加现金流量和项目价值。传统折现现金流量法存在局限性，它完全忽视了项目本身的实物期权可能带来的现金流量和价值，可能会导致错误的投资决策。比如净现值为负的一些项目，如果考虑实物期权带来的价值，也具有经济可行性。

可见，在投资项目存在实物期权的情况下，仅仅依靠项目预测正常现金流信息，利用折现现金流量技术，有时会导致错误的投资决策。因此，近些年来，人们逐渐认识到，评价存在特定期权的经营性项目的可行性和价值，不仅需要利用现金流量折现法评估其净现值，而且必须估计项目的实物期权价值。

3. 实物期权的估价方法

实物期权实际上增加了投资项目的价值，在存在选择权的情况下，投资项目净现值是按照传统方法计算出来的项目净现值和选择权价值(期权净现值)之和，也称为"期权调整净现值"，计算公式为

$$期权调整净现值=投资项目的净现值+选择权价值$$

实物期权隐含在投资项目中，一个重要的问题是将其识别出来。但并不是所有项目都含有值得重视的实物期权，有的项目实物期权价值很低，有的项目实物期权价值很高。具体要看项目不确定性的高低，不确定程度越高，则实物期权价值就越高。

实物期权使用的模型主要是B-S模型和二叉树模型，通常首选B-S模型，优点是使用简单并且计算精确。它的应用条件是实物期权的情景符合B-S模型假设条件，或者说该实物期权与典型的股票期权相似。二叉树模型是一种替代模型，虽然它没有B-S模型精确，但比较灵活，在特定情况下优于B-S模型。二叉树模型可以根据特定项目模拟现金流的情景，使之适用于各种复杂情况。例如，处理到期日前支付股利的期权，可以提前执行的美式期权，停业之后重新开业的多阶段期权，事实上不存在最后到期日的期权等复杂情况。二叉树模型可以扩展为三叉树模型、四叉树模型等，以适应项目存在的多种选择。通常在B-S模型束手无策的复杂情况下，二叉树模型往往能够解决问题。

6.2.2 经营性项目实物期权估值

在这里，我们主要探讨3种常见的实物期权，即扩张期权、延迟期权和放弃期权，并对这3种常见的实物期权进行估值。

1. 扩张期权估值

扩张期权是项目执行选择权，或投资规模调整选择权，这种选择权使公司在情况好时执行或扩大投资规模，在情况差时不执行或缩小投资规模。但拥有这种选择权必须进行必要的投资，否则会失去未来的选择权。比如，采矿公司投资采矿权，才能获得开发或不开发的选择权，尽管目前还不值得开采，但是一旦价格升高，却可以大量盈利；房地产开发商投资土地，经常要建立土地储备，以后根据市场状况决定是否开发，以及确定开发规模；医药公司需要控制药品专利，不一定马上投产，而是根据市场需求情况决定是否推出新药；制造业企业小规模推出新产品，抢先占领市场，以后会根据市场反应再决定是否扩大规模。可见，如果公司现在不投资，就会失去未来扩张的选择权。

【例6-3】A公司是智能终端设备制造商，计划引进具有市场前景的项目，但考虑到市场需求扩张需要一定的时间，计划该项目分两期进行。第一期投资项目于20×1年年初开建并投产，投资规模较小，目的是率先占领市场、减少风险，大约需要投资1 000万元，预计税后营业现金流量如表6-8所示。第二期20×4年年初建成并投产，生产能力是第一期项目的2倍，需要投资2 000万元，预计税后营业现金流量如表6-9所示。由于该项目风险较大，假设投资者要求的报酬率为20%。试对两期投资项目进行分析。

计算结果：项目第一期投资的净现值为-39.87万元，第二期投资的净现值为-118.09万元。

表6-8 项目一期现金流量　　单位：万元

时间(年初)	20×1	20×2	20×3	20×4	20×5	20×6
税后营业现金流量		200	300	400	400	400
复利现值系数		0.8333	0.6944	0.5787	0.4823	0.4019
各年营业现金流量现值		166.67	208.33	231.48	192.90	160.75
营业现金流量现值合计	960.13					
投资	1000					
NPV	-39.87					

表6-9 项目二期现金流量　　单位：万元

时间(年初)	20×1	20×4	20×5	20×6	20×7	20×8	20×9
税后营业现金流量			800	800	800	800	800
复利现值系数			0.8333	0.6944	0.5787	0.4823	0.4019
各年营业现金流量现值			666.67	555.56	462.96	385.80	321.50
营业现金流量现值合计	1 384.54	2 392.49					
投资(按10%折现)	1 502.63	2 000.00					
NPV	-118.09						

从表6-8、表6-9可以看出，项目一期、二期都没有给股东创造财富，但是这里没有考虑实物期权价值的影响。这里的实物期权是指公司可以根据市场发展状况再决定是否上马第二期项目，只有投资第一期项目，公司才有是否开发第二期项目的选择权。第一

期项目给股东造成的价值损失(39.87万元)可视为获得第二期开发选择权的价格。为此需要计量该扩张期权的价值，以确定第一期项目投资是否可行，以下为扩张期权估值的有关数据。

(1) 假设第二期项目是否投资必须在20×3年年底做出决策，即这是一项到期时间为3年的期权。

(2) 第二期项目的投资额为2 000万元，折算到当前时点使用10%作为折现率，是因为投资额是确定的现金流量，在20×1—20×3年并未投入风险项目。折算到20×0年年底为1502.63万元，它是期权执行价格(投资额)的现值。

(3) 预计第二期项目营业现金流量在期权执行时点的价值(期权标的资产价格)为2392.49万元，折算到20×0年年底为1 384.54万元，这是期权标的资产的当前价值。

(4) 如果第二期项目的价值(预计营业现金流量的现值)超过第二期项目投资额，则选择执行(实施第二期项目投资计划)，否则就应该放弃，因此，这是一个看涨期权。

(5) 智能终端行业风险较大，未来现金流量不确定，可比公司的股票价格标准差为35%，可以作为项目现金流量的标准差。

(6) 无风险报酬率为10%。扩张期权与典型的股票期权类似，可以使用B-S模型，以下为计算结果。

$$d_1 = [\ln(S_0/X) + (r_c + \sigma^2/2)t]/\sigma t^{1/2} = \ln[S_0/PV(X)]/\sigma \times t^{1/2} + \sigma \times t^{1/2}/2$$
$$= \ln(1\,384.54/1\,502.63)/0.35 \times 3^{1/2} + 0.35 \times 3^{1/2}/2 = 0.1682$$
$$d_2 = d_1 - \sigma t^{1/2} = 0.1682 - 0.6062 = -0.438$$
$$N(d_1) = N(0.1682) = 0.5667$$
$$N(d_2) = N(-0.438) = 0.3307$$

根据d求解$N(d)$时，可以上网查阅"正态分布下的累积概率表"。由于表中数据是不连续的，有时需要使用插值方法计算。当d为负值时，如$d=-0.438$，按其绝对值0.438查表，0.43对应的$N=0.6664$，0.44对应的$N=0.6700$，得出

$$(0.6700 - 0.6664) \times 0.8 - 0.6664 = 0.6693, \quad N = 1 - 0.6693 = 0.3307$$
$$C_0 = S_0[N(d_1)] - PV(X)[N(d_2)]$$
$$C_0 = 1\,384.54 \times 0.5667 - 1\,502.63 \times 0.3307 = 784.62 - 496.91 = 287.71(万元)$$

该扩张期权价值为287.71万元。

第一期项目不考虑扩张期权的净现值为−39.87万元，可以视为取得第二期开发选择权的成本。第一期项目投资使得公司具有是否开发第二期项目的扩张期权，该扩张期权的价值为287.71万元。考虑扩张期权的第一期项目净现值为247.84万元(287.71−39.87)，因此，投资第一期项目是有利的。

2. 延迟期权估值

从时间选择来看，任何投资项目都具有期权的性质。如果一个项目执行不能延迟，只能立即投资或放弃，则是马上到期的看涨期权。项目的投资成本为期权执行价格，项

目未来现金流量的现值为期权标的资产的现行价格。如果项目现值高于投资成本，项目的净现值是看涨期权的收益；如果项目现值低于投资成本，则看涨期权不被执行，应放弃该项投资。

如果一个项目在时间上可以延迟，则为未到期的看涨期权。项目具有正的净现值，并不意味着立即执行是最佳选择，也许等一等更好。对于前景不明朗的项目，大多应该先观望，看看未来是更好还是更差，再决定是否投资。

【例6-4】某公司拟投资一个新产品，预计需要1 050万元，估计每年永续营业现金净流量为100万元，项目的资本成本为10%(无风险利率为5%，风险补偿率为5%)，试对该项目进行分析。

$$项目价值＝永续营业现金净流量/折现＝100/10\%＝1\,000(万元)$$

$$项目净现值(NPV)＝项目价值－投入价值＝1\,000－1\,050＝－50(万元)$$

每年的现金流量100万元是期望值，并不是确定的现金流量。假设一年后可以判断出市场对产品的需求：如果产品受市场欢迎，预计每年营业现金流量为120万元；如果产品不受欢迎，预计每年营业现金流量为80万元。由于未来现金流量是不确定的，应当考虑期权的影响。

延迟期权大多使用二叉树模型。虽然本例假设一年后可以判断需求情况，实际上也可能需要继续等待。具有时间选择灵活性的项目，本身并没有特定的期权执行时间，并不符合典型股票期权的特征。

以下为利用二叉树方法进行分析的主要步骤。

(1) 构造现金流量和项目价值二叉树。

$$项目价值＝永续现金流/折现率$$

$$上行项目价值＝120/10\%＝1\,200(万元)$$

$$下行项目价值＝80/10\%＝800(万元)$$

(2) 构造净现值二叉树。

$$上行净现值＝1\,200－1\,050＝150(万元)$$

$$下行净现值＝800－1\,050＝－250(万元)$$

(3) 根据风险中性原理计算上行概率。

$$报酬率＝(本年现金流量＋期末项目价值)/期初项目价值－1$$

$$上行报酬率＝(120＋1\,200)/1\,000－1＝32\%$$

$$下行报酬率＝(80＋800)/1\,000－1＝－12\%$$

$$无风险报酬率＝上行概率×上行报酬率＋下行概率×下行报酬率$$

$$5\%＝上行概率×32\%＋(1－上行概率)×(－12\%)$$

$$上行概率＝0.3864$$

$$下行概率＝1－0.3864＝0.6136$$

(4) 计算含有期权的项目净现值。

含有期权的项目净现值(延迟投资时点)$=0.3864\times150+0.6136\times0=57.96$(万元)

含有期权的项目净现值(当前时点)$=57.96/1.05=55.2$(万元)

期权的价值$=55.2-(-50)=105.2$(万元)

以上计算结果用二叉树表示，如表6-10所示。

表6-10　投资成本为1 050万元的期权价值

项目	时间		注释
	第0年	第1年	
不考虑期权的净现值	−50		
现金流量二叉树	100	120	$r=0.5$
		80	$r=0.5$
项目资本成本	10%	10%	
项目价值二叉树	1 000	1 200	
		800	
项目投资成本	1 050	1 050	
项目净现值二叉树	−50	150	
		−250	
上行报酬率		0.32	$(120+1\,200)/1\,000-1$
下行报酬率		−0.12	$(80+800)/1\,000-1$
无风险报酬率		5%	
上行概率		0.3864	$(5\%+12\%)/(32\%+12\%)$
下行概率		0.6136	$1-0.3864$
考虑期权的净现值	55.2	150	$(0.38636\times150)/1.05$
		0	负值，放弃
净差额	105.2		$55.2-(-50)=105.2$

(5) 判断是否应延迟投资。

如果立即投资该项目，由于其净现值为负值，不具有吸引力；如果等待，考虑期权后的项目净现值为正值，可确定是个有价值的投资项目，因此应当等待。此时的净现值的增加是由考虑期权引起的，实际上就是期权的价值。

等待不一定总是有利的，等待期权的价值受投资成本、未来现金流量的不确定性、资本成本和无风险报酬率等多种因素的影响。

假设其他因素不变，如果投资成本降低，则项目的预期净现值增加，含有期权项目的净现值也增加，但是后者增加较慢，并使两者的净差额(期权现值)逐渐缩小。

就本例而言，两者的增量之比为

上行概率/(1+无风险报酬率)$=0.3864/1.05=0.3680$

该项目的投资成本由1 050万元降低为883.56万元，预期净现值由−50万元增加到116.44万元，增加净现值166.44万元。含有期权的项目净现值从55.2万元增加到116.44

万元(见表6-11),只增加61.24万元。两者增量的差额为105.2万元,即期权价值完全消失。在这种情况下,期权价值为0,已经没有意义继续等待。因此,如果投资成本低于883.56万元,立即执行项目更有利。

表6-11 投资成本为883.56万元的期权价值

项目	时间	
	第0年	第1年
不考虑期权的净现值	116.44	
现金流量二叉树	100	120
		80
项目资本成本	10%	10%
项目价值二叉树	1000	1200
		800
项目投资成本	883.56	883.56
项目净现值二叉树	116.44	316.44
		−83.56
上行报酬率		0.32
下行报酬率		−0.12
无风险报酬率		5%
上行概率		0.38636
下行概率		0.61364
考虑期权的净现值	116.44	316.44
		0
净差额(期权价值)	0.00	

计算投资成本临界值的公式为

项目预期净现值=项目预期价值−投入价值=1 000−投入价值

考虑期权的项目净现值=[上行概率×(上行项目价值−投资成本)+

下行概率×(下行项目价值−投资成本)]/(1+无风险报酬率)

投资成本高于或等于下行价值时放弃项目,则有

考虑期权的项目净现值=[0.3864×(1 200−投入价值)]/1.05

令预期净现值与考虑期权的净现值相等,则有

1 000−投入价值=[0.3864×(1 200−投入价值)]/1.05

投入价值(投资成本)=883.56(万元)

3. 放弃期权估值

在传统的项目评估中,通常假定项目的寿命期一定,并假设项目会进行到寿命期结束。这一假设未必符合实际,因为如果项目执行一段时间后,发现实际现金流量远低于预期,投资者就会放弃该项目。另外,经济寿命也很难预计。项目开始时,往往不知

道什么时候结束。有的项目，开始时就不顺利，产品不受市场欢迎，一两年就被迫放弃了；有的项目，进展顺利，产品越来越受市场的欢迎，不断升级换代，长盛不衰。

一个项目，只有继续经营价值大于等于清算价值，才会继续经营下去，否则就应当终止。这里的清算价值，不仅指残值清算价值，也包括资产经过重组和重新发掘所体现的价值。因此，在评估投资项目时，就应当事先考虑中间放弃的可能性和它的价值，减少决策失误。放弃期权是一项看跌期权，其标的资产的价值为项目的续营价值。而执行价格为项目的清算价值。

一个项目应当何时放弃，在项目启动时并不明确。缺少明确的到期期限的实物期权，不便于应用B-S模型。虽然在项目分析时可以假设一个项目有效期，但多数项目在启动时并不确知其寿命，有的项目投产后很快碰壁，只有一两年的现金流，有的项目很成功，不断改进产品，使项目可以持续几十年。在评估放弃期权时，需要预测很长时间的现金流，逐一观察历年放弃或不放弃的项目价值，才能明确放弃期权的价值。

【例6-5】公司拟开发一个贵金属采矿项目，预计需要投资1 200万元，假设矿山的产量每年约29吨，该矿藏只有5年开采量，目前矿石价格为每吨10万元，预计每年上涨11%，但是很不稳定，其标准差为35%。因此，销售收入应当采用含有风险的必要报酬率10%作为折现率。营业固定成本支出每年100万元，为简便起见，忽略其他成本和税收问题。由于固定成本支出比较稳定，可以使用无风险报酬率5%作为折现率。预计1～5年后矿山的残值分别为530万元、500万元、400万元、300万元和200万元。试分析该项目的放弃期权。

一、计算项目的净现值

用现金流量折现法计算项目不考虑放弃期权的净现值为-19万元。如果不考虑期权，即放弃项目止损，这时项目净现值为负值，是不可行项目，如表6-12所示。

表6-12　项目净现值　　　　　　　　　　　　　　　　单位：万元

项目	年份					
	0	1	2	3	4	5
收入增长率/%		11	11	11	11	11
预期收入/万元		322	357	397	440	489
各年收入现值/万元		293	295	298	301	303
收入现值合计/万元	1 490					
残值/万元						200
残值现值/万元	124					
固定成本支出/万元		−100	−100	−100	−100	−100
固定成本支出现值/万元		−95	−91	−86	−82	−78
固定成本支出现值合计/万元	−433					
投资/万元	−1 200					
净现值/万元	−19					

二、构造二叉树

(1) 确定上行乘数和下行乘数。由于矿石价格的标准差为35%，则

$$上行乘数：u = \mathrm{e}^{\sigma\sqrt{t}} = \mathrm{e}^{0.35\times1} = 1.419068$$
$$下行乘数：d = 1/u = 1/1.419068 = 0.704688$$

(2) 构造销售收入二叉树。按照计划产量和当前价格计算，销售收入为

$$销售收入 = 29\times10 = 290(万元)$$

不过，目前还没有开发，明年才可能有销售收入，则

$$第一年的上行收入 = 290\times1.419068 = 411.53(万元)$$
$$第一年的下行收入 = 290\times0.704688 = 204.36(万元)$$

以后各年的二叉树以此类推，如表6-13所示。

表6-13 放弃期权的二叉树

项目	年份					
	0	1	2	3	4	5
销售收入/万元	290	411.53	583.99	828.72	1 176.01	1 668.83
		204.36	290.00	411.53	583.99	828.72
			144.01	204.36	290.00	411.53
				101.48	144.01	204.36
					71.51	101.48
						50.39
固定成本/万元	100	100	100	100	100	100
营业现金流量 =销售收入-固定成本	190	311.53	483.99	728.72	1 076.01	1 568.83
		104.36	190.00	311.53	483.99	728.72
			44.01	104.36	190.00	311.53
				1.48	44.01	104.36
					-28.49	1.48
						-49.61
期望收益率	5%					
上行报酬率(u-1)	41.9068%					
下行报酬率(d-1)	-29.5312%					
上行概率	0.483373					
下行概率	0.516627					
未修正项目价值 =[p×(后期上行营业 现金+后期上行期末 价值)+(1-p)×(后期下行 营业现金+后期下行期 末价值)]/(1+r)，从后向 前推/万元	1 173.76	1 456.06	1 652.41	1 652.90	1 271.25	200
		627.38	770.44	818.52	679.23	200
			332.47	404.18	385.24	200
				198.43	239.25	200
					166.75	200
						200
清算价值/万元		530	500	400	300	200

（续表）

项目	年份					
	0	1	2	3	4	5
修正项目现值(清算价值高于经营价值时，用清算价值取代经营价值，并重新从后向前推)/万元	1 221	1 463.30	1 652.41	1 652.90	1 271.25	200
		716.58	785.15	818.52	679.23	200
			500.00	434.08	385.24	200
				400	300	200
					300	200
						200

(3) 构造营业现金流量二叉树。由于固定成本为每年100万元，销售收入二叉树各节点减去100万元，可以得出营业现金流量二叉树。

(4) 确定上行概率和下行概率，公式为

$$期望收益率＝上行百分比×上行概率+(-下行百分比)×(1-上行概率)$$

$$上行概率＝0.483373$$

$$下行概率＝1-0.483373＝0.516627$$

(5) 确定未调整的项目价值。首先，确定第5年各节点未经调整的项目价值。由于项目在第5年年末终止，无论哪一条路径，最终的清算价值均为200万元。然后，确定第4年年末的项目价值，顺序为先上后下。最上边的节点价值取决于第5年的上行现金流量和下行现金流量，它们又都是第5年年末的残值，则

$$第4年年末的项目价值＝[p×(第5年上行营业现金+第5年年末价值)+(1-p)×$$

$$(第5年下行营业现金+第5年年末价值)]/(1+r)＝[0.483373×(1\ 569+200)+$$

$$0.516627×(729+200)]/(1+5\%)＝1\ 271.25(万元)$$

其他各节点以此类推。

(6) 确定调整的项目价值。各个路径第5年年末的价值均为200万元，不必调整，填入"调整后的项目价值"二叉树的相应节点。

第4年各节点由上而下进行，检查项目价值是否低于同期清算价值(300万元)。该年第4个节点数额为239.25万元，低于清算价值300万元，清算比继续经营更有利，因此该项目应放弃，将清算价值填入"调整后的项目价值"二叉树相应节点。此时，相应的销售收入为144.01万元。需要调整的还有第4年最下方的节点166.75万元，用清算价值300万元取代；第3年最下方的节点198.43万元，用清算价值400万元取代；第2年最下方的节点332.47万元，用清算价值500万元取代。

完成以上4个节点的调整后，重新计算各节点的项目价值。计算顺序仍然是从后向前、从上到下、依次进行，并将结果填入相应的位置。最后，得出0时点的项目价值为1 221万元。

三、确定考虑看跌期权的净现值和最佳放弃策略

考虑项目看跌期权的现值为1 221万元，投资为1 200万元，则

$$含有期权的项目NPV=1\ 221-1\ 200=21(万元)$$

$$不含期权的项目NPV=-19(万元)$$

$$期权的价值=含有期权的项目NPV-不含期权的项目NPV=40(万元)$$

因此，公司应该接受该项目。但是，当价格下行使得销售收入低于144.01万元时(即清算价值高于继续经营价值)，应行权放弃清算。那么，公司是否应当立即投资该项目呢？答案是不一定，还需要进行时间选择权的分析才能知道。

思考题

1. 举例说明期权估值的复制原理和套期保值原理。

2. 简述风险中性原理。

3. 简述单期二叉树定价模型。

4. 简述布莱克-斯科尔斯期权定价模型。

5. 什么是实物期权？它在经营性项目估值中的意义是什么？

6. 在经营性项目估值中，什么是期权调整净现值？它是如何构成的？

练习题

1. 某公司计划启动某个项目，分两期进行。第一期投资规模较小，目的是率先占领市场、减少风险，大约需要投资1 000万元。第一期投资项目于20×1年年底开建并投产，项目为期5年，预计每年税后营业现金流量为200万元。第二期投资项目于20×3年年底开建并投产，需要投资2 000万元，由于市场已经被打开，预计第二期项目每年税后营业现金流量可达800万元。假设投资者要求的报酬率为10%，无风险报酬率为5%，请问该公司是否能够启动该项目？

2. 某公司拟投资一个新产品，预计投资需要1 050万元，估计每年税后永续营业现金流量为100万元，项目资本成本为10%，无风险利率为5%，风险补偿率为5%。由于每年的现金流量100万元是预期的平均数，并不确定。假设一年后可以判断出市场对产品的需求，如果新产品受市场欢迎，预计现金流量为120万元；如果新产品不受欢迎，预计现金流量为80万元。考虑期权的影响，使用二叉树模型，判断该公司是否应延迟投资。

第7章 | 公司价值评估

公司价值评估简称公司估值，目的是分析和估算一家公司的内在价值，并提供有关信息协助决策者改善决策。虽然公司估值是一种定量分析，使用许多定量分析模型，具有一定的科学性和客观性，但是公司估值并不能做到完全客观和科学，原因在于它需要使用许多主观估计的数据，带有一定的主观性。

7.1 公司价值评估概述

7.1.1 公司价值评估的作用

公司价值评估主要有以下几方面作用。

1. 公司价值评估可以用于证券投资决策

价值评估是证券投资基本分析的核心内容。证券投资者信奉不同的投资理念，有的人相信技术分析，有的人相信基本分析。相信基本分析的投资者认为，证券价格与其内在价值的偏离经过一段时间的调整会向其内在价值回归。他们据此原理估算证券或公司的内在价值，寻找并且购进被市场低估的证券，以期获得高于必要报酬率的收益。

2. 公司价值评估可以用于公司的并购决策

在兼并收购中，投资公司需要估计目标公司的内在价值，以确定合理的交易价格。比如，公司在确定收购价格时，不仅需要评估目标公司的价值，还需要对收购后的公司价值变动情况进行评估，以制定能增加股东财富并且能被收购公司接受的收购价格。

3. 公司价值评估可以用于一切以价值为基础的公司决策

如果把公司的目标设定为增加股东财富，而股东财富的增加就是公司价值的增加，那么，公司决策正确性的根本标志是能够增加公司价值。如果不能清晰描述一项决策和公司价值之间的关系，不了解其对公司价值的影响，就无法对该决策进行评价。从这种意义上来说，价值评估是改进公司一切重大决策的手段。

4. 公司价值评估过程能够产生大量有价值的信息

公司价值评估的意义不仅在于能提供估值结果，还在于评估过程能够产生大量有价值的信息。例如，公司价值是由哪些因素驱动的；销售净利率如何影响营业现金流量，进而对公司价值产生影响；公司资本结构是如何影响公司价值的，影响有多大。即使公司的最终估值不是很准确，这些中间信息也是很有意义的。因此，不能只关注公司价值评估的最终结果，评估过程产生的其他信息也不能忽视。

7.1.2　公司价值评估的对象

1. 内在价值

公司价值评估的一般对象是公司整体资产的内在价值(intrinsic value)。资产的内在价值是指该资产未来可以产生的现金流量的现值，它是由其内在的投资品质(现金流量和风险)所决定的。现金流量折现法是估计资产内在价值的科学方法。资产的内在价值也称为资产的经济价值，资产的经济价值是经济学家所持的价值观念，强调的是资产在特定经济用途中所体现的价值。

理解和掌握公司内在价值的概念，需要树立整体价值的观念，公司的整体价值观念主要体现在以下4个方面。

(1) 公司整体资产是各部分资产的有机组合，公司整体价值并不是公司的各项资产市场价值之和。从形式上看，公司整体资产是由构成公司整体的各部分资产组合而成的，这种组合是根据公司所从事的特定经营领域的客观要求所进行的有机组合，这就如同汽车是由特定的零件按照一定的比例和程序组装而成一样。这种有机组合使得公司总体资产具有各部分资产所没有的整体性功能。公司的整体性功能，表现为从事特定领域的生产经营活动为股东增加财富，这是任何单项资产所不具有的功能。如果单独考查构成公司整体的单项资产，而不是将其放在公司整体组合使用中考查，这些单项资产的价值则表现为市场价值。但是公司取得单项资产并不是为了出售，而是作为公司整体资产的一个有机组成部分来使用，它在公司整体资产的使用中体现的价值并不是其市场价值。公司作为一项整体资产，之所以具有经济价值，就在于它能够给投资者带来营业现金流量，这是各项资产组合起来运用的结果，而不是单项资产出售所获得的现金流量，公司整体资产的价值则是这些营业现金流量的现值。可见，公司整体价值并不是各部分资产市场价值之和，这就如同汽车的价值不等于零件的价格之和。

(2) 资产组合的有效性是决定公司整体价值的重要因素。虽然公司是各项资产的有机组合，但即使是处于相同行业的公司，它们的资产组合的有效性也会有所不同，从而产生不同效率的公司或整体功能不同的公司。如同房地产商使用相同的建筑材料，但由于设计等原因，开发建设的商品房的特点和质量却存在较大差异。公司的整体功能和效率在很大程度上是由资产组合的有效性决定的，而公司的整体功能和效率直接影响公司的营业现金净流量，因而资产组合的有效性是决定公司整体价值的重要因素。在实践中，公司的资产重组就是试图通过调整资产组合的方式来增加资产组合的有效性，从而改善公司的整体功能和效率，提升公司的价值。

(3) 单项资产在公司运行中具有被使用和被剥离出售这两项经济用途。作为公司**整体**的组成部分，单项资产在公司运行中所体现的价值可以称为经营价值，在被剥离出售时的价值则体现为出售价值。单项资产只有在公司整体中才能体现出它的经营用途和经营价值，一旦将其从整体中剥离，它的经济价值就会转变为出售价值。公司的有些资产可以单独剥离出售，如一台设备或一个部门；而有些资产不能单独剥离出售，如商誉等无形资产，也就是说，这些资产不具有独立的出售价值。单项资产的出售价值不同于作为整体一部分的经营价值，因为它们的经济用途和功能是不同的。从理论上说，如果一项资产或一个部门的经营价值低于剥离出售的价值，剥离出售是最优的策略选择。需要注意的是，剥离后的公司整体价值也会因为资产组合的变动而发生改变。

(4) 公司整体价值只有在运行中才能体现出来。公司是一个运行着的有机体，一旦成立就有了独立的"生命"和特征，并维持它的整体功能。如果公司停止运行，整体功能就会随之丧失，也就不再具有整体价值，它就只剩下一堆机器、存货和厂房，此时公司的价值是这些资产的变现价值，即清算价值。

2. 市场价值

资产的市场价值与资产的内在价值密切关联，资产的市场价值是指一项资产在市场上的交易价格。在交易市场上，投资者评估一项资产的内在价值并与市场价值进行比较，如果内在价值高于市场价值则认为该资产被市场低估了，投资者就会买进，使该资产的价格上升，回归到资产的内在价值；相反，如果市场价格高于内在价值则认为该资产被高估了，投资者就会卖出，导致该资产的价格下降，也会回归到资产的内在价值。市场价值与内在价值是否一致取决于市场的有效性，如果市场是完全有效的，即所有资产在任何时候的价格都能够迅速反映公开可得的信息，则一项资产的内在价值与市场价值会时刻保持一致；如果市场不是完全有效的，一项资产的内在价值与市场价值就会在一段时间内不相等。此外，资产市场价值向其内在价值回归的速度也取决于市场的有效程度，市场越有效，市场价值向内在价值回归越迅速。

公司作为一项整体资产，它的内在价值是指其在剩余的寿命期内可以产生的现金流量的现值。如果市场是完全有效的，公司的市场价值与其内在价值保持一致，这时的市场价值称为"公平市场价值"(fair market price)。公平市场价值是指在完全有效的市场上，买卖双方根据充分、对称的与价值相关的信息，按照自愿原则和自身利益在公开竞价交易中所产生的双方都能够接受的价格。公司的市场价值可能是公平的，也可能是不公平的，这取决于企业市场的有效程度，市场越有效，市场价值越公平，**越能够反映公司的内在价值。**

需要指出的是，评估公司整体的内在价值是以市场不完善为前提的。因为在完善的市场中，公司的市场价值为"公平市场价值"，与内在价值相等，因而价值评估会失去存在的理由。而且在完善有效的市场上，不可能寻找到价值被低估的公司，价值评估也会失去决策意义。价值评估理论不否认市场的有效性，但不承认市场的完善性，认为市场只在一定程度上有效，并非完全有效，也就是说，公司的市场价值不一定是公平市场价值。原因在于：首先，作为交易对象的公司，通常没有完善的市场。对没有上市交易的公司而言，没有公开竞价的市场价格可供参考；对于上市公司来说，每天参加交易的只是少数股权，多数股权不参加日常交易。因此，市价也只是少数股东认可的价格，未必代表公平市场价值。其次，以公司为交易对象的买卖双方存在比较严重的信息不对称，对公司的估价存在很大的差异，成交的价格未必是公平的。最后，公司股票价格是经常变动的，很难找到哪个交易价格能代表公司的公平市场价值。

公司价值评估以市场不完善为前提，利用市场价值与内在价值(公平市场价值)的不一致，寻找价值被低估的公司，以实现为股东创造财富的目标。

值得注意的是，公司内在价值受公司状况和市场状况变动的影响，也是动态变化的。价值评估依赖的公司信息和市场信息也在不断变动，新信息的出现随时可能改变评估结论，因此，公司价值评估提供的结论具有很强的时效性。

7.1.3　公司价值评估的类别

公司价值评估的一般对象是公司整体资产的内在价值，也称为公司实体价值。但在实践中，公司价值不仅指公司实体价值，还可能指公司股权价值。其中，公司实体价值还可以区分为持续经营价值和清算价值；公司股权价值也可以划分为少数股权价值和控股权价值，等等。至于具体评估哪一种公司价值，则取决于评估目的。

1. 实体价值与股权价值

公司实体价值是指公司整体资产的内在价值，公司股权价值则是指公司全部股权的内在价值。公司实体价值和公司股权价值都是依据现金流量折现法所计算的现值，而不是公司资产负债表中总资产和股东权益的账面价值。

公司实体价值可以通过产权交易价格表现出来。购买一家上市公司整体资产的所有权通常是以购买股份的形式进行的，表现为收购公司按市值收购目标公司的股权，这时目标公司的价值表现为购买股权的价格。例如，A公司以10亿元的价格收购了B公司的全部股份，或者向B公司的股东定向发行价值为10亿元的股票筹资，以购买B公司的全部股票(换股收购)，通常会被认为A公司以10亿元买下了B公司，B公司的价值体现为10亿元，但这种观念其实是错误的。原因在于，收购一家公司是购买这家公司的全部资产，而公司的全部资产是由股东和债权人共同出资形成的，一部分归股东所有，另一部分归债权人所有，收购股权只是购买了属于股东的资产，收购价格表现的只是B公司的股权价值，而非B公司全部资产价值。实际上，A公司以10亿元的价格按股票市值收购全部股权，取得B公司所有权(股权)的同时，还需要以书面契约形式承担B公司的应付债务(假设未来需要偿付本息为5亿元)，或者回购全部债务。这里，承继债务的成本为应付债务未来本息支出的现值，表现为债务的价值(假设为4亿元)。也就是说，A公司购买

B公司全部资产的所有权实际上需要支付14亿元的经济成本或购买价格，即公司的整体资产价值表现为14亿元，而不仅仅是10亿元的股权市值。

可见，收购公司想真正拥有一家上市公司全部资产的现实所有权，不仅需要按市值在股权市场上收购公司的全部股权，还需要承继应付债务或按市值在债务市场上回购公司的全部债务。因此，公司整体资产的购买价格为股权的购买价格(股票市值)和承继应付债务的成本或回购债务支出(债务市值)之和。

被收购上市公司的股权价值可以通过股权市值直接表现出来，而公司的实体价值并不能通过交易市场直接表现出来，而是通过股权市值和承继应付债务的成本或债务市值间接表现出来。问题是公司的购买价格能否体现为公司的实体价值呢？在有效市场条件下，公司股票市值为公平市场价值，能够反映公司全部股权的内在价值；债务市值也是公平市场价值，也能够反映公司债务的内在价值。这样，公司的实体价值为

$$实体价值=股权市值+债务市值=股权价值+债务价值$$

2. 持续经营价值与清算价值

公司实体价值可以分为持续经营价值(简称续营价值)与清算价值。持续经营价值是公司在持续经营过程中所体现的经济价值，为营业活动产生的未来现金流量的现值；清算价值是公司在终止清算过程中所体现的经济价值，是停止经营，出售资产产生的现金流的现值。两者的评估方法和评估结果有明显区别。我们必须明确拟评估的公司是持续经营的公司还是准备清算的公司，评估的价值是其持续经营价值还是其清算价值。

一家公司的内在价值，应是其持续经营价值与清算价值中较高的一个，如图7-1所示。

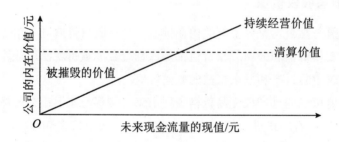

图7-1　持续经营价值与清算价值下的公平市场价值

一家公司持续经营的基本条件，是其持续经营价值超过清算价值。按经济性原则，当持续经营价值高于清算价值时，投资者会选择持续经营；如果未来营业现金净流量下降，或者资本成本提高，使得持续经营价值低于清算价值，则清算是投资者最优的策略选择。如果一家公司的持续经营价值已经低于其清算价值，则应当进行清算。但是，也有例外，那就是公司控制人拒绝清算，公司不得以会持续经营。但这种持续经营，摧毁了股东本来可以通过清算得到的价值。

虽然公司实体价值的评估对象包括持续经营价值与清算价值，但除非特别指明，通常是指持续经营价值。

3. 少数股权价值与控股权价值

公司股东包括众多持股比例低的中小股东和少数持股比例高的大股东。少数股权是指小股东所拥有的股权，控股权是指大股东所拥有的股权。属于中小股东的少数股权和属于大股东的控股权具有完全不同的性质和效用。首先，买入少数股权的中小股东，对于公司决策的影响无足轻重，必须接受公司现有的管理和经营战略，或者只作为一个财务投资者，并不是公司的真正主人；而拥有控股权的大股东则成为公司真正的主人，具有改组公司和做出公司战略决策的充分权利。

少数股权价值与控股权价值存在很大差异。少数股权价值是在公司现有管理和战略条件下中小股东取得的未来现金流量的现值；而控股权价值是通过公司重组、改进管理和经营战略后大股东取得的未来现金流量的现值。获得控股权意味着获得了改组公司的特权，并以此增加控股权的现金流量，因而控股权价值大大高于少数股权价值。虽然从形式上说，少数股权和控股权都是同一公司相同权利的股票，但是实际权利和现金流量并不相同，甚至是在两个分割开来的市场上交易的不同资产。在股票市场上交易的只是属于少数股权的流通股，而掌握控股权的股东，不参加日常交易，交易市场上股价反映的只是少数股权的价值。控股权价值高于少数股权价值最明显的例证是收购交易。一旦控股权参加交易，股价会飙升，甚至达到少数股权价值的数倍。

总之，在评估公司价值时，要明确拟评估的对象是什么，搞清楚是公司实体价值还是股权价值；在评估实体价值时，需要明确拟评估的对象是持续经营价值还是清算价值；在评估股权价值时，需要明确拟评估的对象是少数股权价值还是控股权价值。它们是不同的评估对象，有不同的用途，需要使用不同的方法进行评估。

7.2 公司价值评估方法

7.2.1 现金流量折现模型

现金流量折现模型是使用较为广泛、理论较为健全的公司价值评估模型，它的基本思想是增量现金流量原则和时间价值原则，即任何资产的价值是其产生的未来现金流量按照投资者必要报酬率计算的现值。

公司也是资产，具有资产的一般特征。从某种意义上来说，公司是一个由若干个投资项目组成的项目组合，这个项目组合可以作为一个整体项目，项目估价和公司估价在理论上是完全一致的。但是，公司资产又与项目资产有所区别，它是一种特殊的资产。公司价值评估与项目价值评估既有类似之处，也有明显区别，主要体现在以下几方面。①投资项目的寿命是有限的，而公司持续经营的假设，意味着公司的寿命是无限的，因此要处理无限期现金流折现问题；②典型的项目投资有稳定的或下降的现金流，而公司通常会寻找更好的投资项目，将收益再投资并产生增长的现金流，它们的现金流分布具有不同的特征；③项目产生的现金流归公司(项目投资主体)支配，而公司产生的现金流仅在管理层决定分配时才流向所有者，如果决策层决定向较差的项目投资而不愿意支付股利，则少数股东除了将股票出售外别无选择。这些差别，也正是公司价值评估比项目评价更困难的地方，或者说是现金流量折现模型用于公司价值评估需要解决的问题。

1. 公司估值的现金流量

对于投资者来说，公司现金流量有3种，即股利现金流量、股权现金流量和实体现金流量。从理论上说，现金流量的持续年数应当等于资产的寿命，而持续经营假设使公司具有永续生命，即假设公司将无限期地持续下去。预测无限期的现金流量数据是很困难的，时间越长，远期的预测越不可靠。为了避免预测无限期的现金流量，大部分公司估值将现金流量预测的时间分为两个阶段：第一阶段是有限的、明确的预测期，称为"详细预测期"，或简称预测期，在此期间需要对每年的现金流量进行详细预测，并根据现金流量模型计算其预测期价值；第二阶段是预测期以后的无限时期，称为"后续期"或"永续期"，在此期间假设公司进入稳定状态，有一个稳定的增长率，可以用简便方法直接估计后续期价值(也被称为永续价值)。相关的计算公式为

$$公司价值 = 预测期价值 + 后续期价值的现值$$

$$后续期价值 = 现金流量_{t+1} / (资本成本 - 后续期现金流量永续增长率)$$

2. 公司估值现金流量折现模型

依据现金流量的不同种类，公司估值的现金流量折现模型也可分为股利现金流量模型、股权现金流量模型和实体现金流量模型3种。

(1) 股利现金流量模型。股利现金流量模型的基本形式为

$$股权价值 = \sum_{t=1}^{\infty} \frac{股利现金流量_t}{(1 + 股权资本成本)^t}$$

式中：股利现金流量是公司分配给股东的现金流量；股权资本成本是股东必要报酬率。

(2) 股权现金流量模型。股权现金流量模型的基本形式为

$$股权价值 = \sum_{t=1}^{\infty} \frac{股权现金流量_t}{(1 + 股权资本成本)^t}$$

式中：股权现金流量是一定期间可分配给股东的现金流量。具体来看，股权自由现金流量就是公司向债权人支付利息、偿还本金、支付优先股股利以及满足自身发展需要后的剩余现金流量。股权自由现金流量体现了股东对公司现金流量的剩余要求权，但有多少股权现金流量会作为股利分配给股东，取决于公司的股利分配政策。如果把股权现金流量全部作为股利分配，则上述两个模型相同。

(3) 实体现金流量模型。实体现金流量模型的基本形式为

$$实体价值 = \sum_{t=1}^{\infty} \frac{实体自由现金流量_t}{(1+加权平均资本成本)^t}$$

式中：加权平均资本成本是税前加权平均资本成本，即公司投资者要求的必要报酬率；实体自由现金流量是公司在一定期间可以支付给出资者(包括股东和债权人)的现金流量。为理解实体自由现金流量的概念，首先需要了解实体现金流量的概念。实体现金流量反映的是公司为投资者(包括股东和债权人)创造的现金流量。实体现金流量不同于公司营业现金净流量，营业现金净流量只反映公司为股东创造的现金流量(股权现金流量)，没有反映为债权人创造的现金流量(债权现金流量或应付债务现金流量)。

$$股权现金流量 = 营业现金净流量 = 税后利润 + 折旧$$
$$= (息税前利润 - 应付利息) \times (1-T) + 折旧$$
$$= 息税前利润 \times (1-T) + 折旧 - 税后应付利息$$

可见，营业现金净流量已经扣除了为债权人创造和支付的现金净流量(税后应付利息)，只反映公司为股东创造的现金流量。实体现金流量的计算公式为

$$实体现金流量 = 股权现金流量 + 债权现金流量 = 营业现金净流量 + 税后应付利息$$
$$= 税后利润 + 折旧 + 税后应付利息$$
$$税后利润 = 税后经营利润 - 税后应付利息$$
$$实体现金流量 = 税后经营利润 - 税后应付利息 + 折旧 + 税后应付利息$$
$$= 税后经营利润 + 折旧$$

持续经营和发展要求公司支付债权人利息以后剩余的现金流量，即公司为股东创造的现金流量(股权现金流量)必须满足必要投资(包括重置投资和新增投资)的需要。可以分配给股东的现金流量为扣除必要投资后的股权自由现金流量，因而在实体现金流量概念的基础上，引入实体自由现金流量的概念。实体自由现金流量是一定期间能够支付给公司全部出资者的现金流量，包括股权自由现金流量和债权现金流量。

实体自由现金流量是实体现金流量扣除必要投资后的剩余部分，其计算公式为

$$实体自由现金流量 = 实体现金流量 - 必要投资$$

式中：必要投资包括每期计提的折旧和新增投资，而新增投资包括新增固定资产投资和配套的新增营运资本投资，体现为经营资产的净增加额。折旧和新增固定资产投资称为资本性支出。这样，实体自由现金流量的计算公式可以推导为

$$实体自由现金流量 = 实体现金流量 - (折旧 + 新增投资)$$
$$= 实体现金流量 - 折旧 - 经营资产的净增加额$$
$$= 税后经营利润 + 折旧 - 折旧 - 经营资产的净增加额$$
$$= 税后经营利润 - 经营资产的净增加额(新增投资)$$

由于债务契约的存在，公司新增投资只能留存归属于股东的现金流量，进而导致股权自由现金流量和实体自由现金流量减少，以及股权价值和实体价值下降。

我们可以通过实体自由现金流量推导出股权自由现金流量，计算公式为

$$股权自由现金流量 = 实体自由现金流量 - 应付债务现金流量(税后应付利息)$$

需要注意的是，上述应付债务现金流量(税后应付利息)未考虑本期新增负债和债务本金偿还情况。新增负债会增加应付债务现金流量，而债务偿还则会减少应付债务现金流量。本期净债务本金是指本期新增债务本金减去本期已归还债务本金，也就是应付债务本金，即

$$本期净债务本金 = 本期新增负债 - 本期已偿还债务本金$$

应付债务现金流量的计算公式应改为

$$应付债务现金流量 = 本期税后应付利息 + 本期净债务本金$$

这样，实体自由现金流量的计算公式可以推导为

$$实体自由现金流量 = 税后经营利润 + 净债务本金 - 经营资产的净增加额$$

股权自由现金流量的计算公式可以推导为

$$股权自由现金流量 = 实体自由现金流量 - 应付债务现金流量$$

我们还可以通过估计实体价值来估计股权价值，计算公式为

$$股权价值 = 实体价值 - 净债务价值$$

净债务价值也称为债务价值，即待偿还债务(债务存量)的价值，计算公式为

$$净债务价值 = \sum_{t=1}^{\infty} \frac{偿还债务现金流量_t}{(1 + 等风险债务成本)^t}$$

式中：偿还债务现金流量是指债权人每期获得的本息偿还额；等风险债务成本为税前等风险债务成本，即债权人的必要报酬率。

在数据假设相同的情况下，3种模型的评估结果是相同的。由于股利分配政策变动较大，股利现金流量很难预计，所以在实务中很少使用股利现金流量模型。股权现金流量模型可以取代股利现金流量模型，用以估计股权价值，以避免对股利政策进行估计的麻烦。因此，大多数公司估价使用股权现金流量模型或实体自由现金流量模型。

3. 现金流量折现模型参数的估计

现金流量折现模型的参数包括预测期的年数、各期的现金流量和折现率。折现率的估计在前面的章节中已经介绍过，这里主要说明现金流量的估计和预测期的确定。

未来现金流量的数据需要通过财务预测取得。财务预测可以分为单项预测和全面预测。单项预测的主要缺点是容易忽视财务数据之间的联系，不利于发现预测假设的不合理之处。全面预测是指编制成套的预计财务报表，通过预计财务报表获取需要的预测数据。由于计算机的普遍应用，人们越来越多地使用全面预测。

(1) 预测销售收入。预测销售收入是全面预测的起点，大部分财务数据与销售收入有内在联系。销售收入取决于销售数量和销售价格，但是公司外部的报表使用人无法从财务报表中得到价格和销量的历史数据，也就无法分别预计各种产品的价格和销量。只能直接对销售收入的增长率进行预测，然后根据基期销售收入和预计增长率计算预测期的销售收入。销售增长率的预测以历史增长率为基础，根据未来的变化进行修正。在修正时，要考虑宏观经济、行业状况和公司的经营战略。如果预计未来在这3个方面不会

发生明显的变化，则可以按上年增长率进行预测；如果预测未来有较大变化，则需要根据其主要影响因素调整销售增长率。

【例7-1】A公司20×0年的销售增长了12%；20×1年维持12%的增长率；20×2年销售量开始逐步下降，预计每年下降2个百分点；到20×5年预计下降1个百分点，即增长率为5%；到20×6年及以后各年预计按5%的比率持续增长，预测A公司的销售情况。

A公司的销售预测情况如表7-1所示。

表7-1 A公司的销售预测

年份	基期	20×1	20×2	20×3	20×4	20×5	20×6	20×7	20×8	20×9	以后
销售增长率	12%	12%	10%	8%	6%	5%	5%	5%	5%	5%	5%

(2) 确定预测期间。预测期间涉及预测基期、详细预测期和后续期。

① 预测基期。基期是指作为预测基础的时期，它通常是指预测工作的上一个年度。基期数据不仅包括各项财务数据的金额，还包括它们的增长率以及反映各项财务数据之间联系的财务比率。确定基期数据的方法有两种：一种是以上年实际数据作为基期数据；另一种是以修正后的上年数据作为基期数据。如果通过历史财务报表分析认为，上年财务数据具有可持续性，则以上年实际数据作为基期数据；如果分析认为，上年的数据不具有可持续性，就应该适当进行调整，使之适合未来的情况。

在【例7-1】中，A公司的预测以20×0年为基期，以经过调整的20×0年的财务报表数据为基数。该公司的财务预测将采用销售百分比法，需要根据历史数据确定主要报表项目的销售百分比，作为对未来进行预测的假设。

② 详细预测期和后续期。实务中的详细预测期通常为5~7年，如果有疑问还应该延长，但很少超过10年。公司增长的不稳定期间有多长，预测期就应当有多长，这种做法与竞争均衡理论有关。

竞争均衡理论认为，一个公司不可能长期以快于宏观经济增长的速度发展下去。如果公司的业务范围仅限于国内市场，宏观经济增长率是指国内的预期经济增长率；如果业务范围是世界性的，宏观经济增长率是指世界经济的增长速度。竞争均衡理论还认为，一个公司通常不可能在竞争的市场中长期取得超额利润，其净投资资本报酬率(税后经营净利润与净投资资本的比率)会逐渐恢复到正常水平。如果一个行业的净投资资本报酬率或盈利能力较强，就会吸引更多的投资并使竞争加剧，导致成本上升或价格下降，使得净投资资本报酬率降低到社会平均水平。一个公司具有较高的净投资资本报酬率，往往会比其他公司更快地扩展投资规模，增加净投资资本(净负债加股东权益)。如果新增投资与原有投资的盈利水平相匹配，则能维持净投资资本报酬率。但是，通常公司很难做到这一点，竞争导致盈利的增长跟不上投资的增长，因而净投资资本报酬率最终会下降。实践表明，只有很少的公司能保持长时间的可持续竞争优势，它们都具有某种特殊的因素，可以防止竞争者进入，绝大多数公司都会在几年内恢复到正常的报酬率水平。在实证研究中，各公司的销售收入增长率往往趋于恢复到正常水平，拥有高于或低于正常水平的公司，通常会在3～10年中恢复到正常水平。

(3) 估计详细预测期现金流量。

沿用【例7-1】的数据，A公司的销售收入为1 000万元，其他相关信息预测如表7-2、表7-3所示。

表7-2 A公司的相关财务比率预测

项目	预测结果
销售成本/销售收入	70%
销售和管理费用/销售收入	5%
净经营资产/销售收入	80%
净负债/销售收入	40%
债务利率	6%
所得税税率	25%

表7-3 A公司的预计现金流量

项目	基期	20×1	20×2	20×3	20×4	20×5	20×6
一、销售收入	1 000	1 120	1 232	1 330.56	1 410.39	1 480.91	1 554.96
减：销售成本		784	862.4	931.39	987.28	1 036.64	1 088.47
销售和管理费用		56	61.6	66.53	70.52	74.05	77.75
二、税前经营利润		280	308	332.64	352.6	370.23	388.74
减：经营利润所得税		70	77	83.16	88.15	92.56	97.18
三、税后经营利润		210	231	249.48	264.45	277.67	291.55
减：净经营资产增加		96	89.6	78.55	63.87	56.42	59.24
加：借款增加		48	44.8	39.42	31.93	28.21	29.62
四、实体自由现金流量		162	186.2	210.05	232.51	249.47	261.94
减：税后利息费用		20.16	22.18	23.95	25.39	26.66	27.99
减：借款增加		48	44.8	39.42	31.93	28.21	29.62
五、股权自由现金流量		93.84	119.22	146.68	175.19	194.60	204.33

以20×1年为例，销售收入＝1 000×(1＋12%)＝1 120(万元)

销售成本＝1 120×70%＝784(万元)

销售和管理费用＝1 120×5%＝56(万元)

税前经营利润＝1 120－784－56＝280(万元)

经营利润所得税＝280×25%＝70(万元)

税后经营利润＝280－70＝210(万元)

净经营资产增加＝1 000×12%×80%＝96(万元)

借款增加＝1 000×12%×40%＝48(万元)

实体自由现金流量＝税后经营利润－净经营资产增加＋净债务本金

＝210－96＋48＝162(万元)

税后利息费用＝1 120×40%×6%×(1－25%)＝20.16(万元)

$$股权自由现金流量=实体自由现金流量-应付债务现金流量$$
$$=162-20.16-48=93.84(万元)$$

(4) 后续期现金流量增长率的估计。后续期价值的估算方法有很多种，包括永续增长模型、剩余收益模型、价值驱动因素模型、价格乘数模型、延长预测模型、账面价值法、清算价值法和重置成本法等，这里只讨论永续增长模型。永续增长模型为

$$后续期价值=现金流量_{t+1}/(资本成本-现金流量增长率)$$

在稳定状态下，实体现金流量、股权现金流量和销售收入的增长率相同，原因在于在稳定状态下，经营效率和财务政策不变，即资产税后经营净利润率、资本结构和股利分配政策不变，财务报表将按照稳定的增长率在扩大的规模上被复制。影响实体现金流量和股权现金流量的各因素都与销售额同步增长，因此可以根据销售增长率估计现金流量增长率。根据竞争均衡理论，后续期的销售增长率大体上等于宏观经济的名义增长率。如果不考虑通货膨胀因素，宏观经济的增长率为2%～6%。极少数公司凭借其特殊的竞争优势，可以在较长时间内超过宏观经济增长率。判定一个公司是否具有特殊的、可持续的优势，应当掌握具有说服力的证据，并且被长期的历史所验证。即使是具有特殊优势的公司，后续期销售增长率超过宏观经济的幅度也不会超过2%。绝大多数可持续生存的公司，其销售增长率可以按宏观经济增长率估计。

4. 现金流量折现模型的应用

(1) 股权现金流量模型。根据现金流量分布的特征，股权现金流量模型分为两种类型，即永续增长模型、两阶段增长模型。

① 永续增长模型。永续增长模型假设公司未来能够实现长期稳定、可持续的增长。在永续增长的情况下，公司价值是下期现金流量的函数。永续增长模型的一般表达式为

$$股权价值=\frac{下期股权现金流量}{股权资本成本-永续增长率}$$

永续增长模型的特例是永续增长率等于零，即零增长模型，则

$$股权价值=\frac{下期股权现金流量}{股权资本成本}$$

永续增长模型的使用条件是公司必须处于永续状态，即有永续的增长率。使用永续增长模型，公司价值对增长率的估计值很敏感，当增长率接近折现率时，股票价值趋于无限大。因此，对于增长率和股权成本的预测质量要求很高。

【例7-2】B公司处于稳定增长状态。20×0年，每股股权现金流量为2.5元。假设长期增长率为6%，预计该公司的长期增长率与宏观经济相同。据估计，该公司的股本资本成本为10%。计算该公司20×1年年初的每股股权价值。

$$每股股权价值=(2.5\times1.06)/(10\%-6\%)=66.25(元/股)$$

② 两阶段增长模型。两阶段增长模型的一般表达式为

$$股权价值=预测期股权现金流量现值+后续期价值的现值$$

假设预测期为n，则

$$股权价值=\sum_{t=1}^{n}\frac{股权现金流量_t}{(1+股权资本成本)^t}+\frac{股权现金流量_{n+1}/(股权资本成本-永续增长率)}{(1+股权资本成本)^n}$$

两阶段增长模型适用于增长趋势呈现为两个阶段的公司。第一个阶段为超常增长阶段，增长率明显快于永续增长阶段；第二个阶段具有永续增长的特征，增长率比较低，是正常的增长率。

【例7-3】A公司是一家高技术企业，具有领先同业的优势。预计20×0—20×6年每股股权现金流量如表7-4所示，自20×6年进入稳定增长状态，永续增长率为3%。公司股权资本成本为12%。计算20×1年年初A公司的每股股权价值。

表7-4　A公司20×0—20×6年股票价值评估

项目	年份						
	20×0	20×1	20×2	20×3	20×4	20×5	20×6
每股股权现金流量/万元		1.2	1.44	1.728	2.0736	2.4883	5.1011
折现系数(12%)		0.8929	0.7972	0.7118	0.6355	0.5674	
预测期现值/万元	6.1792	1.0715	1.1480	1.2300	1.3178	1.4119	
后续期价值/万元	32.1596					56.6789	
股权价值合计/万元	38.3388						

$$后续期(20×6年年初)每股股权价值=后续期第1年每股现金流量/(资本成本-永续增长率)$$
$$=5.1011/(12\%-3\%)$$
$$=56.6789(元/股)$$
$$后续期每股股权价值的现值=56.6789×0.5674=32.16(元/股)$$
$$预测期每股股权现值=\sum_{t=1}^{5}每股股权现金流_t/(1+每股股权资本成本)^t=6.18(元/股)$$
$$每股股权价值=32.16+6.18=38.34(元/股)$$

(2) 实体现金流量模型。在实务中，实体现金流量模型的应用较为广泛，主要原因是股权成本受资本结构的影响较大，估计起来比较复杂。债务增加时，风险上升，股权资本成本会上升，而上升的幅度不容易测定。加权平均资本成本受资本结构的影响较小，比较容易估计。债务成本较低，增加债务比重会导致加权平均资本成本下降。与此同时，债务增加使风险增加，股权成本上升，使得加权平均资本成本上升。在有税和有交易成本的情况下，债务成本的下降也会大部分被股权成本的上升所抵销，加权平均资本成本对资本结构变化不敏感，比较容易估计。实体现金流量模型也可分为两种类型。

① 永续增长模型，表达式为

$$实体价值=\frac{下期实体现金流量}{加权平均资本成本-永续增长率}$$

② 两阶段增长模型，表达式为

$$实体价值=预测期实体现金流量现值+后续期价值的现值$$

设预测期为n，则实体价值的公式为

$$实体价值=\sum_{t=1}^{n}\frac{实体现金流量_t}{(1+加权平均资本成本)^t}+\frac{实体现金流量_{n+1}/(加权平均资本成本-永续增长率)}{(1+加权平均资本成本)^n}$$

【例7-4】A公司预计20×1—20×5年实体现金流量如表7-5所示，自20×6年进入稳定状态，永续增长率为5%。公司当前的加权平均资本成本为11%，20×6年及以后年份资本成本降为10%。债务当前的市场价值为4 650万元，普通股当前市价12元/股，流通在外的普通股股数为1 000万股。通过计算分析说明该股票被市场高估还是低估了。

表7-5 A公司20×0—20×6年股票价值评估

项目	年份						
	20×0	20×1	20×2	20×3	20×4	20×5	20×6
实体自由现金流量/万元		614.00	663.12	716.17	773.46	835.34	1142.40
折现率/%		11	11	11	11	11	10
折现系数		0.9009	0.8116	0.7312	0.6587	0.5935	
成长期现值/万元	2 620.25	553.15	538.20	523.66	509.50	495.73	
后续期现值/万元	13 559.21					22 848.05	
实体价值合计/万元	16 179.46						
债务价值/万元	4 650.00						
股权价值/万元	11 529.46						
股数	1 000.00						
每股价值/(元/股)	11.53						

预测期实体自由现金流量的现值合计=2 620.25(万元)

后续期现值=1 142.40/(10%-5%)×(P/F,11%,5)=13 559.21(万元)

企业实体价值=2 620.25+13 559.21=16 179.46(万元)

股权价值=实体价值-债务价值

=16 179.46-4 650=11 529.46(万元)

每股价值=11 529.46/1 000=11.53(元/股)

该股票目前市价为每股12元，所以它被市场高估了。

7.2.2 相对价值评估模型

现金流量折现法在理论上很健全，但是在应用时会遇到较多的技术问题，有一种相对容易的估价方法是相对价值法，这种方法利用可比公司的市场定价来估计目标公司的价值。它的假设前提是存在一个决定公司市场价值的主要变量(如净利润等)，各公司市场价值与该变量的比值可以比较。基本做法：首先，寻找一个决定公司价值的关键变量(如净利润)；其次，确定一组可以比较的类似公司，计算可比公司的市价/关键变量的平均值(如平均市盈率)；最后，根据目标公司的关键变量(如净利润)乘以得到的平均值(平均市盈率)，计算目标公司的评估价值。

相对价值法是将目标公司与可比公司对比，用可比公司的市场价值衡量目标公司的市场价值，而非目标公司的内在价值。因为如果可比公司的价值被高估了，则目标公司的价值也会被高估。例如，某投资者准备购买商品住宅，出售者报价为50万元，你如何评估这个报价呢？ 一个简单的办法就是寻找一个类似地段、类似质量的商品住宅，计算每平方米的价格(价格与面积的比率)，假设是0.5万元/平方米，如果拟购置的住宅是80平方米，利用相对价值法评估它的价值是40万元，于是投资者会认为出售者的报价高了，这种判断是相对于类似商品住宅的市场价格来说的。这种做法看似简单，实际上并不简单。因为类似商品住宅与拟购置的商品住宅总有不同的地方，类似商品住宅的价格也不一定是公平市场价格，要提高评估的准确性，还需要对计算结果进行修正。

1. 相对价值模型的原理

相对价值模型分为两大类：一类是以股权市价为基础的模型，包括每股市价/净利、股权市价/净资产、每股市价/销售额等比率模型；另一类是以公司实体价值为基础的模型，包括实体价值/息税折旧摊销前利润、实体价值/息前税后经营净利润、实体价值/实体现金流量、实体价值/净投资资本、实体价值/销售收入等比率模型。我们在这里只讨论市盈率模型、市净率模型和市销率模型这3种比较常用的股权市价比率模型。

(1) 市盈率模型。市盈率是指普通股每股市价与每股收益的比率，计算公式为

$$市盈率 = 每股市价/每股收益$$

运用市盈率估价的模型为

$$目标公司每股价值 = 可比公司平均市盈率 \times 目标公司的每股收益$$

该模型假设每股市价是每股收益的一定倍数，每股收益越高，则每股价值越高。可比公司有类似的市盈率，所以目标公司的每股价值可以用每股收益乘以可比公司的平均市盈率计算。那么，为什么平均市盈率可以作为计算股价的乘数呢？影响市盈率高低的基本因素有哪些呢？

根据股利折现模型，处于稳定状态的公司的股权价值为

$$每股股权价值(P_0) = \frac{每股股利_1}{股权成本 - 增长率}$$

两边同时除以"每股收益$_0$"，可以得到

$$\frac{P_0}{每股收益_0} = \frac{每股股利_1 / 每股收益_0}{股权成本 - 增长率}$$

$$= \frac{\dfrac{每股收益_0 \times (1 + 增长率) \times 股利支付率}{每股收益_0}}{股权成本 - 增长率}$$

$$= \frac{股利支付率 \times (1 + 增长率)}{股权成本 - 增长率}$$

$$= 本期市盈率$$

这个公式表明，市盈率的驱动因素是公司的增长潜力或增长速度、股利支付率和风

险(股权成本的高低与其风险有关)。这3个因素类似的公司，才会具有相近的市盈率。可比公司实际上应当是这3个比率类似的公司，同业公司不一定都具有这种类似性。

如果把公式两边同除的当前"每股收益$_0$"换为预期下期"每股股利$_1$"，其结果称为"内在市盈率"或"预期市盈率"，公式为

$$\frac{P_0}{每股收益_1} = \frac{每股股利_1 / 每股收益_1}{股权成本 - 增长率}$$

$$内在市盈率 = \frac{股利支付率}{股权成本 - 增长率}$$

在影响市盈率的3个因素中，关键是增长潜力。所谓增长潜力类似，不仅指具有相同的增长率，还包括增长模式的类似性，例如同为永续增长，或者同为由高增长转为永续低增长。

上述内在市盈率模型是根据永续增长模型推导出来的。如果公司符合两阶段模型的条件，也可以通过类似的方法推导出两阶段情况下的内在市盈率模型，它比永续增长的内在市盈率模型形式复杂，但是仍然由这3个因素驱动。

市盈率模型的优点：计算市盈率的数据容易取得，并且计算简单；市盈率把价格和收益联系起来，直观地反映投入和产出的关系；市盈率涵盖风险补偿率、增长率、股利支付率的影响，具有很高的综合性。

市盈率模型的局限性：如果收益是负值，市盈率就失去了意义。因此，市盈率模型最适合连续盈利并且β值接近1的公司。

【例7-5】甲公司20×1年的每股净利是0.5元，分配股利为0.35元/股，净利润和股利增长率都是6%，β值为0.75，政府长期债券利率为7%，股票的风险补偿率为5.5%。要求计算甲公司的本期市盈率和预期市盈率。另外，乙公司与甲公司是类似公司，今年每股实际净利为1元，根据甲公司的本期市盈率对乙公司估价，其股票价值是多少？乙公司预期明年每股净利为1.06元，根据甲公司的预期市盈率对乙公司估价，其股票价值是多少？

甲公司股利支付率＝每股股利/每股净利＝0.35/0.5＝70%

甲公司股权成本＝无风险报酬率＋β×市场风险溢价＝7%＋0.75×5.5%＝11.125%

甲公司本期市盈率＝[股利支付率×(1＋增长率)]/(资本成本－增长率)

　　　　　　　＝[70%×(1＋6%)]/(11.125%－6%)＝14.48

甲公司预期市盈率＝股利支付率/(资本成本－增长率)

　　　　　　　＝70%/(11.125%－6%)＝13.66

乙公司股票价值＝目标公司本期每股净利×可比公司本期市盈率

　　　　　　　＝1×14.48＝14.48(元/股)

乙公司股票价值＝目标公司预期每股净利×可比公司预期市盈率

　　　　　　　＝1.06×13.66＝14.48(元/股)

通过【例7-5】可知，如果目标公司的预期每股净利变动与可比公司相同，则根据本期市盈率和预期市盈率进行估价的结果相同。

值得注意的是，在估价时目标公司本期净利必须要乘以可比本期市盈率，目标公司预期净利必须要乘以可比公司预期市盈率，两者必须匹配。这一原则不仅适用于市盈率，也适用于市净率和市销率；不仅适用于未修正的价格乘数，也适用于后面所讲的各种修正的价格乘数。

(2) 市净率模型。市净率是指每股市价与每股净资产的比率，计算公式为

$$市净率 = 每股市价 / 每股净资产$$

这种方法假设股权价值是净资产的函数，类似公司有相同的市净率，净资产越多则股权价值越高。因此，股权价值是净资产的一定倍数，目标公司的价值可以用每股净资产乘以平均市净率计算，计算公式为

$$股权价值 = 可比公司平均市净率 \times 目标公司每股净资产$$

市净率是由哪些因素决定的呢？如果把股利折现模型的两边同时除以同期"每股净资产$_0$"，就可以得到市净率，则

$$
\begin{aligned}
\frac{P_0}{每股净资产_0} &= \frac{每股股利_0 \times (1+增长率) / 每股净资产_0}{股权成本 - 增长率} \\
&= \frac{\dfrac{股利_0}{每股收益_0} \times \dfrac{每股收益_0}{每股净资产_0} \times (1+增长率)}{股权成本 - 增长率} \\
&= \frac{权益净利率_0 \times 股利支付率 \times (1+增长率)}{股权成本 - 增长率} \\
&= 本期市净率
\end{aligned}
$$

该公式表明，驱动市净率的因素有权益报酬率、股利支付率、增长率和风险。其中，权益报酬率是关键因素。这4个比率类似的公司，会有相近的市净率。不同公司市净率的差别，也是由这4个比率不同引起的。

如果把公式中的"每股净资产$_0$"换成预期下期的"每股净资产$_1$"，则可以得出内在市净率，或称预期市净率，则

$$
\begin{aligned}
\frac{P_0}{每股净资产_1} &= \frac{每股股利_0 \times (1+增长率) / 每股净资产_1}{股权成本 - 增长率} \\
&= \frac{\dfrac{每股股利_0}{每股收益_1} \times \dfrac{每股收益_1}{每股净资产_1} \times (1+增长率)}{股权成本 - 增长率} \\
&= \frac{股利支付率 \times 权益净利率_1}{股权成本 - 增长率} \\
&= 内在市净率
\end{aligned}
$$

市净率模型的优点：净利为负值的公司不能用市盈率进行估价，而市净率极少为负值，可用于大多数公司；净资产的数据容易取得，并且容易理解；净资产账面价值比净利稳定，也不像利润那样经常被人为操纵；如果会计标准合理并且各公司会计政策一致，市净率的变化可以反映公司价值的变化。

市净率模型的局限性：账面价值受会计政策选择的影响，如果各公司执行不同的会计标准或会计政策，市净率会失去可比性；固定资产很少的服务性公司和高科技公司，净资产与公司价值的关系不大，比较市净率没有什么实际意义；少数公司的净资产是负值，市净率没有意义，无法比较。因此，这种方法主要适用于拥有大量资产、净资产为正值的公司。

【例7-6】在表7-6中列出了20×0年汽车制造业6家上市公司的市盈率和市净率，以及全年平均实际股价。试用这6家公司的平均市盈率和市净率评价江铃汽车的股价。

表7-6　6家汽车制造业公司的市盈率和市净率

公司名称	每股收益/元	每股净资产/元	平均股价/元	市盈率/%	市净率/%
上海汽车	0.53	3.43	11.98	22.60	3.49
东风汽车	0.37	2.69	6.26	16.92	2.33
一汽四环	0.52	4.75	15.40	29.62	3.24
一汽金杯	0.23	2.34	6.10	26.52	2.61
天津汽车	0.19	2.54	6.80	35.79	2.68
长安汽车	0.12	2.01	5.99	49.92	2.98
平均				30.23	2.89
江铃汽车	0.06	1.92	6.03		

$$按市盈率估价 = 0.06 \times 30.23 = 1.81(元/股)$$

$$按市净率估价 = 1.92 \times 2.89 = 5.55(元/股)$$

市净率的评价更接近实际价格，因为汽车制造业是一个需要大量资产的行业。由此可见，合理选择模型的种类对于正确估价是很重要的。

(3) 市销率模型。市销率是指每股市价与每股销售收入的比率，公式为

$$市销率 = 每股市价/每股销售收入$$

这种方法是假设影响公司价值的关键变量是销售收入，公司价值是销售收入的函数，销售收入越高则公司价值越高。既然公司价值是销售收入的一定倍数，那么目标公司的价值可以用销售收入乘以平均实销率估计，计算公式为

$$目标公司的股权价值 = 可比公司平均市销率 \times 目标公司的销售收入$$

市销率是由哪些财务比率决定的呢？ 如果将股利折现模型的两边同时除以"每股销售收入$_0$"，可以得出市销率，则

$$\frac{P_0}{每股收入_0} = \frac{每股股利_0 \times (1+增长率)/每股收入_0}{股权成本 - 增长率}$$

$$= \frac{\dfrac{股利_0}{每股净利_0} \times \dfrac{每股净利_0}{每股收入_0} \times (1+增长率)}{股权成本 - 增长率}$$

$$= \frac{销售净利率_0 \times 股利支付率 \times (1+增长率)}{股权成本 - 增长率}$$

$$= 本期市销率$$

根据公式可以看出，市销率的驱动因素是销售净利率、股利支付率、增长率和股权成本。其中，销售净利率是关键因素。这4个比率相同的公司，会有相近的市销率。如果把公式中的"每股收入$_0$"换成预期下期的"每股收入$_1$"，可以得出内在市销率，则

$$\frac{P_0}{每股收入_1} = \frac{每股股利_0 \times (1+增长率) \,/\, 每股收入_1}{股权成本-增长率}$$

$$= \frac{\dfrac{每股股利_0}{每股净利_1} \times \dfrac{每股净利_1}{每股收入_1} \times (1+增长率)}{股权成本-增长率}$$

$$= \frac{销售净利率_1 \times 股利支付率}{股权成本-增长率}$$

$$= 内在市销率$$

市销率模型的优点：它不会出现负值，对于亏损公司和资不抵债的公司，也可以计算出一个有意义的价值乘数；它比较稳定、可靠，不容易被操纵；市销率对价格政策和公司战略变化较为敏感，可以反映这种变化的后果。

市销率模型的局限性：不能反映成本的变化，而成本是影响公司现金流量和价值的重要因素之一。因此，这种方法主要适用于销售成本率较低的服务类公司，或者销售成本率趋同的传统行业的公司。

【例7-7】甲公司是一家大型连锁超市，具有行业代表性。该公司目前每股销售收入为83.06美元，每股收益为3.82美元。公司实行固定股利支付率政策，股利支付率为74%。预期利润和股利的长期增长率为6%，该公司的β值为0.75，假设该时期的无风险报酬率为7%，必要报酬率为12.5%。乙公司也是一家连锁超市，与甲公司具有可比性，目前每股销售收入为50美元。试根据市销率模型估计乙公司的股票价值。

$$净利润率 = 3.82/83.06 = 4.6\%$$

$$股权成本 = 7\% + 0.75 \times (12.5\% - 7\%) = 11.125\%$$

$$市销率 = \frac{4.6\% \times 74\% \times (1-6\%)}{11.125\% - 6\%} = 0.704$$

$$乙公司股票价值 = 50 \times 0.704 = 35.20(美元)$$

2. 相对价值模型的应用

(1) 可比公司的选择。应用相对价值法的主要困难是如何选择可比公司。通常的做法是选择一组同行业的上市公司，计算出它们的平均市价比率，作为估计目标公司价值的乘数。根据前文的分析可知，市盈率取决于增长潜力、股利支付率和风险(股权成本)。选择可比公司时，需要先估计目标公司的这3个比率，然后按此条件选择可比公司。在3个因素中，最重要的驱动因素是增长率，应给予格外重视。处在生命周期同一阶段的同业公司，大体上有类似的增长率，可以作为判断增长率相近的主要依据。如果符合条件的公司较多，可以进一步根据规模的类似性进一步筛选，以提高可比性的质量。按照这种方法，如果能找到一些符合条件的可比公司，利用相对价值法估价就比较容易了。

【例7-8】 乙公司是一家制造业企业，其股票收益为0.5元/股，股票价格为15元/股。假设制造业上市公司中，增长率、股利支付率和风险与乙公司类似的有3家，它们的市盈率如表7-7所示。试用市盈率法评估乙公司的股价是被市场高估了还是低估了。

表7-7　公司市盈率

公司名称	本期市盈率/%
A	24.3
B	32.1
C	33.3
平均数	29.9

用市盈率法评估乙公司股票价值为14.95元/股(0.5×29.9)，而实际股票价格是15元/股，所以乙公司的股价被市场高估了。在使用市净率和市销率模型时，选择可比公司的方法与市盈率类似，只是它们的驱动因素有区别。

(2) 修正市价比率。在实际应用过程中，选择可比公司往往没有像【例7-8】那么简单，经常找不到符合条件的可比公司，尤其是要求的可比条件较严格，或者同行业的上市公司很少的时候，经常找不到足够的可比公司，解决这一问题的办法之一是采用修正的市价比率。

① 修正市盈率。在影响市盈率的诸多驱动因素中，关键变量是增长率。增长率的差异是产生市盈率差异的主要驱动因素。因此，可以用增长率修正实际市盈率，把增长率不同的同业公司纳入可比范围，计算公式为

修正市盈率=可比公司市盈率/(可比公司预期增长率×100)

修正的市盈率，排除了增长率对市盈率的影响，剩下的部分是由股利支付率和股权成本决定的市盈率，可以称为"排除增长率影响的市盈率"。

沿用【例7-8】的数据，各可比公司的预期增长率如表7-8所示。

表7-8　可比公司的预期增长率

公司名称	本期市盈率/%	预期增长率/%
A	24.3	11
B	32.1	17
C	33.3	18
平均数	29.9	15.33

乙公司的股票净利是0.5元/股，假设预期增长率是15.5%，有两种评估方法。

第一种方法：修正平均市盈率法。

修正平均市盈率=可比公司平均市盈率/(可比公司平均预期增长率×100)

=29.9/15.33=1.95

乙公司每股价值=修正平均市盈率×目标公司预期增长率×100×目标公司每股净利

=1.95×15.5%×100×0.5=15.11(元/股)

可比公司本期市盈率和预期增长率的"平均数"通常采用简单算术平均来计算。修

正市盈率的"平均数"根据平均市盈率和平均预期增长率来计算。

第二种方法：股价平均法。

根据各可比公司的修正市盈率估计乙公司的价值，则

目标公司每股价值=修正市盈率×目标公司预期增长率×100×目标公司每股收益

然后，将得出的股票估价进行算术平均，计算过程如表7-9所示。

表7-9　乙公司每股价值

公司名称	实际市盈率/%	预期增长率/%	修正市盈率/%	乙每股净利/元	乙预期增长率/%	乙每股价值/元
A	24.3	11	2.21	0.5	15.5	17.13
B	32.1	17	1.89	0.5	15.5	14.65
C	33.3	18	1.85	0.5	15.5	14.34
平均						15.37

这两种评估方法，同样适用于修正市净率和修正市销率估值。

② 修正市净率。市净率的修正方法与市盈率类似。市净率的驱动因素有增长率、股利支付率、权益净利率和风险。其中，关键因素是股东权益净利率。计算公式为

修正市净率=可比公司市净率/(可比公司预期股东权益净利率×100)

目标公司每股价值=修正市净率×目标公司预期股东权益净利率×100×

目标公司每股净资产

③ 修正市销率。市销率的修正方法与市盈率类似。市销率的驱动因素是增长率、股利支付率、销售净利率和风险。其中，关键的因素是销售净利率。计算公式为

修正市销率=可比公司市销率/(可比公司预期销售净利率×100)

目标公司每股价值=修正平均市销率×目标公司预期销售净利率×100×目标公司每股收入

思考题

1. 公司价值评估的主要作用有哪些？

2. 公司内在价值评估与市场价值的关系是什么？如何衡量公司的内在价值？

3. 公司的内在价值在什么情况下体现为续营价值？在什么情况下体现为清算价值？

4. 公司估值与项目估值的区别体现在哪些方面？

5. 如何理解实体自由现金流量模型？实体自由现金流量由什么构成？

6. 实体自由现金流量与股权现金流量、实体价值与股权价值的关系是什么？

7. 什么是相对价值法？

8. 市盈率模型的基本原理是什么？

练习题

1. A公司以20×0年为基期，销售收入为1 000万元；20×1年的销售增长率为10%；20×2年销售增长率下降到7%，20×3年预计下降到5%，以后各年预计按5%的比率持续增长。详细预测期为20×1—20×2年，A公司的相关销售百分比如表7-10所示。试计算20×1—20×2年的实体自由现金流量和股权自由现金流量；假设公司税前加权平均资本成本为10%，股权资本成本为12%，计算公司实体价值和股权价值。

表7-10　A公司销售百分比

项目	预测结果
销售成本/销售收入	70%
销售和管理费用/销售收入	5%
净经营资产/销售收入	80%
净负债/销售收入	40%
债务利率	6%
所得税税率	25%

2. 某公司是一家规模较大的跨国公司，目前处于稳定增长状态。2017年，每股股权现金流量为2元，假设长期增长率为7%，股本资本成本为10%。试计算该公司20×1年年初的每股股权价值。

3. 某公司20×0年的实体现金流量为700万元，预计20×1—20×5年实体现金流量增长率为8%，自20×6年进入稳定状态，永续增长率为5%。公司当前的加权平均资本成本为11%，20×6年及以后年份加权平均资本成本降为10%。债务当前的市场价值为4 700万元，普通股当前市价12元/股，流通在外的普通股股数为1 000万股。通过计算分析说明该股票是否具有投资价值。

4. 某公司20×1年的每股净利是1元，每股分配股利为0.5元，该公司净利润和股利的增长率都是6%，β值为0.75，政府长期债券利率为7%，股票的风险补偿率为5.5%。该公司的本期市盈率和预期市盈率各是多少？另外，乙公司与甲公司是类似公司，今年实际每股净利为0.8元，根据甲公司的本期市盈率对乙公司估价，其股票价值是多少？乙公司预期明年每股净利是1.06元，根据甲公司的预期市盈率对乙公司估价，其股票价值是多少？

5. 甲公司是一家连锁超市，具有行业代表性，目前每股销售收入为80元，每股收益为3元。甲公司实行固定股利支付率政策，股利支付率为70%。预期利润和股利的长期增长率为6%，甲公司的β值为0.75，假设该时期的无风险报酬率为7%，必要报酬率为12.5%。乙公司也是一家连锁超市，与甲公司具有可比性，目前每股销售收入为50元。根据市销率模型估计乙公司的股票价值。

资产重组是指对公司一定范围内的资产进行整合和优化组合的活动，主要包括兼并与收购、资产剥离和公司分立等。兼并与收购是公司广泛采用的一种重组方式，属于对外扩张的行为，而资产剥离、公司分立则属于收缩型重组方式。目前，在我国公司资产重组实践中，资产重组通常被片面地理解为兼并与收购，而资产剥离、公司分立等形式却被忽视。

8.1 兼并与收购

8.1.1 兼并与收购的含义和类型

兼并与收购简称为并购，它是一种特殊的项目投资行为，也涉及资产估值。在并购决策中，并购定价是一个非常重要的决策问题。在并购定价过程中，不仅需要应用公司价值评估法对目标公司进行估值，而且需要对并购后的公司进行估值，并采用净现值法等方法来帮助管理者做出决策。

1. 兼并与收购的含义

兼并通常是指公司通过产权交易获得其他公司的产权，使这些公司的法人资格丧失，并获得对被兼并公司资产控制权的投资行为。收购通常是指目标公司控股权的收购，即通过收购目标公司的股权，达到控制目标公司经营的目的。

兼并与收购都以公司产权为交易对象，且基本动因相似，都是公司外部扩张的重要策略和途径。但是两者也存在区别，主要体现在以下方面。

(1) 在兼并中，被兼并公司作为法人实体不复存在；而在收购中，被收购公司法人实体仍然存在，其股权通常也只是部分转让。

(2) 兼并公司兼并后成为被兼并公司产权的唯一所有者和债权债务的承继者；而收购公司收购后只是被收购公司的控股股东，并以收购出资的资本为限对目标公司债务承担有限责任。

(3) 兼并多发生在被兼并公司财务状况不佳、生产经营停滞或半停滞之时，兼并后一般需调整生产经营并重新组合其资产；而收购一般发生在公司正常生产经营时。

2. 并购的类型

(1) 按并购双方所属行业的关系，可以分为横向并购、纵向并购和混合并购。

同业竞争对手之间的并购称为横向并购，通过横向并购能够扩大并购公司的产销规模，实现规模经济；存在上下游产业关系的公司间的并购称为纵向并购，通过纵向并购能够实现纵向一体化经营，降低交易成本和经营风险；产业无关联公司间的并购称为混合并购，混合并购可以实现多元化经营，分散经营风险。

(2) 按公司并购出资方式，可以分为出资购买式并购和换股并购。

出资购买式并购是指并购公司用现金取得目标公司所有权或控股权。换股并购是指并购公司以本公司的股票交换目标公司的股票，通常的做法是并购公司向目标公司股东定向发行新股，目标公司的股东用其持有的本公司股票进行"购买"，即并购公司与目标公司的股东进行股权互换。为实现并购的目的，并购公司需要换取目标公司的大部分股权，甚至是全部股权，由此并购公司成为目标公司的控股股东，甚至是唯一所有者，从而拥有对目标公司进行控制和改组的权利，而换取并购公司股票的原目标公司的股东则成为并购公司的分散股东，通常不会对并购公司的决策产生重要影响。并购公司利用股票互换的方式，不需要支付现金就可以达到兼并目标公司或控股的目的，因而它是一种低成本的公司扩张方式。

8.1.2　公司并购的动因和效应

1. 进入新行业的有效途径

当一家公司决定进入或扩大其在某一特定行业的经营范围时，首选的战略就是并购该行业的现有公司。并购通常是公司进入新行业、新市场的捷径，原因在于以下几方面。

(1) 并购拟进入行业的现有公司能够获得时间优势，避免投资建设延误时间。

(2) 能够减少一个同业竞争对手，并直接获得其在行业中的地位。

(3) 能够直接获得目标公司的研发部门。

2. 发挥协同效应

并购的协同效应是指并购能够产生"1+1>2"的效应，主要包括经营协同效应、管理协同效应和财务协同效应。

(1) 经营协同效应。经营协同效应是指并购能够提升公司经营效率，主要表现为规模经济效应、纵向一体化效应、优势互补效应以及获得垄断势力等。

并购对提升公司经营效率最明显的作用表现为规模经济效益。规模经济由工厂规模经济和公司规模经济两个基本层次组成。并购对工厂规模经济的作用体现在：①横向并购能够扩张生产能力，达到最佳规模经济的要求，从而尽可能降低生产成本。②能够实现专业化生产，从而提高生产效率，降低生产成本。并购对公司规模经济的作用体现在：①节省固定费用；②包含多个工厂的公司能针对不同顾客或市场进行专门化生产和服务，更好地满足他们的需要；③可以集中足够的经费用于研发、设计和改进生产工艺等，加快产品开发，迅速推出新产品。

纵向一体化效应主要体现在：①存在上下游产业关系的公司之间的并购可以节约交易成本；②有利于加强生产过程各环节的配合，进行协作化生产。

优势互补效应是指并购双方能够各取所长，从而提高经营效率。比如，一家研发能力强的公司与一家营销能力强的公司合并，就能够做到优势互补。

垄断势力则是指通过横向并购能够降低行业自由竞争程度，提高市场集中度，从而垄断市场并因此取得垄断利益。

(2) 管理协同效应。管理协同效应是指并购能够提高管理效率，具体体现在：①管理效率高的公司并购效率低的公司，低效率公司的管理效率由此会得到显著提高，从而提升公司整体的管理效率；②随着公司规模的扩大，管理费用会由更多数量的产品分摊，从而节约管理费用；③公司规模的扩大，可使具有专属性和整体性的过剩管理资源得到充分利用。

(3) 财务协同效应。财务协同效应是指并购能够给公司带来财务方面的利益，主要体现在：①实现投资机会与现金流的互补。通常成长型公司的投资机会很多，但内部资金匮乏、外部融资能力也较差；而成熟型公司的现金充沛，却没有投资机会。在这种情况下，如果两家公司合并成为一家公司，则可以互通有无，实现优势互补。②合理避税。比如，盈利公司通过兼并亏损严重的公司，用盈余抵补亏损，可减少纳税或延迟纳税；再如，通过并购低负债率公司，可以扩大负债规模，在没有大幅度增加财务风险的同时，可以带来巨额的利息抵税利益。此外，在并购过程中，还可以利用并购的资产重估，加大折旧抵税等。③提高举债能力。并购能够扩大公司规模，降低破产风险，提高举债能力。此外，信用等级低的公司被信用等级高的公司并购，信用等级会提高，从而提高公司整体的负债能力。④预期效应。并购会使股票市场对公司预期发生改变，从而对股价产生影响，可能导致股价大幅上升。

3. 实现多元化经营，分散经营风险

不仅横向并购、纵向并购能够带来协同效应，混合并购也同样会产生规模扩大的协同效应，不仅如此，混合并购还能够通过项目组合和多元化经营来分散经营风险。

总之，并购能够产生"1+1＞2"的协同效应，表现为并购后公司的整体营业现金流大于两家公司独立存在时的营业现金流之和，而混合并购和纵向并购还能够降低并购后公司的经营风险和公司加权平均资本成本，从而能够有效提升公司价值，使并购后公司的价值高于两家独立公司的价值之和。

8.1.3　并购投资决策

从理论上说，无论是兼并目标公司资产的所有权投资，还是收购目标公司股份的控制权投资，都可以视为经营性项目投资，因而都可以应用现金流量折现方法进行决策。但利用现金流量折现方法决策存在诸多困难，主要体现在：①折现率或项目资本成本的

设定比较复杂，不仅需要考虑兼并筹资结构对公司资本结构和财务风险的影响，还需要考虑承继债务的影响。②并购价格(并购投资的现金流出)的估算比较复杂，不仅取决于目标公司的价值，还受并购双方讨价还价能力的影响。

并购目标公司既可以采用现金支付，也可以用本公司股票进行支付(换股并购)。换股并购可以理解为向目标公司股东定向增发股票筹资，然后购买目标公司的股票，因而换股并购与现金并购并无差异，因此我们主要讨论现金支付的并购决策问题，具体包括兼并决策和收购决策。

1. 兼并决策

兼并目标公司为经营性项目投资，项目为目标公司整体资产。兼并为"合二为一"，可以理解为兼并公司使用兼并公司资产和兼并支出(兼并价格)取得兼并后"新公司资产"的长期投资行为。

(1) 兼并前后公司估值与净现值。在兼并投资中，原兼并公司实体价值和兼并价格为"投入价值"，兼并后新公司的实体价值为"产出价值"。原兼并公司实体价值和兼并后新公司实体价值都是持续经营价值，都采用实体自由现金流量模型估值，计算公式为

$$原公司价值 = \sum_{t=1}^{\infty} \frac{原公司实体自由现金流量_t}{(1+原公司加权平均资本成本)^t}$$

新公司价值(兼并方案的产出价值)也采用实体现金流量模型进行估计，计算公式为

$$新公司价值 = \sum_{t=1}^{\infty} \frac{新公司实体自由现金流量_t}{(1+新公司加权平均资本成本)^t}$$

新公司加权平均资本成本需要根据兼并后新公司经营风险、财务风险和资本结构变化情况重新估算。

兼并价格包括兼并价款和兼并费用。对于兼并公司来说，兼并净现值(NPV)为兼并后新公司实体价值与原公司实体价值和兼并价格之和的差额，计算公式为

$$兼并净现值(NPV) = 新公司实体价值 - (原公司实体价值 + 兼并价格)$$

只有兼并净现值大于零，兼并目标公司才具有经济可行性。

(2) 兼并价格的决定。由于兼并协同效应的存在，兼并后公司整体的营业现金流量大于两家独立公司的营业现金流量之和，兼并还可能降低公司经营风险和公司加权平均资本成本，因而兼并后新公司的实体价值会得到较大提升，大于两家独立公司的价值之和。

假定A公司兼并B公司，兼并前A公司的价值为V_A，B公司的价值为V_B，A公司兼并B公司后整体公司的价值为V_{AB}，通常情况下，则

$$V_{AB} > V_A + V_B$$

我们引入兼并协同效应的概念，兼并协同效应是指兼并后新公司的价值与兼并前A和B两独立公司价值之和的差额，表达式为

$$兼并协同效应(R) = V_{AB} - (V_A + V_B)$$

如果$R > 0$，说明兼并具有协同效应。

如果目标公司的所有者知晓兼并会产生协同效应，在协商兼并价格时，就会与兼并方讨价还价，以获得更多协同利益。目标公司价值是兼并双方确定兼并价格的基础，但实际兼并价格还取决于兼并公司与目标公司所有者的谈判情况。在实践中，兼并价格往往会高于目标公司价值。兼并投资净现值的计算公式为

$$\text{兼并净现值(NPV)} = V_{AB} - V_A - P$$

可以推导出

$$\text{兼并净现值(NPV)} = [V_{AB} - (V_A + V_B)] - P + V_B = R - (P - V_B)$$

式中：P为兼并价格；$(P-V_B)$表示兼并溢价，它反映了兼并交易给B公司股东创造的财富，也反映了A公司兼并改组B公司资产取得净现值所需支付的成本。兼并溢价取决于兼并后公司的发展前景、股市走势和并购双方讨价还价等情况。显然，兼并协同效应(R)越大，兼并溢价($P-V_B$)越低，兼并净现值越高。下面我们来讨论兼并价格应如何确定。

就A公司而言，当然希望兼并价格或兼并溢价越低越好，但兼并价格不能低于目标公司价值(V_B)，否则目标公司所有者不会接受；而就B公司而言，当然希望兼并价格越高越好。A公司支付给B公司的兼并价格(P)的高低是由谈判与竞争决定的，存在下限和上限。

假设$P_{\min}$为A公司支付给B公司的价格下限，则

$$P_{\min} = V_B$$

假定A公司支付给B公司的价格为$P_{\min}$，则A公司的兼并净现值为

$$\text{NPV} = R + V_B - P_{\min} = R + V_B - V_B = R$$

这表明当兼并价格等于目标公司价值时，兼并协同效益完全由A公司股东享有。

假设$P_{\max}$为A公司支付给B公司的价格上限，则

$$\text{NPV} = R + V_B - P_{\max} = 0, \quad P_{\max} = R + V_B$$

这表明A公司无利可图，B公司所有者独占了兼并协同收益R。

B公司不可能接受低于$P_{\min}$的价格，而A公司也不可能接受$P_{\max}$的价格，所以实际兼并价格必定在$P_{\min}$和$P_{\max}$之间，由双方的谈判与竞争决定。

【例8-1】假设A公司兼并B公司，B公司的价值(V_B)为4 000万元。假设兼并前A公司每年的实体自由现金流量为1 000万元，公司税前加权资本成本为10%。由于存在协同效应，预计兼并后第一年新公司的实体自由现金流量为1 800万元，以后每年实体自由现金流量的增长率为2%。由于经营风险的降低和资本结构的优化，兼并后新公司的税前加权平均资本成本降为8%。

根据实体价值模型，A公司兼并前的实体价值为

$$V_A = \sum_{t=1}^{\infty} \frac{\text{实体自由现金流量}_t}{(1 + \text{税前加权平均资本成本})^t} = \frac{1\,000}{10\%} = 10\,000(\text{万元})$$

兼并后新公司的实体价值为

$$V_{AB} = \frac{\text{兼并后第一年实体现金流量}}{\text{兼并后税前加权平均资本成本} - \text{增长率}} = \frac{1\,800}{8\% - 2\%} = 30\,000(\text{万元})$$

根据兼并协同利益计算公式

$$R=V_{AB}-(V_A+V_B)=30\,000-(10\,000+4\,000)=16\,000(万元)$$

兼并价格在下限($P_{\min}$)和上限($P_{\max}$)之间，A公司可以取得兼并净现值。

如果A公司按最低价格($P_{\min}$)支付，则A公司兼并的净现值为

$$NPV=V_{AB}-V_A-P_{\min}=R+V_B-P_{\min}=R+V_B-V_B=R=16\,000(万元)$$

兼并协同效益完全由A公司股东享有。

如果A公司按最高价格($P_{\max}$)支付，A公司兼并的净现值为0，则

$$NPV=V_{AB}-V_A-P_{\max}=R+V_B-P_{\max}=0,\ P_{\max}=R+V_B=16\,000+4\,000=20\,000(万元)$$

这表明A公司无利可图，B公司所有者独占了兼并协同收益16 000万元。

兼并价格直接牵涉两家公司所有者对兼并利益(协同效益R)的分配。实际上，由于协同效益R是由资产组合产生的，兼并双方都对协同效应做出了贡献，但还不能简单地根据双方资产比例确定分享数额，因为兼并方A公司承受了兼并的风险。

2. 收购决策

与兼并投资不同，收购公司只是收购目标公司的大部分股权，而非实体资产。收购可以理解为对目标公司控股权资产的长期投资行为。

(1) 控制权资产估值与净现值。控股权收购的"投入价值"为收购价格，控股权资产的价值则体现为收购前后收购公司实体价值的差额，控制权价值的计算公式为

$$控制权价值=收购后公司价值-收购前公司价值=$$

$$\sum_{t=1}^{\infty}\frac{收购后公司实体自由现金流量_t}{(1+收购后公司加权平均资本成本)^t}-\sum_{t=1}^{\infty}\frac{收购前公司实体自由现金流量_t}{(1+收购前公司加权平均资本成本)^t}$$

收购后加权平均资本成本需要根据收购后公司经营风险、财务风险和资本结构的变动情况重新计算。

收购控制权投资的净现值计算公式为

$$收购控制权投资的净现值(NPV)=控制权价值-收购价格(P)$$

(2) 收购价格的决定。控制权收购后，收购公司与目标公司形成母子公司关系，与兼并投资相同，控制权投资同样会产生协同效应。

假设A公司收购B公司80%的股权，收购后，A公司和B公司形成母子公司关系，则

$$收购净现值(NPV)=(V_{A新}-V_{A旧})-收购价格$$

如果不考虑收购的协同效应，收购后A公司的价值为

$$V_{A新}=V_{A旧}+80\%\times S_{B旧}$$

式中：$S_{B旧}$表示收购前B公司股权价值。

实际上，控股权收购后，A公司可以通过重组、改进管理和经营战略等手段增加现金流量，降低经营风险，从而使得A公司价值有所提升。收购净现值可以推导为

$$收购净现值(NPV)=[V_{A新}-(V_{A旧}+80\%S_{B旧})]-P+80\%\times S_{B旧}=R-(P-80\%S_{B旧})$$

式中：R表示收购的协同效益；$(P-80\%S_{B旧})$表示收购溢价。

收购溢价的高低反映了并购交易给B公司出让股份的股东创造的财富，也反映了A公司取得B公司控制权所支付的成本。

显然，收购协同效应越大，收购溢价越低(或收购价格越低)，收购净现值越高。那么，收购价格(P)如何确定呢？A公司当然希望收购价格越低越好，但不能低于目标公司当前的控股权价值($80\%S_{B旧}$)，否则收购不会成功。假设P_{min}为A公司支付给B公司的价格下限，则$P_{min}=80\%S_{B旧}$。如果收购价格为价格下限(P_{min})，则A公司的净现值为

$$收购净现值(NPV)=V_{A新}-V_{A旧}-80\%S_{B旧}-0=R$$

这表明，收购协同效益完全由A公司股东享有。

就B公司股权出售者而言，当然希望收购价格越高越好，但价格上限至少要保证收购公司的净现值不能为负。假设P_{max}为A公司支付给B公司的价格上限，则

$$收购净现值(NPV)=V_{A新}-V_{A旧}-80\%S_{B旧}-P_{max}+80\%S_{B旧}=V_{A新}-V_{A旧}-P_{max}=0$$

$$P_{max}=V_{A新}-V_{A旧}$$

这表明，A公司将无利可图，B公司出让股权的股东将独占并购协同利益R。

由于B公司转让股权的股东不可能接受低于P_{min}的价格，而A公司也不可能接受高于P_{max}的价格，实际价格必定在P_{min}和P_{max}之间，由双方的谈判与竞争决定。

【例8-2】 假设A公司收购B公司80%的股权，收购前B公司的股权价值($S_{B旧}$)为3 000万元。A公司收购前预期每年的实体现金流量为1 000万元，公司税前加权平均资本成本为10%。预计收购后第一年A公司的实体现金流量为1 200万元，以后每年实体现金流量增长率为2%。收购后税前加权平均资本成本降为8%。

根据前例，A公司收购前的价值为10 000万元。

A公司收购后的价值为

$$V_{A新}=\frac{收购后第一年实体现金流量}{收购后税前加权平均资本成本-增长率}=\frac{1\ 200}{8\%-2\%}=20\ 000(万元)$$

根据并购协同效应计算公式，则

$$R=V_{A新}-V_{A旧}-80\%S_{B旧}=20\ 000-10\ 000-2\ 400=7\ 600(万元)$$

A公司支付给B公司的收购价格也存在下限(P_{min})和上限(P_{max})。

$$P_{min}=80\%S_{B旧}=2\ 400(万元)$$

如果A公司按最低价格支付B公司，则A公司收购的净现值为

$$NPV=R+80\%S_{B旧}-P_{min}=R+80\%S_{B旧}-80\%S_{B旧}=R=7\ 600(万元)$$

收购协同收益完全由A公司股东享有。

如果A公司按最高价格支付B公司，A公司兼并的净现值为0，则

$$NPV=R+80\%S_{B旧}-P_{max}=0,\ P_{max}=R+80\%S_{B旧}=7\ 600+2\ 400=10\ 000(万元)$$

这表明A公司无利可图，B公司出让股东独占了收购协同利益。实际收购价格介于最高价格和最低价格之间，由双方的谈判与竞争情况决定。

8.2 资产剥离

8.2.1 资产剥离概述

资产剥离是指公司将其自身的一部分出售给目标公司的行为，这是公司资产重组的一个重要方式。在实践中，资产剥离通常是指出售具有整体经济价值的资产组合，比如一家子公司或分公司，而非场地、设备等单项资产。与公司的主营业务相关性较低、协同效应差、经济效益差的子公司或分公司，往往成为剥离的目标。

资产剥离出售的动因和效应主要体现在以下几个方面。

1. 收缩经营规模

资产剥离通常表现为公司经营规模的收缩。在产能过剩的情况下，通过对闲置资产的剥离，减少被剥离部门的业务开支，有利于增加税后利润和实体自由现金流量，提升公司价值。在实践中，资产剥离往往与减资或降低负债、实现资本结构优化相结合，比如利用资产剥离出售取得的现金回购部分股票并注销，或者回购部分债务，以此达到减资或降低负债的目的，从而改善资本结构，提升公司价值。

2. 优化资产和业务结构

在实践中，资产剥离往往与资产置换相结合。通过剥离出售低效或负协同效应的资产，置换高效或具有正协同效应的资产，不仅能够取得"2−1>1"的逆协同效应，还能取得"1+1>2"的协同效应，从而有效地增加资产和业务优化重组后的实体现金流量，降低公司的经营风险，提升公司价值。

3. 聚焦和扩张主营业务

通过剥离出售不符合公司发展战略，没有成长潜力或影响公司主营业务发展的部门或子公司，聚焦和重点发展主营业务，不仅能够满足主营业务扩张的需要，还能够提高管理效率、资产利用效率和投资回报率，从而提升实体现金流量和公司价值。

4. 实施并购纠偏和并购整合的需要

在并购后，由于种种原因出现了这样或那样的问题，并购公司需要重新审视这种战略投资行为是否合理，并采取措施加以纠正。比如，一家被并购的公司虽然具有一定的盈利能力，但由于并购公司管理或实力方面的原因，无法有效利用被并购的公司，这时将其剥离出售给其他有能力挖掘其盈利潜力的公司，对于双方而言都是有利的。此外，资产剥离出售往往是公司并购一揽子计划的组成部分。在并购整合过程中，被并购公司总有一部分资产不适应公司总体发展战略的需要，甚至会带来亏损，也需要剥离。

从我国目前的资本市场来看，兼并与收购在资产重组中扮演着重要的角色，资产剥离是中国公司实践中出现的新现象。近年来，上市公司的资产剥离也频繁出现。我国上市公司资产剥离也存在与西方经济发达国家公司资产剥离相同的经济动机，其中主要是对以前年度过度或盲目扩张的一种纠正。

8.2.2 资产剥离决策

在利用净现值法评价资产剥离方案的可行性时，剥离前公司实体价值可以视为剥离方案的"投入价值"，而剥离后公司实体价值和剥离出售收入则作为"产出价值"。资产剥离出售的净现值为

$$NPV = 剥离后公司价值 + 剥离出售价格 - 剥离前公司价值$$

剥离前后的公司价值需要应用实体现金流量模型进行估价，则

$$剥离前公司价值 = \sum_{t=1}^{\infty} \frac{剥离前公司实体自由现金流量_t}{(1+剥离前加权平均资本成本)^t}$$

$$剥离后公司价值 = \sum_{t=1}^{\infty} \frac{剥离后公司实体自由现金流量_t}{(1+剥离后加权平均资本成本)^t}$$

在剥离后公司实体现金流量模型中，如果剥离资产与未剥离资产无关联关系，比如一个业务独立的经营部门，剥离后实体现金流量就是剥离前实体现金流量减去剥离资产的现金流量。如果剥离资产与未剥离资产存在正协同关系，则未剥离资产实体现金流量就会因剥离协同资产而减少。例如，某公司剥离出售某部件加工分厂，剥离后，公司生产所需的部件将依赖外购，营业现金流量就可能因为采购价格上涨而降低。如果两者存在负协同关系，资产剥离反而会使未剥离资产的实体现金流量增加。

估计加权平均资本成本需要考虑资产剥离方案对资本结构和财务杠杆的影响，以及经营风险的变动情况。资产剥离出售会减少公司的资产总额，相应增加负债比率和财务风险。此外，资产剥离还可能造成存续资产或业务的单一化，丧失多元化经营的风险分散优势，增加公司的经营风险。

对资产剥离出售的净现值进行推导，可以得到

$$NPV = 剥离后公司价值 + 剥离净出售价格 - 剥离前公司价值$$

$$剥离前公司价值 = 剥离前未剥离资产价值 + 剥离前剥离资产价值$$

$$= (剥离后未剥离资产价值 - 剥离前未剥离资产价值) +$$

$$(剥离净出售价格 - 剥离前剥离资产价值)$$

$$剥离后公司价值 = 剥离后未剥离资产价值$$

$$剥离前公司价值 = 剥离前未剥离资产价值 + 剥离前剥离资产价值$$

$$NPV = (剥离后未剥离资产价值 - 剥离前未剥离资产价值) +$$

$$(剥离净出售价格 - 剥离前剥离资产价值)$$

这里，第一项剥离前后未剥离资产价值的差额体现为逆协同效应带来的剥离利益或损失；第二项剥离净出售价格与剥离前剥离资产价值的差额是剥离出售的净损益。由于交易的摩擦性，资产剥离的过程中会发生一笔可观的交易成本，剥离净出售价格是指剥

离出售价格扣除这部分成本后的余额。

$$NPV＝剥离利益或损失＋剥离出售净损益$$

一般而言，只有剥离资产出售的净损益为正，剥离公司才会剥离出售。但如果剥离资产出售的损失低于剥离利益，剥离方案也会取得净现值，剥离出售也可能会发生，但剥离净出售价格一般不能低于清算价值。

8.3　公司分立

8.3.1　公司分立概述

公司分立是指一家公司依照有关法律、法规的规定，分成两个或两个以上独立公司的经济行为。

广义上的公司分立是指在不改变现有股东持股比例的前提下，在法律层面上将一家公司分解为两个或两个以上的独立公司。在公司分立过程中，一般会涉及现有资产和负债在各分立实体之间的划分。这些分立公司需要向现有股东发行分立公司的新股票，交换其持有的原公司股票。

狭义的公司分立是指在企业集团中，母公司将其持有的某一子公司的法人股份按比例分配给母公司的股东，形成了一个与母公司有着相同股东和股权结构的新公司。分立后，母子公司间不再存在控股关系，从而在组织上将子公司从母公司中分立出去。在狭义的公司分立中，虽然母公司失去了子公司的控制权，但母公司控股股东却直接取得了分立公司的控制权，分立公司仍然听命于母公司的控股股东。

8.3.2　公司分立的主要动因和效应

1. 发挥逆协同效应，提升股权价值

从理论上说，母公司股东的股权价值并不会由于公司分立而发生改变，但考虑分立可能产生的逆协同效应，即"2-1>1"的效应，比如提高管理效率和增强子公司的经营灵活性，可能会增加母公司股东的股权价值，这也是公司分立重要的动因之一。

2. 提升管理激励和管理效率

由于财务统一核算或合并会计报表，综合性公司个别部门的业绩往往无法有效考核。如果将个别部门分立出来成为独立的上市公司，使上市公司的股价与业绩直接挂钩，则有利于公司考核和激励机制的建立。规模较大的多元化经营公司不适合采用统一的管理模式，如果按照业务特点将公司拆分，进行专业化管理，则有利于提高管理效率。

3. 提高公司经营的灵活性、降低经营风险

规模较大的公司难以随经营环境的变化灵活改变战略安排，而采取分立的策略，可

增强公司的灵活性，降低经营风险。

4. 降低股东的投资风险

公司分立后，原公司股东拥有两家或多家分立公司的股权，而只对两家或多家分立公司各自的债权承担有限责任，而且这些分立公司之间不存在连带责任关系，从而能够降低股东的投资风险。

8.3.3 公司分立决策

我们将股东拥有的各家分立公司的股权价值之和作为分立决策的"产出价值"，将股东拥有的原公司的股权价值作为分立决策的"投入价值"，净现值则为两者的差额，反映了分立决策方案为股东创造的价值。

假设一家公司分立为A和B两家公司，分立前原公司股东的股权价值为S，分立后两家分立公司的股权价值分别为S_A和S_B，则分立决策的净现值为

$$分立决策的净现值(NPV)=(S_A+S_B)-S$$

这里，需要采用股权现金流量折现模型估计分立前后的股权价值，则

$$原公司股权价值(S)=\sum_{t=1}^{\infty}\frac{原公司股权现金流量_t}{(1+原公司股权资本成本)^t}$$

$$A公司股权价值(S_A)=\sum_{t=1}^{\infty}\frac{A公司股权现金流量_t}{(1+A公司股权资本成本)^t}$$

$$B公司股权价值(S_B)=\sum_{t=1}^{\infty}\frac{B公司股权现金流量_t}{(1+B公司股权资本成本)^t}$$

根据实体现金流量和股权现金流量的关系估计股权现金流量，则

$$股权现金流量=实体自由现金流量-应付债务现金流量$$

公司分立后，A公司和B公司的实体现金流量和股权现金流量都会发生变化，这取决于逆协同效应的性质和大小，而应付债务现金流量则取决于分立方案的债务划分。原公司、各分立公司的经营风险会因资产和业务的不同而不同，因而在分立公司资本结构与原公司保持一致的情况下，应根据各分立公司经营风险的变动情况调整股权资本成本。虽然分立公司的资产划分具有主动性，但债务划分往往具有被动性，需要征求债权人同意，所以是债权约束下的分立重组。公司分立很可能造成分立公司资本结构的变化，因而，还需要考虑资本结构变动对股权资本成本的影响。

思考题

1. 并购的含义是什么？并购包括哪些类型？
2. 公司并购的动因和效应是什么？
3. 如何进行兼并决策？
4. 什么是资产剥离？其动因和效应是什么？

5. 如何进行资产剥离决策？

6. 什么是公司分立？其动因和效应是什么？

7. 如何进行公司分立决策？

练习题

1. A公司兼并B公司，B公司价值(V_B)为5 000万元。假设兼并前A公司每年实体自由现金流量为1 000万元，公司税前加权资本成本为10%。由于协同效应，预计兼并后A公司第一年的实体自由现金流量为2 000万元，以后每年实体现金流量的增长率为2%。由于经营风险的降低和资本结构的优化，兼并后A公司的税前加权平均资本成本降为8%。

要求：①计算兼并后A公司的价值；②计算兼并价格的上限和下限。

2. 假设A公司收购B公司80%的股权，收购前B公司的股权价值为4 000万元。A公司收购前每年的实体现金流量为1 000万元，公司税前加权平均资本成本为10%。预计收购后第一年A公司的实体现金流量为1 200万元，以后每年实体现金流量增长率为2%。收购后税前加权平均资本成本降为8%。计算A公司能够接受的收购价格区间。

第 3 篇

长期筹资决策

第9章 | 筹资预测与外部筹资需求

9.1 筹资预测

9.1.1 筹资预测的内涵和意义

筹资预测也称为财务预测，是指预测公司未来的筹资需求，它是公司制订筹资计划的前提。当预测公司销售增加时，就要相应增加经营性资产，为此，公司需要筹措资本，一部分来自留存收益，另一部分来自外部融资。通常，销售增长率较高时，留存收益并不能满足公司的需要，即使获利良好的公司也需外部筹资。对外筹资需要寻找资本提供者，并向其做出还本付息的承诺或预测盈利前景，使之相信投资安全而且能够确定必要的报酬，这个过程往往需要较长时间。因此，公司需要预先估计筹资需求，提前安排筹资计划，否则就可能发生资金短缺的问题。

筹资预测有助于改善经营和投资决策。根据销售前景估计的融资需要不一定总能被满足，因此，需要根据可能筹措到的资金来保障产销增长以及安排有关的投资项目，使经营和投资决策建立在可行的基础上。

筹资预测还有助于公司应对环境的变化。筹资预测与其他预测一样都不可能很准确。从表面上看，不准确的预测只能导致不准确的计划，从而使预测和计划失去意义。其实并非如此，预测给人们展现了未来各种可能的前景，促使人们制订出相应的应急计划。预测和计划是超前思考的过程，其结果并不仅仅是一个资金需要量的数字，还包括对未来各种可能前景的认识和思考。预测可以提高公司对不确定事件的反应能力，从而减少不利事件发生带来的损失，增加利用有利机会带来的收益。

9.1.2 筹资预测的基本步骤

1. 销售预测

筹资预测的起点是销售预测，销售预测是筹资预测的基础，销售预测完成后才能开始筹资预测。一般情况下，销售预测的准确性对筹资预测的质量具有重大影响。如果销售实际状况超出预测很多，公司没有准备足够的资金添置设备或储备存货等，由于产量不足而无法满足市场需要，公司不仅会失去盈利机会，而且会丧失原有的市场份额；相反，如果销售预测过高，筹集大量资金购买设备并储备存货等，则会造成设备闲置和存货积压，导致资产利用效率或周转速度下降，这将导致权益净利率降低，股价下跌。

2. 估计经营资产和经营负债

通常，经营资产是产销收入的增函数，根据历史数据可以分析出该函数关系。根据预计销售收入，以及经营资产与销售收入的函数，可以预测所需经营资产的数额。大部分经营负债(比如应付账款)也是销售收入的增函数，也应预测经营负债的自发增长，这种增长可以减少公司外部筹资额。

3. 估计各项费用和留存收益

假设各项费用也是销售收入的增函数，可以根据预计销售收入估计费用和损失，并在此基础上确定净利润，而净利润和利润留存比率共同决定了公司所能提供的内部权益筹资额。

4. 估计外部筹资额

根据预计的经营资产总量，减去已有的经营资产、自发增长的经营负债、可动用的金融资产和内部提供的利润留存，即可计算出外部筹资的需求量。

9.1.3 筹资预测的方法

1. 销售百分比法

销售百分比法是根据资产负债表和利润表中有关项目与销售收入之间的依存关系预测筹资需要量的一种方法，即假设相关资产、负债与营业收入存在稳定的百分比关系，然后根据预计销售收入和相应的百分比预计相关资产、负债，最后确定筹资需求。运用销售百分比法进行筹资预测的步骤如下所述。

(1) 确定资产和负债项目的销售百分比。资产和负债项目占销售收入的百分比，可以根据基期的数据确定，也可以根据以前若干年度的平均数确定。相关的计算公式为

各项目销售百分比=基期经营资产(或经营负债)/基期营业收入

【例9-1】假设某公司20×0年实际销售收入3 000万元，假设20×0年的各项销售百分比在20×1年可以持续，20×1年预计销售收入为4 000万元。以20×0年为基期，采用销售百分比法预计各项经营资产及销售百分比。

根据20×0年营业收入(3 000万元)计算的各项经营资产和经营负债的销售百分比，如表9-1所示。

表9-1 各项经营资产和经营负债的销售百分比的预计

项目	20×0年实际/万元	销售百分比/%	20×1年预测/万元
营业收入	3 000		4 000
货币资金(经营)	44	1.47	59
应收票据(经营)	20	0.67	27
应收账款	398	13.27	531
预付账款	22	0.73	29

(续表)

项目	20×0年实际/万元	销售百分比/%	20×1年预测/万元
其他应收款	12	0.40	16
存货	119	3.97	159
一年内到期的非流动资产	77	2.57	103
其他流动资产	8	0.27	11
长期股权投资	30	1.00	40
固定资产	1 238	41.27	1 651
在建工程	18	0.60	24
无形资产	6	0.20	8
长期待摊费用	5	0.17	7
其他非流动资产	3	0.10	4
经营资产合计	2 000	66.67	2 667
应付票据(经营)	33	1.1	44
应付账款	100	3.33	133
预收账款	10	0.33	13
应付职工薪酬	2	0.07	3
应交税费	5	0.17	7
其他应付款	25	0.83	33
其他流动负债	53	1.77	71
长期应付款(经营)	50	1.67	67
经营负债合计	278	9.27	371
净经营资产总计	1 722	57.4	2 296

(2) 根据销售百分比，预计各项经营资产和经营负债，计算公式为

各项经营资产(或经营负债)=预计营业收入×各项目销售百分比

根据20×1年预计营业收入(4 000万元)和各项目销售百分比计算的各项经营资产和经营负债，如表9-1所示的"20×1年预测"栏。

筹资需求额=预计经营资产增加额-预计经营负债增加额

=(预计经营资产-基期经营资产)-(预计经营负债-基期经营负债)

=(预计经营资产-预计经营负债)-(基期经营资产-基期经营负债)

=预计净经营资产-基期净经营资产=2 296-1 722=574(万元)

可见，该公司20×1年需要筹资574万元。通常，筹资顺序如下：第一，动用现存的现金等金融资产；第二，增加留存收益；第三，增加金融负债；第四，增发股票。

(3) 预计可动用的金融资产。

该公司20×0年年底没有可动用的现金等金融资产，故仍需筹资574万元。

(4) 预计留存收益增加额。留存收益的多少取决于净利润和股利支付率的高低。留存收益增加额的计算公式为

留存收益增加额=预计营业收入×计划营业净利率×(1-股利支付率)

在【例9-1】中，假设公司20×1年计划营业净利率为4.5%，由于需要融资额较大，

20×1年不支付股利，则

$$留存收益增加额 = 4\,000 \times 4.5\% = 180(万元)$$

$$需要外部筹资 = 574 - 180 = 394(万元)$$

(5) 预计增加的借款。外部筹资可以通过增加借款或增发股本筹集，这涉及资本结构决策问题。通常，在目标资本结构允许的情况下，公司会优先使用借款筹资。如果不宜再增加借款，则需要增发权益资本。

在【例9-1】中，公司可以通过借款筹资394万元。

销售百分比法是一种比较简单、粗略的预测方法。该方法假设各项经营资产和经营负债与营业收入保持稳定的百分比，可能与事实不符。

2. 回归分析法

采用回归分析法进行筹资预测，首先利用一系列的历史资料求得各资产负债表项目和销售收入的函数关系，然后基于计划销售收入预测资产、负债数量，最后预测筹资需求。

通常假设销售收入与资产、负债等存在线性关系。例如，假设存货与销售收入之间存在直线关系，其直线方程为"存货 = $a + b$ 销售收入"，根据历史资料和回归分析的最小二乘法可以求出直线方程的系数 a 和 b，然后根据计划销售收入和直线方程预计存货的金额。完成资产、负债项目的预计后，其他的计算步骤与销售百分比法相同。

3. 运用信息技术预测

对于大型企业来说，无论是采用销售百分比法还是回归分析法进行筹资预测都有些过于简化。实际上影响筹资需求的变量很多，如产品组合、信用政策、价格政策等。把这些变量纳入预测模型后，计算量大增，手工处理很难胜任，需要使用信息技术才能完成。

运用信息技术进行筹资预测的简单方法，是使用电子表格软件，如Excel等。使用电子表格软件时，计算过程和手工预测几乎没有差别。随着所处环境的变化，企业的产品服务、业务流程、商业模式等不断创新，公司对信息技术的应用正从业务流程自动化向决策支持智能化发展，联机分析、数据挖掘、机器学习等人工智能将成为企业未来财务预测的主要工具。

9.2 增长率与外部筹资需求的测算

公司增长主要表现为产销规模的增长，而产销规模的增长通常需要经营性资产的增长，因而产销规模的增长往往表现为资本需求的增长，产销规模增长得越多，需要的资本越多。

从资本来源看，实现销售增长有3种方式。

(1) 完全依靠内部资本积累的增长。有些小公司无法取得借款，有些大公司不愿意借款，它们主要是靠内部积累实现增长的，但是内部有限的资本积累往往会限制公司的发展。

(2) 主要依靠外部资本增长。主要依靠外部资本实现增长是不能持久的,增加负债会使公司的财务风险增加,筹资能力下降,最终会使负债能力完全丧失;通过增发股票等方式增加权益资本,不仅会分散控制权,而且会稀释每股收益,除非新增资本有更高的报酬率。

(3) 平衡增长,即保持目前的资本结构,按照留存收益的增长比例增加借款,以此支持销售增长。这种增长虽然可以利用外部负债资源,但并不改变资本结构,不增加财务风险,是一种可持续增长。

9.2.1 内含增长率的测算

内含增长是指仅仅依靠内部积累(增加留存收益)实现的销售增长,其销售增长率被称为内含增长率。

销售增长会带来外部筹资的增加,两者之间有稳定的百分比关系,称为外部筹资额销售增长比,计算公式为

$$外部筹资额销售增长比=外部筹资额/销售增长额$$

假设可动用的金融资产为0,经营资产销售百分比、经营负债销售百分比保持不变,计算公式为

$$经营资产增加额=筹资额=外部筹资额+内部筹资额$$
$$=外部筹资额+(经营负债增加额+留存收益增加额)$$
$$外部筹资额=经营资产增加额-经营负债增加额-留存收益增加额$$
$$=(经营资产销售百分比×营业收入增加额)-(经营负债销售百分比×$$
$$营业收入增加额)-预计营业收入×预计经营净利率×预计留存比率$$

两边同时除以"营业收入增加额",则

$$外部融资销售增长比=经营资产销售百分比-经营负债销售百分比-[(1+增长率)/增长率]×预计经营净利率×预计留存比率$$

假设外部融资额为0,则公式中的增长率转变为不依赖外部筹资的内含增长率,即

$$0=净经营资产销售百分比-[(1+内含增长率)/内含增长率]×预计经营净利率×预计留存比率$$
$$[(1+内含增长率)/内含增长率]=净经营资产销售百分比/(预计经营净利率×预计留存比率)$$
$$内含增长率=(预计经营净利率×预计留存比率)/(净经营资产销售百分比-预计经营净利率×预计留存比率)$$

【例9-2】某公司20×3年营业收入为3 000万元,经营资产为2 000万元,经营资产销售百分比为66.67%,经营负债为185万元,经营负债销售百分比为6.17%,税后经营净利润为135万元。假设经营资产销售百分比和经营负债销售百分比保持不变,可动用的金融资产为0,经营净利率保持4.5%不变,预计股利支付率为30%,计算内含增长率。

$$净经营资产销售百分比 = 66.67\% - 6.17\% = 60.50\%$$

$$内含增长率 = (预计经营净利率 \times 预计留存比率)/(净经营资产销售百分比 - 预计经营净利$$

$$率 \times 预计留存比率) = (4.5\% \times 70\%)/(60.50\% - 4.5\% \times 70\%) = 5.49\%$$

9.2.2 可持续增长率的测算

1. 可持续增长率的概念

可持续增长率是指不发行新股、不改变经营效率(销售净利率和资产周转率)和财务政策(资本结构和利润留存比率)时，其销售所能达到的增长率。

可持续增长率的假设条件包括：①公司销售净利率将维持当前水平；②公司总资产周转率将维持当前水平；③公司目前的资本结构是目标资本结构，并计划继续维持下去；④公司目前的利润留存率是目标留存比率，并且打算继续维持下去；⑤不增发新股。

在上述假设条件下，销售增长率称为可持续增长率。由于公司经营业务的盈利能力和资产的利用效率短期内不可能得到很大的改善，最优资本结构和股利分配政策也不宜调整，增发新股有可能遭到原有股东的反对，上述假设条件比较符合实际。

2. 可持续增长率的计算

$$销售增长率 = (预计销售收入 - 基期销售收入)/基期销售收入$$

根据可持续增长率的假设条件，在经营资产周转率一定时，则

$$销售增长率 = (预计经营资产 - 基期经营资产) \times 经营资产周转率/(基期经营资产 \times$$

$$经营资产周转率) = (预计经营资产 - 基期经营资产)/基期经营资产$$

在目标资本结构(权益乘数)保持不变的情况下，则

$$资产增长率 = (预计股东权益 - 基期股东权益) \times 权益乘数/(基期股东权益 \times 权益乘数)$$

$$= 股东权益的增长率$$

可见，可持续增长率等于股东权益增长率，即

$$可持续增长率 = 股东权益增长率 = 股东权益本期增加额/期初股东权益$$

销售规模增长取决于资产规模增长，而资产规模增长又取决于筹资规模增长。在不增发新股、不改变经营效率和财务政策的情况下，销售增长率等于股东权益(留存收益)增长率。基本逻辑为：在经营资产周转率一定的情况下，销售增长率等于资产增长率；而在目标资本结构或权益乘数一定的情况下，资产增长率等于留存收益增长率。

可持续增长率的公式可推导为

$$可持续增长率 = 留存收益增长率 = (本期净利润 \times 本期留存比率)/期初股东权益$$

$$= (本期净利润/本期营业收入) \times (本期营业收入/期末总资产) \times$$

$$(期末总资产/期初股东权益) \times 本期留存比率$$

$$= 营业净利率 \times 总资产周转次数 \times 期初权益期末总资产乘数 \times$$

$$本期留存比率$$

【例9-3】某公司20×1—20×5年未增发新股，主要财务数据如表9-2所示。

表9-2　某公司财务数据

项目	年份					
	20×0年	20×1年	20×2年	20×3年	20×4年	20×5年
营业收入/万元	909.09	1 000	1 100	1 650	1 375	1 512.5
净利润/万元		50	55	82.5	68.75	75.63
现金股利/万元		20	22	33	27.5	30.25
利润留存/万元		30	33	49.5	41.25	45.38
股东权益/万元	300	330	363	412.5	453.75	499.13
负债/万元		60	66	231	82.5	90.75
总资产/万元		390	429	643.5	536.25	589.88
可持续增长率的计算：						
营业净利率/%		5	5	5	5	5
总资产周转次数		2.56	2.56	2.56	2.56	2.56
期末总资产/期初股东权益		1.3	1.3	1.77	1.3	1.3
利润留存率		0.6	0.6	0.6	0.6	0.6
可持续增长率/%		10	10	13.64	10	10
实际增长率/%		10	10	50	−16.67	10

根据可持续增长率公式计算，则

20×1年可持续增长率=营业净利率×期末总资产周转次数×

期末总资产期初权益乘数×利润留存率

=5%×2.56×1.3×0.6=10%

20×1年实际增长率=(本年营业收入−上年营业收入)/上年营业收入

=(1 000−909.09)/909.09=10%

20×2年可持续增长率=5%×2.56×1.3×0.6=10%

20×2年实际增长率=(1 100−1 000)/1 000=10%

其他年份的计算方法与此相同。

3. 可持续增长率与实际增长率

实际增长率和可持续增长率经常不一致。通过分析两者差异，可以了解公司经营效率和财务政策的变化。根据表9-2的数据，可对该公司经营效率和财务政策做出如下分析。

20×1年、20×2年的实际增长率和可持续增长率均为10%，原因在于经营效率和财务政策保持了年初的状态。

20×3年可持续增长率上升为13.64%，实际增长率上升为50%，原因在于权益乘数或负债比率的提高，为销售和总资产的大幅增长提供了所需的资金。

20×4年可持续增长率恢复为10%，实际增长率下降为-16.67%。本年借款的归还使权益乘数降为销售和总资产大幅增长前的水平，使总资产减少，在资产周转率不变的情况下，导致销售额下降。

20×5年的经营效率和财务政策保持年初状态，实际增长率与可持续增长率均为10%。

通过上述分析可知，在不增发新股的情况下，可持续增长率是公司当前经营效率和财务政策决定的内在增长能力，它和实际增长率之间有如下关系。

(1) 如果某一年的经营效率和财务政策与上年相同，在不增发新股的情况下，则实际增长率、上年的可持续增长率以及本年的可持续增长率三者相等，这种增长状态称为平衡增长。当然，前提条件是公司不断增加的产品能被市场接受。

(2) 如果某一年的4个财务比率之中有一个或多个比率提高，在不增发新股的情况下，则实际增长率就会超过上年的可持续增长率，本年的可持续增长率也会超过上年的可持续增长率。由此可见，超常增长是"改变"财务比率的结果，而不是持续当前状态的结果。企业不可能每年提高这4个财务比率，也就不可能使超常增长继续下去。

(3) 如果某一年的4个财务比率之中有1个或多个下降，在不增发新股的情况下，则实际增长率就会低于上年的可持续增长率，本年的可持续增长率也会低于上年的可持续增长率。这是超常增长之后的必然结果，公司对此应事先有所准备。如果公司不愿意接受这种现实，继续勉强冲刺，现金周转的危机很快就会来临。

(4) 如果公式中的4个财务比率已经达到公司的极限，只有通过发行新股增加资金，才能提高销售增长率。

9.2.3 外部筹资需求的测算

1. 外部筹资需求的测算方法

沿用【例9-3】的数据，假设该公司本年计划营业收入为4 000万元，销售增长率为33.33%，则

$$外部筹资销售增长比=经营资产销售百分比-经营负债销售百分比-[(1+增长率)/$$
$$增长率]×预计经营净利率×预计留存比率$$
$$=0.6667-0.0618-1.3333/0.3333×4.5\%×(1-30\%)=0.479$$

$$外部筹资额=外部筹资销售增长比×销售增长额=0.479×1000=479(万元)$$

如果销售增长500万元(即销售增长率为16.7%)，则

$$外部筹资额=500×[0.6667-0.0618-1.167/0.167×4.5\%×(1-30\%)]=192.45(万元)$$

外部筹资销售增长比不仅可用于预计外部筹资额，还可用于调整股利政策和预计通货膨胀对筹资的影响。

例如，该公司预计销售增长5%，则

$$外部筹资销售增长比=0.6667-0.0618-1.05/0.05×4.5\%×(1-30\%)=-5.65\%$$

这说明该公司不仅没有外部融资需求，还有剩余资金8.475万元(即3 000×5%×5.65%)，可用于增加股利或进行短期投资。

又如，预计明年通货膨胀率为10%，公司销量增长5%，则销售额含有通货膨胀的增长率为15.5%，即(1+10%)×(1+5%)-1=15.5%，则

外部筹资销售增长比=0.6667-0.0618-1.155/0.155×4.5%×(1-30%)=37.03%

公司要按销售名义增长额的37.03%补充资金,才能满足需要。即使销量增长为0,也需要补充资金,以弥补通货膨胀造成的货币贬值损失,即因通货膨胀带来的名义销售增长10%,则

外部筹资销售增长比=0.6667-0.0618-1.1/0.1×4.5%×(1-30%)=25.85%

外部筹资额=3 000×10%×25.85%=77.55(万元)

2. 外部筹资需求的敏感分析

外部筹资需求不仅取决于销售增长,还要看营业净利率和股利支付率。在股利支付率小于1的情况下,营业净利率越大,外部筹资需求越小;在营业净利率大于0的情况下,股利支付率越高,外部筹资需求越大。

在【例9-3】中,公司股利支付率是30%,营业净利率为4.5%,外部筹资需求为479万元。假设预计营业收入仍为4 000万元,若股利支付率为100%,则

外部筹资额=1 000×[0.6667-0.0618-1.3333/0.3333×4.5%×(1-100%)]=605(万元)

若股利支付率为0,则

外部筹资额=1 000×[0.6667-0.0618-1.3333/0.3333×4.5%×(1-0)]=425(万元)

在【例9-3】中,公司的营业净利率是4.5%,股利支付率是40%,外部筹资需求为479万元。假设预计营业收入仍为4000万元,营业净利率为10%,则

外部筹资额=1 000×[0.6667-0.0618-1.3333/0.3333×10%×(1-30%)]=325(万元)

思考题

1. 简述筹资预测的步骤。

2. 什么是内含增长率和可持续增长率?

3. 在不增发新股的情况下,可持续增长率与实际增长率存在哪些关系?

练习题

1. 假设某公司20×0年实际销售收入为3 000万元,经营资产销售百分比为60%,经营负债销售百分比为20%,假设销售百分比在20×1年可以持续。20×1年公司预计销售收入为4 000万元,假设该公司20×0年年底没有可动用的现金等金融资产,20×1年计划营业净利率为5%,不支付股利,预计公司20×1年需要增加的借款。

2. 假设某公司20×0年营业净利率为5%,总资产周转次数为2.5,期末总资产/期初股东权益为1.5,留存比率为40%。假设公司20×1年不发行新股,经营效率和财务政策保持不变,根据期初所有者权益计算该公司的可持续增长率。假设该公司20×0年经营资产销售百分比为60%,经营负债销售百分比为20%,在20×1年可以持续。本年计划营业收入增长1 000万元,销售增长率为30%,计算外部筹资额。

10.1 股权投资风险与杠杆效应

股权投资风险表现为股东收益或报酬的不确定性，股权投资风险或股东收益的波动性越大，股权资本成本越高，股权价值或公司价值越低，反之则反是。在公司金融学中，杠杆效应(也称为总杆杆效应)是指影响股东收益的因素(比如销售量)较小的变动会引起股东收益产生较大程度的变动，其原因在于固定性经营成本和固定性融资成本的存在。杠杆效应能够反映股权投资风险的大小。股东收益的不确定性既受经营因素(比如销售量)变动的影响，也受负债筹资的影响。为分别考查经营因素和负债筹资对股东收益不确定性的影响，可以将股权投资所承受的总风险分解为经营风险和筹资风险(财务风险)。经营风险不考查负债筹资对股东收益不确定性的影响，即假设公司没有负债，仅仅考查销售等经营因素的变动所导致的股东收益的不确定性。财务风险则是指负债会进一步增加销售变动所引起股东收益的不确定性，考查的是在经营风险基础上，负债所引起的股东收益的增量不确定性或增量风险。为衡量股东所承受的经营风险和财务风险的大小，需要将这种杠杆效应分解为经营杠杆效应和财务杠杆效应。其中，经营杠杆效应用于衡量经营风险的大小，财务杠杆效应则用于衡量财务风险的大小。

10.1.1 经营杠杆

股东收益通常用税后利润(EAT)来衡量，为简化起见，本书采用税前利润反映股东收益，税前利润的计算公式为

$$税前利润 = 销售量 \times 产品单价 - 经营成本 - 负债融资成本$$

经营风险仅考查经营因素变动所导致的股东收益(税前利润)的不确定性，不包括筹资因素的影响，因而考查股东所承受的经营风险仅需要分析销售量、单价和经营成本变动对股东收益不确定性的影响。其中，市场需求波动(销售量变动)是导致经营风险的主要因素，为简化分析起见，我们将市场需求波动，即销售变动引起的股东收益的不确定性定义为经营风险；将经营杠杆定义为销售量(或销售额)变动对股东收益变动的影响程度，可以用来衡量经营风险的大小。

由于不考虑负债筹资的影响，应将税前利润计算公式中的负债融资成本予以剔除。剔除后，税前利润转化为息税前利润(EBIT)，这样能准确估计销售变动对股东收益变动的影响程度。

息税前利润的计算公式为

$$息税前利润(EBIT)=销售量×产品单价-经营成本$$

$$息税前利润=销售量×(产品单价-单位变动性经营成本)-固定性经营成本$$

$$EBIT=Q×(p-vc)-F=S-VC-F$$

经营杠杆一般用经营杠杆系数(DOL)量化表示,它是息税前利润变动率与销售量(Q)或销售收入(S)变动率之间的比率。经营杠杆系数的计算公式为

$$DOL=(\Delta EBIT/EBIT)/(\Delta Q/Q)=(\Delta EBIT/EBIT)/(\Delta S/S)$$

经营杠杆系数能够反映经营风险程度的高低。经营杠杆系数越大,经营杠杆作用越大,经营风险越高,反之则反是。

经营杠杆系数的表达式可以进一步推导

$$DOL=[(\Delta S-\Delta VC)/(S-VC-F)]/(\Delta S/S)=[S(1-\Delta VC/\Delta S)/(S-VC-F)]$$

$$\Delta VC/\Delta S=VC/S$$

$$DOL=(S-VC)/(S-VC-F)=(EBIT+F)/EBIT$$

在息税前利润(EBIT)一定的情况下,如果不存在固定性经营成本(F),则经营杠杆系数为1,即销量变动会引起息税前利润相同程度的变动,这表明虽然存在经营风险,但并不存在经营杠杆效应。如果存在固定经营成本,则经营杠杆系数大于1,即显现经营杠杆效应,而且在一定的息税前利润水平下,固定性经营成本越高,销售变动引起的息税前利润变动程度越大,即经营风险越高。

可见,固定性经营成本(比如折旧费用)是引发经营杠杆效应的根源,固定性经营成本具有放大销售变动对息税前利润波动的作用。在资本密集型产业中,由于经营性固定资产规模和固定性经营成本较高,经营杠杆效应和经营风险也较大;而在劳动密集型产业中,由于经营性固定资产规模和固定性经营成本较低,经营杠杆效应和经营风险也较小。

【例10-1】A、B、C为经营性固定成本不同的公司,有关数据如表10-1所示。

表10-1 3家公司的经营杠杆效应　　　　　　　　　　　单位:万元

项目	A公司	B公司	C公司
营业收入(S)	3 000	3 000	3 000
变动成本(VC)	1 800	1 800	1 800
固定成本(F)	0	600	800
息税前利润(EBIT)	1 200	600	400
下一年度数据			
营业收入(S)	4 500	4 500	4 500
ΔS/S	50%	50%	50%
变动成本(VC)	2 700	2 700	2 700
固定成本(F)	0	600	800
息税前利润(EBIT)	1 800	1 200	1 000
ΔEBIT/EBIT	50%	100%	150%

表10-1中的计算结果说明：①3家公司预计下年度营业收入均增长50%，由于A公司没有固定性经营成本，息税前利润变动也是50%，即不存在经营杠杆效应。而B公司、C公司由于存在固定性经营成本，息税前利润分别增长了100%和150%，这说明固定性经营成本引发了经营杠杆效应。②C公司相对于B公司而言，固定性经营成本较大，因而息税前利润的变化程度也较高，即经营杠杆效应和经营风险较大。

根据经营杠杆系数的计算公式，在固定性经营成本(F)一定的情况下，经营杠杆系数与息税前利润(EBIT)成反比，息税前利润越小，经营杠杆效应越大，经营风险越高。当息税前利润趋近于0时，经营杠杆效应和经营风险趋近于无穷大。

经营杠杆系数的公式还可以做如下推导

$$DOL=(S-VC)/(S-VC-F)=(S-VC-F+F)/(S-VC-F)$$

公式右端分子、分母除以总经营成本(VC+F)，则

$$DOL=(1/销售成本率+固定性经营成本占比-1)/(1/销售经营成本率-1)$$
$$=1+固定性经营成本占比/(1/销售经营成本率-1)$$

销售经营成本率=(销售收入+经营成本-销售收入)/销售收入=1-税前经营利润率

可见，经营杠杆系数与固定性经营成本占比成正比，与经营盈利能力(税前经营利润率)成反比。

上述分析表明，公司管理层既可以通过压缩固定性经营成本，也可以通过增加息税前利润来降低经营杠杆系数和经营风险，还可以通过降低固定性经营成本占比，提高经营盈利能力，从而降低经营杠杆效应和经营风险，但采用这些方法往往会受到客观条件的制约。

10.1.2 财务杠杆

1. 负债筹资与股东收益的波动性

公司通常是负债经营的，而负债筹资不仅会引发债务违约的财务风险，也会放大销售变动引发的股东收益的波动，从而增加股权投资风险。

股东收益受市场波动影响的程度也称为总杠杆效应，总杠杆效应可以用于衡量股东收益的波动性或股权投资风险的大小。总杠杆系数用来衡量总杠杆效应的大小，计算公式为

$$总杠杆系数(DTL)=(\Delta EAT/EAT)/(\Delta Q/Q)$$

总杠杆效应的表达式可以推导为

$$DTL=(\Delta EAT/EAT)/(\Delta EBIT/EBIT)\times(\Delta EBIT/EBIT)/(\Delta Q/Q)$$
$$EAT=(EBIT-I)(1-T)；\Delta EAT=\Delta EBIT(1-T)$$
$$DTL=[\Delta EBIT(1-T)/(EBIT-I)(1-T)]/(\Delta EBIT/EBIT)\times[(EBIT+F)/EBIT]$$
$$=[EBIT/(EBIT-I)]\times(EBIT+F)/EBIT=[EBIT/(EBIT-I)]\times DOL$$

式中：I表示负债规模决定的固定性融资成本(如债务利息)。

根据总杆杆效应的计算公式，在息税前利润一定的条件下，股东收益变动的杠杆效应不仅源于经营杠杆(DOL)，也源于负债筹资产生的固定性融资成本(I)，而且固定性融资成本越大，总杠杆效应越大，股权投资风险越大。

如果不存在固定性融资成本，普通股股东收益和息税前利润受市场波动影响的程度相同，即DTL=DOL。

这时，股东收益只存在经营杠杆效应和经营风险，而在公司负债经营的情况下，由于固定性融资成本的存在，税后利润受市场变动影响的波动程度被进一步放大，即DTL=$(\Delta EAT/EAT)/(\Delta Q/Q)$>DOL，股权投资风险在经营风险基础上进一步上升。也就是说，股东收益的波动性不仅受经营杠杆的影响，也受公司负债规模决定的固定性融资成本的影响，而且固定性融资成本越高，股权投资风险或股东收益的波动性越大。

2. 财务风险与财务杠杆

通常，财务风险定义为公司无法偿还债务的风险，而在这里，财务风险是指负债筹资所引起的股权投资风险或股东收益的不确定性。根据上述分析，负债会增加股东收益的不确定性，因而股权投资风险不仅包括经营风险，还包括负债筹资引发的财务风险。

由于负债所产生的债务利息等固定性融资成本的存在，市场波动使股东收益产生比息税前利润更高程度变动的现象称为财务杠杆效应，它反映的是股东所承受的财务风险的大小。如果不存在负债和债务利息等固定性融资成本，也就不存在财务杠杆效应，则股东就只承受经营风险，而不承受财务风险；如果存在负债和债务利息等固定性融资成本，则存在财务杠杆效应，股东不仅承受经营风险，还承受财务风险。在经营风险的基础上，财务风险和财务杠杆进一步加大了市场波动对股东收益波动的影响，从而使股东所承受的总风险被进一步放大。

财务杠杆效应可以用财务杠杆系数(DFL)量化表示，即前述总杆杆系数表达式中的税后利润的变动率与息税前利润的变动率之间的比率，计算公式为

$$DFL=(\Delta EAT/EAT)/(\Delta EBIT/EBIT)$$

财务杠杆系数也可以表达为每股收益(EPS)的变动率与息税前利润的变动率之间的比率，计算公式为

$$DFL=(\Delta EPS/EPS)/(\Delta EBIT/EBIT)$$

财务杠杆系数反映了息税前利润一定程度的变动所引起税后利润(或每股收益)变动的程度。如果财务杠杆系数大于1，则表明股东收益会比息税前利润产生更大程度的变动，这种更大程度的变动正是股东承受财务风险的写照。财务杠杆系数越大，表明股东所承受的财务风险越大；如果系数等于1，则表明不存在财务杠杆和财务风险。

财务杠杆系数计算公式还可以表示为

$$DFL=EBIT/(EBIT-I)$$

该表达式表明，负债所产生的债务利息等固定性融资成本(I)是产生财务杠杆效应，导致股东收益波动性被进一步放大的根源。

由于优先股的股息(PD)具有债券利息的特征，也是一种固定性融资成本，在财务杠杆系数计算公式中还应该加入优先股的股息，根据财务杠杆系数的原始表达式 $DFL=(\Delta EAT/EAT)/(\Delta EBIT/EBIT)$，由于 $\Delta EAT/EAT=[\Delta EBIT(1-T)]/[(EBIT-I)(1-T)-PD]$，可以推导出

$$DFL=EBIT/[EBIT-I-PD/(1-T)]$$

从公式中可以看出，如果固定性融资成本等于0，则财务杠杆系数为1，即不存在财务杠杆效应和财务风险。而当债务利息或优先股股利不为0时，则财务杠杆系数大于1，即显现财务杠杆效应和财务风险。这时，股东不仅要承受经营风险，还要承受财务风险，当市场波动时，股东收益的不确定性或股权投资风险被进一步放大。财务杠杆是由负债规模(优先股可以视为无期限债券)决定的，负债规模越大，固定性融资成本越高，财务杠杆和财务风险越高。息税前利润与固定性融资成本之间的相对水平也决定了财务杠杆的大小，当息税前报酬等于固定性融资成本时，即公司处于盈亏临界点时，财务杠杆系数为无穷大，即股东承受的财务风险和收益不确定性也无限大。

10.1.3　资本结构与财务杠杆

假设不考虑优先股股息，对财务杠杆系数公式做进一步推导，可以得出

$$DFL=(EBIT/总资本)/(EBIT/总资本-利息/总资本)$$
$$=总资本息税前报酬率/(总资本息税前报酬率-债务利息率×负债比率)$$
$$DFL=1/(1-债务利息率×负债比率/总资本息税前报酬率)$$
$$负债比率=债务资本/总资本$$
$$总资本息税前报酬率=息税前报酬/总资本$$

根据推导后的公式可知，资本结构(负债比率)是影响财务杠杆效应的重要因素，在总资本息税前报酬率一定时，负债比率越高，财务杠杆效应越大，股东所承受的财务风险和股东收益的波动性越大。从分母来看，利息率可以视为常量，在资本结构(负债比率)一定的情况下，盈利能力(总资本息税前报酬率)越高的公司，负债比率与总资本息税前报酬率的比率越小，财务杠杆效应越小，股东所承受的财务风险越小。决策意义在于，盈利能力强的公司财务风险小，可以更多地借助于杠杆经营，适当增加负债比例；反之，盈利能力差的公司财务风险大，不适合大规模杠杆经营，应适当减小负债比例。

【例10-2】A、B、C为3家经营业务内容相同的公司，它们的有关财务数据如表10-2所示。

表10-2　3家公司的财务数据

项目	A公司	B公司	C公司
普通股本/元	2 000 000	1 500 000	1 000 000
加权平均流通在外普通股数/股	20 000	15 000	10 000
债务(利率8%)/元	0	500 000	1 000 000
资本总额/元	2 000 000	2 000 000	2 000 000

(续表)

项目	A公司	B公司	C公司
负债比率/%	0	25	50
息税前总资本报酬率/%	10	10	10
息税前利润(EBIT)/元	200 000	200 000	200 000
税前利润/元	200 000	160 000	120 000
所得税(税率为25%)/元	50 000	40 000	30 000
税后盈余/元	150 000	120 000	90 000
普通股每股收益/元	7.5	8.00	9.00
息税前利润增加额/元	200 000	200 000	200 000
ΔEBIT/EBIT	200 000/200 000＝100%	200 000/200 000＝100%	200 000/200 000＝100%
债务利息/元	0	40 000	8 0000
税前利润/元	400 000	360 000	320 000
所得税(税率为25%)/元	100 000	90 000	80 000
净利润/元	300 000	270 000	240 000
普通股每股收益/元	15.00	18.00	24.00
ΔEPS/EPS	(15-7.5)/7.5＝100%	(18-8)/8＝125%	(24-9)/9＝167%

通过对表10-2的分析,可以得出以下结论。

第一,完全没有负债融资的A公司相对于具有债务融资的B公司、C公司而言,在息税前利润增加1倍的情况下,每股收益也增加1倍,说明每股收益与息税前利润同步变化,即没有显现出财务杠杆效应。B公司、C公司每股收益的变化率分别为125%和167%,变动幅度均超过息税前利润所增加的1倍,显现出财务杠杆效应。B公司和C公司息税前利润相同,C公司的负债规模和债务利息高于B公司,因而C公司的财务杠杆效应更大。

第二,在债务利息不变的情况下,当息税前利润增加(从200 000元增加到400 000元)时,债务利息占息税前利润的比例是下降的,B公司、C公司分别从20%与40%下降到10%与20%,根据财务杠杆系数的表达式DFL＝EBIT/(EBIT-I),财务杠杆和财务风险是下降的。因而,对财务杠杆的管理不能简单考虑负债融资的绝对量,而应关注固定性融资成本与盈利水平的相对关系。

第三,从资本结构来看,B公司、C公司的负债比率分别为25%和50%,在息税前总资本报酬率相同的情况下,息税前利润均增加1倍,B公司、C公司的每股收益变化率增加1.25倍和1.67倍,表明负债比率越高的公司显现出每股收益的变化程度越高,财务杠杆效应越明显。由于负债比率是可以控制的,可以通过合理安排资本结构、适度负债,降低财务杠杆和财务风险。

10.1.4　总杠杆与决策意义

根据前述内容,股东收益受市场波动影响的程度也称为总杠杆效应,可以用于衡量股东收益的波动性或股权投资风险的大小,市场波动(销售变动)对税后利润(EAT)或每股收益(EPS)不确定性的影响程度，对公司管理者和股东具有决策意义。

总杆杆效应(总杠杆系数)的计算公式为

$$\text{DTL} = (\Delta EAT/EAT)/(\Delta Q/Q) = (\Delta EAT/EAT)/(\Delta EBIT/EBIT) \times (\Delta EBIT/EBIT)/(\Delta Q/Q)$$
$$= \text{DFL} \times \text{DOL}$$

可见，总杠杆系数表现为经营杠杆系数和财务杠杆系数的乘积，反映了公司经营杠杆和财务杠杆共同作用的组合效果。

总杠杆系数也可以推导出以下两个具体的计算公式

$$\text{DTL} = \frac{Q(P-V)}{Q(P-V) - F - I - \dfrac{\text{PD}}{1-T}}$$

$$\text{DTL} = \frac{\text{EBIT} + F}{\text{EBIT} - I - \text{PD}/(1-T)}$$

总杠杆系数可以估计市场波动对股东收益的影响程度，即能够反映公司总风险，也就是股权投资总风险的大小。股权投资总风险越大，股权价值越低。

总杠杆系数对公司管理层具有以下决策意义。在固定性经营成本和固定性融资成本一定的条件下，当销售量发生变化时，能够对每股收益的影响程度做出判断，即能够估计出营业收入变动对每股收益造成的影响。例如，如果一家公司的总杠杆系数是3，则说明销售量或营业收入每增长(减少)1倍，就会造成每股收益增长(减少)3倍。由于总杠杆是经营杠杆与财务杠杆的联合作用，公司为了控制公司总风险，可以为经营杠杆和财务杠杆安排不同的组合。比如，经营风险和经营杠杆系数较高的公司只能在较低的程度上使用财务杠杆，不适合于大规模负债或增加负债比例；而经营风险和经营杠杆较低的公司则可以在较高的程度上使用财务杠杆，适度增加负债规模和负债比例等。在实践中，公司应在考虑各个相关因素之后做出选择。

10.2 资本结构理论

在通常情况下，公司的长期资本由长期债务资本和权益资本构成。资本结构是指公司各种长期资本来源的构成和比例关系。一般来说，在资本结构概念中不包含短期负债，原因在于资本结构决策的目的是实现公司加权平均资本最低、公司价值最大的目标资本结构。在短期负债中，经营性负债没有显性的成本，即使其规模和占比较大，对公司加权平均资本的影响也不大，同时，经营性负债属于自发性筹资，公司难以进行筹资控制和规划，因此不将经营性负债列入资本结构决策范畴。短期借款主要用于补充流动资金缺口的需要，尽管它会给公司带来较高的流动性风险，但由于其数额和筹资成本经常变动，难以预测，不便于事先规划，通常也不把短期借款列入资本结构决策范畴。值得注意的是，有时候公司无法发行长期债券或取得长期银行借款，被迫采用短期债务筹资并不断续约。这种债务，实质上是一种长期债务，是不能忽略的。

10.2.1 资本结构的MM理论

现代资本结构理论是由莫迪格利安尼与米勒(简称MM)基于完美资本市场的假设条件提出的，MM资本结构理论依据以下假设条件：①经营风险可以用息税前利润的方差来衡量，具有相同经营风险的公司称为风险同类(homogeneous risk class)。②投资者等市场参与者对公司未来的收益与风险的预期是相同的(homogeneous expectations)。③完善的资本市场(perfect capital markets)，即在用股票与债券进行交易的市场中没有交易成本，且个人与机构投资者的借款利率与公司相同。④借债无风险，即公司或个人投资者的所有债务利率均为无风险报酬率，与债务数量无关。⑤全部现金流是永续的，即公司息税前利润具有永续的零增长特征，债券也是永续的。

在上述假设的基础上，MM首先研究"没有企业所得税"情况下的资本结构理论，之后又研究了"有企业所得税"情况下的资本结构理论。因此，MM资本结构理论可以分为"无税MM理论"和"有税MM理论"。

1. 无税MM理论

在不考虑企业所得税的情况下，MM理论研究了两个命题。

命题Ⅰ：在没有企业所得税的情况下，有负债公司的价值与无负债公司的价值相等，即无论是否有负债，公司的资本结构与企业价值无关，其表达式为

$$V_L = \frac{\text{EBIT}}{K_{\text{WACC}}} = V_U = \frac{\text{EBIT}}{K_e^u}$$

式中：V_L表示有负债公司的价值；V_U表示无负债公司的价值；EBIT表示公司全部资产的预期收益(永续)；K_{WACC}表示有负债公司的加权资本成本；K_e^u表示既定风险等级的无负债公司的权益资本成本。

命题Ⅰ的表达式说明了无论公司是否有负债，加权平均资本成本都将保持不变，公司价值仅由预期收益决定，即按照与公司风险等级相同的必要报酬率(市场利率)计算全部预期收益(永续)现值。如果有负债公司的价值等于无负债公司的价值，就说明无论债务是多少，有负债公司的加权平均资本成本都与风险等级相同的无负债公司的权益资本成本相等。公司加权资本成本与其资本结构无关，仅取决于公司的经营风险。

命题Ⅱ：有负债公司的权益资本成本随着财务杠杆的提高而增加。权益资本成本等于无负债公司的权益资本成本加上风险溢价，而风险溢价与以市值计算的债务与股东权益的比例(D/E)成正比，其表达式为

$$K_e^L = K_e^u + \text{风险议价} = K_e^u + \frac{D}{E}(K_e^u + K_d)$$

式中：K_e^L表示有负债公司的权益资本成本；K_e^u表示无负债公司的权益资本成本；D表示有负债公司的债务市场价值；E表示权益市场价值；K_d表示税前债务资本成本。

风险报酬是对有负债公司财务风险的补偿，其大小由无负债公司的权益资本成本与债务资本成本之差以及债务权益价值比决定。

在不考虑所得税的情形下，命题 I 的一个推论是有负债公司的加权平均资本成本与无负债公司的资本成本相同，即 $K_{WACC} = K_e^u$。公司的加权平均资本成本的表达式为

$$\frac{E}{E+D}K_e^L + \frac{D}{E+D}K_d = K_{WACC} = K_e^u$$

上式变形后可以得出 $K_e^L = K_e^u + \frac{D}{E}(K_e^u - K_d)$，即MM理论命题 II。

命题 II 的表达式说明，有负债公司的股权成本随着负债程度增大而增加。无企业所得税条件下的MM理论的命题 I 和命题 II 如图10-1所示。

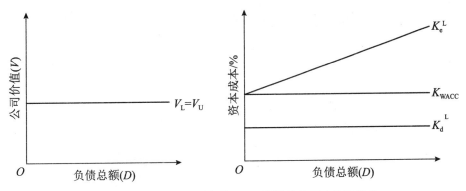

图10-1 无企业所得税条件下MM理论的命题 I 和命题 II

2. 有税MM理论

有税MM理论也研究两个基本命题。

命题 I：有负债公司的价值等于具有相同风险等级的无负债公司的价值加上债务利息抵税收益的现值，表达式为

$$V_L = V_u + TD$$

式中：V_L表示有负债公司价值；V_u表示无负债公司价值；T表示企业所得税税率；D表示公司债务数量。

债务利息的抵税价值TD又称为杠杆收益，是公司为支付债务利息从实现的所得税抵扣中获取的所得税支出节省，等于抵税收益的永续年金现金流的现值，即债务金额与所得税税率的乘积(将债务利息率作为贴现率)。

命题 I 的表达式说明，由于债务利息可以税前扣除，形成了债务利息的抵税收益，相当于增加了公司的现金流量，增加了公司价值。随着公司负债比例的提高，公司价值也随之提高，在理论上全部融资源于负债时，公司价值将达到最高。

命题 II：有债务公司的权益资本成本等于相同风险等级的无负债公司的权益资本成本加上与以市值计算的债务与权益比例成正比的风险报酬，且风险报酬取决于公司的债务比例以及所得税税率，表达式为

$$K_e^L = K_e^u + 风险报酬 = (K_e^u - K_d)\frac{D}{E}(1-T)$$

式中：K_e^L 表示有负债公司的权益资本成本；K_e^u 表示无负债公司的权益资本成本；D 表示有负债公司的债务市场价值；E表示权益市场价值；K_d表示不变的税前债务资本成本；T表示企业所得税税率。

风险报酬等于无负债公司股权成本与债务成本之差、负债权益比率以及所得税税后因子$(1-T)$相乘。

有税条件下MM命题Ⅱ和无税条件下MM命题Ⅱ所表述的有负债公司权益资本成本的基本含义是大体一致的，仅有的差异是由$(1-T)$引起的。由于$(1-T)<1$，使有负债公司的权益资本成本比无税时低。

有企业所得税条件下的MM理论的两个命题如图10-2所示。

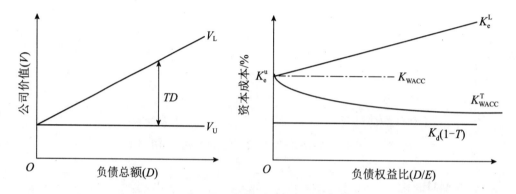

图10-2　有企业所得税条件下的MM理论的命题Ⅰ和命题Ⅱ

考虑企业所得税条件下的MM理论，其显著特征是债务利息抵税对公司价值有影响。公司使用债务时，给投资者(股东和债权人)的现金流量要比无债务时多，多出的部分就是利息抵税。公司每年因利息抵税形成的所得税支出节省，等于抵税收益年金现流的现值，即用债务数量、债务利息率以及所得税税率的乘积作为抵税收益的永续年金现金流的现值，再以债务利息率作为贴现率计算的现值。有负债公司的现金流量等于(除资本结构不同外，其他方面完全相同)无负债公司的现金流量与利息抵税现金流之和，根据无套利原理，这些现金流量的现值也必定相同。据此，考虑有企业所得税条件下的有负债公司的价值，即有税条件下的MM命题Ⅰ也可表示为

$$V_L = V_U + \text{PV}_{利息抵税}$$

为了计算由利息抵税引起的公司总价值的增加，需要预测公司各期的债务利息现流以及是否受风险因素的影响，再用与其风险相适应的折现率将各期债务利息的抵税收益现金流进行贴现，其现值即为利息抵税对公司价值的影响。

在考虑所得税的条件下，有负债公司的利息抵税收益可以用加权平均资本成本来表示。在公司使用债务筹资时所支付的利息成本中，有一部分被利息抵税所抵消，使实际的债务利息成本为$K_d(1-T)$。考虑所得税时的负债公司加权平均资本成本为

$$K_{\text{WACC}}^{T} = \frac{E}{E+D} K_e^{L} + \frac{D}{E+D} K_d \left(1-T\right) = \frac{E}{E+D} K_e^{L} + \frac{D}{E+D} K_d - \frac{D}{E+D} K_d T$$

上式表明，在考虑所得税的条件下，有负债公司的加权平均成本 K_{WACC}^{T} 随着债务筹资比例的增加而降低。

如果公司想通过调整债务结构来维持目标债务与股权比率，并计算债务利息抵税对公司价值的影响，可以利用公式 $V_L = V_U + P_V$(利息抵税)来计算有负债与无负债公司的价值之差($V_L - V_U$)。由无税条件下的MM理论可知，资本结构与公司价值无关，有负债公司的加权平均资本成本与无负债公司的资本成本相同。显然，在预期目标债务与权益结构下，可以通过计算税前加权平均资本成本贴现公司的自由现金流，得出无负债公司的价值。最后，利用有负债公司的加权平均资本成本贴现公司的自由现金流，得出公司有负债的价值，并计算价值之差。

上述修正的MM理论考虑了企业所得税，但并没有考虑个人所得税对债务比例与公司价值之间关系的影响。米勒在1977年进一步提出了同时考虑个人所得税和企业所得税的资本结构理论模型。他认为，在其他条件不变时，个人所得税会降低无负债公司的价值，并且当普通股投资收益的有效税率通常低于债券投资的有效税率时，有负债公司的价值会低于MM理论考虑企业所得税时有负债公司的价值。

10.2.2　资本结构的其他理论

现代资本结构研究的起点是MM理论。在完美资本市场的一系列严格假设条件下，得出资本结构与公司价值无关的结论。在现实世界中，这些假设难以成立，最初MM理论推导出的结论并不完全符合现实情况，但已成为资本结构研究的基础。此后，在MM理论的基础上不断放宽假设，从不同的视角对资本结构进行了大量研究，推动了资本结构理论的发展，其中比较有代表性的是权衡理论、代理理论与优序融资理论。

1. 权衡理论

未来现金流量不稳定以及对经济冲击高度敏感的公司，如果使用过多的债务，会导致其陷入财务困境(financial distress)，出现财务危机甚至破产。公司陷入财务困境后所引发的成本分为直接成本与间接成本。财务困境的直接成本是指公司因破产、清算或重组所发生的法律和管理费用等；间接成本的范围则通常比直接成本大得多，是指因财务困境引发公司资信状况恶化以及持续经营能力下降而导致的公司价值损失，具体表现为客户、供应商、员工的流失，投资者的警觉与谨慎导致的融资成本增加等。因此，负债在为公司带来抵税收益的同时，也给公司带来了陷入财务困境的成本。所谓权衡理论(trade-off theory)，就是强调在平衡债务利息的抵税收益与财务困境成本的基础上，实现企业价值最大化时的最佳资本结构。此时所确定的债务比率是债务抵税收益的边际价值等于增加的财务困境成本的现值。

基于修正的MM理论的命题，有负债公司的总价值是无负债价值加上债务抵税收益

的现值，再减去财务困境成本的现值，表达式为

$$V_L = V_U + PV_{利息抵税} - PV_{财务困境成本}$$

式中：V_L表示有负债公司的价值；V_U表示无负债公司的价值；$PV_{利息抵税}$表示利息抵税的现值；$PV_{财务困境成本}$表示财务困境成本的现值。

基于权衡理论的公司价值与资本结构如图10-3所示。

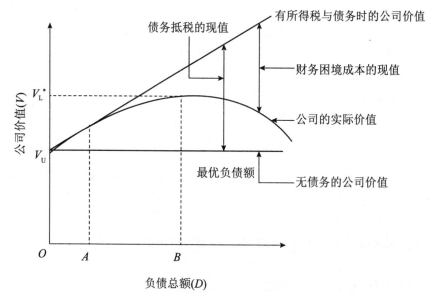

图10-3　基于权衡理论的企业价值与资本结构

由于债务利息的抵税收益，负债增加会增加公司价值。随着债务比率的增加，财务困境成本的现值也会增加。在图10-3中，负债总额达到A点前，债务抵税收益起主导作用；达到A点后，财务困境成本的作用逐渐加强；直到B点，债务抵税收益现值与财务困境成本现值相平衡，公司价值达到最大V_L^*。因此，B点的债务与权益比率为最佳资本结构。超过B点，财务困境的不利影响超过抵税收益，公司价值可能下降。

财务困境成本的现值由两个重要的定量因素决定，即发生财务困境的可能性以及公司发生财务困境的成本高低。一般情形下，发生财务困境的可能性与公司收益现金流的波动程度有关。现金流与资产价值稳定程度低的公司，因违约无法履行偿债义务而发生财务困境的可能性相对较高；而现金流稳定可靠的资本密集型公司，如公共事业公司，就能利用较高比率的债务融资，且债务违约的可能性很小。财务困境成本取决于成本来源的相对重要性以及行业特征。如果高科技公司陷入财务困境，由于潜在客户和核心员工的流失以及缺乏容易清算的有形资产，招致的财务困境成本可能会很高；相反，不动产密集性高的公司的财务困境成本可能会较低，因为公司价值大多来自相对容易出售和变现的资产。

权衡理论有助于解释有关公司债务的难解之谜。财务困境成本的存在有助于解释为什么有的公司负债水平很低而没有充分利用债务抵税收益。财务困境成本的高低和现金流量的波动性有助于解释不同行业之间的公司杠杆水平的差异。

2. 代理理论

在资本结构决策中，不完全契约、信息不对称以及经理、股东与债权人之间的利益冲突将影响投资项目的选择，特别是公司陷入财务困境时，更容易引起过度投资问题与投资不足问题，导致发生债务代理成本。债务代理成本损害了债权人的利益，降低了公司价值，最终将由股东承担这种损失。

(1) 过度投资问题。过度投资问题是指因公司投资不盈利项目或高风险项目而产生的损害股东以及债权人的利益并降低公司价值的现象。过度投资问题有两种情形：一是当公司经理与股东之间存在利益冲突时，经理的自利行为产生的过度投资问题；二是当公司股东与债权人之间存在利益冲突时，经理代表股东采纳成功率低甚至净现值为负的高风险项目时产生的过度投资问题。

当公司的所有权与控制权发生分离时，经理与股东之间的利益冲突会表现为经理的机会主义行为，具体表现形式是如果公司的自由现金流相对充沛，即使公司缺乏可以获利的投资项目和成长机会，经理也会倾向于通过扩大公司规模来扩大自身对公司资源的控制权，表现为随意支配公司自由现金流投资于净现值较低甚至为负的投资项目，而不是向股东分配股利。有时经理也会过于乐观，自信地认为其行为有助于提升股权价值，如果在没有真正认识到项目投资风险与价值的情况下进行投资，也会导致过度投资行为。公司经理这种随意支配自由现金流的行为是以损害股东利益为代价的，为抑制这种过度投资带来的对股东利益以至最终对公司价值的损害，可提高债务筹资比例，增加债务利息固定性支出在自由现金流中的比例，以实现对经理机会主义行为的制约。

有时股东也倾向于选择高风险的投资项目，特别是当公司遇到财务困境时，即使投资项目的净现值为负，股东也有动机投资于这类高风险项目。这是因为公司股东与债权人之间存在潜在的利益冲突，表现为在信息不对称的条件下，如果高风险投资项目最终成功了，股东将获得全部剩余收益；但如果该项目失败了，股东也只承担有限责任，主要损失将由债权人承担。显然，股东选择高风险项目会提高债权人的风险水平，降低债权人的投资价值，这种通过高风险项目的过度投资把债权人的财富转移到股东手中的现象被称为"资产替代问题"(asset substitution)。

【例10-3】A公司有一笔100万元年末到期的债务，如果公司的策略不变，年末的资产市值仅为90万元，公司资不抵债，将发生违约。公司经理正在考虑一项新高风险策略，假设这一策略不需要预先投资，成功的可能性只有50%，试对A公司是否采用新策略进行分析。

如表10-3所示，如果成功，公司的预期价值为80万元(50%×130+50%×30)，与原先90万元的公司价值相比，减少了10万元，债权人利益会遭到进一步损失；如果公司不实施新策略，公司最终将违约，股东也一无所获。如果公司尝试这个风险策略且取得成功，公司在偿付100万元的债务后，股东将得到30万元；如果不成功，股东也不会发生额外损失。

表10-3　两项策略下债务与股权的价值　　　　　　　　　单位：万元

项目	原策略	新的风险策略		
		成功	失败	期望值
资产价值	90	130	30	80
债务价值	90	100	30	65
股权价值	0	30	0	15

虽然新策略的公司期望值(80万元)低于原策略(90万元)，但股东的期望所得为15万元(50%×0+50%×30)，仍可以从实施新项目中获利，因此股东倾向于采纳这一新策略。而债权人的总体期望值(债务价值)为65万元(50%×100+50%×30)，与原策略将会收到90万元相比，损失了25万元，债权人将遭受损失。若公司采取新策略，债权人损失的25万元，相应地包含股东得到的15万元，以及因新策略的风险加大而导致的预期损失10万元。实际上，公司经理和股东是在用债权人的资金冒险，即如果该公司在财务困境时不冒险投资，债务价值仍然是90万元；而冒险投资后，债务价值将降低为65万元，债权人损失的15万元转移给了股东。

这个例子表明了一个基本观点，在公司遭遇财务困境时，即使投资了净现值为负的投资项目，股东仍可能从公司的高风险投资中获利，说明股东有动机投资于净现值为负的高风险项目，并伴随风险从股东向债权人的转移，即会产生过度投资问题。

(2) 投资不足问题。投资不足问题是指公司放弃净现值为正的项目而使债权人利益受损，进而降低公司价值的现象。投资不足问题发生在公司陷入财务困境并且债务比例较高时，如果用股东的资金去投资一个净现值为正的项目，可以在增加股东权益价值的同时，增加债权人的债务价值。但当债务价值的增加超过权益价值的增加时，即从公司整体角度而言是净现值为正的新项目，而对股东而言则成为净现值为负的项目，投资新项目后将会导致财富从股东转移到债权人。因此，如股东预见到投资新项目后的大部分收益将由债权人获得并导致自身价值下降，就会拒绝为净现值为正的新项目投资。

沿用【例10-3】的数据，假设A公司放弃高风险项目，选择一个更有吸引力的投资项目。该投资项目要求投资10万元，预期将产生50%的无风险回报，这项投资明显能够为股东创造财富。问题是公司已陷入财务困境，没有剩余现金，也无法发行新股为这一新项目筹资。假设现有股东向公司提供项目所需的10万元，试分析股东和债权人在年末的所得。

如表10-4所示，如果股东为项目提供10万元，那他们只能收回5万元，其投资的10万元流向债权人的所得从90万元增加到100万元。尽管该项目为股东提供了正的净现值，但对股东来说却是一项净现值为负的投资回报(5-10=-5)。

表10-4　有新项目和无新项目时债权人和股东的所得　　　　　单位：万元

项目	无新项目	有新项目
公司价值	90	105
债务价值	90	100
股权价值	0	5

　　该例表明，公司面临财务困境时，股东拒绝投资净现值为正的项目，放弃投资机会的净现值，会产生投资不足的问题。股东主动放弃净现值为正的投资项目，将对债权人和公司价值造成损失。对于那些未来可能有大量盈利性增长机会、需要投资的公司而言，这种成本将更高。

　　(3) 债务的代理收益。债务的代理成本既可以表现为因过度投资使债权人价值向股东转移，也可以表现为因投资不足而发生的股东为避免价值损失而放弃给债权人带来价值增值。然而，债务在发生代理成本的同时，也会伴生相应的代理收益，具体表现为债权人保护条款引入、对经理提升公司业绩的激励措施以及对经理随意支配现金流浪费公司资源的约束等。债务的代理收益将有利于减少企业价值损失或增加企业价值。

　　当债权人意识到发生债务代理成本可能产生自身价值的损失时，会采取必要措施保护自身利益，通常会在债务合同中加入一些限制性条款，如提出较高的利率要求以及对资产担保能力的要求。此外，法律以及资本市场的相关规定也会出于保护债权人利益的目的对发生债务做出一些限制性规定，这些保护债权人利益的措施有效地抑制了债务代理成本。例如，公司发生新债务时，理性的投资者会谨慎地关注公司的资信状况、盈利能力、财务政策、成长机会以及投资的预期收益与风险，新投资者、现有债权人与股东均会对新发生的债务的预期收益以及对原有债务的影响做出合理判断，以避免发生公司价值受损的潜在危险。

　　债务利息支付的约束性有利于激励公司经理尽力实现营业现金流的稳定性，保证履行偿付的义务，在此基础上，进一步提高公司创造现金流的能力，提高债权人与股东的价值，维护自身的职业声誉。与此同时，因经理与股东之间的潜在利益冲突，从资本结构的设计角度出发，可适当增加债务，提高债务现金流的支付比率，约束经理随意支配公司自由现金流的浪费性投资与在职消费行为，抑制以损害股东利益为代价的机会主义行为所引发的企业价值下降。

　　(4) 债务代理成本与收益的权衡。公司负债引发的代理成本以及相应的代理收益，最终均反映在对企业价值产生的影响中。在考虑债务的代理成本和代理收益后，资本结构的权衡理论模型可以扩展为

$$V_{\mathrm{L}}=V_{\mathrm{U}}+\mathrm{PV}_{利息税盾}-\mathrm{PV}_{财务困境成本}-\mathrm{PV}_{债务的代理成本}+\mathrm{PV}_{债务的代理收益}$$

　　代理理论对资本结构如何影响企业价值的主要因素以及内在逻辑关系提供了一个基本分析框架，但这些结论并非与公司的实际做法完全一致。如同投资等其他决策一样，资本结构决策也是由公司在符合自身基本动机的基础上并综合考虑其他多种因素做出的。

3. 优序融资理论

　　优序融资理论(pecking order theory)是指当公司存在融资需求时，首先选择内源融资，其次选择债务融资，最后选择股权融资。优序融资理论解释了当公司内部现金流不足以满足经营性长期资产投资需求时，更倾向于债务融资而不是股权投资。优序融资理论揭示了公司筹资时选择不同筹资方式的顺序偏好。

优序融资理论是在信息不对称框架下研究资本结构的一种分析思路。这里的"信息不对称"，是指公司内部管理层通常要比外部投资者拥有更多、更准确的信息。在这种情况下，公司的许多决策，如筹资方式选择、股利分配等，不仅具有财务上的意义，还向市场和外部投资者传递着信号。外部投资者只能通过管理层的这些决策所传递出的信息了解公司对未来收益的预期和投资风险，间接地评价企业价值。公司的债务比例或资本结构就是一种把内部信息传递给市场的工具。

在信息不对称的条件下，如果外部投资者掌握的关于企业价值的信息比公司管理层掌握得少，那么，公司权益的市场价值就可能被错误地定价。当公司股票价值被低估时，管理层将避免增发新股，而采取其他融资方式筹集资金，如内部融资或发行债券；而在公司股票价值被高估的情况下，管理层将尽量通过发行新股为新项目融资，让新股东分担投资风险。这一结论可通过下面的例子证明。

【例10-4】如表10-5所示，情况一是在公司前景较好而股票价值被低估时发行股票，新投资者将获得超额收益，而现有股东将蒙受损失；情况二是在公司前景看淡而股票价值被高估时发行新股，能维护现有股东的利益。如果公司管理层站在现有股东的立场，代表现有股东的利益，只有当公司预期业绩并不乐观且股票价值又被高估时，才会为了新项目进行外部股权融资。如果公司股票价值被低估，将会偏好使用留存收益或债务为投资项目筹资，而不是依赖外部股权融资。由此，外部投资者会产生逆向选择的心理，认为当公司预期业绩好并且确定性程度较高时，才会选择债务方式融资，以增加现有股东的每股收益；而一旦公司对外宣称拟发行新股，实际上是在向市场传递其股价被高估，或对未来收益实现预期目标没有把握的信号。这种信号传递的结果是降低投资者对该公司股权价值的预期，导致股票市价下跌。

表10-5 优序融资理论

情况	当前股价/(元/股)	管理层预期/(元/股)	按当前股价定价	增发新股票结果
情况一	50	60	股票价值被低估	新投资者仅支付50元便可获得价值60元/股的股票
情况二	50	40	股票价值被高估	新投资者支付50元却只能获得价值40元/股的股票

既然投资者担心公司在发行股票时其价值被高估，为摆脱利用股票价值被高估进行外部股权融资的嫌疑，公司会尽量以内源融资方式从留存收益中筹措项目资金。如果留存收益的资金不能满足项目资金需求，有必要进行外部融资，在外部债务融资和股票融资之间总是优先考虑债务融资。因此，公司在筹集资金的过程中，一般会遵循先内源融资后外源融资的基本顺序。在需要外源融资时，优先考虑债券融资(先普通债券后可转换债券)，债券融资不足时再考虑外部权益融资。

优序融资理论在考虑信息不对称与逆向选择行为的影响下，解释了公司筹资时对选择不同筹资方式的顺序偏好，但并不能解释现实生活中所有资本结构决策。

10.3 资本结构决策

资本结构决策是指确定公司的最优资本结构。资本结构决策在公司长期筹资管理中至关重要，一直以来都是理论界的研究热点，也是一个难点。

10.3.1 资本结构决策与企业价值

根据现金流量折现模型，公司资本成本是决定企业价值的重要因素，而从长期筹资决策角度来看，资本结构是决定公司加权平均资本成本的重要因素。

从构成资本结构的资本要素来看，由于债务资本成本要显著低于权益资本成本，在资本结构中，增加债务比例似乎能够降低公司资本成本。其实这一结论是错误的，因为它是以资本要素成本不变为前提的。在公司资本结构中，随着债务比例的增加，债权人和股东所承受的财务风险都会加大，从而会导致债务资本成本和权益资本成本上升。这样增加负债比例会带来两种效应：一方面，通过改变资本要素的比例，即增加低成本的债务资本、减少高成本的权益资本来降低公司资本成本；另一方面，负债比例的增加也会增加财务风险和资本要素成本，从而导致公司资本成本增加，至于增加负债比例能否降低公司资本成本则取决于这两个方面的综合效应。图10-4描述了公司加权平均资本成本与资本结构(负债比例)的动态关系。当一家公司的负债比例过低时，高成本的权益资本在资本结构中所占比重过大，因而公司加权平均资本成本较高。而在这种资本结构下，财务风险很小，这时提高负债比例，因此带来的成本节约效应非常显著，而财务风险增加带来的成本上升效应并不明显。所以在这个阶段，随着负债比例的增加，资本成本曲线会呈现不断下降的趋势。但是当债务比率达到一定程度时，财务风险和财务杠杆会变得非常显著，这时财务风险和财务杠杆增加带来的成本上升与负债比例增加带来的成本节约相同，即图10-4中公司资本成本曲线的最低点，这时再增加负债比例会导致公司资本成本由下降转为上升。

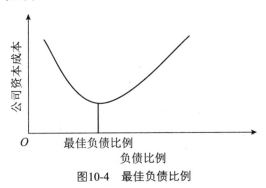

图10-4　最佳负债比例

图10-4中公司资本成本曲线的最低点对应的负债比例就是最佳负债比例,即最佳资本结构。理论和实证分析表明存在资本成本最低的公司资本结构,资本结构决策目标就是确定最佳的债务比率或资本结构,以实现加权平均资本成本最低、公司价值最高。

10.3.2 资本结构决策分析方法

由于每家公司都处于不断变化的经营条件和外部经济环境中,使得确定最佳资本结构十分困难。资本结构决策有不同的方法,常用的简单方法有资本成本比较法、每股收益无差别点法、公司价值比较法。

1. 资本成本比较法

资本成本比较法是指在不考虑各种融资方式在数量与比例上的约束以及财务风险差异时,通过计算各种基于市场价值的长期融资组合方案的加权平均资本成本,并根据计算结果选择加权平均资本成本最低的方案,确定为最优的资本结构。

【例10-5】某公司初始成立时需要资本总额为7 000万元,有以下3种筹资方案,如表10-6所示。

表10-6 3种筹资方案基本数据

筹资方案	方案一		方案二		方案三	
	筹资金额/万元	资本成本	筹资金额/万元	资本成本	筹资金额/万元	资本成本
长期借款	500	4.5%	800	5.25%	500	4.5%
长期债券	1 000	6%	1 200	6%	2 000	6.75%
优先股	500	10%	500	10%	500	10%
普通股	5 000	15%	4 500	14%	4 000	13%
负债比率	21.43%		28.57%		35.71%	
资本合计	7 000		7 000		7 000	

表中债务资本成本均为税后资本成本,所得税税率为25%,依据表10-6中的数据计算3种不同筹资方案的加权平均资本成本。

方案一:

$K_{WACC}=500/7\,000×4.5\%+1\,000/7\,000×6\%+500/7\,000×10\%+5\,000/7\,000×15\%=12.61\%$

方案二:

$K_{WACC}=800/7\,000×4.5\%+1\,200/7\,000×6\%+500/7\,000×10\%+4\,500/7\,000×14\%=11.34\%$

方案三:

$K_{WACC}=500/700×4.5\%+2\,000/7\,000×6.75\%+500/7\,000×10\%+4\,000/7\,000×13\%=10.39\%$

通过比较发现,方案三的加权平均资本成本最低。因此,该公司应按照方案三的各种资本比例筹集资金,由此形成的资本结构为相对最优的资本结构。

资本成本比较法仅以资本成本最低为选择标准,测算过程简单,是一种比较便捷的方法,但这种方法没有考虑不同资本结构(负债比例)对资本要素成本和加权资本成本的影响,因而,计算的综合资本成本未必准确,所选择的资本结构也未必恰当。

2. 每股收益无差别点法

当公司因扩大生产经营规模需要追加筹集长期资本时，一般可供选择的筹资方式有普通股融资、优先股融资与长期债务融资。在追加筹资决策中，需要解决筹资方式的选择问题。每股收益无差别点法也称为EBIT-EPS分析法，是追加筹资方式决策的一种重要方法。所谓每股收益无差别点是指不同融资方案下公司的每股收益(EPS)相等时所对应的盈利水平(EBIT)，即每股收益不受筹资方案影响的盈利水平。该方法通过计算每股收益无差别点的盈利水平，可以在预期的盈利水平下，选择每股收益较大的融资方案作为追加筹资方案。显然，每股收益无差别点法是以普通股的每股收益(EPS)作为选择融资方式决策标准的。

【例10-6】某公司目前已有1 000万元长期资本，均为普通股，股数为100万股，目前股价为10元/股。现公司希望再实现500万元的长期资本融资，以满足扩大经营规模的需要。有3种筹资方案可供选择：方案一，发行年利率为10%的长期公司债券；方案二，采用股利率为12%的优先股筹资；方案三，全部依靠发行普通股股票筹资，按照目前的股价，需增发50万股新股。假设公司预期的息税前利润为210万元，企业所得税税率为25%，试在预期的息税前利润水平下选择筹资方案。

3种筹资方案的每股收益计算公式为

$$EPS_{负债}=(EBIT-I)(1-T)/N_0=(EBIT-50)(1-25\%)/100$$

$$EPS_{优先股}=[(EBIT-0)(1-T)-PD]/N_0=[EBIT(1-25\%)-60]/100$$

$$EPS_{普通股}=(EBIT-0)(1-T)/(N_0+\Delta N)=EBIT(1-25\%)/150$$

式中：PD表示优先股筹资支付的优先股股利；N_0表示筹资前发行在外的普通股股数；ΔN表示新增发行的普通股股数。

这样建立了3种筹资方案的EBIT-EPS函数，画出每股收益无差别点图，如图10-5所示。

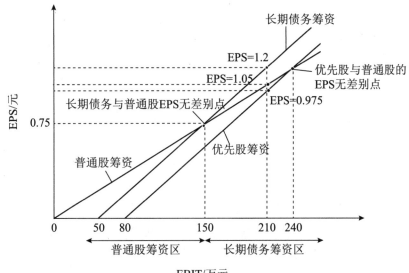

图10-5 EBIT-EPS分析

在图10-5中，横轴为EBIT，纵轴为EPS，每条直线代表一个筹资方案的EBIT-EPS关系。

如果采用债券筹资方案，则必须有息税前利润50万元(即500×10%)，才能够支付长期债务利息。因此，50万元就是债务融资与横轴(息税前利润)的交点，也是长期债务筹资线的起点；若采用优先股筹资方案，优先股股利＝500×12%＝60万元。由于优先股股利在税后支付，应以优先股股利除以(1-税率)，才能得出足以支付优先股股利的息税前利润，60/(1-25%)＝80万元，即为优先股筹资线与横轴的交点，也是优先股的起点。普通股筹资没有固定筹资费用，因此以0为起点。

在每股收益无差别点图中，能够找到债务筹资与普通股筹资、优先股筹资与普通股筹资两个每股收益无差别点的息税前利润(EBIT)。

首先，计算债务筹资与普通股每股收益无差别点的息税前利润(EBIT)，则

$$EPS_{负债}＝EPS_{普通股}$$

$$(EBIT-50)(1-25\%)/100＝(EBIT-0)(1-25\%)/150$$

债务筹资与普通股筹资的每股收益无差别点为：EBIT＝150(万元)

从图10-5中可以看出，长期债务筹资线与普通股筹资线相交于息税前利润为150万元的点上。此时，这两种筹资方案带来的每股收益是相同的，此为长期债务与普通股筹资的每股收益无差别点。如果预期的EBIT高于150万元，运用负债筹资可获得较高的每股收益，应采用债务筹资；当EBIT低于150万元时，则普通股筹资比长期债务筹资能提供更高的每股收益，应采用普通股筹资。

其次，计算优先股筹资与普通股筹资每股收益无差别点的息税前利润(EBIT)，则

$$EPS_{优先股}＝EPS_{普通股}$$

$$[EBIT(1-25\%)-60]/100＝(EBIT-0)(1-25\%)/150$$

优先股筹资与普通股筹资每股收益无差别点的EBIT＝240(万元)。

从图10-5中可以看出，普通股筹资线与优先股筹资线相交于息税前利润为240万元的点上。此时，这两种筹资方式带来的每股收益是相同的，此为优先股和普通股的每股收益无差别点。如果预期的EBIT低于此点，增发普通股为更好的筹资方案；如果预期的EBIT高于此点，则发行优先股能提供更高的每股收益。但在本例中，由于长期债务筹资能够取得更高的每股收益，应该选择长期债务筹资。

这样，可以将预期息税前利润划分为两个筹资优势区，预期息税前利润在150万元以下为普通股筹资区，预期息税前利润在150万元以上为长期债务筹资区。由于预期息税前利润为210万元，应选择长期债务筹资，才能实现最大的每股收益。从图10-5中可以看出，长期债务筹资线与优先股筹资线是平行的，不会产生每股收益无差别点，这说明债务融资在任何同一预期条件下均能比发行优先股提供更高的每股收益。

公司预期息税前利润为210万元，筹资方案的选择也可通过表10-7计算验证。

表10-7 3种筹资方案每股收益(EPS)比较

项目	方案一(债务筹资)	方案二(优先股筹资)	方案三(普通股筹资)
EBIT/元	2 100 000	2 100 000	2 100 000
利息支出/元	500 000		
税前收益/元	1 600 000	2 100 000	2 100 000
所得税(25%)/元	400 000	525 000	525 000
税后收益/元	1 200 000	1 575 000	1 575 000
优先股股利/元		600 000	
普通股收益/元	1 200 000	975 000	1 575 000
普通股股数N/万股	100	100	150
EPS	1.2	0.975	1.05

由表10-7可知，当息税前利润为210万元时，长期债务筹资每股收益为1.2元，优先股筹资每股收益为0.975元，普通股筹资每股收益为1.05元。

每股收益无差别点在为公司管理层解决在某一特定预期盈利水平下应选择什么融资方式提供了一个简单的分析方法。显然，这种方法侧重于将不同筹资方式下的每股收益进行比较，但预期盈利水平与每股收益无差别点所对应的盈利水平之间的距离不同，反映的状态稳定性也不同。在【例10-6】中，长期债务与普通股筹资方式的每股收益无差别点所对应的息税前利润EBIT为150万元，当预期收益超过150万元时，长期债务融资方式的每股收益总是高于普通股融资方式的每股收益，且距离每股收益无差别点对应的息税前利润150万元越远，两种融资方式的每股收益差距越大，债务融资相对于普通股融资的优势越明显。

每股收益无差别点法以每股收益的高低作为衡量标准，选择能够给股东带来更多收益的筹资方案，但是这种方法也存在一些缺陷。

(1) 没有考虑追加筹资方案可能对股东所承受的财务风险的影响。从根本上讲，公司筹资决策应符合股东财富最大化的目标。根据股权现金流量折现模型，选择每股收益最高的追加筹资方案，有利于增加每股股权自由现金流量，提高每股股权价值和股价。但是，这种方法没有考虑追加筹资方案可能对股东所承受的财务风险和股权资本成本的影响。根据上述有关财务风险和财务杠杆的分析，当公司选择具有固定性融资成本的融资方式时会显现出财务杠杆效应，导致股东收益的波动性加大。比如，在公司资产负债率很高的情况下，为增加每股收益，仍然片面选择负债筹资方式，会导致股东所承受的财务风险增大，股权资本成本上升，从而使股权价值下降。因此，单纯以每股收益作为选择追加筹资方案的标准，未必能够增加股东财富。尽管追加筹资方案会使每股收益增加，但如果其带来的股东财富增加不足以补偿风险增加导致的股东财富下降，股东财富仍然会下降。

(2) 筹资方案选择没有考虑资本结构优化的要求。每股收益无差别点法是一种追加筹资的方法，从严格意义上讲，并不是资本结构决策的方法。因而，从资本结构决策的角度来看，按照这种方法追加筹资形成的资本结构未必符合资本结构优化的要求，可能会对公司资本成本和公司价值产生负面影响。比如，在负债率很高的情况下，为增加每股收益仍然采用负债筹资，会增加公司资本成本，降低公司价值。

3. 公司价值比较法

公司价值比较法的理论依据是资本结构决策应符合公司价值最大化的目标，即应当选择能够实现公司价值最大化的资本结构方案。

(1) 资本结构与公司价值的关系。考查资本结构与公司价值的关系，首先涉及公司价值的估计问题。根据实体现金流量折现模型，公司实体价值的计算公式为

$$公司实体价值 = \sum_{t=1}^{\infty} \frac{实体自由现金流量_t}{\left(1 + 加权平均资本成本\right)^t}$$

从公司实体价值的计算公式来看，公司实体价值与加权平均资本成本成反比，实现公司价值最大化目标要求公司资本成本最小化，而资本结构是决定公司资本成本的重要因素。因此，从资本结构决策来看，公司应该选择加权平均资本成本最低的资本结构方案作为最优资本结构方案。

(2) 公司价值的估计。由于公司价值等于股权价值和债务价值之和，我们可以通过估计股权价值和债务价值间接估计公司价值。

为简化起见，设长期债务的现值(债务内在价值)等于其面值(B)。假设公司的税后利润为永续年金，没有优先股，税后利润全部用于支付普通股股利，则股票的价值(S)为

$$S = \frac{D}{K_S} = \frac{(EBIT - I)(1 - T)}{K_S}$$

式中：D表示普通股股利；K_S表示权益资本成本。

采用资本资产定价模型计算普通股的资本成本K_S，计算公式为

$$K_S = R_F + \beta(R_M - R_F)$$

$$公司价值(V) = 股权价值(S) + 债务价值(B) = \frac{(EBIT - I)(1 - T)}{K_S} + B$$

对上市公司而言，有效市场具有价值发现功能，股票市值和债务市值能够分别反映股权价值和债务价值，因而公司价值为公司股权市场价值和债务市场价值之和，即

$$公司价值 = 股权市场价值 + 债务市场价值$$

可见，在有效市场条件下，只需要获得股权市值和债务市值的信息即可估计公司价值，而不需要利用现金流量折现模型对股权价值和债务价值进行估计，从而大大简化公司价值估计过程。

(3) 公司最优资本结构的确定。根据公司估价模型，实现公司价值最大化要求加权平均资本最小化，最优资本结构也就是公司资本成本最低的资本结构。

【例10-7】某公司的长期资本构成均为普通股，无长期债务资本和优先股资本，股票的账面价值为3 000万元。预计未来每年EBIT为600万元，税后净利润全部用于支付股利，所得税税率为25%。该公司认为目前的资本结构不合理，为改善资本结构，提高公

司价值，该公司准备通过发行债券回购部分股票的方式调整资本结构。经咨询，该公司目前的债务资本成本和权益资本成本情况如表10-8所示。

表10-8 不同债务水平下公司债务资本成本和权益资本成本

债券价值B/万元	K_b/%	β值	R_F/%	R_M/%	K_S/%
0		1.2	8	12	12.8
300	10	1.3	8	12	13.2
600	10	1.4	8	12	13.6
900	12	1.55	8	12	14.2
1 200	14	1.7	8	12	14.8
1 500	16	2.1	8	12	16.4

注：K_b为税前债务资本成本。

从表10-8中可以看出，随着负债规模的扩大，公司财务风险增加，导致债务成本上升；同时，负债规模扩大使股东收益的不确定性增加，公司的系统风险(β值)也会上升，进而导致股权资本成本上升。

一、资本要素成本的计算

最优资本结构也就是公司资本成本最低的资本结构，选择最优资本结构需要测算不同方案的公司资本成本。计算公司资本成本，首先需要计算资本要素成本，根据表10-8的资料，债务资本成本是给定的，需要计算权益资本成本。这里，股权资本成本K_S采用资本资产定价模型进行计算，公式为

$$K_S = R_F + \beta(R_M - R_F)$$

计算结果如表10-8所示。

二、公司资本成本的计算

计算公司资本成本，还需要计算资本要素在总资本中的比重(权数)，资本要素权数的计算公式为

$$W_S = 权益价值(S)/企业价值(V)$$
$$W_B = 债务价值(B)/企业价值(V)$$
$$W_S + W_B = 1$$

债务价值给定，需要计算权益价值，进而确定公司价值。公司价值为股权价值与债权价值之和，由于债务价值给定，只需要计算股权价值。根据题设条件，股权价值的计算公式为

$$S = \frac{(EBIT - I)(1 - T)}{K_S}$$

在不同的长期债务规模下，公司的股利水平会因利息水平的不同而不同，需要分别计算。公司价值为股权价值与债权价值之和，计算结果如表10-9所示。

这样，可计算出不同长期债务规模下的债务资本权数和股权资本权数，公司的资本成本用加权平均资本成本(K_{WACC})来表示，计算公式为

$$K_{WACC}=K_b(1-T)B/V+K_SS/V$$

计算结果如表10-9所示。

表10-9　公司价值和加权平均资本成本

V(①=②+③)/万元	B(②)/万元	S(③)/万元	K_b/%	K_S/%	K_{WACC}/%
3 515.63	0	3 515.63	—	12.8	12.8
3 538.64	300	3 238.64	10	13.2	12.72
3 577.94	600	2 977.94	10	13.6	12.58
3 498.59	900	2 598.59	12	14.2	12.86
3 389.19	1200	2 189.19	14	14.8	13.28
3 146.34	1500	1 646.34	16	16.4	14.3

三、最优资本结构的确定

从表10-9可以看出，初始情况下，公司没有长期债务，公司价值$V=S=3\ 515.63$万元，加权平均资本成本$K_{WACC}=K_S=12.8\%$。当公司开始发行债务回购股票时，公司价值上升，加权平均资本成本降低，直到长期债务$B=600$万元，公司价值达到最大，$V=3\ 577.94$万元，加权平均资本成本最低，$K_{WACC}=12.58\%$。若公司继续增加负债，公司价值便开始下降，加权平均资本成本上升。因此，长期债务为600万元时的资本结构为该公司的最佳资本结构。

公司价值比较法充分考虑了负债比例或资本结构对公司资本成本和公司价值的影响，符合公司价值最大化的目标。但这种方法测算复杂，通常只适合大公司采用。

10.3.3　资本结构的影响因素

影响资本结构的因素较为复杂，大体可以分为内部因素和外部因素。内部因素通常有营业收入、成长性、资产结构、盈利能力、管理层偏好、财务灵活性以及股权结构等；外部因素通常有税率、利率、资本市场、行业特征等。一般而言，收益与现金流量波动性较大的公司，经营风险和流动性风险较高，要比收益与现金流量比较稳定的类似公司的负债水平低，以降低财务杠杆效应和流动性风险。成长性好的公司因其快速发展，对外部资金需求较大，而且这类公司普遍盈利性较好，财务杠杆效应并不显著，所以要比成长性差的类似公司的负债水平高。盈利能力强的公司因其内源融资的满足率较高，要比盈利能力较弱的类似公司的负债水平低。一般性用途资产比例高的公司因其资产作为债务抵押的可能性较大，要比具有特殊用途资产比例高的类似公司的负债水平高。财务灵活性强的公司要比财务灵活性差的类似公司的负债能力强。这里的"财务灵活性"是指公司利用闲置资金和剩余的负债能力应付可能发生的偶然情况和把握未预见机会的能力。

需要强调的是，公司实际资本结构往往受公司自身状况与政策条件及市场环境多种因素的共同影响，同时也受公司管理层对控制权和风险的态度与主观判断的影响，从而导致资本结构决策难以形成统一的原则与模式。

思考题

1.什么是经营杠杆？经营杠杆产生的原因是什么？影响经营杠杆的因素有哪些？

2.什么是财务杠杆？财务杠杆产生的原因是什么？影响财务杠杆的因素有哪些？

3.为什么说在经营风险的基础上，财务杠杆使股东所承受的风险进一步放大？

3.总杠杆的经济含义是什么？它对公司管理具有哪些决策意义？

4.在资本结构中，增加负债比例会带来哪两种效应？

5.每股收益无差别点法的原理是什么？有哪些缺陷？

6.资本结构的影响因素有哪些？

练习题

1.某公司每年固定性经营成本支出为60万元，20×1—20×3年的息税前利润分别为200万元、300万元和400万元，公司长期资本为5 000万元，其中债务资本占40%，平均债务利率为6%。企业所得税税率为25%，每年优先股股利为20万元。公司发行在外的普通股股数为100万股。分别计算该公司3年的经营杠杆系数、财务杠杆系数和总杠杆系数。

2.某公司目前的资本结构(采用市场价值基础)为：长期负债1 500万元，利率6%；普通股4 500万元。公司追加筹资1 500万元，目前股价为10元/股。现公司希望再实现500万元的长期资本融资，以满足扩大经营规模的需要，有3种筹资方案可供选择。方案一：发行年利率为8%的长期公司债券；方案二：采用优先股股利为10%的优先股筹资；方案三：全部依靠发行普通股股票筹资，按照目前的股价，需增发150万股新股。假设公司预期的息税前利润为800万元，企业所得税税率为25%，试在预期的息税前利润水平下选择筹资方案。

3.某公司的长期资本均为普通股，无长期债务资本和优先股资本。预计未来每年EBIT为300万元，税后净利润全部用于支付股利，企业所得税税率为25%。该公司认为目前的资本结构不合理，没有发挥财务杠杆的作用，准备通过发行债券回购部分股票的方式调整资本结构。经测算，在不同的债务规模下，长期债务资本成本和权益资本成本情况如表10-10所示。计算并填写不同债务规模下的股权资本成本(K_S)；计算不同债务规模下的股权价值和公司实体价值，利用公司价值比较法，确定最优债券筹资规模。

表10-10　不同债务水平下的公司债务资本成本和权益资本成本

债券价值B/万元	K_b/%	β值	R_F/%	R_M/%	K_S/%
0		1.15	6	10	
200	7	1.25	6	10	
400	7	1.35	6	10	
600	8	1.60	6	10	
800	9	1.90	6	10	

第11章 | 基本长期筹资与证券估值

债务筹资和普通股筹资是公司长期筹资的两种基本形式，除此之外，长期筹资还包括混合筹资和租赁筹资等。公司进行长期筹资首先必须了解和掌握长期筹资的有关专业知识和规定，了解不同筹资方式的优缺点等。证券估值就是估计证券的内在价值，其在长期筹资决策中具有重要意义。在资本市场上，公司主要以筹资者的身份出现，公司债券和普通股是基本的筹资方式。在利用公司债券和普通股筹资时，涉及一个重要的问题就是发行定价，而证券的内在价值是公司确定发行价格的依据。

11.1 公司长期债务筹资

债务筹资是指通过负债筹集资金。负债是公司一项重要的资金来源，几乎没有一家公司只靠自有资本而不运用负债就能满足资金需要。公司资本筹资包括长期负债筹资和权益筹资，长期负债是指期限超过1年的负债。与普通股筹资相比，长期债务筹资的特点包括：①筹集的资金具有使用上的时间性，需到期偿还；②不论公司经营好坏，需固定支付债务利息，从而形成公司固定的财务负担；③资本成本相对较低，且不会分散股东对公司的控制权；④限制较多，即债权人经常会向债务人提出一些限制性条件，以保证其能够及时、足额偿还债务本息，从而形成对债务人的种种约束。

目前，在我国，长期负债筹资主要有长期借款筹资和长期债券筹资两种方式。

11.1.1 长期借款筹资

长期借款是指公司向银行或其他非银行金融机构借入的使用期限超过1年的借款，主要用于构建固定资产和满足流动资金长期占用的需要。

1. 长期借款的种类

长期借款的种类很多，目前我国各金融机构的长期借款主要由以下几种类别。

(1) 按用途分类，长期借款分为固定资产投资借款、更新改造借款、科技开发和新产品试制借款等。

(2) 按贷款机构分类，长期借款分为政策性银行贷款、商业银行贷款等。此外，公司还可从信托投资公司取得信托投资贷款，从财务公司取得各种中长期贷款等。

(3) 按有无抵押分类，长期借款分为信用贷款和抵押贷款。信用贷款指不需公司提供抵押品，仅凭借款公司信用或第三方担保人信用而发放的贷款。抵押贷款指要求公司以抵押品作为担保的贷款。长期贷款的抵押品通常是房屋、建筑物、机器设备、股票、债券等。

2. 长期借款的条件和办理流程

(1) 长期借款的条件。公司申请贷款一般应具备以下条件：①独立核算、自负盈亏、有法人资格；②经营方向和业务范围符合国家产业政策，借款用途属于银行贷款办法规定的范围；③借款公司具有一定的物资和财产保证，担保单位具有相应的经济实力；④具有偿还贷款的能力；⑤财务管理和经济核算制度健全，资金使用效益及公司经济效益良好；⑥在银行设有账户，办理结算。

(2) 长期借款的办理流程。具备上述条件的借款公司先要向银行提出申请，陈述借款原因与金额、用款时间与计划、还款期限与计划。银行根据公司的借款申请，针对公司的财务状况、信用情况、盈利稳定性、发展前景、借款投资项目的可行性等进行审查。银行审查同意贷款后，再与借款公司进一步协商贷款的具体条件，明确贷款的种类、用途、金额、利率、期限、还款的资金来源及方式、保护性条款、违约责任等，并以借款合同的形式将其法律化。借款合同生效后，公司便可取得借款。

3. 长期借款的保护性条款

由于长期借款的期限长、风险大，按照国际惯例，银行通常会在借款合同中规定一些有助于保证贷款按时足额偿还的条款，即保护性条款，大致有如下两类。

(1) 一般性保护条款。一般性保护条款应用于大多数借款合同，但根据具体情况内容有所不同，主要包括：①对借款公司流动资金保持量的规定，其目的在于保持借款公司的流动性和偿债能力；②对支付现金股利和回购股票的限制，其目的在于限制现金外流；③对净经营性长期资产投资规模的限制，其目的在于降低日后不得不变卖固定资产以偿还贷款的可能性，仍着眼于保持借款公司资金的流动性；④限制其他长期债务，其目的在于防止其他债权人取得对公司资产的优先求偿权；⑤定期向银行提交财务报表，其目的在于及时掌握公司的财务情况；⑥不准在正常情况下出售较多资产，目的是保持公司正常的生产经营能力；⑦如期缴纳税费和清偿其他到期债务，以防被罚款而造成现金流失；⑧不准以任何资产作为其他承诺的担保或抵押，以避免公司丧失偿债能力；⑨不准贴现应收票据或出售应收账款，以避免或有负债；⑩限制租赁固定资产的规模，其目的在于防止公司负担巨额租金以致削弱其偿债能力，还在于防止公司以租赁固定资产的办法摆脱对其净经营性长期资产总投资和负债的约束。

(2) 特殊性保护条款。特殊性保护条款是针对某些特殊情况而出现在部分借款合同中的，主要包括：①贷款专款专用；②不准公司投资于短期内不能收回资金的项目；③限制公司高级职员的薪金和奖金总额；④要求公司主要领导人在合同有效期间担任领导职务；⑤要求公司主要领导人购买人身保险。

4. 长期借款的成本

长期借款的贷款利率通常高于短期借款，但信誉好或抵押品流动性强的借款公司仍然可以争取到较低利率的长期借款。长期借款利率有固定利率和浮动利率两种。浮动利率通常有最高限和最低限，并在借款合同中明确。对于借款公司来讲，若预测市场利率会上升，应与银行签订固定利率合同；反之，则应签订浮动利率合同。除了利息之外，银行还会向借款公司收取其他费用，如实行周转信贷协定所收取的承诺费、要求借款公司在本银行中保持补偿余额所形成的间接费用，这些费用会增加长期借款的成本。

5. 长期借款的偿还方式

长期借款的偿还方式包括：①定期支付利息，到期一次性还本；②定期等额偿还；③平时逐期偿还小额本金和利息，期末偿还余下大额部分。

6. 长期借款筹资的优点和缺点

与其他长期负债筹资相比，长期借款筹资具有以下优点和缺点。

(1) 长期借款筹资的优点。①筹资速度快。债券发行的准备时间和发行时间一般较长，而向金融机构借款一般所需时间较短，可以迅速获得资金。②借款弹性较好。公司与金融机构通过一对一的直接商谈来确定借款的时间、数量、利息、偿付方式等条件。在借款期间，如果公司情况发生了变化，还可与金融机构进行协商，修改借款合同。借款到期后，公司也可与银行协商展期。

(2) 长期借款筹资的缺点。①限制条款较多。公司与金融机构签订的借款合同中，一般都有较多的限制条款，这些条款可能会限制公司的经营活动。②筹资金额有限。为避免信用风险集中，银行等金融机构对单个公司的贷款额有限制，与债券筹资相比，公司借款的筹资额较小。③清偿风险较大。公司举借长期借款，必须定期还本付息。在经营不利的情况下，可能会产生不能偿付的风险，甚至会导致公司破产。

11.1.2 长期债券筹资

公司债券是发行公司依据法定程序发行，约定在一定期限内还本付息的，期限超过1年的一种有价证券。公司发行债券的目的通常是为长期投资项目筹集长期资金，债券筹资是公司在资本市场上的主要筹资方式之一。

1. 债券发行价格

公司在资本市场上进行债券筹资时，涉及一个重要问题就是发行定价，而债券内在价值是公司确定发行价格的主要依据。债券发行价格(即投资者购买的现金流出)和债券本息的现金流量决定了债券投资报酬率(到期收益率)。如果定价偏高，投资报酬率低于投资者的必要报酬率，会导致发行失败；如果定价偏低，投资报酬率高于必要报酬率，虽然债券价格能够被市场接受，但是公司会因筹资成本过高而遭受损失。依据债券价值确定的发行价格则是借贷双方都可以接受的价格。公司制定债券的发行价格，首先需要站在市场投资者角度对拟发行债券进行估值，以债券的内在价值确定拟发行债券的发行价格。

以典型的每年付息、到期还本公司债券为例，债券发行价格的估算公式为

债券发行价格＝债券价值＝票面金额×票面利率×$(P/A, r_d, n)$＋票面金额×$(P/F, r_d, n)$

式中：r_d表示市场利率，它是指与拟发行债券风险类似、期限类似的债券(可比债券)，简称等风险债券的市场平均报酬率，它是债券投资者购买拟发行债券的机会成本，可以作为投资该债券的必要报酬率(折现率)。

根据公式，在面值一定的情况下，债券内在价值和债券发行价格主要受票面利率和市场利率相互关系的影响。

【例11-1】某公司发行面值为1 000元、票面利率为10%、期限为10年、每年年末付息的债券。在决定发行债券时，当时的市场利率(等风险债券的市场平均报酬率)为10%，公司认为制定10%的票面利率是合理的。如果债券正式发行时，市场利率发生了变化，那么就要调整债券的发行价格。现按以下3种情况分别讨论。

第一种情况：如果债券正式发行时，市场利率保持不变，与债券票面利率相同。

债券发行价格＝债券价值＝1 000×$(P/F, 10\%, 10)$＋1 000×10%×$(P/A, 10\%, 10)$

＝1 000×0.3855＋100×6.1446＝1 000(元)

公司应以债券的票面金额作为发行价格，即采用平价发行。

第二种情况：市场利率有较大幅度的上升，达到12%，高于债券票面利率。

债券发行价格＝1 000×$(P/F, 12\%, 10)$＋1 000×10%×$(P/A, 12\%, 10)$

＝1 000×0.322＋100×5.6502＝887.02(元)

也就是说，只有按877.02元的价格折价出售，投资者才能获得与市场利率(12%)相同的投资报酬率，才会购买此债券。而发行公司的税前筹资成本也与等风险债券的税前筹资成本相同，也能够接受。因此在这种情况下，应采用折价发行。

第三种情况：市场利率下降，达到8%，低于债券票面利率。

债券发行价格＝1 000×$(P/F, 8\%, 10)$＋1 000×10%×$(P/A, 8\%, 10)$

＝1 000×0.4632＋100×6.7101＝1 134.21(元)

也就是说，公司即使按1134.21元的价格溢价出售，投资者也可以获得8%的投资报酬率，会购买此债券；而发行公司的税前筹资成本也与等风险债券的税前筹资成本相同，也能够接受。因此在这种情况下，债券发行价格应高于面值，即采用溢价发行。

2. 债券评级

公司公开发行债券通常需要由债券评信机构评定等级。债券的信用等级对于发行公司和投资者都有重要意义，这是因为，债券的信用等级是评价违约风险的一个重要指标，并决定了债券利率或债务成本。一般来说，信用等级高的债券，违约风险小，能够以较低的利率发行；信用等级低的债券，违约风险大，只能以较高的利率发行。另外，

许多机构投资者将投资范围限制在特定等级的债券之内，债券评级方便投资者做出债券投资决策。对广大投资者尤其是中小投资者来说，受时间、知识和信息的限制，无法对债券的信用等级和违约风险进行评价，需要专业机构对债券还本付息的可靠程度进行客观、公正和权威的评定，为投资者决策提供参考。

国际上流行的债券等级是3等9级，具体包括：AAA级为最高级，AA级为高级，A级为上中级，BBB级为中级，BB级为中下级，B级为投机级，CCC级为完全投机级，CC级为最大投机级，C级为最低级。

我国的债券评级工作正在开展，但尚无统一的债券等级标准和系统评级制度。根据中国人民银行的有关规定，凡是向社会公开发行的公司债券，需要由经中国人民银行认可的资信评级机构进行评信。这些机构对发行债券公司的素质、财务质量、项目状况、项目前景和偿债能力进行评分，以此评定信用等级。

3. 债券的本息偿付

(1) 债券本金的偿还时间分为以下3种情况。①到期偿还。到期偿还包括分批偿还和一次偿还两种。分批偿还债券是指同一债券有不同编号或发行对象，不同编号或发行对象规定了不同的到期日。由于到期日不同，各自的发行价格和票面利率也可能不相同，因而发行费较高，但这种债券便于投资人挑选，有利于发行。一次偿还债券是较为常见的到期一次还本付息的债券。②提前偿还，又称提前赎回，是指在债券尚未到期就予以偿还。只有债券契约明确规定了有关允许提前偿还的条款，公司才可以提前偿还。具有提前偿还条款的债券可使公司融资具有较大的弹性。当公司资金有结余时，可提前赎回债券；当预测利率下降时，公司也可提前赎回债券，而后以较低的利率发行新债券。③滞后偿还。债券到期日之后偿还叫滞后偿还。这种偿还条款一般在债券发行时订立，主要是给予持有人延长持有债券的选择权。滞后偿还主要是转期，转期指将较早到期的债券换成到期日较晚的债券，实际上是将债务的期限延长。常用的办法有两种：一是直接以新债券兑换旧债券；二是用发行新债券得到的资金来赎回旧债券。

(2) 债券本金的偿还形式有以下3种。①现金偿还。现金是较为常见的偿还形式。为了确保在债券到期时有足够的现金偿还，有时公司需要建立偿债基金。例如，债券条款明确规定用偿债基金偿还债券，公司就必须每年提取偿债基金，且不得挪作他用，以保护债券持有者的利益。②以新债券换旧债券。公司之所以要进行债券调换，可能的原因有：原有债券契约订立较多的限制条款不利于公司的发展；合并多次发行但尚未彻底偿清的债务，以减少管理费；债券到期，但公司现金不足。③用普通股偿还债券。在发行可转换债券的情况下，通过将其转换为普通股来偿还债务。

(3) 债券的付息。债券的利息率分为固定利率和浮动利率。浮动利率一般指由发行人选择一个基准利率，按基准利率水平在一定的时间间隔中对债务利率进行调整。付息频率越高，对投资人的吸引力越大。债券付息频率主要有按年付息、按半年付息、按季付息、按月付息和一次性付息(利随本清，贴现发行)5种。

4. 债券筹资的优缺点

(1) 债券筹资的优点。①筹资规模较大。债券筹资属于直接融资，发行对象分布广泛，市场容量相对较大，且不受金融中介机构自身资产规模及风险管理的约束，筹资规模较大。②具有长期性和稳定性。金融机构对长期借款的比例往往会有一定的限制，而债券的期限相对较长，且债券投资者一般不能在债券到期之前向公司索取本金，因而债券筹资方式具有长期性和稳定性的特点。

(2) 债券筹资的缺点。①发行成本高。公司公开发行债券的程序复杂，需要聘请保荐人、会计师、律师、资产评估机构以及资信评级机构等中介，发行成本较高。②信息披露成本高。发行债券需要公开披露募集说明书、审计报告、资产评估报告、资信评级报告等多种文件。债券上市后也需要披露定期报告和临时报告，信息披露成本高。此外，信息披露对保守公司的经营、财务等信息及其他商业机密不利。③限制条款多。发行债券的契约书中的限制条款通常比优先股及短期债务更为严格，可能会影响公司的正常发展和以后的筹资能力。

11.2 普通股筹资

普通股筹资包括内部股权筹资和外部股权筹资，反映在资产负债表上，前者是指留存收益的增加，后者则表现为股本或实收资本的增加(通常伴随资本公积的增加)。初次普通股筹资构成了公司的原始资本，是公司进行债务筹资的基础。

11.2.1 普通股筹资的特点

普通股是相对于优先股而言的，它是一种基本的股票形式，具有股票的一般特征。普通股股东是股份有限公司"真正的主人"，享有公司法所赋予的各项权益。

1. 普通股筹资的优点

与长期债务筹资方式相比，普通股筹资具有以下优点。

(1) 没有固定利息负担。当公司有盈余时，才可能给股东分配股利；如公司盈余较少，或虽有盈余但资金短缺或有更有利的投资机会，就可少支付或不支付股利。

(2) 普通股筹集的资金具有永久性，除非公司终止才可能涉及清算偿还。

(3) 筹资风险小。由于筹集的资金具有永久性，不用支付固定利息，通常不会给公司带来财务负担和财务风险。

(4) 增加公司信誉。权益资本是公司发生债务违约风险的缓冲地带，权益资本越多，债权人的债权越有保障。普通股筹资有利于提高公司的信用价值，增强债务筹资能力。

(5) 筹资资金使用限制较少。利用优先股或债务筹资，通常有许多限制，这些限制往往会影响公司经营的灵活性，而利用普通股筹资则没有这种限制。

2. 普通股筹资的缺点

(1) 普通股的资本成本较高。从投资者的角度讲，投资于普通股风险较高，相应来说要求投资报酬率也较高。对于筹资公司来讲，普通股股利从净利润中支付，不具有抵税作用。此外，普通股的发行费用一般高于其他证券。

(2) 普通股的增资发行会吸收新股东，可能会分散或削弱公司原有股东的控制权。

(3) 如果公司股票上市，需要履行严格的信息披露制度，接受公众的监督，信息披露成本较高，同时还会增加公司保护商业机密的难度。

(4) 股票上市会增加公司被收购的风险。公司股票上市后，尤其是在公司经营或是财务方面出现问题的时候，可能面临被收购的风险。

11.2.2　普通股的发行方式

股票发行遵循公平、公正等原则，必须同股同权、同股同利。同次发行的股票，每股的发行条件和价格应当相同。同时，发行股票还应接受国务院证券监督管理机构的管理和监督。股票的发行方式可依据不同的标准分类。

1. 依据发行对象分类

依据发行对象分类，股票发行方式可以分为公开发行和非公开发行。

(1) 公开发行也称为公募，是指向不特定对象公开募集股份。这种发行方式具有以下优点：发行范围广，发行对象多，易于足额募集资本；股票的变现力强，流通性好；有助于提高发行公司的知名度，扩大其影响力。但这种发行方式也有不足，主要是手续繁杂，发行成本高。

《中华人民共和国证券法》(以下简称《证券法》)规定，公开发行证券，必须符合法律、行政法规规定的条件，并依法报经国务院证券管理机构或国务院授权的部门注册。未经依法注册，任何单位和个人不得公开发行证券。有下列情形之一的，为公开发行：向不特定对象发行证券；向累计超过200人的特定对象发行证券；法律、行政法规规定的其他发行行为。

(2) 非公开发行又称为私募，是指向特定的对象募集股份。这种发行方式弹性较大，发行成本低，但是发行范围小，股票的变现性差。

2. 依据销售方式分类

依据销售方式分类，股票发行方式可以分为直接发行和间接发行。

(1) 直接发行是指发行公司自己承担发行事务和发行风险，直接向认购者出售股票。这种发行方式的优点是发行公司直接控制发行过程，并节省发行费用；缺点是筹资时间长，发行公司承担全部发行风险，需要发行公司有较高的知名度、信誉和实力。

(2) 间接发行又称委托发行，是指发行公司将股票销售业务委托给证券经营机构代理。这种销售方式是股票发行普遍采用的方式。委托销售分为包销和代销。包销是指根据承销协议商定的价格，证券经营机构一次性购进发行公司公开募集的全部股份，然后以较高的价格出售给社会上的认购者。对发行公司来说，包销可及时筹足资本，免于承担发行风险(股款未募足的风险由承销商承担)，但会损失部分发行溢价。代销是指证券经营机构为发行公司代售股票，并由此获得一定的佣金，但不承担发行风险。

我国《证券法》规定，发行人向不特定对象发行的证券，法律、行政法规规定应当由证券公司承销的，发行人应当同证券公司签订承销协议。证券承销业务采取代销或者包销方式，证券的代销、包销期限不得超过90日。股票发行采取代销方式，代销期届满，向投资者出售的股票数量未达到拟公开发行股票数量70%的，为发行失败。

3. 依据增资方式分类

依据增资方式分类，股票发行方式可以分为有偿增资发行、无偿增资发行和搭配增资发行。

(1) 有偿增资发行是指认购者必须按股票的某种发行价格支付现金的一种发行方式。公开增发、配股和定向增发都采用有偿增资的方式。采用这种方式发行股票，可以从外界募集权益资本，增加公司权益资本。

(2) 无偿增资发行是指认购者不必向公司缴纳现金就可获得股票的发行方式。采用这种方式发行股票，不直接从外界募集权益资本，而是依靠减少公司公积金或留存收益来增加公司股本。一般只在分配股票股利、资本公积或盈余公积转增资本时采用。公司按比例将新股无偿发行给原股东，其目的主要是增强股东的信心和公司声誉。

(3) 搭配增资发行是指发行公司向原股东发行新股时，仅让原股东支付发行价格的一部分就可获得一定数额股票的发行方式。比如股东认购面额为100元的股票，仅需支付60元，其余部分由资本公积或留存收益转增，这种发行方式通常是对原有股东的一种优惠。

11.2.3　普通股的发行条件

1. 公开发行普通股

对于公开发行证券，我国《上市公司证券发行管理办法》规定，上市公司的盈利能力应当具有可持续性，符合下列规定：①最近3个会计年度连续盈利。扣除非经常性损益后的净利润与扣除前比，以低者为计算依据；②业务的盈利来源相对稳定，不存在严重依赖控股股东、实际控制人的情形；③现有主营业务和投资方向能够可持续发展，经营模式和投资计划稳健，主要产品或服务的市场前景良好，行业经营环境和市场需求不存在现实或可预见的重大不利变化；④高级管理人员和核心技术人员稳定，最近12个月内未发生重大不利变化；⑤公司重要资产、核心技术或其他重大权益取得合法，能够持续使用，不存在现实或可预见的重大不利变化；⑥不存在可能严重影响公司持续经营的担保、诉讼、仲裁或其他重大事项；⑦最近24个月内曾公开发行证券的，不存在发行当年营业利润比上年下降50%以上的情形。

上市公司的财务状况良好,符合下列规定:①会计基础工作规范,严格遵循国家统一会计制度的规定。②最近3年及一期财务报表未被注册会计师出具保留意见、否定意见和无法表示意见的审计报告;被注册会计师出具带强调说明段的无保留意见审计报告的,所涉及的事项对发行人无重大不利影响或者在发行前重大不利影响已经消除。③资产质量良好。不良资产不足以对公司财务状况造成重大不利影响。④经营成果真实,现金流量正常。营业收入和成本费用的确认严格遵循国家有关企业会计准则的规定,最近3年资产减值准备计提充分合理,不存在操纵经营业绩的情形。⑤最近3年以现金方式累积分配的利润不少于最近3年实现的年均可分配利润的30%。

2. 非公开发行普通股

对于非公开发行证券,我国《上市公司证券发行管理办法》规定,非公开发行股票的特定对象应符合下列规定:①特定对象符合股东大会决议规定的条件;②发行对象不超过35名。发行对象为境外战略投资者的,应遵守国家的相关规定。

11.2.4 普通股的发行定价

股票发行价格通常有等价、时价和中间价3种。等价是指以股票面额为发行价格,也称平价发行或面值发行。时价是以公司原发行同种股票的现行市场价格为基准来选择增发新股的发行价格,也称市价发行。中间价是取股票市场价格与面额的中间值作为发行价格。发行价格通常会根据公司经营业绩、净资产、发展潜力、发行数量、行业特点、股市状态等确定。

值得注意的是,以中间价和时价发行都可能是溢价发行,也可能是折价发行。但我国《公司法》规定公司发行股票不准折价发行。根据我国《证券法》的规定,股票发行采取溢价发行的,其发行价格由发行人与承销的证券公司协商确定。我国《上市公司证券发行管理办法》规定,公开增发股票的发行价格,应不低于公告招股意向书前20个交易日公司股票均价或前一个交易日的均价;非公开发行股票的发行价格不低于定价基准日前20个交易日公司股票均价的80%。

11.2.5 普通股的首次公开发行

普通股的首次公开发行(initial public offering,IPO)是指股份有限公司首次向社会公众发售股票。

1. 发行条件

对于普通股的首次公开发行,除符合前述公开发行的基本条件外,《首次公开发行股票并上市管理办法》还规定,发行公司应当是依法设立且合法存续的股份有限公司。经国务院批准,有限责任公司在依法变更为股份有限公司时,可以采取募集设立方式公开发行股票。发行公司自股份有限公司成立后，持续经营时间应当在3年以上，但经国务院批准的除外。有限责任公司按原账面净资产值折股整体变更为股份有限公司的，持续经营时间可以从有限责任公司成立之日起计算。发行公司应符合以下条件：①最近3个会计年度净利润均为正数且累积超过3 000万元人民币，净利润以扣除非经常性损益前后较低者为计算依据；②最近3个会计年度经营活动产生的现金流量净额累积超过5 000万元人民币，或者最近3个会计年度营业收入累积超过3亿元人民币；③发行前股本总额不少于3 000万元人民币；④最近一期末无形资产(扣除土地使用权、水面养殖权和采矿权等后)占净资产的比例不高于20%；⑤最近一期末不存在未弥补亏损。

发行公司不得有下列影响持续盈利能力的情形：①发行公司经营模式、产品或服务的品质结构已经或者将发生重大变化，并对发行公司持续盈利能力构成重大不利影响；②发行公司的行业地位或所处行业的经营环境已经或者将发生重大变化，并对发行公司的持续盈利能力构成重大不利影响；③发行公司最近1个会计年度的营业收入或净利润对关联方或者重大不确定性的客户存在重大依赖；④发行公司最近1个会计年度的净利润主要来自合并财务报表范围以外的投资收益；⑤发行公司在用的商标、专利、专有技术以及特许使用权等重要资产或技术的取得或者使用存在重大不利变化的风险；⑥其他可能对发行公司持续盈利能力构成重大不利影响的情形。

2. 发行定价

首次公开发行股票可以通过向网上投资者询价方式确定股票发行价格，也可以通过发行公司与主承销商自主协商直接定价等其他合法可行的方式确定发行价格。

11.2.6　股权再融资

股权再融资(seasoned equity offering，SEO)是指上市公司在首次公开发行后，再次发行股票进行股权融资的行为。股权再融资的方式包括配股和增发新股。配股是指向原普通股股东按其持股比例、以低于市价的某一特定价格配售一定数量新发行股票。增发新股是指上市公司面向不特定性对象的公开增发和面向特定对象的非公开增发(也称为定向增发)。其中，配股和公开增发属于公开发行，非公开增发属于非公开发行。

1. 配股

(1) 配股权。配股权是指原普通股股东享有的按其持股比例、以低于市价的某一特定价格优先认购一定数量新发行股票的权利。配股权是普通股股东的优惠权，实际上是一种短期的看涨期权。配股权通常在某一股权登记日前发放，在此之前的股东享有配股权，即此时股票的市场价格中含有配股权的价值。

(2) 配股目的。①不改变原股东的持股比例和享有的各种权利；②发行新股将导致短期内每股收益稀释和股价下跌，通过折价配售的方式可以给老股东一定的补偿；③鼓励老股东认购新股，以增加发行量。

(3) 配股条件。上市公司向原股东配股的，除满足前述公开发行的基本条件外，我国《上市公司证券发行管理办法》还规定：①拟配售股份数量不超过本次配售股份前股本总额的30%；②控股股东应当在股东大会召开前公开承诺认配股份的数量；③采用证券法规定的代销方式发行。控股股东不履行认配股份的承诺，或者代销期届满，原股东认购股票的数量未达到拟配售数量70%的，发行人应当按照发行价并加算银行同期存款利息返还已经认购的股东。

(4) 配股价格。配股一般采取网上定价发行的方式，配股价格由主承销商和发行人协商确定。

(5) 除权价格。通常配股股权登记日后，配股除权参考价格为

配股除权参考价格=(配股前股权市值+配股价格×配股数量)/(配股前股数+配股数量)

=(配股前每股价格+配股价格×股份变动比例)/(1+股份变动比例)

当所有股东都参与配股时，股份变动比例(即实际配售比例)等于拟配售比例。

如果除权后股票交易市价高于该除权参考价，这种情形使得参与配股的股东财富较配股前有所增加，一般称之为填权；股价低于除权参考价则会减少参与配股股东的财富，一般称之为贴权。

(6) 每股股票配股权价值。一般来说，配股权的执行价格低于当前股票价格，因此配股权具有价值。利用除权参考价可以估计每股股票配股权价值，计算公式为

每股股票配股权价值=(配股除权参考价−配股价格)/获得一股配股权所需的股数

【例11-2】A公司采用配股的方式进行融资。20×1年3月21日为配股除权登记日，以公司20×0年12月31日总股本100 000股为基数，拟每10股配2股。配股价格为配股说明书公布前20个交易日公司股票收盘价平均值5元/股的80%，即配股价格为4元/股。

假定在分析中不考虑新募集投资的净现值引起的股权价值变化，计算并分析：①在所有股东均参与配股的情况下，配股后每股的基准价格；②每股股票的配股权价值；③假设某股东拥有10 000股A公司股票，参与或不参与配股对其财富有哪些影响？

问题①：以4元/股的价格发行了20 000股新股，筹集80 000元，由于不考虑新投资的净现值引起的股权价值的变化，普通股总市场价值计入本次配股融资的金额，配股后股票的价格应等于配股除权价格，则

配股后每股价格=(500 000+20 000×4)/(100 000+20 000)=4.833(元/股)

问题②：由于原有股东每拥有10股股票将得到2股配股权，认购1股新股需要持有5股股票，因此每股股票的配股权价值为0.167元[(4.833−4)/5]。

问题③：该股东配股前价值为50 000元。如果所有股东都行使了配股权参与配股，该股东配股后股权总价值为58 000元。也就是说，该股东花费8 000元(4×2 000)参与配股，持有的股票价值增加了8 000元，财富没有变化。但如果该股东没有参与配股，配股后股票的价格为4.847元/股[(500 000+18 000×4)/(100 000+18 000)]。该股东配股后仍持有10 000股A公司股票，则股票价值为48 470元(4.847×10 000)，财富损失了1 530元(50 000−48 470)。

2. 增发新股

公开增发没有特定的发行对象，而非公开发行的对象主要是机构投资者与大股东及关联方。机构投资者大体可以划分为财务投资者和战略投资者。其中，财务投资者通常是以短期获利为目的，通过短期持有上市公司股票适时套现获利的法人，他们一般不参与公司的重大战略决策。战略投资者通常是指与发行人具有合作关系或有合作意向和潜力，并愿意按照发行人配售要求与发行人签署战略投资配售协议的法人，他们与发行公司业务联系紧密且希望长期持有发行公司股票。上市公司通过非公开增发引入战略投资者，不仅能获得战略投资者的资金，还有助于引入其管理理念与经验，改善公司治理。大股东及关联方是指上市公司的控股股东或关联方。一般来说，采取非公开增发的形式向控股股东认购资产，有助于上市公司与控股股东进行股权与资产置换，进行股权和业务整合，同时能进一步增强控股股东对上市公司的控制权。

(1) 公开增发。公开增发除应满足前述公开发行的基本条件外，还应当符合以下规定：最近3个会计年度加权平均净资产收益率平均不低于6%，扣除非经常性损益后的净利润与扣除前的净利润相比，以低者作为加权平均净资产收益率的计算依据；除金融公司外，最近一期期末不存在持有金额较大的交易性金融资产和可供出售的金融资产、借予他人款项、委托理财等财务性投资的情形。

公开增发新股的认购方式通常为现金认购。

【例11-3】某上市公司20×1—20×3年度部分财务数据如表11-1所示，据此判断该上市公司是否满足公开增发股票的基本条件。

表11-1 某上市公司20×1—20×3年度部分财务数据

项目	20×1年度	20×2年度	20×3年度
归属于上市公司股东的净利润/万元	55 000	19 000	31 000
归属于上市公司股东的扣除非经常性损益的净利润/万元	53 000	17 000	25 000
加权平均净资产收益率/%	31.75	8.57	12.46
扣除非经常性损益后的加权平均净资产收益率/%	30.96	7.91	10.28
每股现金股利(含税)/元	0.1	0.04	0.06
当年股利分配股本基数/万元	60 000	60 000	60 000
当年实现可供分配利润/万元	49 600	18 400	29 600

首先，依据我国《上市公司证券发行管理办法》，上市公司公开增发对公司盈利持续性与盈利水平的基本要求为：最近3个会计年度连续盈利(扣除非经常性损益后的净利润与扣除前的净利润相比，以低者作为计算依据)；最近3个会计年度加权平均净资产收益率平均不低于6%(扣除非经营性损益后的净利润与扣除前的净利润相比，以低者作为加权平均净资产报酬率的计算依据)。

该公司20×1—20×3年3个会计年度连续盈利，且加权平均权益净利率均高于6%。

其次，依据我国《上市公司证券发行管理办法》，上市公司公开增发对公司现金股利分配水平的基本要求是最近3年以现金方式累计分配的利润不少于最近3年实现的年均

可分配利润的30%，则

该上市公司20×1—20×3年3个会计年度累计分配现金股利

$$=\Sigma(各年度每股现金股利\times当年股利分配的股本基数)$$

$$=(0.1+0.04+0.06)\times60\,000=12\,000(万元)$$

该上市公司20×1—20×3年3个会计年度实现的年均可分配利润

$$=(49\,600+18\,400+29\,600)/3=32\,533.33(万元)$$

该上市公司20×1—20×3年3个会计年度以现金方式累计分配的利润占最近3年实现的年均可分配利润的比重=12 000/32533.33=36.89%>30%。

依据上述条件，20×4年该上市公司满足公开增发再融资的基本条件。

【例11-4】假设A公司总股本的股数为10亿股，现公开增发2亿股，增发前1个交易日股票市价为5元/股，老股东和新股东各认购了1亿股。假设不考虑新募集资金投资的净现值引起的公司价值变化，在增发价格分别为5.5元/股、5元/股、4.5元/股的情况下，老股东或新股东的财富将分别有什么变化？

以5.5元/股的价格发行2亿股新股，筹集了11亿元(2×5.5)，由于不考虑新投资的净现值引起的公司价值变化，普通股总市场价值增加了11亿元，则

$$增发后每股价格=(5\times10+11)/(10+2)=5.083(元/股)$$

$$老股东财富变化:5.083\times(10+1)-(5\times10+1\times5.5)=0.413(亿元)$$

$$新股东财富变化:5.083\times1-1\times5.5=-0.417(亿元)$$

可见，如果增发价格高于市价，老股东的财富增加0.413亿元，新股东的财富减少0.417亿元。

同理可以计算出，增发价格为5元/股的时候，老股东和新股东的财富没有变化；增发价格为4.5元/股时，新股东的财富增加0.417亿元，老股东的财富减少0.413亿元。

(2) 非公开增发。根据我国《上市公司证券发行管理办法》的规定，非公开发行股票的发行价格应不低于定价基准日前20个交易日股票均价的80%。定价基准日前20个交易日股票交易均价的计算公式为

定价基准日前20个交易日股票交易均价=定价基准日前20个交易日股票交易总额/定价基准日前20个交易日股票交易总量

对于以进行重大资产重组或者引进长期战略投资为目的的非公开发行，可以在董事会、股东大会阶段事先确定发行价格；对于以筹集资金为目的的发行，应当在取得发行核准批准文后采取竞价方式定价。

非公开增发新股的认购方式不限于现金，还包括股权、债务、无形资产、固定资产等非现金资产。通过非现金资产认购的非公开增发往往以重大资产重组或者引进长期战略投资为目的，因此非公开增发除了能为上市公司带来资金外，往往还能带来具有盈利能力的资产，提升公司管理水平，优化上下游业务等。但需要注意的是，使用非现金资产认购股份有可能会造成通过不公平资产定价等手段侵害中小股东利益的现象。

【例11-5】某上市公司为扩大经营规模，解决经营性项目的融资问题，决定在20×3年实施股权再融资计划。一方面，拟采取现金支付方式取得原大股东及3家非关联方公司持有的其他公司的相关经营资产，即相当于把上述几家公司持有的相关经营资产注入该公司；另一方面，希望采取现金增发的形式补偿资金。但依据表11-2提供的财务数据，该公司在过去3年内的加权平均净资产收益率和现金股利分配均不满足公开募集现金的基本条件，因此，该公司拟采取资产认购与现金认购组合形式的非公开增发方案。

表11-2　某上市公司20×0—20×2年度部分财务数据

项目	20×0年	20×1年	20×2年
归属于上市公司股东的净利润/万元	2 832	8 167	23 820
归属于上市公司股东的扣除非经常性损益的净利润/万元	1 672	4 313	9 210
加权平均净资产收益率	1.82%	5.04%	11.97%
扣除非经常性损益后的加权平均净资产收益率	1.58%	3.93%	6.64%
现金股利分配	无	无	无

该公司《非公开发行股票发行情况报告及股份变动公告书》披露的信息显示，在20×3年1月份完成此次非公开增发共计12 500万股，募集资金总额89 250万元，扣除发行费用1756.5万元后，募集资金净额为87 493.5万元。其中，一部分是该公司向原控股股东及3家非关联公司以资产认购的形式发行的股份，共计80 401 951股，募集资金57 407万元；另一部分是5家机构投资者(基金公司)以现金形式认购本公司的股份，共计44 598 049股，募集现金总额31 843万元。

该公司本次非公开增发的发行价格等于发行底价，为定价基准日(本次非公开发行股份的董事会决议公告日)前20个交易日公司股票均价的90%，即7.14元/股。

本次非公开发行完成后，将会使公司的股本和资本公积发生变化。其中，采取资产认购的部分，按照1元/股的面额计入股本，其认购资产价格高出面额部分计入资本公积，即股本增加额=1×80 401 951=80 401 951(元)，资本公司增加额=(7.14−1)×80 401 951=493 667 979.14(元)。采取现金认购部分，股本增加额=1×44 598 049=44 598 049(元)，资本公司增加额=(7.14−1)×44 598 049=273 832 020.86(元)。

此次非公开增发完成后，公司股本增加额=80 401 951+44 598 049=125 000 000(元)，资本公积增加额=资产认购部分增加的资本公积+现金认购部分增加的资本公积−发行相关费用=493 667 979.14+273 832 020.86−17 565 000=749 935 000(元)。

该上市公司在完成本次非公开增发后，原控股股东的持股比例增加到26.33%，对公司的控制权进一步加强。控股股东在此次非公开增发前的持股数量为63 407 989股，占总股本的比例为19.86%，此次非公开增发认购53 531 600股，占总股本的比例为26.33%。该公司分别通过资产认购方式和现金认购方式，引入3家非关联公司(承诺此次非公开增发结束后36个月内不得转让其所持有的股份)和5家机构投资者(承诺此次非公开增发结束后12个月内不得转让其所持有的股份)成为公司股份持有者，在实现所有权结构多元化的同时，也有助于改善公司的治理结构。

3. 股权再融资对公司的影响

一般来说，股权再融资对公司产生的影响主要包括以下两方面。

(1) 对公司资本结构和公司价值的影响。一般来说，权益资本成本高于债务资本成本，采用股权再融资会降低资产负债率，并可能会使公司资本成本增加。但如果股权再融资有助于公司目标资本结构的实现，能增强公司的财务稳健性，降低债务的违约风险，就会在一定程度上降低公司的加权平均资本成本，增加公司的整体价值。

在公司营运及盈利状况不变的情况下，采用股权再融资的形式筹集资金会降低公司的财务杠杆水平，并降低净资产报酬率。但公司如果能将股权再融资筹集的资金投资于具有良好发展前景的项目，获得正的投资净现值，就有利于增加公司价值。

(2) 对控制权的影响。就配股而言，由于全体股东具有相同的认股权利，控股股东只要不放弃认购权利，就不会削弱控制权。公开增发会引入新股东，股东的控制权受到增发认购数量的影响。就非公开增发而言，若对财务投资者和战略投资者增发，则会降低控股股东的控股比例，但财务投资者和战略投资者大多与控股股东有良好的合作关系，一般不会对控股股东的控制权构成威胁。若面向控股股东的增发是为了获得其优质资产或实现集团整体上市，则会提高控股股东的控股比例，增强控股股东对上市公司的控制权。

11.3 基本证券估值

11.3.1 债券估值

1. 债券估值模型

(1) 债券估值的基本模型。典型的公司债券具有利率固定、每年计算并支付利息、到期归还本金的特征。按照这种模式，债券估值的基本模型为

$$债券价值＝各期利息的现值＋到期面值的现值$$

$$V_d = I(P/A, r_d, n) + M(P/F, r_d, n)$$

【例11-6】某公司拟于20×1年5月1日发行面额为1 000元的债券，其票面利率为8%，每年5月1日计付一次利息，并于5年后的4月31日到期。等风险债券的市场利率为10%，则该债券价值为多少？

$$V_d = 80 \times (P/A, 10\%, 5) + 1\,000 \times (P/F, 10\%, 5)$$

$$= 80 \times 3.791 + 1\,000 \times 0.621 = 924.28(元)$$

当公司以此作为发行价格折价发行时，求解到期收益率(内含报酬率)。

$$924.28 = 80 \times (P/A, IRR, 5) + 1\,000 \times (P/F, IRR, 5)$$

$$IRR = 10\%$$

这表明公司制定的发行价格刚好满足投资者对必要报酬率的要求。

(2) 平息债券的估值模型。平息债券是指在到期时间内平均支付利息的债券。支付频率可能是一年一次、半年一次或每季度一次等。上述典型的公司债券属于平息债券的一种。平息债券价值的计算公式为

$$债券价值(V_d) = I/m \times (P/A, r_d/m, m \times n) + M \times (P/F, r_d/m, m \times n)$$

式中：m 表示年付利息次数。

【例11-7】债券面值为1 000元，票面利率为10%，每半年支付一次利息，5年到期，假设等风险每半年付息债券的市场利率为12%，每半年计息时按票面利率的1/2计算利息，即按5%计息，同样半年期的折现率按给出的年折现率的1/2，即6%确定，求该债券价值。

$$V_d = 50 \times (P/A, 12\%/2, 5 \times 2) + 1\,000 \times (P/F, 12\%/2, 5 \times 2)$$
$$= 50 \times 7.3601 + 1\,000 \times 0.5584 = 926.41(元)$$

对于一年付息多次的平息债券，按惯例，给出的票面利率是按年计算的报价利率，实际付息时，报价利率除以年付息次数作为计息期利率。但是，如果公司拟将发行的每年付息的债券改为一年付息多次的债券，年付息债券的票面利率能作为一年付息多次债券的报价利率(票面利率)吗？答案是否定的。

沿用【例11-7】的数据，假设将拟发行的每年付息一次、票面利率为10%的债券改为每半年付息一次，则年付息债券的票面利率能作为半年付息债券的票面利率(或报价年利率)吗？如果不能，半年付息债券的票面利率如何确定？

如果以年付息债券的票面利率作为半年付息债券报价年利率，即5%为半年利率，则

$$半年付息债券年末付息成本 = 1\,000 \times 5\% \times (1 + 5\%) + 1\,000 \times 5\%$$

$$年付息债券的年末付息成本 = 1\,000 \times 10\%$$

比较两者每年年末的利息成本，显然，半年付息债券的年末付息成本要高于年付息债券的年末付息成本，因而应调整半年付息债券半年计息利率，即调整半年付息债券的报价年利率，以使两者年末付息成本相同。

假设 r 为半年付息债券的报价年利率，则

$$1\,000 \times (r/2) \times (1 + r/2) + 1\,000 \times (r/2) = 1\,000 \times 10\%$$

公式推导如下

$$(r/2) \times (1 + r/2) + (r/2) = 10\%$$
$$(r/2)^2 + 2(r/2) + 1 - 1 = 10\%$$
$$[1 + (r/2)]^2 = 1 + 10\%$$

半年付息债券的报价年利率 $(r) = 2 \times [(1 + 10\%)^{1/2} - 1] = 9.76\%$

将票面利率10%的年付息债券改为半年付息债券，半年付息债券的票面利率(报价年利率)应调整为9.76%，同时指明半年付息。这样才能使半年付息债券与年付息债券的年付息成本相同，实现经济上的等效，即

$$1\,000 \times 4.88\% \times (1 + 4.88\%) + 1\,000 \times 4.88\% = 1\,000 \times 10\%$$

本例中，每年付息债券的票面利率(10%)为有效年利率。所谓有效年利率是指按照给定的计息期利率和每年计息次数计算利息时，能够产生相同结果的每年计息一次的年利率。

假设年付息债券改为年付息n次的债券，则债券的年末利息成本为

$$年末利息成本 = 1\,000 \times (r/n) \times (1+r/n)^{n-1} + ... + 1\,000 \times (r/n) \times (1+r/n)^0$$
$$= 1\,000 \times (r/n) \times (F/A, r/n, n)$$

令年付息n次债券的年末付息成本等于年付息债券的年末付息成本，即$1\,000 \times (r/n) \times (F/A, r/n, n) = 1000 \times 10\% = 100$，则

$$(r/n) \times (F/A, r/n, n) = 0.1$$

假设$n=4$，采用"逐步测试法"，令$r/4 = 2\%$，$(r/4) \times (F/A, r/4, 4) = 2\% \times 4.12 = 0.0824 < 0.1$；令$r/4 = 3\%$，$(r/4) \times (F/A, r/4, 4) = 3\% \times 4.18 = 0.1254 > 0.1$

采用"插值法"求解，年付息4次债券报价年票面利率(r)应调整为8.68%。

根据上述分析，可得出分期付息，一次还本债券的有效年利率的一般计算公式为

$$有效年利率 = (报价年利率/n) \times (F/A, 报价年利率/n, n)$$

对于到期一次还本付息的复利计息债券，有效年利率的一般计算公式为

$$票面金额 \times (1 + 有效年利率) = 票面金额 \times (报价年利率/n + 1)^n$$
$$有效年利率 = (报价年利率/n + 1)^n - 1$$

同样，当一年内要折现多次时，给出的债券年折现率也是报价折现率，报价折现率除以年内折现次数得出折现期折现率。债券估值使用的折现率(必要报酬率)为等风险债券的市场利率，给出的等风险债券的市场利率为年利率，而不是折现期利率。依据同样原理，按经济等效原则，一年内要折现多次的债券应使用一年内计息多次等风险债券的计息期利率作为折现期折现率来估算其价值，否则会失去估值的科学性。

沿用【例11-7】的数据，假设例题给出的是等风险年付息债券的市场利率(12%)，年付息一次债券改为每半年付息一次，则半年付息债券的报价折现率如何确定？半年付息债券的报价年利率为9.76%，债券的价值为多少？

$$等风险半年计息债券报价年利率 = 2 \times [(1+12\%)^{1/2} - 1] = 11.66\%$$
$$债券的价值 V_d = 48.8 \times (P/A, 11.66\%/2, 5\times2) + 1\,000 \times (P/F, 11.66\%/2, 5\times2)$$
$$= 48.8 \times (P/A, 5.83\%, 10) + 1\,000 \times (P/F, 5.83\%, 10)$$
$$= 48.8 \times 7.4216 + 1\,000 \times 0.5678 = 929.97(元)$$

(3) 纯贴现债券。纯贴现债券是指发行人承诺在到期日按面值还本付息，在到期日前不支付利息，也没有标明票面利率的债券，也称为零息债券。纯贴现债券没有标明利息计算规则的，通常采用按年计息的复利计算规则。纯贴现债券价值的计算公式为

$$债券价值(V_d) = M \times (P/F, r_d, n)$$

【例11-8】有一种20年期的纯贴现债券，面值为1 000元，假设年折现率为10%，求该债券的价值。

$$V_d = 1\,000 \times (P/F, 10\%, 20) = 148.6(元)$$

2. 流通债券的估值

流通债券是指已发行并在二级市场上流通的债券。

流通债券的特点：①剩余期限短于债券期限；②估值时点不在发行日，可以是到期日前的任何时点，会产生"非整数计息期"的问题。

流通债券的估值方法有两种：①以现在为折算时间点，历年现金流量按非整数计息期折现，如图11-1所示。②以最近一次付息时间(或最后一次付息时间)为折算时间点，计算历次现金流量现值，然后将其折算到现在时点，如图11-2所示。

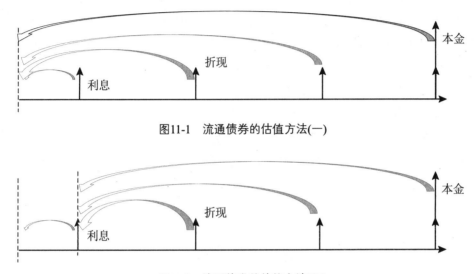

图11-1　流通债券的估值方法(一)

图11-2　流通债券的估值方法(二)

【例11-9】有一种面值为1 000元的债券，票面利率为8%，每年支付一次利息，20×1年5月1日发行，20×6年5月1日到期。假设现在是20×4年4月1日，年折现率为10%，该债券的价值是多少？

第一种计算方法：分别计算4笔现金流入的现值，然后求和。由于计息期数不是整数，而是1/12，13/12、25/12，计算比较麻烦。

$20×4$年4月1日的价值 $=80/(1+10\%)^{1/12}+80/(1+10\%)^{13/12}+(80+1\ 000)/(1+10\%)^{25/12}=1\ 037$(元)

第二种计算方法：先计算20×4年5月1日的价值，然后将其折算为4月1日的价值。

$20×4$年5月1日的价值 $=80+80×(P/A, 10\%, 2)+1\ 000×(P/F, 10\%, 2)$

$=80+80×1.7355+1\ 000×0.8264=1\ 045.24$(元)

$20×4$年4月1日价值 $=1\ 045.24/(1+10\%)^{1/12}=1\ 037$(元)

流通债券的价值在两个付息日之间呈周期性变动。如果发行后市场利率不变，对于折价发行债券来说，发行后价值逐渐提升，在付息日由于付息而价值下降，然后又逐渐上升，总体趋势是波动上升，如图11-3所示。越临近付息日，利息的现值越大，债券价值有可能超过面值。付息日后债券的价值下降，会低于面值。

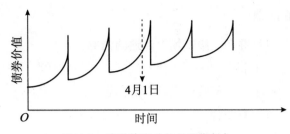

图11-3　流通债券价值的周期性

对于平息债券，在折现率保持不变的情况下，不管它是高于还是低于票面利率，债券价值随到期时间的缩短逐渐向债券面值靠近，至到期日债券价值等于债券面值，如图11-4所示。当折现率高于票面利率时，债券会折价发行，随着时间向到期日靠近，债券价值逐渐提高，最终等于债券面值；当折现率等于票面利率时，债券会平价发行，债券价值一直等于票面价值；当折现率低于票面利率时，债券会溢价发行，随着时间向到期日靠近，债券价值逐渐下降，最终等于债券面值。图11-4显示的是连续支付利息的情景，或者说是支付期无限小的情景。如果不是这样，而是每间隔一段时间支付一次利息，债券价值会呈现周期性波动，例如前文提及的流通债券价值的周期性波动情况。

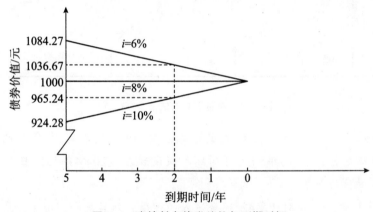

图11-4　连续付息债券价值与到期时间

沿用【例11-7】的数据，如果到期时间缩短至2年，在年折现率等于10%的情况下，债券价值为

$$V_d=80\times(P/A,\ 10\%,\ 2)+1\ 000\times(P/F,\ 10\%,\ 2)$$
$$=80\times1.7355+1\ 000\times0.8264$$
$$=965.24(元)$$

在年折现率为10%并维持不变的情况下，到期时间为5年时，债券价值为924.28元，3年后到期时间为2年时债券价值上升至965.24元，向面值1 000元靠近了。

如果折现率为6%，到期时间为2年时，债券价值为

$$V_d=80\times(P/A,\ 6\%,\ 2)+1\ 000\times(P/F,\ 6\%,\ 2)$$
$$=80\times1.8334+1\ 000\times0.8900$$
$$=1\ 036.67(元)$$

在年折现率为6%并维持不变的情况下，到期时间为5年时，债券价值为1 084.72元，3年后下降至1 036.67元，向面值1 000元靠近了。

在折现率为8%并维持不变的情况下，到期时间为2年时，债券价值为

$$V_d = 80 \times (P/A, 8\%, 2) + 1\,000 \times (P/F, 8\%, 2)$$
$$= 80 \times 1.7833 + 1\,000 \times 0.8573$$
$$= 1\,000(元)$$

当折现率等于票面利率时，到期时间的缩短对债券价值没有影响。

从上述计算中可以看出，如果折现率从8%上升到10%，债券价值从1 000元降至924.28元，下降了7.6%。当到期时间为2年时，折现率从8%上升至10%，债券价值从1 000元降至965.24元，仅下降3.5%。

综上所述，对于平息债券，当折现率保持至到期日不变时，随着到期时间的缩短，债券价值逐渐接近其票面价值。如果付息期无限小，则债券价值表现为一条直线。

如果折现率在债券发行后发生变动，债券价值也会因此而变动。随着到期时间的缩短，折现率变动对债券价值的影响越来越小，即债券价值对折现率特定变化的反应越来越不灵敏。

3. 债券预期报酬率

分析债券的预期报酬率(内含报酬率)的目的是判断债券的预期报酬率是否达到投资者的要求。债券的预期报酬率通常用到期收益率来衡量。到期收益率是指以特定价格购买债券并持有至到期日所能获得的报酬率，它是使未来现金流量现值等于债券购入价格的折现率(内含报酬率)。计算到期收益率的方法是求解含有折现率的方程，即

债券购买价格＝每年利息×年金现值系数＋到期本金×复利现值系数

【例11-10】某公司20×1年2月1日用平价购买面值为1 000元的债券，票面利率为8%，每年2月1日支付一次利息，于5年后1月31日到期，公司持有该债券至到期日，计算其到期收益率。

$$1\,000 = 80 \times (P/A, IRR_d, 5) + 1\,000 \times (P/F, IRR_d, 5)$$

首先采用试误法来计算。

用$i = 8\%$试算，等式右边为

$$80 \times (P/A, 8\%, 5) + 1\,000 \times (P/F, 8\%, 5)$$
$$= 80 \times 3.9927 + 1\,000 \times 0.6806$$
$$= 1\,000(元)$$

可见，平价购买的每年付息一次的债券的到期收益率等于票面利率。

其次，假设债券的价格高于面值，则情况将发生变化。例如，买价是1 105元，则

$$1\,105 = 80 \times (P/A, IRR_d, 5) + 1\,000 \times (P/F, IRR_d, 5)$$

通过前面试算已知，当$i=8\%$时，等式右边为1 000元，小于1 105元，可判断报酬率低于8%，降低折现率进一步试算。

用$i=6\%$试算，等式右边为

$$80\times(P/A, 6\%, 5)+1\,000\times(P/F, 6\%, 5)$$
$$=80\times4.212+1\,000\times0.747$$
$$=336.96+747$$
$$=1\,083.96(元)$$

由于折现结果仍小于1 105，还应进一步降低折现率。

用$i=5\%$试算，等式右边为

$$1\,000\times8\%\times(P/A, 5\%, 5)+1\,000\times(P/F, 5\%, 5)=1\,130.32(元)$$

折现结果高于1 105元，可判断预期实际收益率介于5%和6%之间。

采用插值法求解$\mathrm{IRR_d}$，则

$$\mathrm{IRR_d}=5\%+(1\,130.32-1\,105)/(1\,130.32-1\,083.96)\times(6\%-5\%)=5.58\%$$

从【例11-10】可以看出，如果买价和面值不等，则预期报酬率(到期收益率)和票面利率不同。

11.3.2　普通股价值评估

1. 普通股估值的基本模型

按照现金流量折现的思想，股权经济价值是指预期能够提供给持有者的未来现金净流入量的现值。股票带给持有者的现金流入包括两部分，即股利收入和出售时的售价。股票的内在价值由一系列股利和将来出售股票时的售价的现值所构成。

如果股东永远持有股票，他只获得股利，这是一种永续的现金流入，现金流入的现值就是股票的价值，则

$$V_{\mathrm{S}}=\sum_{t=1}^{\infty}\frac{D_t}{(1+K)^t}=\sum_{t=1}^{\infty}D_t(P/F,K,t)$$

式中：V_{S}表示普通股价值；D_t表示第t年的股利；K表示年折现率，即投资必要报酬率。

如果投资者不打算永久持有该股票，而在一段时间后出售，股票带给持有者的现金流入包括两部分，即现金股利收入和出售时的股价，则

$$V_{\mathrm{S}}=\sum_{t=1}^{n}\frac{D_t}{(1+K)^t}+\frac{P_n}{(1+K)^n}=\sum_{t=1}^{n}D_t(P/F,K,t)+P_n(P/F,K,n)$$

因此，买入时的价格P_0(第一年的股利现值加上一年后股价的现值)和一年后的价格P_1(第二年股利在第二年年初的价值加上第二年年末股价在第二年年初的价值)为

$$P_0=\frac{D_1}{(1+K)}+\frac{P_1}{(1+K)}$$

$$P_1 = \frac{D_2}{(1+K)} + \frac{P_2}{(1+K)}$$

将P_1的公式代入P_0的公式，则

$$P_0 = \frac{D_1}{(1+K)} + (\frac{D_2}{1+K} + \frac{P_2}{1+K})/(1+K) = \frac{D_1}{(1+K)} + \frac{D_2}{(1+K)^2} + \frac{P_2}{(1+K)^2}$$

如果继续上述代入过程，则可得出

$$V_S = \sum_{t=1}^{\infty} \frac{D_t}{(1+K)^t} = \sum_{t=1}^{\infty} D_t (P/F, K, t)$$

这就是股票估值的基本模型。它在实际应用时，面临的主要问题是如何预计未来每年的股利，以及如何确定折现率。

股利取决于每股盈利和股利支付率两个因素。估计方法是对历史资料进行统计分析，如回归分析、时间序列趋势分析等。股票估值基本模型要求无限期地预计历年的股利(D_t)，实际上不可能做到。因此，应用的都是各种简化模型，如每年股利相同或固定比率增长等。

2. 零增长股票的价值

假设未来股利不变，其支付过程是一个永续年金，则股票价值为

$$V_S = D/K$$

【例11-11】假设发行公司每年分配股利2元/股，股票必要报酬率为16%，请计算该公司股票的内在价值。

$$V_S = 2/16\% = 12.5(元)$$

这就是说，该股票每年会带来2元/股的收益，在市场利率为16%的条件下，其价值是12.5元/股。当然，市场上的股价不一定就是12.5元/股，还要看投资人对风险的态度，可能高于或低于12.5元/股。如果当时的市价不等于股票价值，例如市价为12元/股，每年固定股利为2元/股，则其期望报酬率为

$$IRR_S = 2/12 \times 100\% = 16.67\%$$

可见，市价低于股票价值时，期望报酬率高于必要报酬率。

3. 固定增长股票的价值

有些公司的股利是不断增长的，假设其增长率(g)是固定的，则股票价值的估计方法如下：假设某公司今年的股利为D_0，则t年的股利应为

$$D_t = D_0(1+g)^t$$

若$D_0 = 2$，$g = 10\%$，则5年后的每年股利为

$$D_t = D_0(1+g)^5 = 2 \times (1+10\%)^5 = 2 \times 1.6105 = 3.22(元/股)$$

固定成长股票的股价计算公式为

$$V_S = \sum_{t=1}^{\infty} \frac{D_t}{(1+K)^t} = \sum_{t=1}^{\infty} D_0(1+g)^t / (1+K)^t$$

当 g 为常数，并且当 $K>g$ 时，上式可简化为

$$V_s \approx D_0(1+g)/(K-g) = D_1/(K-g)$$

【例11-12】某股票的必要报酬率为16%，年增长率为12%，请计算该公司股票的内在价值。

$$D_0 = 2元, \quad D_1 = 2 \times (1+12\%) = 2 \times 1.12 = 2.24(元/股)$$

则股票的内在价值为

$$P_0 = (2 \times 1.12)/(0.16-0.12) = 56(元/股)$$

4. 非固定增长股票的价值

在现实生活中，有的公司股利是不固定的，可能在一段时间里高速增长，在另一段时间里固定增长或固定不变。在这种情况下，就要分段计算，才能确定股票的价值。通常将预测期分为两段，该模型称为两阶段增长模型，第一阶段为详细预测期，第二阶段为后续期。

【例11-13】一个投资人持有某公司的股票，投资必要报酬率为15%。预计该公司未来3年股利将高速增长，增长率为20%。在此以后转为正常增长，增长率为12%。公司最近支付的股利是2元/股，请计算该公司股票的内在价值。

首先，计算非正常增长期的股利现值，如表11-3所示。

表11-3　非正常增长期的股利现值计算　　　　　　　　　　　单位：元

年份	股利(D_t)	现值系数(15%)	现值(P_t)
1	$2 \times 1.2 = 2.4$	0.870	2.088
2	$2.4 \times 1.2 = 2.88$	0.756	2.177
3	$2.88 \times 1.2 = 3.456$	0.658	2.274
合计(3年股利的现值)			6.539

其次，计算第3年年底的普通股价值，则

$$P_3 = D_4/(R_S-g) = D_3(1+g)/(R_S-g) = 3.456 \times 1.12/(0.15-0.12) = 129.02(元/股)$$

计算其现值，则

$$PV(P_3) = 129.02 \times (P/F, 15\%, 3) = 129.02 \times 0.6575 = 84.831(元/股)$$

最后，计算股票目前的价值，则

$$P_0 = 6.539 + 84.831 = 91.37(元/股)$$

5. 普通股的期望报酬率

公司发行普通股时，也需要判断普通股的期望报酬率是否达到投资者的要求。

根据固定股利增长模型，我们知道

$$P_0 = D_1/(IRR_S - g)$$

如果把公式移项整理，求 IRR_S，可以得到

$$\text{IRR}_S = D_1/P_0 + g$$

股票的总报酬率可以分为两个部分：第一部分是D_1/P_0，称为股利收益率，它是根据预期现金股利除以当前股价计算出来的。第二部分是增长率g，称为股利增长率。由于股利的增长速度也是股价的增长速度，g可以解释为股价增长率或资本利得收益率。g的数值可以根据公司的可持续增长率估计。P_0是股票市场价格，只要能预计出下一期的股利，就可以估计出股票的期望报酬率。

【例11-14】某普通股的价格为20元/股，预计下一期的股利是1元/股，该股利将以10%的速度持续增长，求该股票的期望报酬率。

$$\text{IRR}_S = 1/20 + 10\% = 15\%$$

如果用15%作为必要报酬率，则一年后的股价为

$$P_1 = D_1(1+g)/(\text{IRR}_S - g)$$
$$= 1 \times (1+10\%)/(15\% - 10\%)$$
$$= 1.1/5\%$$
$$= 22(元/股)$$

如果现在用20元购买该股票，年末将收到1元股利，并且得到2元(22-20)的资本利得，则

$$总报酬率 = 股利收益率 + 资本利得收益率$$
$$= 1/20 + 2/20 = 5\% + 10\% = 15\%$$

【例11-14】验证了股票期望报酬率模型的正确性。

在有效市场中，股票价格是公平的市场价格，证券市场处于均衡状态，在任一时点，证券价格都能完全反映有关该公司的任何公开信息，而且证券价格能对新信息迅速做出反应。股票的期望报酬率就是与该股票风险相适应的必要报酬率，因而该模型可以用来计算特定公司风险情况下股东要求的必要报酬率，也就是公司的权益资本成本。在【例11-14】中，如果股东要求的报酬率高于15%，他就不会进行这种投资；如果股东要求报酬率低于15%，他就会争购该股票，使得股价上涨。既然股东接受了20元/股的价格，就表明他们要求的是15%的报酬率。

思考题

1. 比较长期借款筹资和公司债券筹资的优缺点？

2. 普通股筹资的优缺点有哪些？

3. 普通股首次公开发行除符合基本条件外，还应符合哪些条件？

4. 公开增发股票除应满足公开发行股票的基本条件外，还应当符合哪些规定？

5. 股权再融资对公司有哪些影响？

6. 为什么公司制定证券发行价格要以证券内在价值为依据？

7. 简述固定增长股票估价模型。

练习题

1. 假设A公司总股本的股数为10亿股，现公开增发2亿股，增发前1个交易日股票市价为5元/股，老股东和新股东各认购了1亿股。假设不考虑新募集资金投资的净现值引起的股权价值变化，在增发价格分别为6元/股、5元/股、4元/股的情况下，老股东或新股东的财富将分别有什么变化？

2. 某公司拟于20×1年1月1日发行面额为1 000元的债券，其票面利率为8%，20×6年1月1日到期。等风险债券的市场利率为10%，该债券每年1月1日计算并支付一次利息。

要求：①计算债券的内在价值。②如果按债券的内在价值确定发行价格，公司债券能否发行成功？公司债券的筹资成本为多少？③计算20×1年10月1日该债券的价值。

3. 续上题，假设发行债券时将该债券改为每半年付息一次，为使半年付息债券与年付息债券在经济上等效，则债券的票面利率(报价利率)和报价年折现率如何确定？半年付息债券的内在价值为多少？

4. 某股权投资人计划长期持有某公司的股票，投资必要报酬率为10%。预计该公司未来3年股利将高速增长，增长率为15%。在此以后转为正常增长，增长率为10%。公司最近支付的股利是2元/股，计算该公司股票的内在价值。

5. 某普通股目前的价格为10元/股，预计下一期的股利是1元/股，该股利将以大约6%的速度持续增长，假设投资者的必要报酬率为15%，则该股票是否具有投资价值？

第12章 | 其他长期筹资估值与决策

12.1 混合筹资与估值

混合筹资是既具有债务融资特征又具有权益融资特征的特殊融资形式。常见的混合筹资有优先股筹资、附认股权债券筹资和可转换债券筹资等。

12.1.1 优先股筹资

1. 优先股的含义和特征

优先股是指在一般的普通股之外，另行规定的其他种类股份，其股份持有人优先于普通股股东分配公司利润和剩余财产，但参与公司决策管理等权利受到限制。优先股兼具债券和股票的特征，是一种重要的混合筹资方式。

相对普通股而言，优先股有如下特征。

(1) 优先分配利润。优先股股东按照约定的票面股息率，优先于普通股股东分配公司利润。公司应当以现金的形式向优先股股东支付股息，在完全支付约定的股息之前，不得向普通股股东分配利润。

公司应当在公司章程中明确以下事项：①股息率是采用固定股息率还是浮动股息率，并相应明确固定股息率水平或浮动股息率计算方法；②在有可分配税后利润的情况下是否必须分配利润；③如果因本会计年度可分配利润不足而未向优先股股东足额派发股息，差额部分是否累计到下一会计年度；④优先股股东按照约定的股息率分配股息后，是否有权同普通股股东一起参加剩余利润分配；⑤优先股利润分配涉及的其他事项。

(2) 优先分配剩余财产。公司因解散、破产等原因进行清算时，公司财产在按照《中华人民共和国公司法》(以下简称《公司法》)和《中华人民共和国破产法》有关规定进行清偿后的剩余财产，应当优先向优先股股东支付未派发的股息和公司章程约定的清算金额，不足以支付的按照优先股股东持股比例分配。

(3) 表决权限制。除以下情况外，优先股股东不出席股东大会会议，所持股份没有表决权：①修改公司章程中与优先股相关的内容；②一次或累计减少公司注册资本超过10%；③公司合并、分立、解散或变更公司形式；④发行优先股；⑤公司章程规定的其他情形。上述事项的决议，除须经出席会议的普通股股东(含表决权恢复的优先股股东)所持表决权的2/3以上通过之外，还须经出席会议的优先股股东(不含表决权恢复的优先股股东)所持表决权的2/3以上通过。

其中，表决权恢复是指公司累计3个会计年度或连续2个会计年度未按约定支付优先股股息的，优先股股东有权出席股东大会，每股优先股股份享有公司章程规定的表决权。对于股息可累计到下一会计年度的优先股，表决权恢复直至公司全额支付所欠股息。对于股息不可累计的优先股，表决权恢复直至公司全额支付当年股息。公司章程可规定优先股表决权恢复的其他情形。

我国《公司法》没有关于优先股的规定。国务院在2013年11月30日发布了《关于开展优先股试点的指导意见》，证监会在2014年3月21日发布了《优先股试点管理办法》，这两项规定是我国目前关于优先股筹资的主要规范。按照我国《优先股试点管理办法》，上市公司可以发行优先股，非上市公众公司可以非公开发行优先股。

2. 上市公司发行优先股的一般条件

(1) 最近3个会计年度实现的年均可分配利润应当不少于优先股1年的股息。

(2) 最近3年现金分红情况应当符合公司章程及中国证监会的有关监管规定。

(3) 报告期不存在重大会计违规事项。公开发行优先股，最近3年财务报表被注册会计师出具的审计报告应当为标准审计报告或带强调事项段的无保留意见的审计报告；非公开发行优先股，最近1年财务报表被注册会计师出具的审计报告为非标准审计报告的，所涉及事项对公司无重大不利影响或者在发行前重大不利影响已经消除。

(4) 已发行的优先股不得超过公司普通股股份总数的50%，且筹资金额不得超过发行前净资产的50%，已回购、转换的优先股不纳入计算。

3. 上市公司公开发行优先股的特别规定

(1) 上市公司公开发行优先股，应当符合以下情形之一：①普通股为上证50指数成份股；②以公开发行优先股作为支付手段收购或吸收合并其他上市公司；③以减少注册资本为目的回购普通股的，可以公开发行优先股作为支付手段，或者在回购方案实施完毕后，可公开发行不超过回购减资总额的优先股。

中国证监会核准公开发行优先股后不再符合第①项情形的，上市公司仍可实施二次发行。

(2) 最近3个会计年度应当连续盈利。扣除非经常性损益后的净利润与扣除前净利润相比，以其中较低者作为计算依据。①采取固定股息率；②在有可分配税后利润的情况下必须向优先股股东分配股息；③未向优先股股东足额派发股息的差额部分应当累计到下一个会计年度；④优先股股东按照约定的股息率分配股息后，不再同普通股股东一起参加剩余利润分配。

(3) 上市公司公开发行优先股的，可以向原股东优先配售。

(4) 最近36个月内因违反工商、税收、土地、环保、海关法律、行政法规或规章，受到行政处罚且情节严重的，不得公开发行优先股。

(5) 公司及其控股股东或实际控制人最近12个月内应当不存在违反向投资者做出的

公开承诺的行为。

4. 优先股的筹资成本

一般而言，优先股可以视为无期限债券，但优先股的筹资成本高于债券，原因在于以下几点。

(1) 优先股是无期限的，而普通债券是有期限的，到期还本。优先股的投资风险高于债券。

(2) 当企业面临破产时，优先股的索偿权低于债权人。在公司出现财务困难的时候，债务利息会被优先支付，而优先股股利则是次要的。同一公司的优先股股东要求的报酬率高于债权人。

(3) 支付优先股的股息不能在税前扣除，而债券的利息可以在税前扣除，因此在利率或股息率相同的情况下，优先股的筹资成本高于债务。

同时，优先股的筹资成本低于普通股。当企业面临破产时，优先股股东的求偿权优先于普通股股东。在公司分配利润时，优先股股息通常固定且优先支付，普通股股利只能最后支付。因此，同一公司的优先股股东的必要报酬率比普通股股东低。

5. 优先股价值的评估方法

优先股按照约定的票面股息率支付股利，其票面股息率可以是固定股息率或浮动股息率。公司章程中规定优先股采用固定股息率的，可以在优先股存续期内采取相同的固定股息率，或明确每年的固定股息率，各年度的股息率可以不同；公司章程中规定优先股采用浮动股息率的，应当明确优先股存续期内票面股息率的计算方法。

无论优先股采取固定股息率还是浮动股息率，优先股的价值均可采用股利的现金流量折现模型估值。其中，在优先股存续期均采用相同的固定股息率时，每期股息形成了永续年金，优先股则相当于永久债券，其估值公式为

$$V_P = D_P / r_P$$

式中：V_P表示优先股的价值；D_P表示优先股每期股息；r_P表示折现率或投资必要报酬率。

永续债的估值与优先股类似，公式为

$$V_{pd} = I / r_{pd}$$

式中：V_{pd}表示永续债的价值；I表示每年的利息；r_{pd}表示年折现率，一般采用当前等风险投资的市场利率。

6. 优先股筹资的资本成本

优先股的筹资成本即优先股的期望报酬率。优先股股息通常是固定的，优先股股东的期望报酬率估计公式为

$$IRR_P = D_P / P_p$$

式中：IRR_P表示优先股筹资本成本；D_P表示优先股每股年股息；P_p表示优先股当前

股价。

永续债的资本成本与优先股类似，但需要考虑所得税的影响，公式为

$$R_{pd} = I(1-T)/P_{pd}(1-T)$$

式中：R_{pd}表示永续债资本成本；I表示永续债每年的利息；P_{pd}表示永续债当前价格。

7. 优先股筹资的优缺点

(1) 优先股筹资的优点。与债权相比，优先股筹资的风险比债券小，因为不支付优先股股息不视为违约，不会导致公司破产。典型的优先股没有到期期限，不需要偿还本金。与普通股相比，发行优先股一般不会稀释股东持股比例及权益。

(2) 优先股筹资的缺点。优先股股利不可以税前扣除，是优先股筹资的税收劣势；投资者购买优先股所获股利免税，是优先股筹资的税收优势。两者可以抵销，使优先股利率与债券趋于一致。优先股的股利支付虽然没有法律约束，但是经济上的约束使公司倾向于按时支付其股利。因为如果公司不按时支付优先股股息，不仅不能对普通股股东分配股利，而且很难进行新的优先股或普通股筹资，甚至债券筹资也很困难。因此，优先股的股利通常被视为固定成本，与负债筹资的利息没有差别，会增加公司的财务风险。

与优先股类似，永续债作为具有一定权益属性的债务工具，也是一种混合筹资工具。虽然永续债具有一定的权益属性，但是其投资者并不能像普通股股东一样参与公司决策和股利分配。永续债持有者除公司破产等原因外，一般不能要求公司偿还本金，而只能定期获取利息。如果发行方出现破产重组等情形，从债务偿还顺序来看，大部分永续债在一般债券之后、普通股之前偿还。

12.1.2　附认股权债券筹资

1. 认股权证

认股权证是公司发行的授予其持有者在一定期限内以事先约定的价格购买发行公司一定股份的选择权证书。认股权证本质上属于一种股票买入期权(看涨期权)，但与看涨期权还存在一些差别，主要体现在：①看涨期权执行时，其股票来自二级市场；而当认股权证执行时，需要公司增发股票，从而稀释每股收益和股价。②看涨期权时间短，通常只有几个月；认股权证期限长，可以长达10年，甚至更长。

发行认股权证的目的包括：①在公司发行新股时，为避免原有股东每股收益和股价被稀释，给原有股东配发一定数量的认股权证，使其可以按优惠价格认购新股，或直接出售认股权证，以弥补新股发行的稀释损失，这是认股权证最初的功能。②作为奖励发放给本公司的管理人员，所谓期权奖励其实是奖励认股权证。③作为混合筹资工具，认股权证与公司债券捆绑发行，增加拟发行债券的吸引力，以吸引投资者购买票面利率低于市场利率的长期债券。

虽然认股权证可以单独发行，但在实践中，一些公司如果认为公司被市场低估，为增加债券的吸引力，往往会将拟发行债券与认股权证捆绑出售，认股权证成为辅助公司债券筹资的重要手段。本书重点讨论这种附认股权债券。

附认股权债券是指公司债券附认股权证，持有人依法享有在一定期间按约定价格(执行价格)认购公司股票的权利，它是债券和认股权证的组合，是一种长期混合筹资工具。

2. 附认股权债券价值的估计

通常，附认股权债券可分为"分离性"与"非分离性"两种。其中，"分离性"是指认股权与公司债券可以分开在流通市场上自由转让；"非分离性"是指认股权无法与公司债券分开，两者存续期限一致，同时流通转让，不得分开转让。下面以分离性附认股权债券为例，说明如何估计这种债券的价值，以确定发行价格和发行条件。确定发行价格和发行条件时，发行公司通常委托投资银行协助进行。

【例12-1】假设某公司的总价值为20 000万元，没有长期负债，发行在外的普通股为1 000万股，目前股价为20元/股。公司发展需要资金，为完善资本结构，需要筹集债务资金4 000万元。由于发行债券公司属于成长性、财务风险较大的小公司，发行债券的成本较高，为增强债券的吸引力，经投资银行调研建议，按面值1 000元的价格发行4万份附认股权债券，期限20年，票面利率为8%，低于等风险等期限债券的市场利率10%。每份债券附送20份认股权，认股权有效期为10年，在有效期内，持有者可以按22元/股的价格购买股票。为简化起见，假设预计债券发行后公司实体价值年增长9%，该债券发行方案能否取得成功？

附认股权债券的价值由债券价值和认股权价值共同构成，为此，需要分别评估债券价值和认股权价值。附认股权债券现金流分布如图12-1所示。

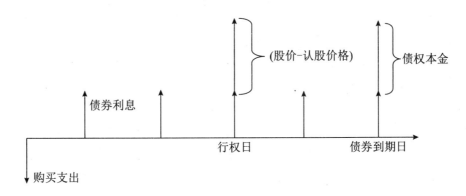

图12-1　附认股权债券现金流分布

一、估计每份债券的价值

每份债券的价值=80×(P/A, 10%, 20)+1 000×(P/F, 10%, 20)=830(元)

每份债券的价值低于发行价格(1 000元)，如果投资附认股权债券要实现正的净现值，则要求认股权证价值不低于170元，否则债券发行失败。为此，需要估计认股权价值。

二、估计每份债券附送的认股权价值

认股权价值取决于认股时的股价和认股价格的差额，它是这一差价的现值。

每份债券的认股权价值＝每份债券附送认股权证份数×(P_t－认股价格)×(P/F, i, t)

式中：t表示自债券发行到认股的时间；P_t表示行权后的股价。

行权涉及新股发行，股权价值和股票数量都会增加，进而导致每股股权价值和股价发生变化，认股价格是投资者的"投入价值"，行权后的股价是"产出价值"，只有投资者预计认股能够产生净现值时，才能行使认股权。

根据每份债券的认股权价值的计算公式，认股权价值是由认股权行使时间(t)和行权后的股价(P_t)共同决定的，行权后的股价越高，行权时间越短，认股权价值越高。在本例中，公司处于高速发展期，虽然股价会随着时间的延续快速上涨，导致认股权价值不断上升，投资者会尽可能推迟行权，但是行权时间越长，复利现值系数也会越小，反而会导致认股权价值下降，因此需要测算认股权证有效期内最佳行权时间，以取得最大的认股权价值。

测算认股权证有效期内最佳行权时间，需要估算不同行权时间每份债券的认股权价值。在本例中，认股权证有效期为10年，因此投资者最迟行权时间为第10年年末。第t年年末每份债券的认股权价值为

$$每份债券的认股权价值_t = 20×(P_t - 22)×(P/F, 10\%, t)$$

三、估算行权后的股价

根据每份债券的认股权价值计算公式，为测算不同时间投资者行权后的每份债券的认股权价值，需要估算不同时间行权后的股价，不同时间行权后的股价计算公式为

$$P_t = 行权后的股权价值/行权后的普通股股数$$

如果投资者行权，公司就要按行权价格发行新股，行权后的普通股股数会增加，同时，行权认购也会增加股权价值。预计行权后的股权价值的计算公式为

$$预计行权后的股权价值 = 行权日股权价值 + 行权认购增加的股权价值$$

$$行权日股权价值 = 行权日公司实体价值 - 行权日公司债务价值$$

$$行权日公司实体价值 = 24\,000×(1+9\%)^t = 24\,000×(F/P, 9\%, t)$$

$$行权日公司债务价值 = 4\,000×8\%×(P/A, 10\%, 20-t) + 4\,000×(P/F, 10\%, 20-t)$$

$$预计行权后股权价值 = 预计行权日股权价值 + 行权价格×认购普通股股数$$

如果投资者行权，公司就要按22元/股的价格发行新股80万股(20×4)，行权后的普通股股数增加到1 080万股，行权后公司股权价值也增加了1 760万元(22×80)。

四、测算认股权证有效期内最佳行权时间

根据表12-1，第10年年末每份债券的认股权价值最高，最佳行权时间为第10年年末。

表12-1 最佳行权时间测算表

行权时间	行权日公司实体价值/万元	行权日公司债务价值/万元	行权后股权价值增加额/万元	预计行权后股权价值/万元	行权后股数/股	行权后股价/(元/股)	每份债券的认股权价值/(元/股)
1	26 160	3 331	1 760	24 589	1 080	22.76	13.96
2	28 514	3 344	1 760	26 930	1 080	25.94	45.51
3	31 080	3 358	1 760	30 346	1 080	28.10	91.66
4	33 878	3 374	1 760	32 264	1 080	29.87	107.50
5	36 926	3 392	1 760	35 297	1 080	32.68	132.62
6	40 250	3 411	1 760	38 599	1 080	35.74	155.12
7	43 872	3 432	1 760	42 200	1 080	39.07	175.21
8	47 822	3 455	1 760	46 127	1 080	42.71	193.22
9	52 126	3 480	1 760	50 406	1 080	46.67	209.27
10	56 808	3 508	1 760	55 060	1 080	50.98	223.80

由于股权价值为公司实体价值和债务价值的差额，估计行权日股价需要计算行权日公司实体价值和债务价值。根据本例提供的资料，计算过程和结果为

预计行权日公司实体价值＝24 000×(F/P, 9%, 10)＝24 000×2.367＝56 808(万元)

预计行权日公司债务价值＝4×1 000×8%×(P/A, 10%, 10)+4×1 000×(P/F, 10%, 10)

＝320×(P/A, 10%, 10)+4×1 000×(P/F, 10%, 10)＝3 508(万元)

预计行权日股权价值＝第10年年末公司实体价值－第10年年末公司债务价值

＝56 808－3 508＝53 300(万元)

假设不考虑公司利用股权筹资进行投资所带来的净现值，则

发行新股后股权价值＝53 300+1 760＝55 060(万元)

预期行权后股价＝55 060/1 080＝50.98(元/股)

投资者在第10年年末行权认股，则

每份债券认股权价值＝20×(50.98－22)×(P/F, 10%, 10)＝579.8×0.386＝224(元)

而附认股权债券价值为债券价值和认股权价值之和，即

每份附认股权债券价值＝债券价值+每份债券认股权价值＝830+224＝1 054(元)

投资一份附认股权债券的净现值为

NPV＝每份附认股权债券价值－发行(购买)价格＝1 054－1 000＝54(元)

显然，公司设定的债券价格发行条件(发行价格、票面利率等)对购买者是有吸引力的，该债券能够发行成功。

3. 发行附认股权债券成本与发行方案的可行性

在实践中，公司发行附认股权债券的目的主要是增强拟发行债券的吸引力。如果附认股权债券发行方案决定的筹资成本高于直接发行普通债券的筹资成本，则不如直接发行普通债券。

发行附认股权债券的筹资成本可以通过求解内含报酬率来估计，依照【例12-1】提

供的资料求解内含报酬率为

$$1\,000 = 80 \times (P/A, IRR, 20) + 1\,000 \times (P/F, IRR, 20) + (50.98 \times 20 - 22 \times 20) \times (P/F, IRR, 10)$$

$$1\,000 = 80 \times (P/A, IRR, 20) + 1\,000 \times (P/F, IRR, 20) + 579.8 \times (P/F, IRR, 10)$$

采用试误法和插值法,可以求得:IRR=10.59%。这表明附认股权债券的税前筹资成本略高于等风险、等期限普通债券的市场利率(10%),发行附认股权债券成本较高,不如发行普通债券。

当然,公司也可以通过调整发行方案,比如提高发行价格、降低票面利率、提高行权价格、降低附认股权数量等来降低附认股权债券的筹资成本。

假设公司调整附认股权债券发行价格,其他发行条件保持不变,以使内含报酬率等于10%,即

$$P = 80 \times (P/A, 10\%, 20) + 1\,000 \times (P/F, 10\%, 20) + 579.8 \times (P/F, 10\%, 10)$$

$$P = 80 \times 8.514 + 1\,000 \times 0.149 + 579.8 \times 0.386 = 1\,051.11(元)$$

当公司以不低于1051.11元的价格溢价发行时,该债券的税前筹资成本会小于等风险、等期限普通债券的市场利率,发行附认股权债券更为有利。但是,公司不能盲目提高发行价格,以避免投资附认股权债券的净现值为负。假设发行价格为1052元,这时,购买一份附认股权债券的净现值为

$$NPV = 830 + 224 - 1\,052 = 2(元)$$

可见,发行价格为1 052元可以被发行人和投资人同时接受,是可行的发行价格。

4. 附认股权证债券筹资的优缺点

发行附认股权证债券可以起到一次发行、二次筹资(债务筹资和股权筹资)的作用,更为重要的是,可以有效降低债务融资成本。认股权证的发行人主要是高速增长的小公司,这些公司有较高的风险,直接发行债券需要较高的票面利率。虽然发行附认股权证债券可以降低债券票面利率,但这是以潜在的股权稀释为代价换取较低的筹资成本。

附认股权证债券发行者,主要目的是发行债券而不是股票,是发行债券而附带认股期权。认股权证的执行价格一般比发行时的股价高出20%~30%。但是,如果将来公司发展良好,股票价格会大大超过执行价格,购买者行权时,原有股东会蒙受较大的利益损失。在【例12-1】中,新股发行前,原有股东股权价值为53.3元/股;而新股发行后,股权价值降低到50.98元/股,现有股东持有的股票价格下降了2.32元/股。此外,认股权证筹资的灵活性较差。相对于可转换债券,发行人有偿还债券本息的义务,因无赎回和强制转股条款,尤其是在市场利率大幅降低时,发行人的筹资成本会相对上升。此外,附认股权证债券的承销费用高于债务融资。

12.1.3 可转换债券筹资

1. 可转换债券的定义和特征

可转换债券是一种特殊的债券，持有人或投资者可以在一定期间按约定条件将其转换为发行公司的普通股。

可转换债券的主要特征是转换性，即按转股价格将债券转换为发行公司的股票。这种转换权实际上是一种看涨期权，持有人可以选择转换，也可以选择不转换而继续持有债券。如果转股价格低于股价，转换能够取得利得收益，则投资者会将债券转换为股票；如果转股价格高于股价，转换会造成利得损失，则投资者不会转换。

由于可转换债券具有转换性，购买该债券还可以获得看涨期权的价值，该债券的利率通常会低于普通债券。

可转换债券与附认股权债券有以下区别。

(1) 可转换债券在转换时，只是在资产负债表上将负债转换为普通股，并不增加额外资本；附认股权债券在认购股份时，会给公司带来新的权益资本。

(2) 发行目的不同，适用条件不同。公司发行可转换债券的主要目的是发行股票而不是债券，只是因为当前股价偏低，希望通过将来转股来实现以较高价格发行股票的目的；而公司发行附认股权债券的主要目的是发行债券而不是股票，是为了发行债券而附带认股权，只是因为当前利率高，希望通过捆绑认股期权吸引投资者，降低债券票面利率。发行附带认股权证债券的公司，比发行可转换债券的公司规模小，风险更高，往往是新公司启动新产品。对这类公司，潜在投资者缺乏信息，很难判断风险的大小，也就很难设定合适的利率。为增强债券的吸引力，附送认股权，向投资者提供潜在升值的可能性，可适度抵消遭受损失的风险。

(3) 灵活性不同。可转换债券允许发行者规定可赎回条款、强制性转换条款等，种类较多；而附认股权债券的灵活性则较差。

(4) 可转换债券在转换期后，投资者不可能同时拥有债券和股票，执行看涨期权必须放弃债权；附认股权债券的投资者可以同时拥有债券和股票。

(5) 发行费用不同。可转换债券的承销费用与普通债券类似；而附认股权债券的承销费用则介于两者之间。

2. 可转换债券转股的基本条款

(1) 转股价格。转股价格是指将可转换债券转换为发行公司普通股的每股价格。发行可转换债券时需要明确规定转股价格，通常比发行时公司的股价高出 20%～30%。

(2) 转股比率。转股比率是指每份可转换债券所能转换的普通股股数。可转换债券面值、转换价格、转换比率之间存在下列关系

$$转换比率＝债券面值/转换价格$$

这相当于投资者将债券按面值出售，再按转股价格购买发行公司的普通股。

【例12-2】A公司20×1年发行了12.5亿元可转换债券，其面值为1000元，年利率为4.75%，20×9年到期。转换可以在此前的任何时间进行，转换比率为20，求其转换价格。

$$转换价格＝1000/20＝50(元)$$

也就是说，为了取得A公司的20股，需要放弃一份面值为1000元的债券。

(3) 转换期。转换期是指可转换债券转换为股份的起始日至结束日的期间。可转换债券的转换期可以与债券的期限相同，也可以短于债券期限。例如，某种可转换债券规定，只能在其发行一定时间之后(如发行若干年之后)才能够行使转换权，这种转换期称为递延转换期，它短于债券期限。还有的可转换债券规定，只能在一定时期内(如发行日后的若干年之内)行使转换权，超过该时期转换权失效，因此转换期也会短于债券的期限，这种转换期称为有限转换期。超过转换期后的可转换债券，转换权利失效，成为普通债券。

根据我国《上市公司证券发行管理办法》的规定，可转换债券自发行结束之日起6个月后方可转换为公司股票，转换期限由公司根据可转换债券的存续期限及公司财务状况决定。

(4) 赎回条款。赎回条款是发行公司可以在债券到期日之前有权提前赎回债券的规定，是赋予发行公司的权利条款。赎回条款包括下列内容。

① 不可赎回期。不可赎回期是指可转换债券从发行时开始，不能被赎回的期间。例如，规定自发行日起2年之内不能由发行公司赎回，则债券发行日后的前2年就是不可赎回期。设立不可赎回期的目的在于保护债券持有人的利益，防止发行公司滥用赎回权，强制债券持有人过早转换公司股票。不过，并不是每种可转换债券都设有不可赎回期条款。

② 赎回期。赎回期是可转换债券的发行公司可以赎回债券的期间。赎回期安排在不可赎回期之后，不可赎回期结束之后，即进入可转换债券的赎回期。

③ 赎回价格。赎回价格是事前规定的发行公司赎回债券的价格。赎回价格一般高于可转换债券的面值，两者之差为赎回溢价。赎回溢价随债券到期日的临近而降低。例如，一种2018年1月1日发行、面值为100元、期限为5年、不可赎回期为3年、赎回期为2年的可赎回债券，规定到期前1年(即2022年)的赎回价格为110元，到期年度(即2023年)的赎回价格为105元。

④ 赎回条件。赎回条件是对可转换债券发行公司赎回债券的条件要求，即需要在什么条件下才能赎回债券。赎回条件分为无条件赎回和有条件赎回。无条件赎回是指在赎回期内发行公司可随时按照赎回价格赎回债券。有条件赎回是指对赎回债券有一些条件限制，只有在满足了这些条件之后才能由发行公司赎回债券。

发行公司在赎回债券之前，需要向债券持有人发出通知，要求他们在将债券转换为普通股与卖给发行公司之间做出选择。一般而言，债券持有人会将债券转换为普通股。

可见，设置赎回条款是为了促使债券持有人转换股份，因此赎回条款又称为加速条款。在市场利率下降时提前赎回债券，可避免公司继续向持有人支付较高利息；而当股价在一段时间内连续高于转换价格超过某一幅度时，赎回未转换的可转换债券，也可以避免低价转换给公司带来的损失。

(5) 回售条款。回售条款是在可转换债券发行公司的股票价格下跌到某种程度时，由于无法获得转换利益，债券持有人有权按照约定的价格将可转换债券卖给发行公司的有关规定。该条款是赋予投资者的权利条款，具体包括回售时间、回售价格等内容。设置回售条款是为了保护债券投资人的利益，使他们能够避免遭受过大的投资损失，从而降低投资风险。合理的回售条款，可增强投资者的安全感和债券的吸引力。

(6) 强制性转换条款。强制性转换条款是在某些条件具备之后，债券持有人必须将债券转换为股票，无权要求偿还债券本金的规定，是赋予发行公司的权利。设置强制性转换条款，能够保证可转换债券顺利地转换成股票，以实现权益筹资的目的。

3. 可转换债券的估值

公司发行可转换债券需要合理设置发行条件，包括设定转股价格、票面利率等，这些发行条件决定了可转换债券价值。投资者购买可转换债券需要评估可转换债券价值，判断其是否存在净现值，以决定是否投资。如果净现值小于零，发行公司则需要调整发行条件，增加可转换债券价值，以实现净现值大于等于零。与附认股权债券相同，投资者之所以投资低利率的可转换债券，是因为投资可转换债券能够获得看涨期权的价值，使得可转换债券价值至少等于等风险、等期限普通债券的价值。

每份可转换债券价值包括每份债券持有价值和每份债券转换价值的现值，即

每份可转换债券价值＝每份债券持有价值＋每份债券转换价值的现值

式中：每份债券持有价值为每份债券转换前利息收入的现值；每份债券转换价值的现值为每份债券转换为股票价值的现值。

【例12-3】假定某公司拟发行可转换债券筹资5 000万元，预期股价和股利会按照6%的增长率不断上升，假设等风险、等期限普通债券的市场利率为12%，当前期望股利(D_1)为2.8元/股，当前股价P_0为35元/股。公司发行方案：可转换债券的面值和发行价格为1 000元；期限为20年；票面利率为10%；转换比率为20；不可赎回期为10年，即转换期为10年，发行后第10年年末不转换债券将被赎回，赎回价格是1 050元。试对该方案进行分析。

首先评估每份可转换债券的价值，之后与购买价格进行比较，计算投资可转换债券的净现值。假设可转换债券持有人在t年年底实现转换，它的现金流分布如图12-2所示。

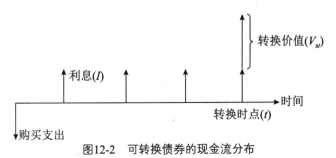

图12-2　可转换债券的现金流分布

图12-2中，零时点购买可转换债券支出1 000元；第1年至第t年年底持有债券并每年取得利息100元；第t年年底进行转换，取得转换价值。债券持有价值的计算公式为

债券持有价值=$PV_b=I(P/A, i, t)$=1 000×10%×$(P/A, 12\%, t)$=100×$(P/A, 12\%, t)$

债券转换价值为每份债券转化为股票的价值，即第t年年末股价与转换比率的乘积，计算公式为

债券转换价值=$V_{st}=P_0×(1+6\%)^t×20$=700×$(1+6\%)^t$

债券转换价值的现值=$PV_{st}=V_{st}×(P/F, k, 10)$=700×$(1+6\%)^t×(P/F, k, 10)$

式中：k表示股权投资的必要报酬率。

可转换债券价值=债券持有价值+债券转换价值

=100×$(P/A, 12\%, t)$+700×$(1+6\%)^t×(P/F, k, t)$

可见，债券持有价值和转换价值都取决于转换时点，因而要估计可转换债券价值，首先需要确定可转换债券的转换时点。

(1) 确定可转换债券的转换时点。在某一时点(第t年年末)可转换债券能否转换为股票，取决于该时点债券转换为股票的价值(债券转换价值)是否高于该时点的债券价值。在不同时点上，债券价值和债券转换价值都是不同的。

第t年年末每份债券价值为第t年年末持有债券至到期的利息收入和到期本金的现值，计算公式为

V_{bt}=1 000×10%×$(P/A, 12\%, n-t)$+1 000×$(P/F, 12\%, n-t)$

第t年年末债券转换价值为

债券转换价值=$V_{st}=P_0×(1+6\%)^t×20$=700×$(1+6\%)^t$

在发行日每份债券的转换价值为700元，此后随着时间的推移，股价不断上涨，转换价值也逐年上升，至赎回期满为1 182.64元。

债券价值和债券转换价值计算结果如表12-2所示。

在第t年年末，如果债券价值高于转换为股票的价值，转换就不会发生，投资者会继续持有债券。只有转换为股票的价值高于债券价值，转换才会发生，转换条件为

第t年年末每份债券转换为股票的价值(V_{st})>第t年年末每份债券价值(V_{bt})，即

700×$(F/P, 6\%, t)$>100×$(P/A, 12\%, 20-t)$+1 000×$(P/F, 12\%, 20-t)$

根据表12-2的计算结果，当t=4时，即在第4年年底，转换为股票的价值为883.73元，而每份债券价值为860.52元，每份债券转换价值高于每份债券价值，转换会发生。

表12-2　债券价值和转换价值计算结果

时间	债券价值/元	股价/元	转换比率/%	转换价值/元	转换价值与债券价值差额/元
0	850.61	35.00	20	700.00	−150.61
1	852.68	37.10	20	742.00	−110.6
2	855.01	39.33	20	786.52	−68.49
3	857.61	41.69	20	833.71	−23.9
4	860.52	44.19	20	883.73	23.21

（续表）

时间	债券价值/元	股价/元	转换比率/%	转换价值/元	转换价值与债券价值差额/元
5	863.78	46.84	20	936.76	79.98
6	867.44	49.65	20	992.96	125.52
7	871.53	52.63	20	1 052.54	181.01
8	876.11	55.78	20	1 115.69	239.58
9	881.25	59.13	20	1 182.64	301.39
10	887.00	62.68	20	1 253.56	366.56

由表12-2可知，随着时间的延续，股价会逐步上升，每份债券转换价值与债券价值的差额也会越来越大，因此投资者会尽可能推迟转换。在本例中，赎回保护期为10年，在10年后，赎回价格是1 050元，而第10年年末的转换价值为1 253.59元，这时投资者会在第10年年末将债券转换为普通股，否则会被赎回，从而遭受损失。

(2) 第10年年末实现转换的可转换债券价值。

$$每份债券持有价值=100×(P/A, 12\%, 10)=593.77(元)$$

$$第10年年末每份债券转换为股票的价值=35×20×(1+6\%)×10=700×1.7908=1 253.56(元)$$

$$每份债券转换价值的现值=1 253.56×(P/F, k, 10)$$

需要求解k，根据固定增长股利模型，则

$$k=D_1/P_0+增长率=2.8/35+6\%=14\%$$

$$每份债券转换价值的现值=1 253.56×0.269=337.21(元)$$

$$可转换债券价值=债券持有价值+转换价值的现值=593.77+337.21=930.98(元)$$

(3) 估计投资可转换债券的净现值。

$$NPV=可转换债券价值-购买价格=860.88-1 000=-69.02(元)$$

净现值小于0，表明该债券发行条件对投资者缺乏吸引力，方案不可行，需要调整。

也可以采用求解内含报酬率的方法，判断该债券发行条件是否符合投资者的要求。

$$1 000=100×(P/A, IRR, 10)+1 253.56×(P/F, IRR, 10)$$

采用试误法和插值法计算得出内含报酬率(IRR)为11.48%，低于等风险、等期限普通债券利率(12%)，表明可转换债券的发行方案不可行，需要调整。

(4) 调整发行方案。发行方案的调整包括调整转股比例(或转股价格)、票面利率、发行价格和赎回保护期年限等。假设公司准备调整票面利率(r)，其他条件不变，以使投资者能够获得正的净现值，则

$$NPV=1 000×r×(P/A, 12\%, 10)+337.21-1 000>0$$

求解票面利率：$r>11.16\%$。这表明公司需要将票面利率调整到11.16%以上，比如提高到11.20%，以吸引投资者购买该债券。

假设公司调整转换比率，其他条件不调整，以使投资者能够获得正的净现值，则

$$NPV=100×(P/A, 12\%, 10)+35×(1+6\%)10×N×(P/F, 14\%, 10)-1 000>0$$

求解票面利率：$N>24.09$。这表明公司需要将转换比率调整到24.09以上，比如将转换比率提高到25，以吸引投资者购买该债券。公司还可同时调整票面利率、转换比率和

赎回保护期年限等，以使净现值高于0。

(5) 可转换债券筹资成本与发行方案的可行性。公司发行可转换债券的目的主要是按理想价格(执行价格)发行股票。如果可转换债券的成本高于发行股票的股权成本，则不如直接发行普通股。可转换债券的成本可以通过求解投资内含报酬率的方式取得，则

$$1\,000\times11.2\%\times(P/A, \text{IRR}, 10)+1\,253.56\times(P/F, \text{IRR}, 10)=1\,000(元)$$

用IRR=12%试算，等式左端等于1 036元，接近1 000元，可以认为投资可转换债券的内含报酬率为12%。如果希望提高计算精度，可以利用插值方法计算，则

$$可转换债券的筹资成本=\text{IRR}\times(1-25\%)=9\%$$

可转换债券的成本低于股权筹资成本(14%)，发行可转换债券有利于降低股权筹资成本，该可转换债券方案具有可行性。

4. 可转换债券筹资的优点和缺点

(1) 可转换债券筹资的优点。

① 与普通债券相比，可转换债券使得公司能够以较低的利率取得资金。债权人能够接受较低利率的原因是有机会分享公司未来发展带来的收益。可转换债券的票面利率低于同一条件下的普通债券的利率，降低了公司前期的筹资成本。与此同时，它向投资人提供了转为股权投资的选择权，使之有机会转为普通股并分享公司更多的收益。值得注意的是，可转换债券较低的筹资成本优势是暂时的，可转换债券转换成普通股后，其原有的低利息优势将不复存在，公司要承担较高的普通股筹资成本。

② 与普通股相比，可转换债券使得公司取得了以高于当前股价发行普通股的可能性。有些公司本来想发行股票而不是债务，但由于当期股票价格太低，为筹集同样的资金需要发行更多的股票。为避免直接发行新股而遭受损失，才通过发行可转换债券变相发行普通股。因此，在股价被严重低估或发行新股时机不理想时，可以先发行可转换债券，然后通过转换实现较高价格的股权筹资。这样做一来不会因为直接发行新股而进一步降低公司股价，二来因为转换期较长，即使投资者将来转换股票，对公司股价的影响也比较温和，从而有利于稳定公司股价。

(2) 可转换债券筹资的缺点。

① 股价上涨风险。虽然可转换债券的转换价格高于其发行时的股票价格，但如果转换时股票价格大幅度上涨，公司只能以较低的固定转换价格发行股票，权益筹资额会大幅降低。此外，根据求解投资内含报酬率的方程可知，当转换时点股价大幅度上涨时，每份债券转换为股票的价值会大幅度增加，公司可转换债券的筹资成本也会大幅度增加。

② 股价低迷风险。公司希望通过发行可转换债券实现股权筹资，但是发行可转换债券后，如果股价没有达到转股所需要的水平，可转换债券持有者没有如期转换普通股，则公司不能实现预期的股权筹资目的，只能继续承担债务。在有回售条款的情况下，公司短期内集中偿还债务的压力会更大。

③ 筹资成本高于普通债券。尽管可转换债券的票面利率比普通债券低，但是转股之后的总筹资成本比普通债券要高。

12.2 租赁筹资与决策

12.2.1 租赁概述

1. 租赁的概念

租赁是指在约定期间，出租人将租赁资产使用权让予承租人，以获取租金的经济交易行为。租赁是一种以支付租赁资产使用费用(租赁费)为代价的资产借贷行为。租赁合约的当事人至少包括出租人和承租人两方，出租人是租赁资产的所有者，承租人是租赁资产的使用者。公司生产经营中使用的资产，既可以通过购买取得其所有权，也可以通过租赁取得其使用权，都可以达到使用资产的目的。

2. 租赁的类型

(1) 根据承租人的目的，租赁可以分为经营租赁和融资租赁。

① 经营租赁。经营租赁是指租赁物短期使用权的经济交易。典型的经营租赁具有短期、可撤销和不完全补偿的特征。经营租赁租赁时间短，明显低于租赁资产的经济寿命。由于可以撤销，租赁期可能很短；由于租赁期短，出租人的租赁资产成本补偿就没有保障，承租人也不会关心且无须负责影响租赁资产寿命的维修和保养。租赁期届满时，出租方可以把租赁资产再出租给其他承租人，或者作为二手设备出售。

经营租赁取得租赁资产的一定时期的使用权，本质上属于一种负债筹资。实际上，出租方让渡租赁资产一定时期的使用权，是让渡租赁资产的一部分价值，需要承租方以租金的形式为让渡租赁资产的这部分价值等额还本付息。在租赁关系中，出租方为债权人，承租方为债务人，因而租赁也称为租赁负债。

② 融资租赁。融资租赁通常是指出租人根据承租人对租赁物和供应商的要求，出资为承租人购买租赁资产，提供给其使用，承租人支付租赁费的经济交易。租赁费用包括出租人的全部出租成本和利润，出租成本包括租赁资产的购置成本、营业成本以及相关的利息。

典型的融资租赁合约具有长期、不可撤销、完全补偿的特征。租赁融资的时间长，接近租赁资产的经济寿命。由于合同不可撤销，能够保障较长的租赁期。由于租赁期长，租赁资产成本需要通过收取租金的方式得到完全补偿，并且在租赁期满时，承租人通常会取得租赁资产所有权，因而会负责影响资产经济寿命的维修和保养。租赁期届满时，租赁资产几乎丧失使用价值，无法转租他人，双方可以约定租赁期届满时租赁物的归属。例如，出租人以低价象征性地转卖租赁资产给承租人，或者允许承租人以极低的租赁费继续无限期使用，或者允许承租人以出租人的名义将资产转卖出去，所得收益大部分归承租人，小部分给出租方等。

从出租人的视角来看，融资租赁的目的是以租赁的形式给承租人提供长期贷款，本质上属于以租赁为形式的等额还本付息的抵押贷款。每期租金就是贷款的等额还本付息额；从承租人的视角来看，融资租赁的目的是通过长期负债取得所需资产，与企业借款购买属于自己的资产并无差异。融资租赁也是公司重要的长期负债筹资方式。

(2) 按当事人之间的关系，租赁可以分为直接租赁、杠杆租赁和售后回租。

① 直接租赁。直接租赁是指出租人(租赁公司或生产厂商)直接向承租人提供租赁资产的租赁形式。直接租赁涉及出租人和承租人两方。

② 杠杆租赁。这是有贷款者参与的一种租赁形式。在这种形式下，出租人购入租赁资产时只支付所需款项的一部分(通常为资产价值的20%～40%)，其余款项则以购入的资产或出租权等为抵押进行贷款。资产出租后，出租人以租金向贷款者还本付息。这样，出租人就能利用自己的少量资金推动大额租赁业务，故称为杠杆租赁。对承租人(企业)来说，杠杆租赁和直接租赁没有区别；而对出租人而言，其身份发生了变化，既是资产的出租者，又是借款者，因此杠杆租赁是一种涉及三方面关系人的租赁形式。

③ 售后回租。售后回租是一种特殊形式的租赁业务，这种租赁是指承租人先将某资产出售给出租公司，再将该资产租回的一种租赁形式。在这种形式下，承租人一方面通过出售资产获得了现金；另一方面通过租赁满足了对资产的使用需要。在售后回租方式下，卖主同时是承租人，买主同时是出租人。通过售后回租交易，资产的原所有者(即承租人)在保留对资产的使用权和控制权的前提下，可取得全部价款的现金，而租金则是分期支付的。资产的新所有者(即出租人)通过售后回租交易，找到一个风险小、回报有保障的投资机会。售后回租能够更为明显地表现出融资租赁的抵押贷款性质。

无论是经营租赁还是融资租赁都属于负债筹资方式，承租方都需要以租金的方式向出租方支付债务本息，因而租赁也称为租赁负债。

12.2.2 租赁的税务处理

对于承租人来说，由于租赁资产的法律所有权归属于出租人，租赁费是承租人的当期费用，应当在当期应税所得中扣除。但在实践中，承租人为了抵税，会与出租公司合谋将本属于分期付款或贷款购买资产所有权的交易伪装成长期租赁交易。由于租赁期短于资产寿命期，且租赁费用较高，会导致每期的租赁费高于自行购置资产的折旧费，因而能够实现提前抵税的效果。为了反避税，许多国家的税法都制定专门的条款区分真实租赁和名义租赁(实际为分期付款或贷款购买)。我国的所得税法没有关于租赁分类的条款，但可以采用会计准则对租赁进行分类和确认。

按照我国会计准则的规定，满足以下一项标准的租赁属于融资租赁，按照实质重于形式的原则，列入资产负债表作为自有资产处理：①在租赁期届满时，租赁资产的所有权转移给承租人；②在租赁期届满时，承租人有购买租赁资产的选择权，所订立的购买价格预计将远低于行使选择权时租赁资产的公允价值，因而在租赁开始日就可以合理确定承租人将会行使这种选择权；③租赁期占租赁资产可使用年限的大部分(通常解释为等于或大于75%)；④租赁开始日最低租赁付款额现值几乎相当于租赁开始日租赁资产的公允价值(通常解释为等于或大于90%)；⑤租赁资产性质特殊，如果不重新改制，只有承租人才能使用。

除融资租赁以外的租赁，全部归入经营租赁。我国税法规定，以经营租赁方式租入固定资产发生的租赁费支出，按照租赁期均匀扣除。与经营租赁不同，税法规定，融资租赁的租赁费应视为取得租赁资产所有权的成本，不能在税前扣除，而是"按照规定构成融资租入固定资产价值的部分应当提取折旧费用，分期扣除"。这就是说，融资租赁的租赁费不能作为费用扣除，只能作为取得成本构成租入固定资产的计税基础。

"构成融资租入固定资产价值的部分"的确定，分为以下两种情况：①合同约定付款总额的，包括合同约定的付款总额和承租人在签订租赁合同过程中发生的相关费用；②租赁合同未约定付款总额的，包括该租赁资产的公允价值和承租人在签订租赁合同过程中发生的相关费用。

通常融资租赁合同约定的付款总额大于租赁资产公允价值，因此大多数融资租赁合同都尽量约定付款总额，以增加融资租入固定资产的价值，增加每期提取的折旧费用，减少纳税。按照这一规定，税法只承认经营租赁是真正的租赁，按照实质重于形式的原则，所有融资租赁都认定为分期付款购买或贷款购买资产所有权。

12.2.3 租赁筹资决策

通过租赁取得设备与自行购置取得设备都可视为项目投资行为。自行购置是对设备所有权的投资，经营租赁是对租赁设备使用权的投资，虽然没有取得设备的初始投资，但租赁期内的租金支出可以视为对租赁设备使用权的分期投资支出。而融资性租赁通常与自行购置相同，只不过是分期付款购买设备的投资行为。因而，租赁筹资决策(即是否租赁)实际上就是自行购置和租赁这两个期限相同的互斥投资方案的选择问题，可以通过比较两个方案的净现值做出是否租赁的决策。租赁筹资决策具体包括自行购置与经营租赁、自行购置与融资租赁两个互斥方案的决策。

1. 自行购置与经营租赁的选择

如果公司需要某项短期使用的经营资产，既可选择自行购置，也可选择经营租赁。

【例12-4】A公司为增加产品产量决定添置一台通用设备，预计该设备将使用2年。公司正在研究应通过自行购置还是租赁取得该设备，以下为有关资料。

(1) 如果自行购置，预计设备购置成本为100万元，该设备的税法折旧年限为5年，折旧期满时预计净残值为0。假设使用2年后设备清理变现，变现净值为70万元。设备维护费用预计每年6万元，A公司的所得税税率为25%。

(2) 如果租赁该设备，年租赁费40万元，年末支付。租赁公司负责设备维护，不再另外收取费用，租赁期满租赁公司收回该设备，折现率为10%。

试确定A公司应选择哪个方案。

根据租赁分类标准判断,该项租赁不符合会计准则规定的认定融资租赁的任何一项标准,因而该项租赁为经营租赁。

自行购置方案与经营租赁方案是期限相同的互斥方案,可以采用净现值法进行选择,具体包括差量分析法和现金流出现值比较法。

一、差量分析法

由于两个互斥方案期限相同,可以采用差量分析决策方法,将其转化为单一的"购置替代租赁"决策方案。

差量营业现金流量=Δ税后收入-Δ税后付现成本+Δ折旧抵税

$\qquad$ =0-Δ税后付现成本+Δ折旧抵税

$\qquad$ =0-Δ付现成本×(1-税率)+Δ折旧×税率

$\qquad$ =0-(每年维护费用-每年租赁费)×(1-税率)+

$\qquad$ (购买方案年折旧-0)×税率

$\qquad$ =0-(6-40)×(1-25%)+20×25%=30.5(万元)

差量清理现金净流量=购买方案的税后变现净收入-0=70-(70-60)×25%=67.5(万元)

差量投资现金净流量=购置支出-0=100(万元)

差量净现值(ΔNPV)=差量营业现金流量×(P/A, 10%, 2)-差量投资现金净流量现值+

$\qquad$ 差量清理现金净流量×(P/F, 10%, 2)

$\qquad$ =30.5×1.736-100+67.5×0.826=8.71(万元)

可见,由于"购置替代租赁"方案的净现值大于0,"购置替代租赁"方案是可行的。也就是说,公司应该采用购置方案,而不采用租赁方案。

二、现金流出现值比较法

自行购置方案与经营租赁方案是互斥方案,可以用净现值法进行分析。如果不考虑购置设备的税后变现净收入,则

$NPV_{购置}$=购置方案的营业现金净流入量的现值+税后变现净收入的现值-购置成本

购置方案的营业现金净流入量的现值=(税后营业收入-税后营业付现成本购置+折旧抵税)的现值

$\qquad$ $NPV_{租赁}$=租赁方案的营业现金净流入量的现值-0

$\qquad$ =(税后营业收入-税后营业付现成本$_{租赁}$)的现值-0

$NPV_{购置}-NPV_{租赁}$=(税后营业收入-税后营业付现成本$_{购置}$+折旧抵税)的现值+

$\qquad$ 税后变现净收入的现值-设备购置成本-(税后营业收入-

$\qquad$ 税后营业付现成本$_{租赁}$)的现值-0

$\qquad$ =(-税后营业付现成本$_{购置}$+折旧抵税)的现值+税后变现净收

$\qquad$ 入的现值-设备购置成本+税后营业付现成本$_{租赁}$的现值

$\qquad$ =税后营业付现成本$_{租赁}$的现值-(设备购置成本+税后营业付

$\qquad$ 现成本$_{购置}$-折旧抵税-税后变现净收入)的现值

$$NPV_{购置}-NPV_{租赁}=税后租赁费的现值-(设备购置成本+税后维修费用-$$
$$折旧抵税-税后变现净收入)的现值$$
$$=租赁引起的现金流出现值-购置引起的现金流出现值$$

无论是自行购置还是租赁设备，取得的经营资产是相同的，因而营业现金流入是相同的，营业现金流出(比如材料和人工费用支出等)也是相同的，按净现值法在自行购置方案和租赁方案中选择，只需要比较不同方案引起的现金流出现值即可。现金流出现值较小的方案取得的净现值最大，则该方案有利于增加股东财富，为最优方案。

(1) 自行购置方案引起的现金流出现值。自行购置方案引起的现金流出包括购置支出、运营阶段的税后维护费用减去折旧抵税、清理阶段的税后变现净收入(可以视为负的现金流出)。

$$现金流出现值_{购置}=购置支出+[每年维护费用支出×(1-25\%)-每年折旧×25\%]×$$
$$(P/A, 10\%, 2)-税后变现净收入×(P/F, 10\%, 2)$$
$$=100+[6×(1-25\%)-20×25\%]×(P/A, 10\%, 2)-[70-(70-60)×$$
$$25\%]×(P/F, 10\%, 2)$$
$$=100-0.5×1.736-67.5×0.826=100-0.87-55.76$$
$$=43.37(万元)$$

(2) 经营租赁方案引起的现金流出现值。经营租赁方案引起的现金流出为运营阶段的年税后租赁费支出。

$$现金流出现值_{租赁}=每年租赁费支出×(1-25\%)×(P/A, 10\%, 2)$$
$$=40×(1-25\%)×1.736=52.08(万元)$$

(3) 比较两个方案引起的现金流出现值。租赁方案的现金流出现值大于购置方案的现金流出现值，因此A公司应该选择购置方案。

需要说明的是，在【例12-4】中，为简化起见，经营租赁和自行购置采用了相同的折现率(10%)。经营租赁取得的资产和自行购置取得的资产相同，对公司经营风险的影响也相同。当购置资产也采用与经营租赁类似的负债筹资方式时，两个方案可以采用相同的折现率。但如果两者筹资方式不同，比如自行购置采用权益筹资，而经营租赁具有负债性质，则会对公司的资本结构和财务风险产生不同的影响，则采用相同的折现率作为项目资本成本并不恰当。如果公司采用权益筹资购置资产，折现率和项目资本成本为项目权益资本成本，对于采用其他筹资方案的自行购置方案，我们可以采用本书第4章讨论的项目资本成本的估计方法来确定项目资本成本。如果公司采用负债筹资自行购置设备，项目资本成本则是税后负债利率。经营租赁具有负债性质，应将出租方的必要报酬率作为项目资本成本。在有效市场假设条件下，对于经营租赁方案的必要报酬率，需要根据租赁资产带来的营业现金净流量，将每年的租赁费用作为投资现金流出，利用求解内含报酬率的方法求解。需要指出的是，短期租赁负债不同于金融负债，因为出租者需要承担租赁资产的有形磨损和贬值风险，因而租赁负债的必要报酬率较高。

2. 自行购置与融资租赁的选择

如果公司需要某项长期经营资产，既可以选择自行购置，也可以选择融资租赁。

【例12-5】A公司为增加产品产量决定添置一台设备，预计该设备将使用4年，公司正在研究应选择借款自行购置还是通过租赁取得该设备，以下为有关资料。

(1) 如果借款自行购置，购置成本为100万元。税法折旧年限为5年，折旧时预计净残值率为5%，4年后该设备的变现价值预计为30万元。每年年末发生设备维护费用(保险、保养、修理等)1万元，公司借款购置资产的必要报酬率为10%。

(2) 如果租赁该设备，租赁期4年，年租赁费20万元，在每年年初支付。租赁公司负责设备维护，不再另外收取费用。租赁期内不得撤租，租赁期届满时租赁资产所有权以5万元的价格转让给A公司，公司随即清理变现，变现净值为10万元。

(3) A公司的所得税税率为25%，融资租赁相当于等额还本付息抵押贷款，因此，租赁方案的折现率或项目资本成本应采用相同期限有抵押的债券利率。假设相同期限税前等额还本付息抵押贷款利率为8%。

试确定A公司应选择哪个方案。

首先需要判断租赁的税务性质。该合同符合融资租赁的认定标准(租赁期占租赁资产可使用年限的80%等)，租赁费每年20万元，不可在税前扣除。

本题采用现金流出现值比较法进行方案选择。

一、租赁方案引起的现金流出现值

租赁方案引起的投资现金流出为运营阶段租金支出扣除折旧抵税，租赁期满取得租赁资产所有权的支出，资产变现净损失抵税(视为负的现金流出)。资产变现净损失为资产变现净收入与资产账面净值的差额。

$$现金流出现值_{租赁} = 第1年初租赁费支出 + 租赁费支出 \times (P/A, 8\%, 3) +$$
$$取得租赁资产所有权的支出 \times (P/F, 8\%, 4) - 每年折旧 \times 25\% \times$$
$$(P/A, 8\%, 4) - 税后变现净收入 \times (P/F, 8\%, 4)$$
$$租赁资产的年折旧额 = 租赁资产的计税基础 \times (1-5\%)/5$$

由于合同约定了付款总额，租赁费是取得租赁资产的成本，构成计税基础，则

$$租赁资产的计税基础 = 20 \times 4 = 80(万元)$$
$$租赁资产的年折旧额 = 80 \times (1-5\%)/5 = 15.2(万元)$$

租赁期满资产变现净损失为

$$期末资产账面净值 = 80 - 15.2 \times 4 = 19.2(万元)$$
$$税后变现净收入 = 10 - (10 - 19.2) \times 25\% = 12.3(万元)$$
$$现金流出现值_{租赁} = 20 + 20 \times (P/A, 8\%, 3) + 5 \times (P/F, 8\%, 4) - 15.2 \times 25\% \times (P/A, 8\%, 4) -$$
$$12.3 \times (P/F, 8\%, 4)$$
$$= 20 + 20 \times 2.5771 + 5 \times 0.7350 - 15.2 \times 25\% \times 3.312 - 12.3 \times 0.7350$$
$$= 53.59(万元)$$

二、购置方案引起的现金流出现值

租赁方案引起的投资现金流出为购买支出、运营阶段每年维护费用支出扣除折旧抵税、租赁期满资产税后变现净收入(视为负的现金流出)。

现金流出现值$_{借款购置}$＝购置支出＋[每年维护费用支出×(1−25%)−每年折旧×25%]×

(P/A, 10%, 4)−税后变现净收入×(P/F, 10%, 4)

(1) 每年折旧额。按税法规定计提折旧费，则

租赁资产的年折旧额＝100×(1−5%)/5＝19(万元)

(2) 期末税后变现净收入，则

期末资产变现流入＝30(万元)

期末资产账面价值＝100−19×4＝24(万元)

期末资产变现净收入＝30−24＝6(万元)

期末资产税后变现净收入＝30−6×25%＝28.5(万元)

现金流出现值$_{借款购置}$＝100＋[1×(1−25%)−19×25%]×(P/A, 10%, 4)−4.5×(P/F, 10%, 4)

＝100＋(0.75−4.75)×3.170−28.5×0.683＝67.85(万元)

由于借款购置方案的现金流出现值大于融资租赁方案的现金流出现值，表明租赁方案的净现值大于借款购置方案的净现值，在本例中，采用租赁方案更有利。

在【例12-5】中，借款购置方案和融资租赁方案使用不同的折现率，原因在于融资租赁相当于等额还本付息的抵押借款，风险较低，因而租赁方案的项目资本成本较低。但在实践中，融资租赁成本通常高于其他债务筹资成本。此外，融资租赁成本会随租赁合同的差异有所不同，因而一个更恰当的方法是根据实际的合约租金，通过计算内含报酬率的方法来确定融资租赁方案折现率或项目资本成本。此外，需要注意的是，对每一种现金流也需要使用不同的折现率，这样才能提高分析的合理性。在【例12-5】中，折旧抵税额的折现率与租金的折现率相同，实际上，折旧抵税额隐含了一个假设，就是全部折旧抵税额均有足够的应税所得用于抵税，而经营总有不确定性，如果公司的盈利水平很低，就没有足够的应税所得用于折旧抵税，因此，折旧抵税额的风险要大一些，折现率也应高一些。此外，通常认为，持有资产的经营风险较高，期末资产余值的折现率也较高。多数人认为，计算资产余值时，应使用项目的必要报酬率即加权平均资本成本作为折现率。

在融资租赁投资中，使用不同的折现率会增加决策复杂性。除了租赁涉及的金额较大，都统一使用有担保的债券利率作为折现率。与此同时，对折旧抵税额和期末资产余值要谨慎估计，根据风险大小适当调整预计现金流量。

12.2.4　融资租赁筹资的优缺点

1. 融资租赁筹资的优点

对公司筹资而言，融资租赁筹资的优点主要体现在以下几方面。

(1) 开辟了新的融资渠道，承租人可以借助租赁保留银行信贷额度和紧张的现金资源。比如，在资金短缺的情况下，用购车的钱可以一次性租入几台车，满足用车需要。此外，中小企业信用风险较高，很难从银行等金融机构获得贷款，而且融资成本较高，而租赁为中小企业融资开辟了新的渠道，中小企业会倾向于采用租赁融资。

(2) 筹资速度快，租赁协议灵活。融资租赁申请批准后，租赁设备到位快，有助于承租人把握商机。租赁双方可以灵活签订租赁协议，比如可以约定设备开工运作后再支付租金等。

(3) 避免自购资产被市场淘汰和贬值的风险。由于承租人不拥有租赁资产的所有权，不承担资产淘汰和贬值的风险。对于设备淘汰更新快的公司而言，融资租赁有助于加速设备的更新升级。

2. 融资租赁筹资的缺点

融资租赁筹资的缺点主要体现在以下几方面。

(1) 筹资成本高。融资租赁成本通常高于其他债务筹资成本。

(2) 等额还本付息的高额租金会加重承租公司债务负担。

(3) 租赁合同不可撤销，筹资弹性小。受租赁合同约束，如果在租赁期内设备过时或被淘汰，承租公司无法退租；当市场利率下降时，承租公司无法通过提前偿还或降低租金来节约筹资成本。

思考题

1. 优先股筹资的优点和缺点是什么？
2. 什么是附认股权债券？发行附认股权债券的目的是什么？
3. 什么是可转换债券？它与附认股权债券的区别是什么？
4. 附认股权债券筹资具有哪些优点和缺点？
5. 可转换债券筹资具有哪些优点和缺点？
6. 租赁包括哪些类型？经营租赁与融资租赁有哪些区别？
7. 融资租赁的本质是什么？它有哪些优点和缺点？

练习题

1. 假设某公司的总价值为10 000万元，没有长期负债，发行在外的普通股为1 000万股，目前股价为10元/股。该公司发展需要资金，为完善资本结构，需要筹集债务资金2 000万元。由于发行债券公司属于成长性、财务风险较高的小公司，发行债券的成本较高，为增强债券的吸引力，经投资银行调研建议，按面值1 000元的价格发行2万份附认股权债券，期限20年，票面利率为8%(低于等风险、等期限债券的利率10%)。每份债券附送20份认股权证，认股权证有效期为10年，在有效期内，持有者可以按12元/股的价格购买股票。假设预计债券发行后公司实体价值年增长10%。

要求：①计算并分析公司设定的债券价格发行条件(发行价格、票面利率等)是否能够保证债券发行成功。②如果发行不成功，采用调整行权价格的方法调整，计算行权价格。

2. 假定某公司拟发行可转换债券筹资1 000万元，投资者预期股价和股利会按照9%的增长率不断上升，假设等风险、等期限普通债券利率为8%，当前期望股利(D_1)为4元/股，当前股价P_0为40元/股。发行方案：可转换债券的面值和发行价格为1 000元；期限为10年；票面利率为6%；转换比率为20。假设赎回保护期为3年，赎回价格是1 010元。

要求：①明确每份可转换债券的价值构成，画出该可转换债券的现金流量图。②计算可转换债券的转换起始点。③计算第3年年末实现转换的可转换债券的价值，投资者会转换吗？为什么？④计算并判断该债券是否能发行成功。

3. A公司为增加产品产量决定添置一台设备，预计该设备将使用2年，公司正在研究应通过自行购置还是租赁取得该设备。如果自行购置，预计设备购置成本为100万元，该项固定资产的税法折旧年限为5年，折旧期满时预计净残值为0。假设使用2年后清理变现，变现净值为10万元。设备维护费用预计每年6万元，A公司的所得税税率为25%。如果采用租赁方式，租赁公司可提供该设备的租赁服务，年租赁费40万元，每年年末支付。租赁公司负责设备维护，不再另外收取费用。折现率为10%。

要求：分别用差量分析法和现金流出现值比较法进行比较并做出决策。

4. 某公司决定添置一台设备，预计该设备将使用5年。公司可选择借款自行购买也可以租赁该设备。以下为有关资料：①如果借款自行购置，预计购置成本为200万元。税法折旧年限为5年，预计净残值为0，5年后该设备的变现净收入为0。每年年末设备维护费用预计2万元。公司借款购置资产的必要报酬率为10%。②租赁公司可提供该设备的租赁服务，租赁期5年，年租赁费40万元，在年初支付。租赁公司负责设备维护，不再另外收取费用。租赁期内不得撤租，租赁期届满时租赁资产所有权不转让给承租公司。③租赁方案的折现率采用有抵押的贷款利率8%。

要求：①判断该租赁属于哪种租赁。②运用现金流出现值比较法分析应选择哪种方式取得该设备。

第13章 股利分配与内部筹资决策

股利分配本质上属于公司的筹资活动，原因在于：首先，股利分配是由股权筹资引起的，属于公司筹资活动的范畴；其次，公司不会将一定时期的税后利润全部分配，总有一部分利润留存，以满足公司发展的需要，而利润留存属于内部股权筹资。

13.1 股利分配概述

13.1.1 股利分配的相关概念

股利分配是指公司将本期取得的税后利润或者累积的利润，以现金为主要形式分配给股东，也称为利润分配。公司进行利润分配，对股东而言，意味着取得现实的投资回报；对公司而言，意味着现金或其他非货币资产流出公司。

股利分配政策主要探讨公司当期的税后利润如何在股东和留存之间进行分配，即多少用于发放股利，多少用于留存。股利支付比率就是反映多少税后利润用于发放股利的指标，其计算公式为

$$股利支付率=股利/税后利润$$

与股利支付率对应的是利润留存比率，即税后利润多少用于留存，计算公式为

$$留存比率=留存收益/税后利润=1-股利支付率$$

留存利润是公司的内部股权筹资，由于不存在发行费用，相对于外部股权筹资(增发普通股)，筹资成本较低。在当期税后利润和股权筹资规模一定的情况下，如果降低股利支付率，相应地提高留存比率，则会提高低成本的留存利润在股权资本结构中的占比，相应地降低外部股权筹资的占比，从而有利于公司股权资本成本的降低和股权价值的提高。此外，股利支付率的大小还直接关系股东的现实利益和长远利益，进而会对市场心理和市场交易行为产生影响，也会对股价和股东财富产生影响。可见，股利支付率会对股东财富产生影响，为实现股东财富最大化的目标，公司应该制定合理的股利分配政策。

13.1.2 制定股利分配政策需要考虑的因素

在实践中，虽然股利分配政策是由公司管理层决定的，但是实际上股利分配在决策过程中会受到许多因素的影响，具体包括以下几方面。

1. 法律限制

为了保护债权人和股东的利益，有关法律法规对公司的股利分配做出如下限制。

(1) 资本保全的限制。按照法律规定，不能用资本(包括股本和资本公积)发放股利。

(2) 公司积累的限制。按照法律规定，公司税后利润必须先提取法定盈余公积。比如我国法律规定必须提取10%的法定盈余公积，剩余部分才可用于支付股利。

(3) 净利润的限制。按照规定，公司年度累计净利润必须为正时才可发放股利，以前年度亏损必须足额弥补。

(4) 超额累积利润的限制。由于股利缴纳的所得税高于其进行股票交易的资本利得税，许多国家规定公司不得超额累积利润，以规避公司避税。一旦公司的保留盈余超过法律认可的水平，将被加征额外税额。

(5) 无力偿付负债的限制。基于对债权人的利益保护，如果公司已经无力偿付负债，或股利支付会使其失去偿债能力，则不能支付股利。

2. 股东因素

公司的股利政策最终需要股东大会表决通过，因此，股东的要求不能忽视。公司股东可以分为对公司决策有直接控制力和影响力的大股东(或控股股东)和几乎没有影响力的中小股东，他们都从自身经济利益出发，对公司的股利分配产生影响。

(1) 大股东或控股股东。大股东或控股股东非常关注股利政策对其控制权的影响。如果股利支付较高，留存收益就会减少，这意味着将来发行新股的可能性加大，而发行新股会稀释公司的控制权，这是大股东或控股股东所不愿看到的局面。因此，如果他们没有足够的资金来购买新股，宁肯不分配股利，因而他们往往倾向于低股利分配政策。

(2) 中小股东。在中小股东中，一些股东的主要收入来源是股利，他们往往要求公司支付稳定的股利。他们认为通过保留盈余引起股价上涨而获得资本利得是有风险的，为规避风险，往往希望公司支付较高水平的股利。此外，一部分边际税率较高的中小股东出于避税的考虑，往往反对公司发放较多的股利。虽然中小股东对股利政策的制定没有决策权，但是如果公司忽视中小股东的诉求，他们就会用脚投票，导致股价下跌。

3. 公司因素

(1) 盈利的稳定性。股利波动状况会影响市场心理，从而对股价产生影响。股利不稳定或者先升后降会导致股价下跌，而股利保持稳定或持续增长则有利于股价稳定和上升，这就要求公司的股利分配能够保持股利水平的稳定。相对而言，盈余稳定的公司对保持较高的股利水平更有信心，通常股利支付水平较高。此外，盈余稳定的公司的经营风险和财务风险较小，筹资能力较强，也是其较高股利支付能力的保证。

(2) 公司流动性。这里的"公司流动性"是指及时满足财务应付义务的能力。较多地支付现金股利会减少公司的现金持有量，降低公司的流动性。如果公司的流动性较差，为保持流动性，避免流动性风险，即使收益可观，公司也不宜采用高股利分配政策。

(3) 举债能力。公司举债能力越强，意味着公司可以通过举债增强流动性和支付能力，不需要保有过多现金，有可能采用高股利分配政策；而举债能力弱的公司则不得不多留存盈余和现金，以满足支付需要，因而往往采取低股利分配政策。

(4) 投资机会。有良好投资机会的公司，需要强大的资金支持，需要增加利润留存用于投资，因而往往少发放股利；而缺少良好投资机会的公司，保留大量现金会造成资金闲置，倾向于支付较高的股利。因而，处于成长中的公司往往采取低股利分配政策，而处于成熟期的公司、经营收缩的公司可能会采取高股利分配政策。

(5) 资本结构。对于一些高负债结构的公司，如果有增加资金的需要，为优化资本结构，需要增加权益筹资，并将低成本的利润留存作为首选，因而会减少利润分配。此外，公司也可利用留存盈余回购债务的方式，调整完善资本结构，因此也会减少股利支付。

4. 其他因素

除了上述因素外，还有一些因素也会影响公司的股利政策。

(1) 债务合同约束。公司的债务合同，特别是长期债务合同，往往有限制公司现金支付程度的条款，这使公司只能采取低股利政策。

(2) 偿债需要。具有较高债务偿还需要的公司，可以通过举借新债、发行新股筹集资金偿还债务，也可以直接用盈余积累偿还债务。如果公司认为后者适当(比如，前者资本成本高或受其他限制难以进入资本市场)，将会减少股利支付。

(3) 通货膨胀。在通货膨胀的情况下，由于货币购买力下降，公司计提的折旧不能满足重置固定资产的需要，需要动用盈余补足重置的固定资产需要，因此在通货膨胀时期，公司股利政策往往偏紧。

13.2 股利分配理论

股利分配理论主要研究股利政策是否影响股东财富(或股票价格)这一问题，主要有两大理论派别，即股利无关论和股利相关论。

13.2.1 股利无关论

股利无关论认为，股东并不关心公司股利的分配，股利分配方案不会影响股东交易行为，进而不会对股价造成影响。这一理论是莫迪格利安尼和米勒(Modigliani & Miller)于1961年提出的。股利无关论建立在严格假设基础上：公司的投资政策已确定并且已经为投资者所理解；不存在股票的发行和交易费用；不存在个人或公司所得税；不存在信息不对称，股票市场为有效市场；原有股东不在乎股票公开发行导致的股权稀释效应；经理与外部投资者之间不存在代理成本。上述假设描述的是一种完美有效的资本市场，因而股利无关论又被称为完全市场理论。

假设某公司发行在外的普通股股数为N，年报显示该公司上年度获得税后利润

EAT(现金形式)，股权价值总额会增加EAT，在有效市场的假设前提下，股价会上涨EAT/N。假设有以下3种股利分配方案。

(1) 税后利润全部分配给股东。由于假设不存在股票公开发行费用，原有股东不在乎股票公开发行导致的股权稀释效应，将税后利润全部用于分配不会遭到原有股东的反对。由于现金流出公司，股权价值总额下降了EAT，股价下跌了EAT/N，恢复到原来的水平。虽然股东获得了每股红利EAT/N，但没有获得股价上升带来的资本利得收益，由于不存在个人所得税，股东获得的净收益为每股EAT/N。

(2) 税后利润全部留存。在公司税后利润全部留存的情况下，虽然股东没有获得红利收益，但股价会上涨EAT/N。由于不存在股票交易费用和个人所得税，股东仍然能够取得每股资本利得净收益EAT/N，与利润全部分配所获得的净收益相同。

(3) 税后利润部分留存、部分分配。假设公司分配股利D，则股东获得每股股利D/N。由于股价上涨了(EAT$-D$)/N，每股获得资本利得收益(EAT$-D$)/N。这样，股东获得的每股净收益仍然为EAT/N。

可见，无论公司采用哪种股利分配方案，股东获得的每股净收益都相同。

以上分析没有考虑公司利用留存收益投资对股东财富的影响。假设公司分配股利为D，留存利润为(EAT$-D$)用于投资，股东预期投资方案会导致股权价值增加NPV，则股价上涨了(EAT$-D+$NPV)/N，股东每股获得资本利得收益为 (EAT$-D+$NPV)/N，股东每股获得的净收益为(EAT$+$NPV)/N。可见，虽然股东每股获得的净收益增加了(NPV/N)，但它是由投资方案引起的，与股利分配(D)的多少无关。

总之，无论公司采用何种分配方案都不会对股东的净收益造成影响，股东对股利政策没有偏好，因而股利政策不会影响其交易行为及股价。

13.2.2　股利相关论

股利无关论是在完美资本市场的一系列假设条件下提出的，在现实世界中，这些假设条件并不存在。如果放宽这些假设条件，股利政策就会显现对股票价格的影响。股利相关论认为，公司的股利分配政策与股票价格是相关的。具有代表性的理论包括税收差异理论、客户效应理论、风险厌恶理论、信号传递理论和代理理论等。

1. 税收差异理论

股利无关论假设不存在税收，但在现实条件下，现金股利税与资本利得税不仅是存在的，而且还存在差异。一般来说，出于保护与鼓励资本市场投资的目的，会采取股利收益税率高于资本利得税率的差异制度，致使股东偏好资本利得而不是现金股利。即使股利与资本利得具有相同的税率，股东在支付税金的时间上也是存在差异的。股利收益纳税是在收取股利的同时发生，而资本利得纳税只是在股票转让时才发生，显然继续持有股票来延迟资本利得的纳税时间，可以体现递延纳税的时间价值。

因此，税收差异理论认为，如果不考虑股票交易成本，分配股利的比率越高，相对于资本利得，股利的纳税负担越重，公司应采取低现金股利比率的分配政策，使股东在实现未来的资本利得中享有税收节省。

根据前文中提到的公司分配部分股利D，可知股东获得的税后每股净收益计算公式为

$$税后每股净收益=(D/N)\times(1-T_1)+[(EAT-D)/N]\times(1-T_2)$$

T_1和T_2分别为现金股利税和资本利得税税率。由于$T_1>T_2$，每股股利(D/N)越高，税后每股净股利越低，所以低股利有利于降低股东税负，增加股东净收益，股东会倾向于低股利分配政策。

如果存在股票交易成本(包括预期股价上升的不确定性)，就会抵消低股利分配政策的税收利益，甚至当资本利得税与交易成本之和大于股利所得税时，股东会更期望公司实行高现金股利分配政策。

2. 客户效应理论

客户效应理论是对税收差异理论的进一步扩展，研究处于不同税收等级的投资者对待股利分配态度的差异。该理论认为，投资者不仅对资本利得和股利收益有偏好，因其所处不同收入阶层的边际税率，对股利政策的偏好也是不同的。收入高的投资者因其边际税率较高更偏好于低股利支付率的股票，希望从股价上涨中获利；而收入低的投资者以及享有税收优惠的养老基金投资者更偏好于高股利支付率的股票，希望公司支付较高且稳定的现金股利。

投资者的边际税率差异性导致其对待股利政策态度的差异性，这种投资者依据自身边际税率而显示的股利政策偏好现象称为"客户效应"。

3. 风险厌恶理论

风险厌恶理论也称为"在手之鸟"理论。股东的投资收益包括股利和资本利得，当股利支付率较高时，公司用于未来发展的留存资金就会减少，虽然股东在当期获得了较高的股利，但预期资本利得则有可能降低；而当股利支付率较低时，公司用于未来发展的留存资金就会增加，预期资本利得将有可能提高。风险厌恶理论认为，投资者普遍存在风险厌恶心理，由于公司在经营过程中存在许多不确定性因素，股东会认为现实的现金股利要比未来的资本利得更可靠，更希望"落袋为安"，因此更倾向于选择股利支付率高的股票。当股利支付率提高时，股权投资风险会降低，股权价值将会上升；反之则反是。风险厌恶理论强调公司应实行高股利分配政策，以增加股东财富。

4. 信号传递理论

股利无关论假设不存在信息不对称，但在现实条件下，公司经营管理层比外部投资者拥有更多的有关公司经营状况与发展前景的信息，即双方存在信息不对称。在这种情况下，股利分配政策可以作为一种信息传递机制，有助于投资者依据股利政策信息对公司经营状况与发展前景做出判断。

信号传递理论认为，股利政策往往能够传递管理层对公司未来的预期，表现为两个

方面：一方面是股利增长的信号作用。如果股利水平提高，往往被认为公司管理层对公司未来盈利能力和发展前景具有良好预期，预示着公司未来业绩将大幅度增长，从而有利于提升市场信心，推动股价上涨；另一方面是股利降低的信号作用。如果股利水平下降，则表明管理层对公司未来发展前景不看好，公司未来业绩会大幅度下降，从而导致公司股价下跌。当然，增发股利传递的信息未必一定是利好消息。比如，对于一家处于成熟期的公司而言，如果公司宣布增发股利，特别是发放高额股利，可能意味着该公司目前没有前景很好的项目，预示着公司成长性趋缓甚至下降，此时增发股利反而会导致股价下跌；而当公司宣布降低股利时，则可能意味着公司需要通过增加留存收益为新增投资项目提供融资，预示着公司未来有良好的发展前景，此时，降低股利反而会导致股价上涨。

由于股利政策具有信号传递效应，能够通过影响市场心理和交易行为引起股价变动，公司在确定股利支付水平时，必须十分谨慎，即使某年度取得了较高的盈利，也不可贸然提高股利支付水平。因为如果以后年度公司盈利下降、支付能力不足，就不得不削减股利，这样就会向市场传递公司经营不稳定或走下坡路的信号，进而导致股价下跌。只有当公司认为未来盈余会显著地、不可逆转地增长，并足以维持较高股利支付水平时，才可提高股利支付水平。

5. 代理理论

在公司制企业中，股东、债权人、公司经营层等诸多利益相关者的目标并不是完全一致的，一方在追求自身利益最大化的过程中有可能会以牺牲另一方的利益为代价，这种利益冲突关系反映在公司股利分配决策过程中，表现为不同形式的代理冲突。

(1) 股东与债权人之间的代理冲突。公司经营层和股东在做出股利分配决策时，有可能为增加自身的财富而选择增加债权人风险的政策。比如，在公司流动性不足的情况下发放高额股利，甚至通过发行债券支付股利。债权人为保护自身利益，希望公司采取低股利分配政策，以保证有较为充裕的现金，防止发生债务危机。因此，债权人在与公司签订借款合同时，会制定约束性条款对公司发放股利的水平进行制约。

(2) 公司经营层与股东之间的代理冲突。当公司拥有较多的自由现金流时，可能会产生道德风险和逆向选择引发的代理成本。比如，经营层有可能为了取得个人私利而追求额外津贴及在职消费，或者把资金投资于低回报的项目等，损害股东利益。因此，公司实施高股利分配政策能够减少自由现金流，降低公司经营层随意支配自由现金流所产生的代理成本。此外，采用高股利分配政策，降低利润留存，意味着未来权益筹资更多地需要通过公开发行股票来实现，而公司的投资项目必须能给外部潜在投资者带来正的净现值，否则筹资难以成功，从而能有效地抑制经营层的逆向选择行为，降低代理成本。

(3) 控股股东与中小股东之间的代理冲突。现代公司股权结构的一个显著特征是公司控制权集中于少数大股东手中，管理层通常由大股东直接出任或直接指派，管理层与大股东的利益趋于一致，进而形成内部人控制。这样股东与经营层之间的代理冲突就演变为控股股东与中小股东的代理冲突，控股股东有可能在制定股利分配政策时侵害中小股东的利益。比如，大股东为抽逃或侵占公司资金，会制定低股利分配政策；而中小股东则希望执行高股利分配政策，以防大股东侵害自身利益。公司必须考虑中小股东的利益诉求，制定多分配、少留存的股利政策，否则中小股东会在资本市场上用脚投票。

13.3　股利分配政策的类型

制定股利分配政策的理论基础是股利相关论，公司应制定能够尽可能增加股东财富的股利分配政策。在实践中，股利分配政策主要有剩余股利分配政策、固定股利或稳定增长股利分配政策、固定股利支付率政策和低正常股利加额外股利政策。

13.3.1　剩余股利分配政策

1. 剩余股利分配政策的基本思想

剩余股利分配政策认为，公司盈利应优先考虑满足公司投资对权益资本的需要，因为留存收益成本较低，盈余剩余的部分才能作为股利予以分配。

具体来看，剩余股利分配政策是指在公司有良好的投资机会时，根据公司的目标资本结构确定投资项目的筹资结构，推算出投资所需的权益资本，优先从当期盈余中留用，然后将剩余的盈余分配给股东。实行剩余股利分配政策应遵循4个步骤：第一步，设定使加权平均资本成本最低的目标资本结构，即确定权益资本与有息债务资本的比率；第二步，确定目标资本结构下投资所需的股东权益数额；第三步，最大限度地使用本期盈余来满足投资方案对权益资本的需要；第四步，若有剩余收益，再将其作为股利发放给股东。

【例13-1】某公司20×0年税后利润为600万元，预计20×1年需要投资800万元。公司的目标资本结构为权益资本占60%、债务资本占40%，今年继续保持。按法律规定，至少要提取10%的公积金。公司实行剩余股利政策，应分配多少股利？

$$利润留存=800×60\%=480(万元)$$

$$股利分配=600-480=120(万元)$$

需要注意的是，剩余股利分配政策只允许将本期盈余剩余的部分作为股利分配给股东，不允许动用以前年度的未分配利润分配股利，原因在于，对于运作良好的公司而言，即使以前年度利润积累很多，也不会置存过多的现金，如果用以前年度的未分配利润分配股利，就需要融资解决，这显然不符合经济原则。此外，如果利用以前年度的未分配利润分配股利，会因为权益资本的减少而改变目标资本结构，这也不符合维持目标资本结构的原则。另外，公司之所以实行剩余股利分配政策，就是因为权益性现金不足，如果权益性现金充裕，则没必要实行剩余股利分配政策。因而，股利分配所用资金只能来自本期的剩余盈余。需要说明的是，本期的剩余盈余是股利支付额的上限，如果现金不足，就要降低股利支付额。当然，也不排除利用短期借款满足股利支付的需要。

2. 剩余股利分配政策的优缺点

采用剩余股利分配政策的理由是在既定的公司目标资本结构的框架下，股利分配应优先满足投资对权益资本的需要，即尽可能留存利润，以降低项目股权资本成本，进而实现加权平均资本成本最小化。同时，由于剩余股利分配政策通常被投资机会较多、成长性较好的公司所采用，实行该政策的公司的股票会被市场追捧，从而导致股价上涨，但该政策被市场接受的前提是该公司的投资机会能够给股东创造财富，如果不能给股东带来净现值甚至减损股东财富，则该政策不会被股东接受，反而会导致股价下跌。

奉行剩余股利分配政策，意味着公司每年发放股利的水平会随公司的盈利状况和投资需求的变动而变动，因而这种股利分配政策属于变动股利政策。股利不稳定会向市场传递公司经营不稳定的信号，不利于股价稳定，甚至会导致股价下跌。

13.3.2　固定股利或稳定增长股利分配政策

固定股利政策是指每年发放的股利固定，并在较长的时期内保持不变，即使某年度盈利较多，也不会轻易提高股利支付水平，只有当公司认为未来盈余会显著地、不可逆转地增长，并足以长期维持较高的股利支付水平时，才会提高股利发放额。稳定增长股利政策是指公司每年发放的股利在上一年股利的基础上按某一固定增长率稳步增长。

实行固定股利或稳定增长股利政策的理由包括如下几点。

(1) 遵循信号传递理论。固定或稳定增长的股利会向市场传递公司经营业绩稳定和不断增长的信号，有助于增强投资者对公司的信心，稳定股价。如果股利忽高忽低，则表明公司经营不稳定，股价会因此而下跌。

(2) 固定或稳定增长的股利有利于投资者安排支出，特别是对那些对股利有很高依赖性的股东更是如此。

(3) 虽然固定股利政策缺乏灵活性，当公司面临良好投资机会时，不能像剩余股利分配政策那样，盈余优先满足投资需要，但是这种政策也克服了股利变动的缺点，因此在特定情况下，如果公司认为维持股利稳定比推迟某些投资方案、降低筹资成本或者暂时偏离目标资本结构更为有利时，就不会削减股利。

该股利分配政策的缺点在于股利的支付与盈余可能会发生脱节。当公司盈余较低时仍需要支付固定股利，可能导致资金短缺，财务状况恶化。在非常时期，当公司不得不降低股利支付额时，又会传递公司经营业绩下降的信号，导致股价下跌。此外，该股利分配政策也不像剩余股利分配政策那样能优先满足投资需要，不利于保持较低的筹资成本。

13.3.3　固定股利支付率分配政策

固定股利支付率政策是指公司事先确定一个股利支付率，并长期保持。这种政策认为，股利支付应该与公司的盈利状况和支付能力挂钩，每年股利分配额随公司经营业绩和支付能力的好坏而上下波动，因此该政策也是一种变动股利分配政策。

该股利分配政策的优点在于股利的支付与公司的盈利状况和支付能力挂钩，从而避免资金短缺、财务状况恶化。缺点在于每年股利的变动会向市场传递该公司经营不稳定的信号，不利于股票价格的稳定，甚至会导致股价下跌。此外，这种政策也缺乏灵活性，当公司面临良好投资机会时，盈利不能优先满足投资需要。

13.3.4 低正常股利加额外股利分配政策

低正常股利加额外股利分配政策是指公司在正常情况下每年只支付固定但数额较低的保底股利，保底股利是公司即使在经营最差年份也有能力支付的股利，只在盈余较多的年份，再根据实际情况发放额外股利，而额外股利并不固定。

低正常股利加额外股利分配政策借鉴上述股利分配政策的一些优点，同时也克服了这些股利分配政策的一些缺点，具体体现在以下几方面。

(1) 借鉴了固定股利分配政策的优点。虽然固定股利水平较低，但具有稳定和保底的特征，从而克服了变动股利分配政策的缺点，有利于保持股价的稳定。

(2) 克服了固定股利分配政策的缺点。较低的固定股利通常不会给公司造成较大的财务压力，公司在盈余较少或投资需求较大时，仍然有能力长期维持，通常不会出现削减正常股利的情况，从而有利于维持股价的稳定。

(3) 借鉴了剩余股利分配政策的优点。较低的固定股利使公司当期的利润留存较多，当公司面临良好投资机会时，能在很大程度上满足内部股权筹资的需要。

(4) 借鉴了固定股利支付率分配政策的优点。当盈余有较大幅度增加且公司不需要较多投资时，可适当增发额外股利，把经济繁荣带来的部分利益分配给股东，使他们增强对公司的信心，有利于稳定股价；而当盈余水平较低或公司需要较多投资时，则可以支付较少或不支付额外股利，以避免公司资金短缺、财务状况恶化。

由于额外股利的变动性，这种分配政策也具有变动股利分配政策的缺点。当公司盈利状况或者投资需求发生较大变动时，额外股利也会随之变动，不利于股价稳定。比如，如果公司较长时期一直发放较高的额外股利，一旦由于盈利下降等原因降低或取消额外股利，就会传递公司经营业绩逆转的信号，导致股价下跌。尽管额外股利也会导致股利发生波动，但与上述变动股利分配政策相比，低正常股利具有保底和稳定的特征，因而在股利稳定性方面优于变动股利分配政策，加之该分配政策借鉴了变动股利分配政策的优点，因而为许多公司所采用。

以上各种股利分配政策各有所长，公司应参照其基本决策思想，制定适合自己实际情况的股利分配政策。

13.4 股利种类、支付程序与分配方案

13.4.1 股利的种类

股利支付方式有多种，常见的有以下两种。

(1) 现金股利。现金股利是股利支付的主要方式。公司支付现金股利除了要有累计盈余(特殊情况下可用弥补亏损后的盈余公积金支付)外，还要有足够的现金。因此，公司在支付现金股利前需筹备充足的现金。

(2) 股票股利。股票股利是指公司以增发的股票作为股利的支付方式。

我国上市公司在实施利润分配方案时，通常采用现金股利、股票股利或者两种方式兼有的组合方式。部分上市公司在实施现金股利和股票股利的利润分配方案时，有时也会同时实施由资本公积转增股本的方案。

13.4.2 股利的支付程序

1. 决策程序

上市公司股利分配的基本程序：首先，由公司董事会根据公司盈利水平和股利分配政策等，制定股利分配预案，提交股东大会审议，通过后方能生效。其次，由董事会依据股利分配方案向股东宣布，并在规定的股利发放日以约定的支付方式派发股利。在经过上述程序之后，公司方可对外发布股利分配公告，具体实施分配方案。我国上市公司的现金分红一般按年度进行，也可以进行中期现金分红。

2. 分配信息披露

根据有关规定，股份有限公司利润分配方案、公积金转增股本方案须经股东大会批准，董事会应当在股东大会召开后2个月内完成股利派发或股份转增事项。在此期间，董事会必须对外发布股利分配公告，以确定具体的分配程序和时间安排。股利分配公告一般在股权登记前3个工作日发布。如果公司股东较少，股票交易又不活跃，公告日可以与股利支付日是同一天。公告内容包括：利润分配方案；股利分配对象(股权登记日当日登记在册的全体股东)；股利发放办法。

3. 分配程序

我国上市公司的股利分配程序应当遵循登记的证券交易所的具体规定。以深证交易所的规定为例，对于流通股份，其现金股利由上市公司于股权登记日前划入深交所账户，再由深交所于登记日后第3个工作日划入各托管证券经营机构账户，托管证券经营机构于登记日后第5个工作日划入股东资金账户。红股则于股权登记日后第3个工作日直接计入股东的证券账户，并自即日起开始交易。

4. 股利支付过程中的重要日期

(1) 股权宣告日(announcement date)，即公司董事会将股东大会通过本年度利润分配方案的情况以及股利支付情况予以公告的日期。公告将宣布每股派发股利、股权登记日、除息日、股利登记日以及派发对象等事项。

(2) 股权登记日(record date)，即有权领取本期股利的股东资格登记截止日期。只有在股权登记日这一天登记在册的股东(即在此日及之前持有或买入股票的股东)才有资格领取本期股利，而在这一天之后登记在册的股东，即使是在股利支付日之前买入的股票，也无权领取本期分配的股利。此外，我国部分上市公司在进行利润分配时除了分派现有现金股利外，还伴随送股和转增股，在股利登记日这一天仍持有或买进该公司的股票的投资者是可以享有本次分红、送股或转增股的股东，这部分股东名册由证券登记公司统计在案，届时将所应支付的现金红利、应送的红股或转增股划到这部分股东账上。

(3) 除息日(ex-dividend date)，也称除权日，是指股利所有权与股票本身分离的日期，将股票中含有的股利分配权予以解除，即在除息日当日及以后买入的股票不再享有本次股利分配的权利。我国上市公司的除息日通常是在登记日的下一个交易日。由于在除息日之前的股票价格中包含本次派发的股利，而自除息日起的股票价格中则不包含本次派发的股利，通常经过除权调整上市公司每股股票对应的价值，以便投资者对股价进行对比分析。

(4) 股利支付日(payable date)，即公司确定的向股东正式发放股利的日期。此时，公司通过资金清算系统或其他方式将股利支付给股东。

13.4.3　股利分配方案

股利分配方案一般包括以下几个方面。

(1) 股利支付形式，即明确公司以现金股利、股票股利还是其他形式支付股利。

(2) 股利支付率，即股利与净利润的比率。按年度计算的股利支付率非常不可靠，由于累计的以前年度盈余也可以用于股利分配，有时股利支付率甚至会大于100%。

(3) 股利分配政策的类型，即明确公司是采取固定股利分配政策，还是稳定增长股利分配政策，或是剩余股利分配政策等。

(4) 股利支付程序，即确定股权宣告日、股权登记日、除息日和股利支付率等具体事宜。

13.5　股票股利与股票分割

13.5.1　股票股利

1. 股票股利的概念

股票股利是指公司对原有股东无偿派发一定数量的新股作为股利。公司发放股票股利通常以留存归属于股东的部分当期税后利润为前提，而留存利润的实质是公司内部股权筹资和原有股东的再投资。发放股票股利则是将留存利润进行资本化的会计处理，即通过对原有股东无偿发行新股的方式，将其转化为股东的投入资本(股本和资本公积)，使留存利润的内部权益筹资性质和原有股东的再投资性质更为显性化。

2. 股票股利的会计处理

公司发放股票股利需要进行会计处理，本书用下例予以说明。

【例13-2】假设A公司股本总数为1 000万股(股票面值为1元)，本年度实现税后利润1 000万元，计入未分配利润项目待处理。A公司宣告当期利润不分配，而是利用当期税后利润1 000万元发放股票股利。假设当时股票市价为5元/股，按西方国家通行的会计处理方法，以股票市价作为"发行价格"(也可采用股票面值计算股票股利，我国目前即采用这种做法)，则发放股票股利需要向原有股东无偿增发200万股普通股，即每10股送2股。在会计处理方面，需要从"未分配利润"项目中转出1 000万元，同时调增普通股"股本"200万元，剩余800万元作为股本溢价转至"资本公积"项目。发放股票股利前后，公司股东权益各项目变动情况如表13-1所示。

表13-1 发放股票股利前后的股权权益项目明细

股东权益项目	发放股票股利前/万元	发放股票股利后/万元
股本 (1 000万股，面值1元)	1 000	1 200(1200万股)
资本公积	1 000	1 800
盈余公积	1 500	1 500
未分配利润	1 500(含本年税后利润)	500
股东权益合计	5 000	5 000

从表13-1中可以看出，发放股票股利只是对股东权益项目进行结构调整，没有对公司股东权益总额产生影响，因而不会对股东权益或股权价值造成影响，但由于股票数量的增加，每股的股权价值会降低。

需要注意的是，公司有时也会利用其他积累项目派发股票股利，比如资本公积转增股本。在这种情况下，股东可以按照其所持有股份的比例获得相应的转增股份，具有与利用当期利润发放股票股利相同的股份增持效果，但同样不会改变股东权益总额。

对公司而言，发放股票股利并没有现金或其他非现金资产流出公司，因而从本质上说，它并不属于公司的利润分配。对股东而言，虽然发放股票股利会使股东持有的股票数量增加，但股权价值并没有上升，或者说并没有给股东带来财富，因而股票股利还不是真正意义上的股利，那么为什么将它称为股利呢？这是因为在现实的资本市场上，运行正常的公司派发少量股票股利(2%～3%)一般不会导致股价立即下跌，股价基本保持稳定，如果出售股票，可以获得现金收益，这样会让人产生股票股利与现金股利相同的错觉。当然，股东出售股票股利获得现金收益需要付出降低持股比例的代价。

3. 股票股利对股东财富的影响

发放股票股利只是将留存利润进行资本化会计处理，并没有改变股权价值总额。虽然股东获得了股票股利，但是股票数量的增加也会导致股价相应下跌，因而发放股票股利本身并不会对股票市值或股东财富造成影响。

沿用【例13-2】的数据，说明股票股利对股价和股东财富的影响。股东权益总额为5 000万元，未发放股票股利的股权价值为5元/股(5 000/1 000)，在有效市场假设条件下，股票价格也为5元/股。发放股票股利后股票数量增加到1 200万股，股权价值和股价将会降低到4.17元/股(5 000/1 200)，但股票市值并未发生改变(4.17×1 200＝5 000)，也就是说，发放股票股利并不会对股东财富总额造成影响。对拥有10股股票的股东而言，发放股票股利前拥有的股权市值为50元(5×10)，每10股送2股以后，股价下跌为4.17元/股，拥有的股权市值仍然为50元(4.17×12)。可见，每位股东所持有的股票的市场价值或拥有的财富并不会因为获得股票股利而发生改变。

但是，以上分析没有考虑到股票股利的信号传递效应。实际上，发放股票股利往往能够向市场传递公司拥有投资机会的利好信息，因为发放股票股利通常是以留存利润为前提的，而留存利润是为了满足投资项目的需要。更为重要的是，发放股票股利表明公司并不担心股价下跌，因为公司对投资项目和发展前景非常有信心，公司管理层相信除权日后的股价下跌只是暂时的，公司良好的发展前景会支撑股价很快走出填权行情，甚至超过之前的股价。因此，发放股票股利的公司通常被市场认为有良好的投资机会和发展前景，能够给股东创造更多的净现值，其股票对股东更具吸引力。在除权日后。基于对公司的良好预期，投资者的追加购买行为会使股价很快走出填权行情，进而股东财富总额得以增加。本例中，在除权日后，在短暂的股价降低后，股价会从4.17元/股恢复到5元/股，股票市值增加到6 000万元，股东财富增加了1 000万元。对拥有10股股票的股东而言，在股价走出填权行情以后，该股东会获得股价上涨带来的好处，其拥有的股票市值将增加10元(5×12-5×10)。

总之，虽然发放股票股利本身并不能增加股东财富，但由此产生的信号传递效应可能会增加股东财富。虽然不派发股票股利会使利润留存增加，同样可能会产生信号传递财富效应，但派发股票股利的信号传递财富效应更为显著，因为它不仅表明公司拥有投资机会，还表明公司对投资项目、发展前景和股价上涨更有信心。

需要指出的是，股票股利的财富效应是不确切的。在某些情况下，公司发放股票股利还会被认为是资金周转不灵的征兆或"忽悠"股东的行为，股价反而会下跌。

4. 公司发放股票股利的目的

发放股票股利通常是在留存利润的基础上进行的，目的是满足公司投资和发展需要，此外还有如下一些特殊目的。

(1) 满足股利分配的需求。在实践中，股东更希望获得股利分配，股利分配具有较高的刚性。除了现金股利以外，股票股利也被股东认为是一种股利分配形式。现金股利往往适合于盈利和现金充足、财务弹性较高的公司。而对于盈利和现金不足、投资机会较多、流动性差的公司而言，则需要留存利润和现金，以满足公司投资和流动性的需要。在这种情况下，公司派发股票股利既能满足股东对股利的需求，又能避免现金流出，从而有利于满足投资需要和降低流动性风险。

(2) 提高权益资本的稳定性。通过股票股利的会计处理，将留存收益项目(未分配利润和盈余公积)转化为股东投入资本(股本和资本公积)，而投入资本具有稳定性的特征，不会再以现金红利的方式流出公司。

(3) 扩充公司的股本或注册资本，提高公司信誉。通过股票股利的会计处理，将本期利润和积累项目转化为股本，可增加公司的股本或注册资本，从而有利于提高公司信誉。

(4) 降低股票市价，扩大股价的上涨空间。对于股价较高的绩优公司而言，股价过高会导致股价上涨的动力不足、空间受限，而采用发放股票股利的方式降低股价，有利于扩大股价的上涨空间，更大幅度地增加股东财富。

股票股利与资本公积转增股本都会增加股本数量，导致每股价值被稀释，从而使股票交易价格下降。在除息日，上市公司发放现金股利、股票股利以及资本公积转增资本后，股票除权参考价为

$$股票除权参考价=\frac{股权登记日收盘价-每股现金股利}{1+送股率+转增率}$$

13.5.2　股票分割

股票分割是指将一定面额的股票拆为两股或多股面额较低的股票，也称为股票拆细。股票分割不会改变股东权益总额及股东权益内部各项目间的比例关系，但会导致每股面值降低、股票数量增加，因而每股股权价值会按分割比例下降。比如，将原来的一股面值为2元的股票分割成面值为1元的两股股票，股票数量增加了一倍，但权益总额没变，而每股股权价值降低了一半，每股市价也会因此下降一半。

虽然股票分割与股票股利的原理和会计处理不同，但从实践效果看，股票分割和股票股利并没有区别，比如都需要向现有股东发放新股票，都没有改变权益总额，都会导致每股股权价值和每股市价下降，所以一般要根据证券管理部门的具体规定对两者加以区分。例如，有的国家证券交易机构规定，发放25%以上的股票股利即属于股票分割。

公司实行股票分割主要有如下目的。

(1) 降低每股市价，促进股价快速上涨。降低每股市价是股票分割的主要目的。股票分割一般是业绩优良、成长性好的蓝筹公司的行为，由于股价处于较高水平，市场恐高心理会导致潜在投资者不愿意追高，股价难以快速上涨。通过股票分割增加股票股数可以降低股价，吸引更多的投资者踊跃购买，有利于促进股价进一步上升。

(2) 传递公司具有良好发展前景的信号，以促进股价上涨。股价代表了公司业绩和发展前景，股价上涨往往预示着公司的业绩增长、前景光明，而股价下跌则反映公司的业绩下降、前景暗淡。股价下跌会损害公司的市场形象，带来一系列负面效应。既然股价下跌不利于维护公司的市场形象，为什么公司会利用股票分割来降低股价呢？原因在于公司对未来经营和股价快速上涨有信心，股票分割往往被市场认为是对未来有信心的

成长型公司所为，会向市场传递"公司正处于发展之中"的信号，这种利好信息有利于在短时间内提高股价。

(3) 为发行新股做准备。在新股发行之前，利用股票分割降低股票发行价格，增加股票的适销性，以促进新股发行。

尽管股票分割与发放股票股利都能达到降低公司股价的目的，但一般来说，只有在公司股价暴涨且预期难以下降时，才会采用股票分割的方法降低股价；而在公司股价上涨幅度不大时，往往通过发放股票股利将股价维持在理想的范围内。

如果公司认为股票的价格过低，为提高股价，维护公司形象，会采取反分割(也称股票合并)的措施进行市值管理。反分割是股票分割相反的行为，即将数股面额较低的股票合并为一股面额较高的股票。

13.6 股票回购

13.6.1 股票回购概述

股票回购是指公司出资向股东回购一部分其所发行的流通在外的股票，将其作为库藏股(库存股)暂时保留或予以注销。股票回购产生于20世纪70年代，美国一些公司为规避政府对公司分配现金股利的额度限制，通过采用回购股票的方式向股东分配剩余现金。股票回购能够导致股价上涨，股东能因此取得资本利得收益，能够达到与分配现金股利相同的效果，因而成为一种现金股利分配的替代形式。

13.6.2 股票回购的目的和意义

1. 现金股利的优化替代形式

股票回购通常发生在公司有多余的股权自由现金时，为避免承担较高的持有成本，通常需要将这些多余的自由现金分配给股东，或者回购部分发行在外的股票。股票回购不仅具有与现金股利相同的分配效用，而且能够给股东带来节税利益，因而成为现金股利的一种优化替代形式，被很多公司所采用。

【例13-3】假设A公司原股权价值为1 000万元，发行在外的股票数量为100万股，当年实现税后利润为100万元，实现税后利润前股价为10元。由于A公司没有为股东创造净现值的投资项目，计划不留存利润，而是将税后利润以现金的方式流出公司，现有股利分配和股票回购两个方案可供选择，假设不考虑个人所得税和交易费用，试对两种方案进行分析。

实现税后利润后公司的股权价值增加到1 100万元，股价也因此上涨到11元(1 100/100)。如果公司分配100万元的现金股利，每股的现金股利为1元，除权后每股股价恢复到10元[(1 100−100)/100]。如果不考虑个人所得税，每股净收益为1元。如果公司将拟分配的现金100万元按每股11元的市场价格回购部分股票，股票回购使流通股的数量减少9.091万股(100/11)，股权价值总额也因此恢复到1 000万元(1 100-100)，那么每股价格计算如下。

$$每股市价＝1 000/(100-9.091)＝11(元)$$

如果不考虑个人所得税和交易费用，售出股份的股东每股售价为11元，每股利得净收益为1元，未售出股份的股东每股资本利得净收益也是1元。因此，公司不论采用支付现金股利还是股票回购，股东的每股净收益都为1元，并无差异；对公司而言，股票回购与支付现金股利也具有相同的效应，因为两者都使闲置的剩余现金流出公司。可见，股票回购相当于公司支付给股东现金股利，是现金股利的一种替代形式。

在实践中，由于资本利得税税率通常低于红利所得税税率，回购股票能够带来节税利益，用股票回购替代现金股利对股东更具吸引力。此外，虽然某个年度公司取得了较高的盈利水平和剩余现金流，但这可能只是暂时的，如果没有把握长期维持高股利水平，则可以在维持一个相对稳定的股利水平(保底股利)的基础上，通过股票回购发放额外股利回馈股东，这样可以避免额外股利带来的股利波动的负面影响。

可见，股票回购是现金股利的一种优化替代形式。

2. 稳定和提升股价

由于信息不对称，股票市场经常存在股价低估的现象，从而会给公司经营造成严重的负面影响。比如，投资者对公司的信心下降，导致公司股价和融资能力进一步下降；消费者也可能对公司的产品产生怀疑，从而削弱公司出售产品、开拓市场的能力等。

在现实的资本市场中，股票回购会直接抬高股价，而且股数减少也有助于提高每股收益和股价，更为重要的是，它能向市场传递股价被低估的信号，这也是股票回购的主要目的之一。因为与外部投资者相比，公司掌握的信息更加全面和真实，之所以愿意增持本公司股票是因为其会带来净现值。相反，减持股票则被认为是股票被高估的信号。如果管理层认为目前的股价被低估，则可以通过股票回购，向市场传递积极的信号，提升市场信心，股价会因此得到支撑和提升，从而改善公司形象，对公司经营和发展产生积极影响。因此，股票回购一直被视为稳定和提升股价的"利器"。

此外，股票回购还能通过自由现金的减少规避可能产生的管理层滥用股东财产的代理问题，向市场传递代理成本降低的积极信号，使投资者相信公司没有把股东的钱浪费在收益低下的投资中，也有利于股价的稳定和提升。值得注意的是，我国《公司法》并不承认公司以稳定股价为目的的股票回购。

3. 减资和优化资本结构

股票回购是公司减资和优化资本结构的重要手段。根据我国相关法律的规定，除非回购的股票用于换股并购和奖励给本公司职工等少数情况，否则公司回购的股票必须予以注销，减少公司的注册资本。如果公司某期存在大量自由现金，又没有有利投资机会,与此同时公司的资本结构不合理,资产负债率偏低,权益资本占比偏高,这时公司实施股票回购,不仅能够消化剩余资金,而且能够调整优化资本结构。股票回购不仅可以利用公司累积的现金进行,也可以利用重大的非货币资产变现或举债取得回购现金。

【例13-4】假设A公司的总资本为10 000万元,其中债务资本为3 000万元,占比为30%。公司认为目前的资本结构不合理,负债比率过低,需要调整资本结构,将负债比率提高到60%。现有利用股权自由现金回购股票注销和举债回购股票注销两套实施方案,试进行分析。

如果利用剩余现金CASH回购股票注销,则权益资本减少了CASH,求解CASH。

债务资本占比=3 000/(10 000−CASH)=60%

CASH=5 000(万元)

为此,公司需要支出5 000万元自由现金回购股票注销,这样权益资本减少5 000万元,债务资本仍为3 000万元,负债比率提高到60%,实现了优化资本结构的目标。

如果利用举借债务B回购股票注销,则权益资本减少了B,求解B。

债务资本占比=(3 000+B)/(10 000+B−B)=60%

B=3 000(万元)

公司仅需要举借债务3 000万元回购股票注销,这样权益资本减少3 000万元,债务资本增加到6 000万元,负债比率提高到60%,也实现了资本结构的调整目标。

根据上述分析,与利用自由现金回购股票注销相比,举债回购股票注销能做到双管齐下,一方面增加债务资本,另一方面减少权益资本。公司仅需举借少量债务、回购少量股票,就能够实现优化资本结构的目标,调整资本结构的效果更为显著。对于负债比例过低、处于稳定增长阶段的公司而言,如果没有足够的自由现金,通过发行债券等举债方式回购股票是调整完善资本结构的有效途径。

需要指出的是,为减少资本的股票回购在中国股票市场上较为罕见,因为公司上市的目的主要是"圈钱",通过股票回购注销来减资基本没有可能。

4. 优化和重组股权结构

公司通过协议有目的地定向回购某些股东的股票,在其他股东股份不变的情况下,被收购股份的股东的持股比例和控制权会降低,其他股东的持股比例和控制权会相应增加,从而达到调整股权控制结构的目的。此外,在大股东继续增持受到限制的情况下,通过回购其他股东的股票还有利于增加大股东的持股比例,增强其控股能力。

5. 实施职工持股计划或期权激励计划

公司利用剩余资金回购股票,实施职工持股计划或期权激励计划,可以避免发行新股导致的股权稀释。

6. 其他目的和意义

(1) 实施换股并购。在换股并购的情况下,由于新股发行会稀释原有股东的持股比例，并导致股价下跌，在公司存在剩余现金的情况下，通过股票回购代替新股发行获得用于交换的本公司股票，也许会成为最佳选择。

(2) 满足认股权证认购的需要。公司可以采用股票回购的方式取得股票，满足认股权证持有者行权认购的需要，这样可以避免增发新股票导致的稀释效应和股价下跌。此外，由于没有发行新股，权益资本不变，因而也有利于维持目标资本结构。

(3) 实施反收购。通过股票回购，可以减少在外流通的股份，提高股价，增加收购难度，在一定程度上可以降低公司被收购的风险。

13.6.3　股票回购的负面效应

1. 股票回购对公司的负面效应

(1) 降低公司的流动性。一些公司利用大量现金回购股票，而大部分库藏股投资属于长期投资，比如人力资源投资等，并不能在短期内给公司带来现金流，导致公司的流动性下降。

(2) 当公司自由现金流量不足时，往往采用大规模举债的方式筹集回购资金，在资产负债率较高的情况下，会加大财务风险。

(3) 在回购减资的情况下，股票回购不仅削弱了对债权人利益的保护，而且忽视了公司的长远发展。

(4) 股票回购可能使公司发起人股东利用公司股票回购兑现创业利润，影响公司的长期发展。

2. 股票回购对资本市场的负面效应

(1) 实施股票回购可能增加市场操纵风险，增加内部交易的可能性，损害股票交易的公正性和中小股东的利益。例如，某矿产公司对中小股东隐藏了发现新矿的信息，同时又在进行股票回购，中小股东在不知内情的情况下出售了自己持有的股份，最终结果必定是中小股东利益受损，而早已了解内情的大股东却能够坐收渔利。

(2) 由于信息不对称，在股票回购中，若公司不公开回购，而是定向回购，会导致急于减持或套现出局的大股东退出公司，其他股东则因公司资本减少而承担较大的风险，尤其是在公司经营不善时，等于将风险转嫁给其他股东。

13.6.4　股票回购的法律限制

回购公司掌握了准确、及时的内幕信息，如果允许公司随意回购股票，容易导致其利用内幕信息炒作和操纵本公司股票，因此，各国都对股票回购做出了严格的法律限制。比如，为避免公司管理层利用股票回购操纵股价和公司控制权，很多国家法律规定公司持有库藏股不能超过一定期限，也不享有表决权和分配权等普通股的权利。

我国2005年发布的《上市公司回购社会公众股份办法(试行)》规定，上市公司回购股票只能出于减少注册资本从而注销的目的，不允许作为库藏股由公司持有。此后，我国《公司法》规定，公司不得收购本公司股票，但出于减资、与持有本公司股票的其他公司合并、将股份奖励给本公司员工的目的时允许回购。具体来看，为避免利用股票回购操纵股价，只有在以下4种情形下才能回购本公司的股份：①减少公司注册资本；②与持有本公司股份的其他公司合并；③将股份奖励给本公司职工；④股东因对股东大会作出的合并、分立决议持异议，要求公司收购其股份。公司因第①种情况收购本公司股份的，应当在收购之日起10日内注销；属于第②种、第④种情况的，应当在6个月内注销或转让；公司因奖励给本公司员工回购股份的，不得超过本公司已发行股份总额的5%；用于回购的资金应当从公司的税后利润中支出，所收购的股份应当在1年内转让给员工。可见，我国法规并不允许公司拥有西方实务中常见的库藏股。

虽然股票回购在成熟的资本市场上是一种较为普遍的行为，但是我国目前并不完全具备大规模实施股票回购的条件。近年来，随着我国股票市场的发展，我国对股票回购的严格法律限制得到很大改观，股票回购的案例日渐增多。

思考题

1. 制定股利分配政策需要考虑哪些因素？
2. 具有代表性的股利相关论包括哪些？
3. 剩余股利分配政策的基本思想是什么？它有哪些优缺点？
4. 实行固定股利分配政策的理由是什么？它的优缺点是什么？
5. 什么是低正常股利加额外股利分配政策？它的优缺点是什么？
6. 什么是股票股利？为什么它会对股东财富产生影响？
7. 什么是股票回购？它的目的和意义是什么？
8. 为什么说股票回购是现金股利的优化替代形式？

练习题

假设某公司20×0年税后利润为6 800万元，今年年初公司讨论决定股利分配的数额。预计20×1年该公司有一个很好的投资项目，需要投资9 000万元。公司的目标资本结构为权益资本占60%、债务资本占40%。该资本结构为20×0年度的目标资本结构，按法律规定，公司至少要提取10%的公积金，公司实行剩余股利分配政策。

要求：计算应分配股利和股利支付率。

第 4 篇

短期资产投融资管理

第14章 | 短期资产投资管理

公司资产包括长期资产(非流动资产)和短期资产(流动资产)。前面各章讨论的主要是长期资产投资和长期筹资决策问题，从本章开始，我们讨论短期资产投资和筹资管理问题。本章重点讨论流动资产投资管理，主要包括短期资产投资策略、现金管理、应收账款管理和存货管理。公司长期资产投资决策需要应用时间价值的理念，采用现金流量折现法进行估值和决策。短期资产投资回收期限较短，一般不超过一个会计年度或一个营业周期，时间价值无足轻重，因而短期资产投资管理不需要采用现金流量折现法，而应采用成本收益分析法。

14.1 短期资产投资概述

公司的短期资产包括货币资金、存货和应收账款等经营资产。公司经营必须持有一定规模的短期资产。公司资本预算不仅包括长期经营资产的资本预算，也包括短期经营资产的资本预算 (营运资本预算)。营运资本是短期资产重要的资金来源，如果短期资产投资规模过大，就会增加营运资本的预算，同时还可能增加有息短期负债(比如短期借款)，从而增加资金成本。

14.1.1 短期资产的需要量及决定因素

1. 短期资产的需要量

流动资产周转率的计算公式为

$$流动资产周转率 = 销售成本/平均短期资产$$

根据流动资产周转率的计算公式，可以推导出一定时期短期资产平均需要量的计算公式

$$平均短期资产 = 销售成本/流动资产周转率$$

可见，一定时期短期资产需要量取决于公司的产销规模(用销售成本表示)和流动资产的周转速度。在流动资产周转速度一定的情况下，产销规模越大，所需流动资产越多；而在产销规模一定的情况下，流动资产的周转速度越快，所需的流动资产就越少。比如，有一家商业公司，年销售成本为1 200万元，营业周期(商品周转期与应收账款收现期之和)平均为1个月，即流动资产的平均周转次数为12次，则该公司需要投入采购商品的流动资金为100万元，即年流动资产需求规模为100万元。

2. 短期资产需要量的决定因素

通常，在公司产销规模一定的情况下，提高流动资产周转率能够有效地缩减流动资产的投资规模。流动资产周转率既取决于行业和技术特征、外部经济环境等客观因素，也取决于公司的流动资产管理水平。

(1) 行业和技术特征。不同行业、不同技术特征的公司，经营性流动资产周转率有所不同。比如，造船业与零售业的公司、自动化流水线生产与分步骤生产的公司，它们的存货周转速度就存在较大差异。

(2) 外部经济环境。不同公司所面临的采购环境和销售环境是不同的。在采购过程中，如果供应商处于卖方市场地位，可能需要预付货款、现金支付，购货公司的营业周期或流动资产的周转天数会相对延长；相反，如果购货公司处于买方市场地位，则可以延后支付货款，购货公司的营业周期或流动资产周转天数会缩短。同理，在销售过程中，如果销售公司处于卖方市场地位，产品供不应求，则存货周转期和应收账款的收现期会缩短，甚至可以提前甚至立即收到货款，营业周期会缩短，流动资产周转次数会增加；相反，如果购货公司处于买方市场地位，则销售公司的存货周转期和应收账款的收现期会延长，流动资产周转率会下降。

(3) 流动资产管理水平。即使是技术特征、产品竞争能力相同的同业企业，流动资产管理水平也存在较大差异，因而流动资产的周转速度也会存在很大不同。例如，存货或应收账款管理水平差的公司，流动资产周转速度就比较低。再如，采用计算机管理信息系统的公司，可以加快采购和销售订单的处理速度，能够有效缩短流动资产的周转天数，节约流动资产投资。

14.1.2　短期资产投资策略

虽然一定时期短期资产的需求规模取决于公司的产销规模和短期资产的周转速度，但是这些因素并不确定，进而流动资产的需求也是不确定的。面对不确定性，企业应如何确定短期资产投资规模呢？是多投资一些还是少投资一些呢？在实践中，短期资产投资政策分为适中型投资策略、保守型投资策略和激进型投资策略。

1. 适中型投资策略

短期资产投资规模的大小会影响短期资产的短缺成本和持有成本。短缺成本是指随着短期资产投资水平下降而增加的成本。比如，由现金短缺导致的紧急借款发生的高利息成本，由存货短缺引起的停工待料损失、丧失销售机会甚至失去客户的损失等。持有成本是指随着流动资产投资上升而增加的成本。持有成本主要是投资短期资产的机会成本。这些投资如果不用于流动资产，可用于其他投资机会并赚取收益。这些失去的等风险投资的预期收益，就是短期资产投资的持有成本。

在产销规模一定的情况下，短期资产投资较少，虽然可以节约持有成本，但也会产生由经营中断等造成的短缺成本；而短期资产投资较多，虽然能够减少短缺成本，但也会增加持有成本。因此，在短期资产投资规模决策中，公司需要权衡短缺成本和持有成本，确定最优投资规模。适中型投资政策追求短缺成本和持有成本之和最小的短期资产投资额。持有成本随投资规模扩大而增加，短缺成本随投资规模扩大而减少，在两者相等时达到最优投资规模，如图14-1所示。

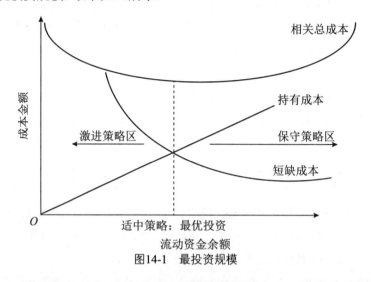

图14-1　最投资规模

最优投资规模是短缺成本和持有成本之和最小的投资额。这种投资政策要求短缺成本和持有成本大体相等，短期资产投资规模适中，因而称为适中型投资策略。

2. 保守型投资策略

保守型投资策略侧重降低短缺成本，表现为短期资产投资规模较大，如图14-1所示。保守型投资策略处于适中投资策略最优投资规模的右侧，具体表现为：公司持有较多的现金和有价证券；存货充足；向客户提供宽松的销售信用政策并保持较高的应收账款水平。采用这种策略需要较多的流动资产投资，充足的现金、有价证券和存货，以及宽松的信用条件，从而降低公司中断经营的风险和短缺成本。这种策略风格上比较保守，但需要承担较高的持有成本。这种宽松的投资政策表现为较高的流动资产与收入比。

3. 激进型投资策略

激进型投资策略侧重降低持有成本，表现为较低的流动资产投资规模，如图14-1所示。激进型投资策略处于适中策略最优投资规模的左侧，具体表现为：公司尽可能少地持有现金和有价证券投资；存货储备较少；采取严格的销售信用政策或者禁止赊销。该策略很可能导致公司经营中断或丧失销售收入等短缺成本，风格上比较激进，但可以节约持有成本。这种紧缩的投资策略表现为较低的流动资产与收入比。

14.2　现金管理

现金资产是流动性最强的资产，公司拥有足够的现金，对于满足购买原材料、支付工资、纳税、清偿当期债务等必要支出，以及降低流动性风险具有重要意义。有价证券是公司现金的一种转换形式，变现能力强，可以随时兑换成现金。公司有多余现金时，常将现金兑换成有价证券；现金不足时，再出让有价证券换回现金。

14.2.1 现金管理目标及方法

1. 现金管理目标

公司保有一定量的现金，主要是为了满足以下几方面需要。

(1) 交易性需要。交易性需要是指现金用来满足日常业务的正常开支。公司经常取得现金收入，也经常发生现金支出，两者不可能同步同量，因此必须维持适当的现金余额，以避免出现支付危机，确保公司的业务活动能够正常进行。

(2) 预防性需要。预防性需要是指保有一定现金余额以应付意外支付。公司有时会出现意想不到的开支，这种开支的不确定性越大，应保有的预防性现金就越多；反之则越少。此外，如果公司能够随时借款，也可以减小预防性现金的数额；反之则应增加预防性现金数额。

(3) 投机性需要。投机性需要是指保有一定现金用于把握不寻常的购买机会，比如，遇有廉价原材料或物资降价的机会等，可以大量购买。当然，遇到不寻常的购买机会也可设法临时筹集资金，但拥有相当数额的现金，确实方便大批廉价采购。

公司因缺乏必要的现金，不能应付业务开支所需而使公司蒙受损失或为此付出的临时借款成本或转换成本等代价，称为短缺现金成本。公司蒙受损失大致包括缺乏现金不能及时购买原材料，而使生产中断造成停工损失、信用损失和得不到折扣好处，丧失廉价购买机会等。其中，失去信用造成的损失难以准确计量，但它影响往往很大，甚至导致供货方拒绝或拖延供货，债权人要求清算等。现金属于流动性很强的资产，但它是非盈利性资产，过量持有非盈利性现金的机会成本很高，这意味着公司应尽可能少地留存现金，尽可能多地投资能产生高收益的资产，避免现金闲置带来的损失。公司现金管理的目标，就是在流动性和盈利性之间进行权衡，合理确定现金资产持有量。

2. 现金管理方法

为了降低现金持有量，提高现金使用效率，在日常的现金管理中，可采用如下方法。

(1) 力争现金流量同步。如果公司能尽量使现金流入与现金流出发生的时间趋于一致，就可以将其所持有的交易性现金余额降到最低水平。

(2) 使用现金浮游量。从公司开出支票，收票人收到支票并存入银行，至银行将款项划出公司账户，中间需要一段时间。现金在这段时间的占用称为现金浮游量。在这段时间里，尽管公司已开出支票，却仍可动用活期存款账户上的这笔资金。不过，在使用现金浮游量时，一定要控制好使用时间，否则会发生银行存款透支。

(3) 加速收款。这主要是指缩短应收账款的收款期。发生应收账款会增加公司资金占用额,但它又是必要的,因为它可以扩大销售规模,增加销售收入。问题在于如何既能够利用应收账款吸引顾客,增加销售收入,又能够缩短收款时间。这就要求在两者之间找到平衡点,实施妥善的收账策略。

(4) 推迟应付账款的支付。推迟应付账款的支付是指公司在不影响自己信誉的前提下,尽可能地推迟应付账款的支付期。如公司急需现金,甚至可以放弃供货方提供的折扣优惠,在信用期的最后一天支付款项。当然,这要权衡折扣优惠与急需现金之间的利弊得失而定。

14.2.2　最佳现金持有量决策

1. 成本分析模式

成本分析模式通过分析持有现金的成本,寻找持有成本最低的现金持有量。公司持有现金会产生3种成本。

(1) 机会成本。现金持有量越多,机会成本越高。

(2) 管理成本。公司持有现金,会发生管理费用,如管理人员工资等。它是一种固定成本,与现金持有量无明显的比例关系。

(3) 短缺成本。短缺成本随现金持有量的增加而下降,随现金持有量的减少而上升。

上述3项成本之和最小的现金持有量,就是最佳现金持有量。如果把以上3种成本线放在一张图中,就能表现出持有现金的总成本,找出最佳现金持有量的点。如图14-2所示,机会成本线向右上方倾斜,短缺成本线向右下方倾斜,管理成本线为平行于横轴的直线,总成本线是一条抛物线,该抛物线的最低点即为持有现金的最低总成本。超过这一点,机会成本上升的代价会大于短缺成本下降的好处;在这一点之前,短缺成本上升的代价会大于机会成本下降的好处;这一点对应的横轴数值,即为最佳现金持有量。

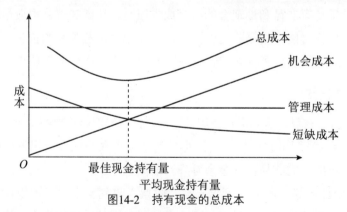

图14-2　持有现金的总成本

具体计算最佳现金持有量时,可以先分别计算出各种方案的机会成本、管理成本、短缺成本之和,再从中选出总成本之和最小的现金持有量,即为最佳现金持有量。

【例14-1】某公司有4种现金持有方案,它们各自的机会成本、管理成本、短缺成本如表14-1所示,试计算最佳现金持有量。

表14-1　现金持有方案　　　　　　　　　　　　　　　单位：元

项目	方案A	方案B	方案C	方案D
现金平均持有量	25 000	50 000	75 000	100 000
机会成本	3 000	6 000	9 000	12 000
管理成本	20 000	20 000	20 000	20 000
短缺成本	12 000	6 750	2 500	0

注：假设机会成本率为12%。

这4种方案的总成本计算结果如表14-2所示。

表14-2　现金持有总成本　　　　　　　　　　　　　　单位：元

项目	方案A	方案B	方案C	方案D
机会成本	3 000	6 000	9 000	12 000
管理成本	20 000	20 000	20 000	20 000
短缺成本	12 000	6 750	2 500	0
总成本	35 000	32 750	31 500	32 000

比较以上各方案的总成本可知，C方案的总成本最低。也就是说，当公司平均持有75 000元现金时，各方面的总代价最低，对公司来说最划算，故75 000元是该公司的最佳现金持有量。

2. 存货模式

从上面的分析中我们已经知道，公司平时持有较多的现金，虽然会降低短缺成本，但也会增加机会成本；而平时持有较少的现金，则会增加短缺成本，却能减少机会成本。如果公司平时只持有较少的现金，当现金不足时，通过出售有价证券换回现金，或利用银行短期借款，就既能满足现金需求，避免短缺成本，又能降低机会成本。因此，适当的现金与有价证券之间的转换，是公司提高资金使用效率的有效途径。至于平时持有多少现金与公司奉行的现金投资政策有关。采用保守型现金投资政策，保留的现金较多，则转换次数较少。有价证券的转换是有交易成本的，如果经常进行有价证券与现金的转换，则会增加转换交易成本，因此如何确定有价证券与现金的每次转换量，是一个需要研究的问题。这可以应用现金持有量的存货模型来解决，存货模型源于美国学者鲍默尔的存货经济批量模型，也称为鲍默尔模型。

公司每次以有价证券转换现金是要付出代价的，如支付经纪费用，这被称为现金的交易成本。现金的交易成本与现金转换次数有关。假定每次的现金交易成本是固定的，在一定时期内，在现金使用量确定的前提下，公司每次以有价证券转换现金的金额越大，平均持有的现金量越多，转换的次数越少，现金的交易成本就越低；反之，每次转换现金的金额越低，平均持有的现金量越少，转换的次数会越多，现金的交易成本就越高，现金的交易成本与持有量成反比。在存货模式下，持有现金的成本包括转换交易成本和机会成本，可以将转换交易成本与机会成本合并为总成本曲线，如图14-3所示。

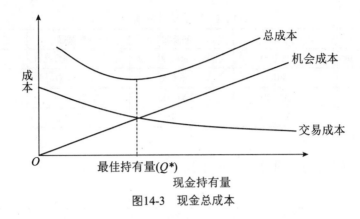

图14-3　现金总成本

在图14-3中，现金的机会成本和交易成本是两条随现金持有量向不同方向发展的曲线，两条曲线交叉点相对应的现金持有量，即为总成本最低的现金持有量，它可以运用现金持有量存货模式求出。以下举例说明现金持有量存货模式的应用。

【例14-2】某公司的现金使用量是均衡的，每周的现金净流出量为100 000元。若该公司在第0周开始时持有现金300 000元，那么这些现金够公司支用3周，在第3周结束时现金持有量将降为0，其3周内的平均现金持有量则为150 000元(300 000/2)。第4周开始时，公司需将300 000元的有价证券转换为现金以备支用。待第6周结束时，现金持有量再次降为0，这3周内的现金平均余额仍为150 000元。如此循环，该公司在一个时期内的现金持有状况如图14-4表示。

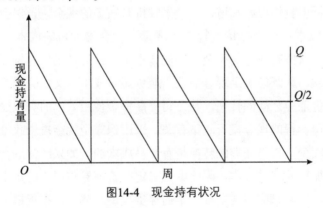

图14-4　现金持有状况

在图14-4中，每3周为一个现金使用循环期，以Q代表各循环期之初的现金持有量，以Q/2代表各循环期内的现金平均持有量。

如果公司将Q定得高些，比如定为600 000元，每周的现金净流出量仍为100 000元，这些现金将够支用6周，公司可以在6周后再出售有价证券补充现金，这能够减少现金交易成本，但6周内的现金平均余额将增加为300 000元(600 000/2)，这又会增加现金机会成本。

如果企业将Q定得低些，比如定为200 000元，每周的现金净流出量还是100 000元，那么这些现金只够支用2周，公司必须频繁地每2周就出售有价证券，这必然增加现金交易成本。不过2周循环期内的现金平均余额可降为100 000元(200 000/2)，这又降低了现金机会成本。

所以，公司需要合理确定Q，以使现金的相关总成本最低。假设一定期间的现金需求量为D，每次出售有价证券以补充现金所需的交易成本为F，则一定时期内出售有价证券的总交易成本为

$$交易成本=(D/Q)F$$

假设持有现金的机会成本率为K，则一定时期内持有现金的总机会成本为

$$机会成本=(Q/2)K$$

这样，一定时期内持有现金的总成本(TC)为

$$TC=(Q/2)K+(D/Q)F$$

求TC的极值，则最佳现金持有量为

$$Q^* = \sqrt{(2DF)/K}$$

$$最佳平均现金持有量=\frac{\sqrt{(2DF)/K}}{2}$$

持有现金的最低总成本为

$$TC^* = \frac{\sqrt{(2DF)/K}}{2}K + \frac{D}{\sqrt{(2DF)/K}}F$$

【例14-3】假设某公司一年的现金需求量为520万元，每次的现金交易成本(F)为1 000元，持有现金的机会成本率(K)为10%，求最佳现金持有量和持有现金的最低总成本。

期初最佳现金持有量为

$$Q^* = \sqrt{(2DF)/K} = \sqrt{(2\times520\,000\times1\,000)/10\%} = 322\,490(元)$$

最佳平均现金持有量为

$$Q^*/2 = 161\,245(元)$$

持有现金的最低总成本为

$$TC^* = \sqrt{2DFK} = 32\,249(元)$$

存货模式是一种简单、直观的确定最佳现金持有量的方法，但它也有缺点，主要是假定现金流出量稳定不变，实际上这种情况很少出现。

需要指出的是，如果公司有较多的银行短期信贷指标，财务弹性较好，也可以留存较少的现金，以降低机会成本，在需要时可以利用短期借款来取得现金，这种形式也可以视为现金持有量的存货模式。因为置存较少的现金，意味着公司将本应持有的一部分现金用于盈利性资产投资，而借款的手续费用可以视为转换成本，借款利息支出可以视为因证券转换为现金所失去的收益。

3. 随机模式

存货模型的缺陷在于需要准确预知现金需要量，而实际上，现金需要量波动很大，很难准确预知。随机模式是在现金需求量难以预知的情况下进行现金持有量控制的方法。虽然现金需要量往往波动大且难以预知，但是公司可以根据历史经验和现实需要，

测算出一个现金持有量的控制范围(上限和下限)，将现金量控制在上下限之内。当现金持有量达到控制上限时，用现金购入证券，降低现金持有量；当现金持有量降至控制下限时，卖出证券换回现金，使现金持有量回升；如现金持有量在控制范围内，则认为是合理的，不必进行现金与有价证券的转换。现金持有量的随机模式如图14-5所示。

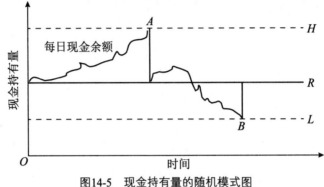

图14-5 现金持有量的随机模式图

在图14-5中，虚线H为现金持有量的上限，虚线L为现金持有量的下限，实线R为最优现金返回线。从图14-5中可以看到，公司每日现金余额是随机波动的，当达到现金控制上限(A点)，公司应用现金购买有价证券，使现金持有量回落到现金返回线(R线)的水平；当现金持有量降至现金控制下限(B点)，则应转让有价证券换回现金，使现金持有量回升至现金返回线的水平。现金持有量在上下限之间的波动是合理的，不予理会。以上关系中的上限H、现金返回线R的计算公式为

$$R = \sqrt[3]{\frac{3b\delta^2}{4i}} + L$$
$$H = 3R - 2L$$

式中：b表示每次有价证券的固定转换成本；i表示有价证券的日利息率；δ表示预期每日现金余额波动的标准差(可根据历史资料测算)。

下限L的确定受公司每日最低现金需要量、管理人员的风险承受倾向等因素的影响。

【例14-4】假定某公司有价证券的年利率为9%，每次固定转换成本为50元，公司认为任何时候其银行活期存款及现金余额均不能低于1000元，又根据以往经验测算出现金余额波动的标准差为800元，试确定最优现金返回线R、现金控制上限H。

$$有价证券日利率 = 9\%/360 = 0.025\%$$

$$R = \sqrt[3]{\frac{3b\delta^2}{4i}} + L = \sqrt[3]{\frac{3 \times 50 \times 800^2}{4 \times 0.025\%}} + 1\,000$$
$$= 5\,579(元)$$

$$H = 3R - 2L = 3 \times 5\,579 - 2 \times 1\,000 = 14\,737(元)$$

这样，当公司的现金余额达到14 737元时，即应以9 158元(14 737-5 579)的现金去投资有价证券，使现金持有量回落为5 579元；当公司的现金余额降至1 000元时，则应转让4 579元(5 579-1 000)的有价证券，使现金持有量回升至5 579元，如图14-6所示。

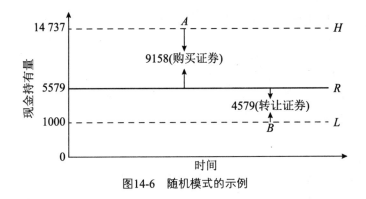

图14-6 随机模式的示例

随机模式建立在公司的未来现金需求总量和收支不可预测的假设前提下，因此计算出来的现金持有量比较保守，但比较符合实际。

14.3 应收账款管理

这里所说的"应收账款"是指因对外销售产品和材料、供应劳务及其他原因，应向购货单位或接受劳务的单位及其他单位收取的款项，包括应收账款、应收票据等。

14.3.1 应收账款管理目标

赊销是公司提高产品市场竞争力、促进销售、增加销售收入和销售利润的一种重要方式。赊销为客户提供了短期商业信用，占用了公司的流动资金，形成了商业债权资产(应收账款)。应收账款是占比较大的短期资产，从本质上来看，应收账款是公司为了扩大销售和盈利而进行的一项短期经营资产投资。应收账款规模受信用政策的影响，放宽信用政策，包括降低信用标准和延长信用期(收款期)，将会刺激销售，扩大应收账款的平均规模；如果紧缩信用政策，则会制约销售，缩小应收账款的平均规模。

放宽信用政策、扩大应收账款的平均规模固然有利于销售收入和销售利润的增加，但也会给公司带来负面影响，主要体现在：应收账款属于非盈利性资产，随着应收账款投资规模的扩大，机会成本也会增加；信用风险增加，应收账款发生坏账损失的可能性和比例会增加，同时收账费用也会增加。可以进一步断定，公司放宽信用政策到一定程度之后，应收账款规模扩大所带来的盈利贡献会小于其带来的成本和损失，反而会给公司带来损害。这就要求公司权衡收益和成本，制定合理的信用政策，使应收账款增加的盈利贡献超过所增加的成本和损失。应收账款的管理目标就是通过制定合理的信用政策，以实现应收账款投资占用的净收益最大。

14.3.2 应收账款管理方法

赊销和应收账款发生后，公司应采取如下措施，按期收回款项，避免拖欠时间过长而发生坏账损失。

1. 对应收账款回收情况的监督

公司已发生的应收账款时间有长有短，有的尚未超过收款期，有的则超过收款期。一般来讲，拖欠时间越长，款项收回的可能性越小，形成坏账的可能性越大。对此，公司应实施严密监督，随时掌握回收情况。对应收账款回收情况实施监督时，可以编制账龄分析表，其格式如表14-3所示。

表14-3　账龄分析表

应收账款账龄	账户数量	金额/万元	百分率/%
信用期内	200	8	40
超过信用期1～20天	100	4	20
超过信用期21～40天	50	2	10
超过信用期41～60天	30	2	10
超过信用期61～80天	20	2	10
超过信用期81～100天	15	1	5

利用账龄分析表，公司可以了解到以下情况。

(1) 有多少欠款尚在信用期内。表14-3显示，有价值80 000元的应收账款处在信用期内，占全部应收账款的40%。这些款项未到偿付期，欠款是正常的，但到期后能否收回并不确定，及时的监督仍是必要的。

(2) 超过信用期的账款情况。具体应了解有多少欠款超过信用期，超过时间长短的款项各占多少，有多少欠款会因拖欠时间太久而可能成为坏账。表14-3显示，有价值120 000 元的应收账款已超过信用期，占全部应收账款的60%。其中，拖欠时间较短(20天内)的有40 000元，占全部应收账款的20%，这部分欠款收回的可能性很大；拖欠时间较长(21～100天)的有70 000元，占全部应收账款的35%，这部分欠款的回收有一定难度；拖欠时间很长(100天以上)的有10 000元，占全部应收账款的5%，这部分欠款有可能成为坏账。对拖欠时间不同的欠款，公司应采取不同的收账方法，制定经济、可行的收账政策；对可能发生的坏账损失，则应提前做好准备，充分估计这一损失对公司利润的影响。

2. 制定适当的收账政策

公司对各种不同过期账款的催收方式，就是收账政策。比如，对过期较短的客户，不过多地打扰，以免将来失去这一市场；对过期稍长的客户，可措辞婉转地写信催款；对过期较长的客户，可频繁打电话催询；对过期很长的客户，可在催款时措辞严厉，必要时提请有关部门仲裁或提起诉讼，等等。催收账款要发生费用，某些催款方式的费用还会很高(如诉讼费)。一般说来，收账的花费越大，收账措施越有力，可收回的账款应越多，坏账损失也就越小。因此，制定收账政策时，要在收账费用和能够减少的坏账损失之间权衡，选择净损失最小的收账方案。

14.3.3 信用政策的确定

信用政策包括确定信用期、信用标准(确定可赊销的客户)和现金折扣政策。

1. 信用期

信用期即付款期,是公司给予客户的付款时间。例如,某公司允许客户在购货后的50天内付款,则信用期为50天。信用期过短,不足以吸引客户,影响商品销售;信用期过长,虽然有利于销售增加,但随着应收账款的规模扩大,机会成本、坏账损失和收账费用也会增加。因此,公司必须进行成本收益分析,确定合理的信用期。

【例14-5】某公司采用30天按发票额付款的信用政策。假设固定成本不变,变动成本率(赊销变动成本/赊销收入)为65%。假设变动成本都占用流动资金,等风险投资的市场利率为20%。假设该公司拟放宽信用期,有3个信用期的备选方案,如表14-4所示,试确定最佳方案。

表14-4　某公司的信用期方案

项目	信用期30天	信用期60天	信用期90天
赊销量/万件	2 400	2 640	2 800
年赊销额(单价为1元)/万元	2 400	2 640	2 800
应收账款周转次数/次	360/30=12	360/60=6	360/90=4
应收账款平均余额/万元	2 400/12=200	2 640/6=440	2 800/4=700
应收账款平均占用资金/万元	200×65%=130	440×65%=286	700×65%=455
坏账率/%	2	3	5
收账费用/万元	24	40	56

注:应收账款平均余额=年赊销额/应收账款周转次数。

$$应收账款周转次数=360/信用期(或收款期)$$

$$应收账款平均占用资金=应收账款平均余额×变动成本率$$

由于赊销产品的固定成本属于非付现成本,通常赊销产品的变动成本属于付现成本,因而应收账款占用资金仅限于赊销产品的变动成本部分。因此,"应收账款占用资金"应当按"应收账款平均余额乘变动成本率"计算确定。对于商业公司来说,商品外购成本均属于变动成本,变动成本率是进货成本占售价的百分比。

$$应收账款机会成本=应收账款平均占用资金×机会成本率$$

这里,机会成本率为等风险投资的平均报酬率。

$$坏账损失=年赊销额×坏账率$$

$$年赊销税前净收益=年赊销边际贡献-应收账款机会成本-坏账损失-收账费用$$

$$年赊销边际贡献=年赊销额-赊销变动成本=年赊销额×(1-变动成本率)$$

根据表14-5,60天信用期方案年赊销净收益最高,因此最佳信用期方案为60天。

表14-5　某公司不同信用期成本收益计算表　　　　　　　　单位：万元

项目	信用期30天	信用期60天	信用期90天
收益：			
年赊销边际贡献	840	924	980
成本：			
应收账款机会成本	26	57.2	91
坏账损失	48	48	140
收账费用	24	40	56
年赊销税前净收益	742	747.6	693

上述信用期分析是比较简略的，可满足制定一般信用政策的需要。如有必要，也可以更细致地分析，如进一步考虑销货增加引起存货增加而多占用的资金，等等。

沿用【例14-5】的数据，现假定信用期由30天改为60天，由于销售量的增加，平均存货量将从400万件增加到440万件，每件存货的变动成本按0.65元计算，等风险投资平均报酬率为20%，试确定信用期。

由于增添了新的存货增加因素，需在原来的分析基础上，再考虑存货增加而多占用资金所带来的影响，重新计算放宽信用的损益。

存货增加而多占用资金的机会成本=(440−400)×0.65×20%=5.2(万元)

60天信用期的年赊销税前净收益=747.6−5.2=742.4(万元)

因为年赊销税前净收益仍然大于30天的信用期方案，所以尽管会增加平均存货，还是应该采用60天的信用期。

此外，还应考虑存货增加引起的应付账款的增加。这种负债的增加会节约公司的流动资金，减少流动资金的机会成本。因此，分析信用期变动时，一方面要考虑对利润表的影响(包括收入、成本和费用)；另一方面要考虑对资产负债表的影响(包括应收账款、存货、应付账款)。

2. 信用标准

信用标准，是指客户获得公司的交易信用所应具备的条件。如果客户达不到信用标准，便不能享受公司的信用优惠或只能享受较低的信用优惠。公司在设定某一客户的信用标准时，往往先要评估他赖账的可能性，这可以通过"5C"系统来进行。所谓5C系统，是指评估客户信用品质的5个方面，即品质(character)、能力(capacity)、资本(capital)、抵押(collateral)和条件(conditions)。

(1) 品质。品质指客户的信誉，即履行偿债义务的可能性。公司必须设法了解客户过去的付款记录，看其是否有按期如数付款的一贯做法，及与其他供货公司的关系是否良好。这一点经常被视为评价客户信用的首要因素。

(2) 能力。能力指客户的偿债能力，即其流动资产的数量和质量以及与流动负债的比例。客户的流动资产越多，其转换为现金支付款项的能力越强。同时，还应注意客户流动资产的质量，看是否有存货过多、过时或质量下降等影响其变现能力和支付能力的情况。

(3) 资本。资本指客户的财务实力和财务状况。

(4) 抵押。抵押指客户拒付款项或无力支付款项时能被用作抵押的资产，这对于信用状况有争议的客户来说尤为重要。一旦收不到这些客户的款项便以抵押品抵补。如果这些客户能够提供足够的抵押，就可以考虑向他们提供相应的信用。

(5) 条件。条件指可能影响客户付款能力的经济环境。比如，万一出现经济不景气，会对客户的付款产生什么影响、客户会如何做等。这需要了解客户在过去困难时期的付款历史。

3. 现金折扣政策

现金折扣是公司对客户在商品价格上所做的扣减，主要目的在于吸引客户为享受优惠而提前付款，缩短公司的平均收款期。另外，现金折扣也能招揽一些视折扣为减价出售的客户前来购货，从而增加销售量。折扣常采用如 5/10、3/20、n/30这样一些符号形式来表示，其中，5/10表示10天内付款，可享受5%的价格优惠，即只需支付原价的95%；3/20表示第11天至第20天付款，可享受3%的价格优惠，即只需支付原价的97%；n/30表示付款的最后期限为30天，第21天到第30天内付款，不享受折扣优惠。

虽然现金折扣政策有利于缩短平均收账期，降低资金占用成本，但也会造成价格折扣损失，导致赊销收入和销售利润减少。因此，在制定折扣政策时，也需要进行成本收益分析，在信用期限政策基础上制定恰当的现金折扣政策。

由于现金折扣是与信用期间结合使用的，确定折扣的方法与程序实际上与确定信用期的方法与程序一致，只不过要把延期付款时间和折扣综合起来，看各方案的延期与折扣能取得多大的收益增量，再计算各方案带来的成本变化，最终确定最佳方案。

沿用【例14-5】的数据，假设公司在选择60天方案的基础上，为加速收款，将赊销条件改为"2/10，1/20，n/60"，估计有60%的客户会利用2%的折扣，15%的客户会利用1%的折扣，坏账损失降为2%，收账费用降为30万元。根据上述资料，计算收益与成本确定折扣方案。

一、收益

年赊销边际贡献＝年赊销额−赊销变动成本＝2 640×(1−65%)＝924(万元)

二、成本

(1) 应收账款机会成本

平均收现期＝10×60%＋20×15%＋60×25% ＝24(天)

应收账款周转次数＝360/24＝15(次)

应收账款平均余额＝2 640/15＝176(万元)

应收账款平均占用资金＝176×65%＝114.4(万元)

应收账款机会成本＝应收账款平均占用资金×机会成本率＝114.4×20%＝22.88(万元)

(2) 坏账损失

$$坏账损失=2\ 640×2\%=52.8(万元)$$

(3) 现金折扣损失

$$现金折扣损失=2\ 640×(2\%×60\%+1\%×15\%)=35.64(万元)$$

三、年赊销税前净收益

$$年赊销税前净收益=924-35.64-22.88-52.8-30=782.68(万元)$$

年赊销税前净收益高于没有现金折扣的747.04万元，因此，应在选择60天信用期方案的基础上，选择现金折扣方案。

14.4 存货管理

14.4.1 存货管理目标

存货是指公司为生产和销售所储备的原材料、在产品和产成品或商品等。存货在企业流动资产中占有较大的比重，一般占流动资产的一半甚至一半以上。如果工业企业能在生产投料时随时购入所需的原材料，或者商业企业能在销售时随时购入该项商品，就不需要存货，但实际上这种情况并不多见。为保证生产或销售的需要，避免因存货不足造成停工待料、停业待货等损失，企业需要储存一定量的存货，并因此占用资金。但是，储存过多的存货会占用较多的资金，并且会增加包括仓储费、保险费、维护费、管理人员工资在内的各项开支。存货管理的目标就是尽力在存货成本与存货效益之间做出权衡，实现两者的最佳结合。

14.4.2 储备存货的成本

与储备存货有关的成本包括以下3种。

1. 取得成本

取得成本是取得存货而支出的成本，用TC_a来表示，又分为订货成本和购置成本。

(1) 订货成本。订货成本是指取得订单的成本，如办公费、差旅费、邮资、电报电话费等支出。订货成本中有一部分与订货次数无关，如常设采购机构的基本开支等，称为订货固定成本，用F_1表示；另一部分与订货次数有关，如差旅费、邮资等，称为订货变动成本，用K表示。订货次数等于存货年需要量D与每次进货量Q之商，计算公式为

$$订货成本=订货固定成本+订货变动成本=F_1+KD/Q$$

(2) 购置成本。购置成本是指存货本身的价值，用数量与单价的乘积来确定。年需要量用D表示，单价用U表示，所以购置成本为DU。

订货成本加上购置成本，就等于存货的取得成本，计算公式为

$$取得成本(TC_a)=订货成本+购置成本$$

$$TC_a=F_1+KD/Q+DU$$

2. 储存成本

存货储存成本是指为保持存货而发生的成本，它可以分为储存固定成本和储存变动成本。储存固定成本在一定限度内与仓储数量无关，如仓库和仓储设备折旧、仓储设备的维护费用、仓库职工的固定月工资等，常用F_2表示。储存变动成本与存货的平均储存量($Q/2$)的多少相关，如存货占用资金的机会成本、存货的毁损和变质损失、保险费用、搬运装卸费、挑选整理费等。其中，资金占用成本是储存变动成本的重要组成部分，单位储存变动成本用K_c表示，存货储存成本的计算公式为

$$储存成本(TC_c)=储存固定成本+储存变动成本$$

$$TC_c=F_2+K_cQ/2$$

3. 缺货成本

缺货成本是指由于存货供应中断而造成的损失，包括材料供应中断造成的停工损失、产成品缺货造成的拖欠发货损失和丧失销售机会的损失(还应包括需要主观估计的商誉损失)。如果公司紧急采购代用材料解决库存材料中断之急，那么缺货成本表现为紧急额外购入成本(紧急额外购入的开支会大于正常采购)。缺货成本用TC_s表示。

如果以TC来表示持有存货的总成本，它的计算公式为

$$TC=TC_a+TC_c+TC_s=F_1+KD/Q+DU+F_2+K_cQ/2+TC_s$$

公司存货的最优化，就是使TC值最小。

14.4.3 存货储备量决策

为使存货的平均储备量和储存成本最低，需要合理安排进货批量(Q)和进货时间(T)。对物流仓储公司的商品库存或生产经营公司的原材料库存而言，通常采用经济订货量模型进行决策，存货储存成本最低的订货量称为经济订货量或经济批量。

1. 经济订货量基本模型

经济订货量基本模型的假设条件包括：公司能够及时补充存货，即需要订货时便可立即取得存货；集中到货，而不是陆续入库；不允许缺货，既无缺货成本，TC_s为零，这是因为良好的存货管理本来就不应该出现缺货成本；货物的年需求量稳定，并且能预测，即D为已知常量；存货单价不变，即U为已知常量；公司现金充足，不会因现金短缺而影响进货；所需存货供应充足，不会因买不到需要的存货而影响其他方面。

设立了上述假设后，存货总成本的公式可以写成

$$TC=TC_a+TC_c=F_1+KD/Q+DU+F_2+K_cQ/2$$

当 F_1、K、D、U、F_2、K_c 为常量时，存货总成本的大小取决于订货批量(Q)。为了求出TC的最小值，对其进行求导演算，可得出公式

$$Q^* = \sqrt{\frac{2KD}{K_c}}$$

这一公式称为经济订货量基本模型，据此求出的每次订货批量，可使TC达到最小值。这样，最佳存货平均持有量为 $Q^*/2$。

经济批量基本模型假设存货单价不随采购批量的变动而变动，但实际上，许多公司为鼓励客户多购买商品，并提供商业折扣。在这种情况下，确定经济进货批量时，还必须考虑采购成本随进货批量变动的影响。这个基本模型还可以演变为其他形式。

每年最佳订货次数计算公式为

$$N^* = \frac{D}{Q^*} = \frac{D}{\sqrt{\dfrac{2KD}{K_c}}} = \sqrt{\frac{DK_c}{2K}}$$

与批量有关的存货总成本计算公式为

$$TC(Q^*) = \sqrt{2KDK_c}$$

最佳订货周期计算公式为

$$t^* = \frac{1}{N^*}$$

经济订货量平均占用资金计算公式为

$$I^* = UQ^*/2$$

【例14-6】某公司每年耗用某种材料3 600千克，该材料单位成本为10元，单位储存成本为2元，一次订货成本为25元，求其经济订货量。

$$Q^* = \sqrt{\frac{2KD}{K_c}} = \sqrt{\frac{2 \times 3\,600 \times 25}{2}} = 300(千克)$$

$$N^* = \frac{D}{Q^*} = \frac{3\,600}{300} = 12(次)$$

$$TC(Q^*) = \sqrt{2KDK_c} = \sqrt{2 \times 25 \times 3\,600 \times 2} = 600(元)$$

$$t^* = \frac{1}{N^*} = \frac{1}{12} = 1(个月)$$

$$I^* = UQ^*/2 = 150 \times 10 = 1\,500(元)$$

2. 经济订货量基本模型的扩展

经济订货量基本模型是在前述各假设条件下建立的，但在现实生活中，能够满足这些假设条件的情况十分罕见。为使模型更接近实际情况，具有较高的实用性，需逐一放宽假设，同时改进模型。

(1) 订货提前期。一般情况下，公司的存货不能做到随时使用、随时补充，因此不能等存货用光再去订货，而需要在没有用完存货时提前订货。在提前订货的情况下，公

司再次发出订货单时，尚有存货的库存量，称为再订货点，用R来表示，它等于交货时间(L)和每日平均需用量(d)的乘积，即$R=Ld$

沿用【例14-6】的数据，公司订货日至到货期的时间为10天，每日存货需要量为10千克，那么$R=Ld=10\times10=100$(千克)，即公司在尚存100千克存货时，就应当再次订货，等到下批订货到达时(再次发出订货单10天后)，原有库存刚好用完。此时，有关存货的每次订货批量、订货次数、订货间隔时间等并无变化，与瞬时补充时相同。订货提前期的情形如图14-7所示。这就是说，订货提前期对经济订货量并无影响，可仍以原来瞬时补充情况下的300千克为订货批量，只不过需要在达到再订货点(库存100千克)时即刻发出订货单。

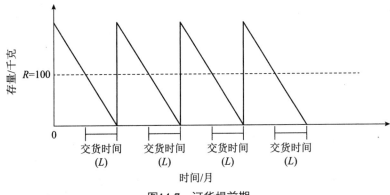

图14-7 订货提前期

(2) 存货陆续供应和使用。在建立基本模型时，假设存货一次全部入库，故存货增加时存量变化为一条垂直的直线。事实上，各批存货可能陆续入库，使存量陆续增加，尤其是产成品入库和在产品转移，几乎总是陆续供应和陆续耗用的。

【例14-7】某零件年需用量(D)为3 600件，每日送货量(P)为30件，每日耗用量(d)为10件，单价(U)为10元，一次订货成本(生产准备成本)(K)为24元，单位储存变动成本(K_c)为2元。存货数量的变动如图14-8所示，试确定经济订货量总成本。

因零件每日耗用量为d，故送货期内的全部耗用量为Q/Pd；由于零件边送边用，每批送完时，最高库存量为$(Q-Q/Pd)$；平均存货量则为$(Q-Q/Pd)/2$。

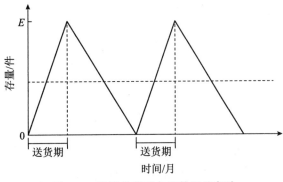

图14-8 陆续供货时存货数量的变动

图14-8中的E表示最高库存量，这样与批量有关的总成本为

$$TC(Q) = \frac{D}{Q}K + \frac{1}{2}\left(Q - \frac{Q}{P}d\right)K_c = \frac{D}{Q}K + \frac{Q}{2}\left(1 - \frac{d}{P}\right)K_c$$

在订货变动成本与储存变动成本相等时，$TC(Q)$有最小值，故存货陆续供应和使用的经济订货量公式为

$$\frac{D}{Q}K = \frac{Q}{2}\left(1 - \frac{d}{P}\right)K_c$$

$$Q^* = \sqrt{\frac{2KD}{K_c} \times \frac{P}{P-d}}$$

将这一公式代入$TC(Q)$公式，可得出存货陆续供应和使用的经济订货量总成本公式为

$$TC(Q^*) = \sqrt{2KDK_c\left(1 - \frac{d}{P}\right)}$$

将数据代入，则

$$Q^* = \sqrt{\frac{2 \times 24 \times 3\,600}{2} \times \frac{30}{30-10}} = 360(件)$$

$$TC(Q^*) = \sqrt{2 \times 24 \times 3\,600 \times 2 \times \left(1 - \frac{10}{30}\right)} = 480(元)$$

3. 保险储备

前文讨论假定存货的供需稳定且确知，即每日需求量不变，交货时间也固定不变。实际上，每日需求量可能变化，交货时间也可能变化。按照某一订货批量(如经济订货批量)和再订货点发出订单后，如果需求增大或送货延迟，就会发生缺货或供货中断。为防止由此造成的损失，需要多储备一些存货以备应急之需，这称为保险储备(安全存量)。这些存货在正常情况下不动用，只有当存货过量使用或送货延迟时才动用。存货的保险储备如图14-9所示。

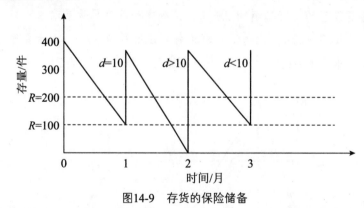

图14-9　存货的保险储备

图14-9中，年需用量(D)为3 600件，已计算出经济订货量为300件，每年订货12次。又知全年平均日需求量(d)为10件，平均每次交货时间(L)为10天。为防止需求变化引起

缺货损失，设保险储备量(B)为100件，再订货点R由此提高为

$$R=交货时间×平均日需求+保险储备$$

$$=Ld+B=10×10+100=200(件)$$

在第一个订货周期内，$d=10$，不需要动用保险储备；在第二个订货周期内，$d>10$，需求量大于供货量，需要动用保险储备；在第三个订货周期内，$d<10$，不仅不需动用保险储备，正常储备亦未用完，下次存货即已送到。

建立保险储备，固然可以使公司避免缺货或供应中断造成的损失，但存货平均储备量增大会使储备成本升高。研究保险储备的目的，就是要找出合理的保险储备量，使缺货或供应中断损失和储备成本之和最小。可先计算出各不同保险储备量的总成本，然后对总成本进行比较，选定其中最低的那个。

如果设与此有关的总成本为$TC_{(S, B)}$，缺货成本为C_S，保险储备成本为C_B，则

$$TC_{(S, B)}=C_S+C_B$$

设单位缺货成本为K_u，一次订货缺货量为S，年订货次数为N，保险储备量为B，单位储存变动成本为K_C，则

$$C_S=K_uSN；\quad C_B=BK_C$$

$$TC_{(S, B)}=K_uSN+BK_C$$

现实中，缺货量S具有概率性，其概率可根据历史经验估计得出，保险储备量B可选择而定。

【例14-8】假定某存货的年需要量D为3 600件，单位储存变动成本K_c为2元，单位缺货成本K_u为4元，平均交货时间L为10天，已经计算出经济订货量Q为300件，每年订货次数N为12次。交货期内的存货需要量及其概率分布如表14-6所示，试确定保险储备量。

表14-6　某种存货交货期内的需要量及其概率分布

送货期需要量	70	80	90	100	110	120	130
概率(P)	0.01	0.04	0.20	0.50	0.20	0.04	0.01

一、计算不同保险储备的总成本

(1) 不设置保险储备量。令$B=0$，且以100件为再订货点。此种情况下，当需求量为100件或小于100件时，不会发生缺货，其概率为0.75(0.01+0.04+0.20+0.50)；当需求量为110件时，缺货10件(110-100)，其概率为0.20；当需求量为120件时，缺货20件(120-100)，其概率为0.04；当需求量为130件时，缺货30件(130-100)，其概率为0.01。因此，当$B=0$时，缺货的期望值S_0、总成本$TC_{(S, B)}$为

$$S_0=(110-100)×0.2+(120-100)×0.04+(130-100)×0.01=3.1(件)$$

$$TC_{(S, B)}=K_uSN+BK_C=4×3.1×12+0×2=148.8(元)$$

(2) 保险储备量为10件。令$B=10$件，以110件为再订货点。此种情况下，当需求量为110件或小于110件时，不会发生缺货，其概率为0.95(0.01+0.04+0.20+0.50+0.20)；当需求量为120件时，缺货10件(120-110)，其概率为0.04；当需求量为130件时，缺货20

件$(130-110)$，其概率为0.01。因此，当$B=10$件时，缺货的期望值S_{10}、总成本$TC_{(S,B)}$为

$$S_{10}=(120-110)\times0.04+(130-110)\times0.01=0.6(件)$$

$$TC_{(S,B)}=K_uS_{10}N+BK_C=4\times0.6\times12+10\times2=48.8(元)$$

(3) 保险储备量为20件。同样运用以上方法，可计算S_{20}、$TC_{(S,B)}$为

$$S_{20}=(130-120)\times0.01=0.1(件)$$

$$TC_{(S,B)}=4\times0.1\times12+20\times2=44.8(元)$$

(4) 保险储备量为30件。令$B=30$件，以130件为再订货点。此种情况下可满足最大需求，不会发生缺货，则

$$S_{30}=0$$

$$TC_{(S,B)}=4\times0\times12+30\times2=60(元)$$

二、比较不同保险储备量的总成本

当$B=20$件时，总成本为44.8元，是各总成本中最低的，故应确定保险储备量为20件，或者说应确定以120件为再订货点。

在【例14-8】中，解决的是由于需求量变化引起的缺货问题。至于由于交货延迟引起的缺货，也可以通过建立保险储备量的方法来解决。确定保险储备量时，可将延迟天数折算为增加的需求量，其余计算过程与前述方法相同。如【例14-8】，若延迟3天交货的概率为0.01，则可认为缺货30件(3×10)或者交货期内需求量为130件$(10\times10+30)$的概率为0.01，这样就把交货延迟问题转换成需求过量问题。

思考题

1. 影响短期资产投资规模的因素有哪些？
2. 适中型投资策略的特点是什么？
3. 保守型投资策略的特点是什么？
4. 激进型投资策略的特点是什么？
5. 现金管理目标是什么？
6. 现金管理的成本分析模式和存货模式的原理是什么？
7. 应收账款的管理目标是什么？管理方法有哪些？
8. 存货的管理目标是什么？

练习题

1. 某公司预测年度赊销收入净额为2000万元，其信用期为30天，假设公司固定成本不变，变动成本率(赊销收入中包含的变动成本/赊销收入)为60%，变动成本都占用资金，等风险投资的平均报酬率为10%。该公司有3个信用期备选方案，如表14-7所示。

要求：计算并分析公司应选择哪个信用期方案。

表14-7 3个信用期备选方案

项目	方案A(30天)	方案B(60天)	方案C(90天)
年赊销额	2 000	2 600	2 900
应收账款周转次数			
应收账款平均余额			
应收账款占用资金			
坏账率	2%	3%	5%
收账费用	24	40	56

2. 沿用练习题1的资料,假设公司在选择最优信用期方案的基础上,为加速收款,将赊销条件改为"2/10, n/?",估计有70%的客户会利用2%的折扣,坏账损失降为2%,收账费用降为30万元。

要求:分析并计算公司是否应该选择现金折扣方案。

3. 某公司每年耗用某种材料3 600千克,该材料单位成本为10元,单位储存成本为2元,一次订货成本为16元。

要求:①计算其经济订货量;②如果公司订货日至到货日的时间为10天,每日存货耗用量为10千克,计算再订货点;③假设每日送货量为30件,计算经济订货量。

4. 假定某存货的年需要量为7 200件,单位储存变动成本为2元,单位缺货成本为4元,平均交货时间为10天。交货期内的存货需要量及其概率分布如表14-8所示。

要求:计算并确定最佳保险储备量和再订货点。

表14-8 存货交货期内的需要量及其概率分布

送货期需要量	140	160	180	200	220	240	260
概率(P)	0.01	0.04	0.20	0.50	0.20	0.04	0.01

第15章 | 短期资产筹资管理

15.1 营运资本决策

短期资产的资金来源包括营运资本和短期负债，其中，营运资本是短期资产的重要资金来源。在短期资产规模一定的情况下，营运资本规模的大小直接影响公司的流动性风险大小。营运资本规模越大，流动负债越少，流动资产相对于流动负债的规模(流动比率)就越大，公司的流动性风险就越小。此外，营运资本规模的大小还直接影响短期资产的筹资成本的高低。在短期资产的资金来源中，营运资本规模越大，短期负债越少，短期资产的筹资成本越高。因此，营运资本决策成为短期资产筹资管理的一项重要内容。

15.1.1 营运资本概述

1. 营运资本的概念

通常，公司的长期资本一部分用于满足长期投资的需要，形成固定资产等长期资产，另一部分用于满足短期资产的投资需要。公司资本垫支或投资在短期资产上的部分称为营运资本。之所以称为营运资本，是因为这部分资本是投入公司日常经营活动的，用来满足公司营运的需要，而不是用来满足形成公司生产能力的固定资产等长期资产的需要。通常，短期资产的资金来源一部分是短期负债，另一部分是营运资本，可以推导出营运资本的表达式为

$$短期资产＝营运资本＋短期负债$$

$$营运资本＝短期资产－短期负债$$

可见，在数量关系上，营运资本表现为短期资产与短期负债的差额。营运资本越大，表明短期资产相对于短期负债的规模越大，短期偿债能力越强，流动性风险越小。

长期资本除了用于投资长期投资，剩余部分用于投资短期资产，因而营运资本还可以表达为

$$营运资本＝长期资本－长期资产$$

2. 垫支营运资本的必要性

根据期限的不同，公司总资产可划分为长期资产和短期资产，资金来源也可划分为长期资本和短期资本(短期负债)。如果相对于长期资产，长期资本规模较小，不足以支持长期资产，则需要短期负债予以补充，这样，短期债务不仅需要满足短期资产的投资需要，还需要满足部分固定资产等长期资产的投资需要。这表明相对于短期资产，短期

负债规模较大。这样，相对于公司资产的期限结构，公司资金的整体期限偏短，即长期资本占比较低，短期负债占比较高，公司整体资金的成本较低。但是，由于短期负债规模大于短期资产，短期资产不足以偿还到期债务。如果不得不依靠转让固定资产等长期资产偿债，则可能会影响公司的正常经营。如果固定资产等长期资产不能顺利变现，则公司很可能陷入无法偿债的财务危机，甚至危及公司的生存。可见，这种做法会增加公司的流动性风险。相反，如果相对于长期资产，长期资本规模较大，长期资本不仅能够满足长期资产的投资需要，还能够部分满足短期资产的投资需要，这表明相对于短期债务，短期资产规模较大，债务到期偿还有更多的短期资产予以支持，公司的短期偿债能力和流动性更有保证。但是，相对于公司资产的期限结构，公司整体资金的期限偏长，长期资本占比较高，短期负债占比较低，短期资产筹资成本和公司整体资金成本较高。

从理论上说，如果能够做到公司资产的期限结构与资金的期限结构相匹配，即长期资本满足长期资产的投资需要，短期负债满足短期资产的投资需要，则短期负债的偿还可以依靠短期资产的变现予以满足，避免发生偿债危机。这样做既可以规避流动性风险，也可以避免较高的公司资金成本。但是这种期限匹配的做法过于理想化，忽略了以下一些问题，并不能规避流动性危机。

(1) 短期资产的变现与短期债务的偿还不可能完全同步。如果短期资产变现滞后于短期债务到期，比如银行贷款到期，而销售还没有回款，则公司很可能无法偿还到期债务。可见，短期资产完全依靠短期负债满足，即不在短期资产上垫支营运资本，并不能消除流动性风险。

(2) 短期资产不可能全部用于偿还流动负债。公司为满足持续营运的需要，必须保有一定的短期资产存量，比如现金、原材料，应收账款等，也就是说短期资产不可能全部变现用于偿还到期负债。这就要求短期资产规模要大于短期负债规模，即在短期资产上垫支一定的营运资本。

(3) 银行贷款条件的要求。短期资产相对于短期负债的规模(流动比率)是衡量公司短期偿债能力的重要指标，公司为取得贷款，必须满足流动比率的要求。

由于流动性风险是公司短期内面临的最大风险，直接危及公司的生存，在短期资产形成上必须垫支一定的营运资本，以使短期资产的规模大于短期负债的规模，从而提高短期偿债能力，降低流动性风险。在实践中，公司往往在流动资产上垫支一些长期资本，即短期资产除了依靠短期负债筹资以外，还需要营运资本予以支持。

15.1.2 营运资本策略

营运资本策略是指短期资产筹资结构的策略，即在短期资产中确定短期资本和长期资本的比例关系。短期资产的筹资结构可以用在短期资产中长期筹资来源所占的比重来衡量，该比率称为易变现率，计算公式为

$$易变现率＝(长期筹资－长期资产)/短期经营资产$$
$$长期筹资＝股东权益＋长期债务＋短期经营负债$$

短期经营负债主要是指公司经营自发形成的应付账款等商业负债。在公司持续经营的情况下，应付账款等短期经营负债总会持续形成，并保持一定的稳定存量，是短期经营资产的稳定资金来源，可以视为公司一项没有成本的长期资金来源(无息长期负债)。易变现率公式可以推导为

$$易变现率=(股东权益+长期债务+短期经营负债-长期资产)/短期经营资产$$

$$=(营运资本+短期经营负债)/短期经营资产$$

易变现率能够反映在短期资产中长期资金来源的占比。易变现率越高，短期资产资金来源的稳定性越高。易变现率还可以推导为

$$易变现率=营运资本/短期经营资产+短期经营负债/短期经营资产$$

在短期内，供应商的信用条件通常会保持稳定，短期经营负债与短期经营资产会保持一定的比例关系，因而，易变现率还能够反映营运资本占短期经营资产的比率。

由于营运资本等于短期资产与短期负债的差额，易变现率还可以推导为

$$易变现率=(短期经营资产-短期负债+短期经营负债)/短期经营资产$$

$$=(短期经营资产-短期需要偿还的负债)/短期经营资产$$

$$=1-短期需要偿还的负债/短期经营资产$$

易变现率能够反映短期需要偿还负债(比如短期借款)相对于可偿债的短期资产的规模大小，是反映公司短期偿债能力和流动性风险的重要指标。

易变现率越高，表明在短期资产中，长期资金来源所占的比例越高，资金来源稳定性越强，相对于短期需要偿还负债，短期资产的规模越大，流动性风险和短期偿债压力越小，流动性管理比较容易，这种短期资产筹资结构策略称为保守型营运资本规模策略。易变现率越低，表明在短期资产中，营运资本和短期经营负债所占的比例越小，资金来源稳定性越弱，可偿债的短期资产相对于短期需要偿还的流动负债的规模越小，流动性风险和短期偿债压力越大，流动性管理难度大，这种短期资产筹资结构策略称为激进型营运资本规模策略。在保守型和激进型营运资本规模策略之间的策略是适中型营运资本规模策略。

1. 适中型营运资本规模策略

适中型营运资本规模策略的特点是尽可能贯彻期限匹配的原则，即长期资产由长期资金支持，短期资产由短期资金支持。遵循这一原则的原因在于，按照投资持续时间结构安排筹资时间结构，有利于降低偿债风险和利率风险，避免过高的资金成本。

例如，一家服装贸易公司有一个仓库(长期资产)，专门用于收购、存储和销售服装(短期资产)。仓库的使用期限为10年，建设仓库时可以用长期借款，也可以用短期借款筹资。使用长期借款的好处有两个：一是锁定借款利率，规避未来10年的利率风险；二是通过折旧形式陆续收回现金，可用来分期偿还长期借款，避免卖掉仓库偿债的风险。储存服装则采用短期借款筹资，购入服装时借款，售出时还款，短期资产和短期负债同

步同量，即营运资本为零。用于服装的投资不应使用长期资金，因为服装存量有季节性变化，处于低谷时会出现多余现金，筹资成本过高。

在现实中，大多数公司的短期资产存量不会为零，只要公司还在经营，短期资产就始终存在。这是因为，首先，短期资产是不断周转的，在一些短期资产(比如存货)出售的同时，公司会购入另一些短期资产，公司会保持一定的短期资产存量，投资在短期资产存量上的资金是被长期占用的；其次，正常的公司是不断发展的，产销收入的不断增长依赖于短期资产和其占有的资金不断增长。

短期资产按照投资需求的时间长短可以划分为两部分，即稳定性流动资产和波动性流动资产。稳定性流动资产是指那些即使在公司经营淡季也仍然需要保留的短期资产；波动性流动资产是指那些受季节性、周期性影响的短期资产，如季节性存货、销售旺季的应收账款等。公司对稳定性流动资产有长期需求，甚至可以说是永久性需求，应当用长期资金提供支持；而公司对波动性流动资产的需求只是临时性、季节性的，是短期需求，可以用短期资金予以支持。现实中的期限匹配原则是长期资产(包括稳定性流动资产)应由长期资金来源支持，临时性流动资产应由短期资金来源支持。

适中型营运资本策略的特点：对于长期资产和稳定性流动资产的投资，用公司资本(长期债务和权益资本)和短期经营负债予以满足；而对于波动性流动资产的投资，可用临时性短期金融负债(如短期银行借款)筹集资金。该政策可以用公式表示为

$$长期资产+稳定性流动资产=股东权益+长期债务+短期经营负债$$

$$波动性流动资产=短期金融负债$$

适中型营运资本规模策略如图15-1所示。

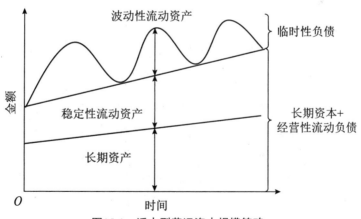

图15-1 适中型营运资本规模策略

相对于保守型和激进型营运资本规模策略，该策略的特点是反映短期资产资金来源稳定性的易变现率和营运资本相对规模适中，资金成本和流动性风险适度，但这种策略要求公司的短期金融负债筹资计划严密，根据波动性流动资产需求的时间和数量选择与之匹配的短期金融负债，流动性管理难度较高。

【例15-1】某公司在生产经营淡季，需占用300万元的流动资产和500万元的长期资产；在生产经营旺季，会额外增加200万元的季节性存货需求。假设该公司没有自发性短期经营负债，按照适中型营运资本规模策略，公司只在生产经营旺季才借入200万元的短期借款，800万元长期性资产(即300万元稳定性流动资产和500万元长期资产之和)均由权益资本、长期债务解决其资金需要，求易变现率。

$$营业旺季易变现率=(长期资本-长期资产)/短期经营资产=(800-500)/(300+200)=60\%$$
$$营业淡季易变现率=300/300=100\%$$

与后续介绍的保守型和激进型营运资本规模策略相比，无论公司是处于经营旺季还是处于经营淡季，易变现率都是适中的，即在一定的短期资产中，营运资本的规模是适中的。

营运资本规模策略或短期资产筹资结构策略的稳健程度，可以用易变现率的高低来识别。在营业淡季，易变现率为1，是适中型营运资本规模策略；易变现率大于1，表明营运资本规模策略比较保守；易变现率小于1，表明营运资本规模策略比较激进。

资金期限和资产期限的匹配，是一种战略性匹配，并不要求完全匹配。实际上，公司也做不到完全匹配，其原因包括：①公司不可能为每一项资产按期限配置单独的资金来源，只能分为短期来源和长期来源两大类来统筹安排筹资。②公司必须有股东权益筹资，它是无限期的资本来源，而资产总是有期限的，不可能完全匹配。③资产的实际有效期是不确定的，而还款期是确定的，必然会出现不匹配。例如，预计销售没有实现，无法按原计划及时归还短期借款，导致匹配失衡。

资金和资产的期限匹配并不总是最佳筹资策略。如果预期短期利率会下降，则短期负债的成本比长期负债成本低，有些公司会愿意承担偿债风险，较多地使用短期负债，以此降低资金成本；而另外一些公司与此相反，宁愿让贷款期限超过资产有效期，承担较高的资金成本，以求减少偿债风险。这就出现了保守型策略和激进型策略。

2. 保守型营运资本规模策略

保守型营运资本规模策略的特点：短期金融负债(临时性负债)只满足部分波动性或临时性流动资产的资金需求；长期资金除满足全部稳定性资产(包括长期资产和稳定性流动资产)的资金需求以外，还满足部分波动性流动资产需求。极端保守的筹资策略完全不使用短期借款，全部依靠长期资金来源，如图15-2所示。

从图15-2中可以看到，与适中型营运资本规模策略相比，保守型营运资本规模策略下的营运资本和短期经营负债在短期资产中所占的比例较高，即易变现率和营运资本相对规模较大，流动性风险较小，但资金成本较高。

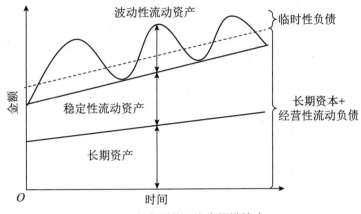

图15-2　保守型营运资本规模策略

沿用【例15-1】的数据，如果公司长期负债和权益资本之和为900万元，那么旺季的季节性存货所需资金只需要用100万元的短期借款来解决，其余部分的季节性存货所需资金和全部长期性资金则由长期资本提供。求易变现率。

营业旺季易变现率＝(长期资本－长期资产)/短期经营资产＝(900－500)/500＝80%

营业淡季易变现率＝(900－500)/300＝133%

可见，与适中型营运资本规模策略相比，无论公司处于经营旺季还是处于淡季，易变现率都较高，即营运资本的相对规模较大。

在这种做法下，一方面，由于短期金融负债所占比重较小，公司无法偿还到期债务的风险较小，同时蒙受短期利率变动损失的风险也较小；另一方面，由于长期负债资本成本高于短期金融负债成本，以及营业淡季时资金有剩余但仍需负担长期负债利息，资金成本较高。所以，保守型营运资本规模策略是一种风险较低、成本较高的营运资本策略。

3. 激进型营运资本规模策略

激进型营运资本规模策略的特点：短期金融负债不但支持临时性流动资产的资金需要，还能解决部分长期性资产的资金需要。极端激进的筹资策略是全部稳定性流动资产所需资金都采用短期借款，营运资本规模甚至为负数，如图15-3所示。

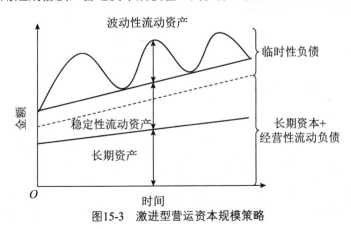

图15-3　激进型营运资本规模策略

从图15-3中可以看到，与适中型营运资本规模策略相比，在激进型营运资本规模策略下，营运资本规模和经营性流动负债在短期资产资金来源中所占比重较低，即易变现率和营运资本相对规模较小，甚至营运资本为负数，流动性风险较高，但资金成本较低。

沿用【例15-1】的数据，如果公司的权益资本和长期负债只有700万元，那么就会有100万元的长期性资产和200万元的临时性流动资产(在经营旺季)由短期金融负债筹资解决。这种情况表明，公司实行的是激进型营运资本规模策略，求易变现率。

$$营业旺季易变现率=(700-500)/500=40\%$$
$$营业淡季易变现率=(700-500)/300=67\%$$

可见，与适中型营运资本规模策略相比，无论公司处于经营旺季还是处于淡季，易变现率都较低，即营运资本的相对规模较小。

一方面，由于激进型营运资本规模策略下短期金融负债所占比重较大，该政策下公司的资金成本较低；另一方面，为了满足长期性资产的长期资金需要，公司必然要在短期金融负债到期后重新举债或申请债务展期，这样公司便会经常举债和还债，从而加大筹资困难和风险，还可能面临由于短期负债利率变动而增加公司资金成本的风险。

15.2 短期债务管理

公司的短期负债可使用时间较短，一般不超过一年。按期限匹配原则，短期资产主要依赖短期负债筹集，而短期负债，尤其是短期借款是公司流动性风险的根源。短期负债包括经营负债(应付账款、应付票据等商业信用)和短期金融负债(银行短期借款等)。不同类型的短期负债流动性不同，筹资成本也存在差异，并存在相关决策和管理问题。

15.2.1 经营负债筹资

经营负债属于商业信用，是在商品交易中由于延期付款或预收货款所形成的企业间的借贷关系，是在企业赊购中自发产生的。应付账款等经营负债运用广泛，在短期负债中占有相当大的比重，是短期经营资产(存货)的重要资金来源。虽然在公司正常经营过程中，应付账款等经营负债不断清偿，但也会不断生成，总是保有一定的存量余额，成为短期经营资产的稳定资金来源，而且与短期经营资产保持一定的比例关系。虽然经营负债具有自发性、被动性，但也存在一些主动决策和管理问题。

1. 经营负债筹资的优缺点

(1) 经营负债(商业信用)筹资的优点：①容易取得，对于多数公司来说，经营负债是一种持续性信贷形式，且无须正式办理筹资手续。只要公司处于正常的经营状态，经营负债一般是一种持续性的信贷形式，公司能够长期占用，形成流动资产的稳定资金来源。②如果没有现金折扣或使用不带息票据，经营负债筹资不负担显性的资金成本。③与银行借款不同，银行借款往往对贷款使用规定一些限制条件，而经营负债则具有一定的灵活性。

(2) 经营负债筹资的缺点：如果有现金折扣，放弃现金折扣时所付出的成本较高。

2. 应付账款的成本

经营负债主要有应付账款、应付票据、预收账款等，本书主要讨论比较有代表性的应付账款的有关决策和管理问题。

应付账款是公司购买货物暂未付款而欠对方的款项，即卖方允许买方在购货后一定时期内支付货款的一种形式。卖方利用这种方式促销，而对买方来说，延期付款则等于向卖方借用资金购进商品，可以满足短期的经营需要。

与应收账款相对应，应付账款也有付款期、折扣等信用条件。应付账款按是否支付代价，可以分为3种(见图15-4)：免费信用，即买方公司在规定的折扣期内享受折扣而获得的信用；有代价信用，即买方公司放弃折扣付出代价而获得的信用；展期信用，即买方公司超过规定的信用期推迟付款，以损失信誉为代价而强制获得的信用。

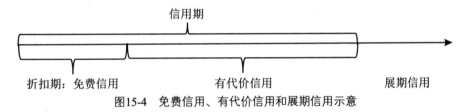

图15-4　免费信用、有代价信用和展期信用示意

如果买方公司购买货物后在卖方规定的折扣期内付款，便可以享受免费信用，这种情况下公司没有因为享受信用而付出代价。如果公司在折扣期满时不付款，放弃折扣，而选择在信用期满时全额付款，则相当于在折扣期满时借入扣除折扣额的资金(或者相当于卖方提供了期限为剩余信用期的扣除折扣额的贷款)，折扣额是占用资金的利息(隐含利息)。

【例15-2】某公司按2/10、n/30的条件购入价值10万元的货物，试分析不同信用条件下的成本。

如果该公司在10天内付款，便享受了10天的免费信用期，并获得折扣0.2万元(10×2%)，免费信用额为9.8万元 (10-0.2)。

如果买方公司放弃折扣，在10天后(不超过30天)付款，该公司便要承受因放弃折扣而造成的隐含利息成本。放弃现金折扣的成本计算公式为

$$放弃现金折扣的成本 = \frac{折扣百分比}{1-折扣百分比} \times \frac{360}{信用期-折扣期}$$

公式表明，放弃现金折扣的成本与折扣百分比的大小、折扣期的长短同方向变化，与信用期的长短反方向变化。该公司放弃折扣所负担的成本为

$$\frac{2\%}{1-2\%} \times \frac{360}{30-10} = 36.7\%$$

可见，如果买方公司放弃折扣而获得信用，其代价是较高的。然而，公司在放弃折扣的情况下，推迟付款的时间越长，其显性成本便会越低。比如，如果公司延至50天付

款，其成本为

$$\frac{2\%}{1-2\%} \times \frac{360}{50-10} = 18.4\%$$

3. 是否利用现金折扣的决策

在附有信用条件的情况下，因为获得不同信用要负担不同的代价，买方公司便要选择最适合自己的信用策略。一般说来，如果能以低于放弃折扣的隐含利息成本(实质是一种机会成本)的利率借入资金，买方公司便应在现金折扣期内用借入的资金支付货款，享受现金折扣。比如，【例15-2】中同期银行短期借款年利率为12%，那么买方公司应利用更便宜的银行借款在折扣期内偿还应付账款；反之，公司应放弃折扣。

如果在折扣期内将应付账款用于短期投资，投资收益率高于放弃折扣的隐含利息成本，则公司应放弃折扣而去追求更高的收益。当然，假设公司放弃折扣优惠，也应将付款日推迟至信用期内的最后一天(如【例15-2】中的第30天)，以降低放弃折扣的成本。

在放弃现金折扣的情况下，如果公司试图通过推迟付款时间降低放弃现金折扣的成本，或者因缺乏资金放弃现金折扣和推迟付款时间(如【例15-2】中将付款日推迟到第50天)，则需要在放弃折扣成本降低与拖欠货款带来的损失之间做出权衡。拖欠货款带来的损失主要是指公司因信誉恶化而丧失供应商乃至其他贷款人的信用，或者日后遭到苛刻的信用条件。

如果买方面对两家以上提供不同信用条件的卖方，应通过衡量放弃折扣成本的高低，选择信用成本最低(或所获利益最大)的一家。比如【例15-2】中另有一家供应商提出1/20、n/30的信用条件，其放弃折扣的成本为

$$放弃折扣成本 = \frac{1\%}{1-1\%} \times \frac{360}{30-20} = 36.4\%$$

与【例15-2】中的信用条件2/10、n/30相比，1/20、n/30的成本较低。

15.2.2　短期金融负债筹资

短期金融负债主要用于补充临时性、季节性的流动资金缺口，属于公司的主动短期负债，可以根据公司的需要随时安排。在这里，我们主要讨论短期借款，它是指公司向银行和其他银行金融机构借入的期限在1年以内的借款。在短期负债筹资中，短期借款的重要性仅次于经营负债。

1. 短期借款的特点

短期借款具有如下一些特点。

(1) 手续简便，筹资速度快，容易取得。长期负债的债权人为了保护自身利益，往往要对债务人进行全面的财务审查，因而筹资所需时间一般较长且不易取得。短期借款在较短时间内即可归还，债权人的风险较小，因而容易取得。

(2) 筹资富有弹性。举借长期负债，债权人经常会向债务人提出很多限定性条件或

规定；而短期负债的限制则相对宽松，使筹资公司的资金使用较为灵活、富有弹性。

(3) 筹资成本较低。一般来说，短期借款的利率低于长期负债，短期负债筹资的成本也较低。

(4) 流动性风险高。短期借款的突出缺点是短期内要偿还，因而要求筹资公司在短期内拿出足够的资金偿还债务，若公司到时资金安排不当，就会陷入财务危机。此外，短期负债利率波动比较大，一时高于长期负债利率也是可能的。

需要指出的是，在公司存在短期资金缺口的情况下，短期借款成为公司的必然选择。公司在选择短期借款时，可以选择借款种类、借款成本和借款条件等有利于自己的银行。此外，还应考虑银行对待风险和公司的态度、贷款的专业化程度等因素。

2. 短期借款的种类

在我国，短期借款按照目的和用途可分为若干种，主要有生产周转借款、临时借款、结算借款等。按照国际通行做法，短期借款可按偿还方式的不同，分为一次性偿还借款和分期偿还借款；按利息支付方法的不同，分为收款法借款、贴现法借款和加息法借款；按有无担保，分为抵押借款和信用借款等。

3. 借款的取得

公司举借短期借款，首先，必须提出申请，经审查同意后借贷双方签订借款合同，注明借款的用途、金额、利率、期限、还款方式、违约责任等；其次，公司根据借款合同办理借款手续；最后，借款手续完毕，公司便可获得借款。

4. 借款的信用条件

按照国际通行做法，银行发放短期借款往往带有一些信用条件，具体包括以下几方面。

(1) 信贷限额。信贷限额是银行对借款人规定的无担保贷款的最高额。信贷限额的有效期限通常为1年，但根据情况也可延期1年。一般来讲，公司在批准的信贷限额内，可随时使用银行借款。但是，银行并不承担必须提供全部信贷限额的义务。如果公司信誉恶化，即使银行曾同意按信贷限额提供借款，公司也可能得不到借款。这时，银行不会承担法律责任。

(2) 周转信贷协定。周转信贷协定是银行具有法律义务地承诺提供不超过某一最高限额的贷款协定。在协定的有效期内，只要公司的借款总额未超过最高限额，银行必须满足公司任何时候提出的借款要求。公司享用周转信贷协定，通常应依据贷款限额的未使用部分付给银行一笔承诺费。例如，某周转信贷额为1 000万元，承诺费为0.5%，借款公司年度内使用了600万元，余额400万元，借款公司该年度就要向银行支付承诺费2万元 (400×0.5%)。这是银行向公司提供此项贷款的一种附加条件。

周转信贷协定的有效期通常超过1年，但实际上贷款每几个月发放一次，所以这种信贷具有短期借款和长期借款的双重特点。

(3) 补偿性余额。补偿性余额是银行要求借款公司在银行中保持的按贷款限额或实际借用额一定百分比(10%～20%)确定的最低存款余额。从银行的角度讲，补偿性余额可降低贷款风险，补偿银行遭受的贷款损失。对于借款公司来讲，补偿性余额则提高了借款的有效年利率。例如，某公司按年利率8%向银行借款10万元，银行要求维持贷款限额15%的补偿性余额，那么，该公司实际可用的借款只有8.5万元，该项借款的有效年利率为

$$有效年利率 = \frac{10 \times 8\%}{8.5} = 9.4\%$$

(4) 借款抵押。银行向财务风险较大的公司或对其信誉不甚有把握的公司发放贷款时，可要求有抵押品担保，以降低自己蒙受损失的风险。短期借款的抵押品通常是借款公司的应收账款、存货、股票、债券等。银行接收抵押品后，将根据抵押品的面值决定贷款金额，一般为抵押品面值的30%～90%。这一比例取决于抵押品的变现能力和银行的风险偏好。抵押借款的成本通常高于非抵押借款，这是因为银行主要向信誉好的客户提供非抵押借款，而将抵押借款看成一种风险投资，故而收取较高的利率；同时银行管理抵押借款要比管理非抵押借款困难，为此往往另外收取手续费。

公司向贷款人提供抵押品，会限制其财产的使用和将来的借款能力。

(5) 偿还条件。借款的偿还有到期一次偿还和在借款期内定期(每月、季)等额偿还两种方式。一般来讲，公司不希望采用后一种偿还方式，因为这会提高借款的有效年利率；而银行不希望采用前一种偿还方式，因为这会加重公司的财务负担，增加公司的拒付风险，同时会降低实际贷款利率。

(6) 其他承诺。银行有时还要求公司为取得借款而做出其他承诺，如及时提供财务报表、保持适当的财务水平(如特定的流动比率)等。如公司违背承诺，银行可要求公司立即偿还全部借款。

5. 短期借款利率及其支付方法

短期借款利率多种多样，利息支付方法也不同，银行将根据借款公司的情况选用不同的利率和利息支付方法。

(1) 借款利率的分类。借款利率分为以下3种。

① 优惠利率。优惠利率是银行向财力雄厚、经营状况好的公司提供贷款时采用的利率，这是贷款利率的最低限。

② 浮动优惠利率。浮动优惠利率是一种随其他短期利率的变动而浮动的优惠利率，即随市场条件的变化而随时调整变化的优惠利率。

③ 非优惠利率。非优惠利率是银行贷款给一般公司时收取的高于优惠利率的利率，这种利率经常在优惠利率的基础上加一定的百分比。比如，银行按高于优惠利率1%的利率向某公司提供贷款，若当时的最优利率为8%，向该公司收取的贷款利率即为9%；若当时的最优利率为7.5%，向该公司收取的贷款利率即为8.5%。非优惠利率与优

惠利率差距的大小，由借款公司信誉、与银行的往来关系及当时信贷状况决定。

(2) 借款利息的支付方法。一般来讲，借款公司可以用3种方法支付银行贷款利息。

① 收款法。收款法是在借款到期时向银行支付利息的方法，银行向工商企业发放贷款时大多采用这种方法收息。

② 贴现法。贴现法是银行向借款公司发放贷款时，先从本金中扣除利息部分，而到期时借款公司则要偿还贷款全部本金的一种计息方法。采用这种方法，借款公司可利用的贷款额只有本金减去利息部分后的差额，因此贷款的有效年利率高于报价利率。

【例15-3】某公司从银行借款10 000元，期限1年，年利率(即报价利率)为8%，利息额为800元(10 000×8%)。按照贴现法付息，该公司实际可利用的贷款为9200元(10 000-800)，求该项贷款的有效年利率。

$$有效年利率 = \frac{800}{10\,000-800} = 8.7\%$$

③ 加息法。加息法是银行发放分期等额偿还贷款时采用的利息收取方法。在分期等额偿还贷款的情况下，银行要将根据报价利率计算的利息加到贷款本金上，计算出贷款的本息和，要求借款公司在贷款期内分期偿还本息之和的金额。由于贷款分期均衡偿还，借款公司实际上只平均使用了贷款本金的半数，却支付全额利息。这样，借款公司所负担的有效年利率便高于报价利率大约1倍。

【例15-4】某公司借入(名义)年利率为12%的贷款20 000元，分12个月等额偿还本息，求该项借款的有效年利率。

$$有效年利率 = \frac{20\,000 \times 12\%}{20\,000 / 2} \times 100\% = 24\%$$

6. 公司对银行的选择

随着金融信贷业的发展，可向公司提供贷款的银行和非银行金融机构增多，公司有可能在各贷款机构之间做出选择，以对己最为有利为原则。公司选择贷款银行时，主要考虑借款种类、借款成本和借款条件，此外还应考虑下列有关因素。

(1) 银行对贷款风险的政策。通常银行针对贷款风险制定了不同的政策，有的银行倾向于保守，只愿承担较小的贷款风险；有的银行富于开拓，敢于承担较大的贷款风险。

(2) 银行对借款公司的态度。不同银行对借款公司的态度各不一样。有的银行肯于积极地为借款公司提供建议，帮助公司分析潜在的财务问题，能够提供良好的服务，乐于为具有发展潜力的公司发放大量贷款，在公司遇到困难时能帮助其渡过难关；有的银行很少提供咨询服务，在借款公司遇到困难时会为了催还借款而向公司施加压力。

(3) 贷款的专业化程度。一些大银行设有不同的专业部门，分别处理不同类型、不同行业的贷款。公司与这些拥有丰富专业化贷款经验的银行合作，会更多地受益。

(4) 银行的稳定性。经营稳定的银行可以保证公司的借款不致中途发生变故。银行的稳定性取决于它的资本规模、存款水平波动程度和存款结构。一般来讲，资本雄厚、存款水平波动小、定期存款比重大的银行稳定性好；反之，则稳定性差。

思考题

1. 什么是营运资本？为什么营运资本等于流动资产和流动负债的差额？
2. 简述公司垫支营运资本的必要性。
3. 什么是易变现率？其计算公式是什么？易变现率的高低能说明什么？
4. 适中型、保守型和激进型营运资本规模策略各有哪些特点？
5. 经营负债和银行短期借款各有哪些特点？

练习题

1. 某公司在生产经营淡季需占用500万元的流动资产和800万元的长期资产，在生产经营旺季会额外增加200万元的季节性存货需求。假设该公司没有自发性流动负债，如果该公司采用适中型筹资策略，应在生产经营旺季借入多少短期借款？在经营旺季和经营淡季的易变现率分别为多少？

2. 某公司按(1/10，n/30)的信用条件购入价值100万元的货物，放弃现金折扣的成本为多少？如果该公司在折扣期内占用对方资金用于短期投资，所取得的投资收益率为10%，该公司是否应该放弃现金折扣？

3. 某公司按年利率8%向银行借款100万元，银行要求维持贷款限额15%的补偿性余额，该项借款的有效年利率为多少？如果改为贴现法付息，该项贷款的有效年利率为多少？

参考文献

[1] 史蒂芬·A. 罗斯，等. 公司理财[M]. 吴世农，等，译. 11版. 北京：机械工业出版社，2017.

[2] 理查德·A. 布雷利，等. 公司金融[M]. 赵冬青，译. 12版. 北京：机械工业出版社，2017.

[3] 乔纳森·伯克，等. 公司理财[M]. 姜英兵，译. 3版. 北京：中国人民大学出版社，2014.

[4] 蒂姆·科勒，等. 价值：公司金融的四大基石[M]. 金永红，等，译. 北京：电子工业出版社，2012.

[5] 道格拉斯·R. 爱默瑞，等. 公司财务管理[M]. 荆新，编. 北京：中国人民大学出版社，2008.

[6] 让·梯若尔. 公司金融理论：上下册[M]. 王永钦，译. 北京：中国人民大学出版社，2007.

[7] 朱叶. 公司金融[M]. 4版. 北京：北京大学出版社，2020.

[8] 刘曼红，刘小兵，王前. 公司理财[M]. 5版. 北京：中国人民大学出版社，2021.

[9] 上海财经大学金融学院《公司金融》编写组. 公司金融[M]. 北京：中国人民大学出版社，2014.

[10] 杨立荣，方小丽. 公司金融学[M]. 5版. 北京：科学出版社，2020.

[11] 郭丽红，王安兴. 公司金融学[M]. 3版. 上海：上海财经大学出版社，2019.

[12] 沈佩龙. 公司金融[M]. 北京：高等教育出版社，2019.

[13] 刘莉亚，何博. 公司金融实务与案例[M]. 上海：上海财经大学出版社，2011.

[14] 荆新，王化成，等. 财务管理[M]. 北京：中国人民大学出版社，2012.

[15] 袁天荣. 财务管理[M]. 北京：机械工业出版社，2010.

[16] 中国注册会计师协会. 财务成本管理[M]. 北京：中国财政经济出版社，2018.

[17] 刘力，等. 公司财务[M]. 北京：北京大学出版社，2014.

[18] 陈琦伟，等. 现代公司金融学[M]. 北京：中国金融出版社，2009.

[19] 曾庆芬. 公司金融[M]. 北京：中国经济出版社，2014.

[20] 何韧. 企业财务报表分析[M]. 上海：上海财经大学出版社，2010.

[21] 张德昌. 企业财务报表分析[M]. 北京：清华大学出版社，2015.

[22] 张德昌. 公司金融学[M]. 北京：清华大学出版社，2019.

附表A 复利终值系数表(*F/P*, *i*, *n*)

期数	1%	2%	3%	4%	5%	6%	7%	8%	9%	10%
1	1.0100	1.0200	1.0300	1.0400	1.0500	1.0600	1.0700	1.0800	1.0900	1.1000
2	1.0201	1.0404	1.0609	1.0816	1.1025	1.1236	1.1449	1.1664	1.1881	1.2100
3	1.0303	1.0612	1.0927	1.1249	1.1576	1.1910	1.2250	1.2597	1.2950	1.3310
4	1.0406	1.0824	1.1255	1.1699	1.2155	1.2625	1.3108	1.3605	1.4116	1.4641
5	1.0510	1.1041	1.1593	1.2167	1.2763	1.3382	1.4026	1.4693	1.5386	1.6105
6	1.0615	1.1262	1.1941	1.2653	1.3401	1.4185	1.5007	1.5869	1.6771	1.7716
7	1.0721	1.1487	1.2299	1.3159	1.4071	1.5036	1.6058	1.7138	1.8280	1.9487
8	1.0829	1.1717	1.2668	1.3686	1.4775	1.5938	1.7182	1.8509	1.9926	2.1436
9	1.0937	1.1951	1.3048	1.4233	1.5513	1.6895	1.8385	1.9990	2.1719	2.3579
10	1.1046	1.2190	1.3439	1.4802	1.6289	1.7908	1.9672	2.1589	2.3674	2.5937
11	1.1157	1.2434	1.3842	1.5395	1.7103	1.8983	2.1049	2.3316	2.5804	2.8531
12	1.1268	1.2682	1.4258	1.6010	1.7959	2.0122	2.2522	2.5182	2.8127	3.1384
13	1.1381	1.2936	1.4685	1.6651	1.8856	2.1329	2.4098	2.7196	3.0658	3.4523
14	1.1495	1.3195	1.5126	1.7317	1.9799	2.2609	2.5785	2.9372	3.3417	3.7975
15	1.1610	1.3459	1.5580	1.8009	2.0789	2.3966	2.7590	3.1722	3.6425	4.1772
16	1.1726	1.3728	1.6047	1.8730	2.1829	2.5404	2.9522	3.4259	3.9703	4.5950
17	1.1843	1.4002	1.6528	1.9479	2.2920	2.6928	3.1588	3.7000	4.3276	5.0545
18	1.1961	1.4282	1.7024	2.0258	2.4066	2.8543	3.3799	3.9960	4.7171	5.5599
19	1.2081	1.4568	1.7535	2.1068	2.5270	3.0256	3.6165	4.3157	5.1417	6.1159
20	1.2202	1.4859	1.8061	2.1911	2.6533	3.2071	3.8697	4.6610	5.6044	6.7275
21	1.2324	1.5157	1.8603	2.2788	2.7860	3.3996	4.1406	5.0338	6.1088	7.4002
22	1.2447	1.5460	1.9161	2.3699	2.9253	3.6035	4.4304	5.4365	6.6586	8.1403
23	1.2572	1.5769	1.9736	2.4647	3.0715	3.8197	4.7405	5.8715	7.2579	8.9543
24	1.2697	1.6084	2.0328	2.5633	3.2251	4.0489	5.0724	6.3412	7.9111	9.8497
25	1.2824	1.6406	2.0938	2.6658	3.3864	4.2919	5.4274	6.8485	8.6231	10.8347
26	1.2953	1.6734	2.1566	2.7725	3.5557	4.5494	5.8074	7.3964	9.3992	11.9182
27	1.3082	1.7069	2.2213	2.8834	3.7335	4.8223	6.2139	7.9881	10.2451	13.1100
28	1.3213	1.7410	2.2879	2.9987	3.9201	5.1117	6.6488	8.6271	11.1671	14.4210
29	1.3345	1.7758	2.3566	3.1187	4.1161	5.4184	7.1143	9.3173	12.1722	15.8631
30	1.3478	1.8114	2.4273	3.2434	4.3219	5.7435	7.6123	10.0627	13.2677	17.4494

(续表)

期数	11%	12%	13%	14%	15%	16%	17%	18%	19%	20%
1	1.1100	1.1200	1.1300	1.1400	1.1500	1.1600	1.1700	1.1800	1.1900	1.2000
2	1.2321	1.2544	1.2769	1.2996	1.3225	1.3456	1.3689	1.3924	1.4161	1.4400
3	1.3676	1.4049	1.4429	1.4815	1.5209	1.5609	1.6016	1.6430	1.6852	1.7280
4	1.5181	1.5735	1.6305	1.6890	1.7490	1.8106	1.8739	1.9388	2.0053	2.0736
5	1.6851	1.7623	1.8424	1.9254	2.0114	2.1003	2.1924	2.2878	2.3864	2.4883
6	1.8704	1.9738	2.0820	2.1950	2.3131	2.4364	2.5652	2.6996	2.8398	2.9860
7	2.0762	2.2107	2.3526	2.5023	2.6600	2.8262	3.0012	3.1855	3.3793	3.5832
8	2.3045	2.4760	2.6584	2.8526	3.0590	3.2784	3.5115	3.7589	4.0214	4.2998
9	2.5580	2.7731	3.0040	3.2519	3.5179	3.8030	4.1084	4.4355	4.7854	5.1598
10	2.8394	3.1058	3.3946	3.7072	4.0456	4.4114	4.8068	5.2338	5.6947	6.1917
11	3.1518	3.4786	3.8359	4.2262	4.6524	5.1173	5.6240	6.1759	6.7767	7.4301
12	3.4985	3.8960	4.3345	4.8179	5.3503	5.9360	6.5801	7.2876	8.0642	8.9161
13	3.8833	4.3635	4.8980	5.4924	6.1528	6.8858	7.6987	8.5994	9.5964	10.6993
14	4.3104	4.8871	5.5348	6.2613	7.0757	7.9875	9.0075	10.1472	11.4198	12.8392
15	4.7846	5.4736	6.2543	7.1379	8.1371	9.2655	10.5387	11.9737	13.5895	15.4070
16	5.3109	6.1304	7.0673	8.1372	9.3576	10.7480	12.3303	14.1290	16.1715	18.4884
17	5.8951	6.8660	7.9861	9.2765	10.7613	12.4677	14.4265	16.6722	19.2441	22.1861
18	6.5436	7.6900	9.0243	10.5752	12.3755	14.4625	16.8790	19.6733	22.9005	26.6233
19	7.2633	8.6128	10.1974	12.0557	14.2318	16.7765	19.7484	23.2144	27.2516	31.9480
20	8.0623	9.6463	11.5231	13.7435	16.3665	19.4608	23.1056	27.3930	32.4294	38.3376
21	8.9492	10.8038	13.0211	15.6676	18.8215	22.5745	27.0336	32.3238	38.5910	46.0051
22	9.9336	12.1003	14.7138	17.8610	21.6447	26.1864	31.6293	38.1421	45.9233	55.2061
23	11.0263	13.5523	16.6266	20.3616	24.8915	30.3762	37.0062	45.0076	54.6487	66.2474
24	12.2392	15.1786	18.7881	23.2122	28.6252	35.2364	43.2973	53.1090	65.0320	79.4968
25	13.5855	17.0001	21.2305	26.4619	32.9190	40.8742	50.6578	62.6686	77.3881	95.3962
26	15.0799	19.0401	23.9905	30.1666	37.8568	47.4141	59.2697	73.9490	92.0918	114.4755
27	16.7387	21.3249	27.1093	34.3899	43.5353	55.0004	69.3455	87.2598	109.5893	137.3706
28	18.5799	23.8839	30.6335	39.2045	50.0656	63.8004	81.1342	102.9666	130.4112	164.8447
29	20.6237	26.7499	34.6158	44.6931	57.5755	74.0085	94.9271	121.5005	155.1893	197.8136
30	22.8923	29.9599	39.1159	50.9502	66.2118	85.8499	111.0647	143.3706	184.6753	237.3763

(续表)

期数	21%	22%	23%	24%	25%	26%	27%	28%	29%	30%
1	1.2100	1.2200	1.2300	1.2400	1.2500	1.2600	1.2700	1.2800	1.2900	1.3000
2	1.4641	1.4884	1.5129	1.5376	1.5625	1.5876	1.6129	1.6384	1.6641	1.6900
3	1.7716	1.8158	1.8609	1.9066	1.9531	2.0004	2.0484	2.0972	2.1467	2.1970
4	2.1436	2.2153	2.2889	2.3642	2.4414	2.5205	2.6014	2.6844	2.7692	2.8561
5	2.5937	2.7027	2.8153	2.9316	3.0518	3.1758	3.3038	3.4360	3.5723	3.7129
6	3.1384	3.2973	3.4628	3.6352	3.8147	4.0015	4.1959	4.3980	4.6083	4.8268
7	3.7975	4.0227	4.2593	4.5077	4.7684	5.0419	5.3288	5.6295	5.9447	6.2749
8	4.5950	4.9077	5.2389	5.5895	5.9605	6.3528	6.7675	7.2058	7.6686	8.1573
9	5.5599	5.9874	6.4439	6.9310	7.4506	8.0045	8.5948	9.2234	9.8925	10.6045
10	6.7275	7.3046	7.9259	8.5944	9.3132	10.0857	10.9153	11.8059	12.7614	13.7858
11	8.1403	8.9117	9.7489	10.6571	11.6415	12.7080	13.8625	15.1116	16.4622	17.9216
12	9.8497	10.8722	11.9912	13.2148	14.5519	16.0120	17.6053	19.3428	21.2362	23.2981
13	11.9182	13.2641	14.7491	16.3863	18.1899	20.1752	22.3588	24.7588	27.3947	30.2875
14	14.4210	16.1822	18.1414	20.3191	22.7374	25.4207	28.3957	31.6913	35.3391	39.3738
15	17.4494	19.7423	22.3140	25.1956	28.4217	32.0301	36.0625	40.5648	45.5875	51.1859
16	21.1138	24.0856	27.4462	31.2426	35.5271	40.3579	45.7994	51.9230	58.8079	66.5417
17	25.5477	29.3844	33.7588	38.7408	44.4089	50.8510	58.1652	66.4614	75.8621	86.5042
18	30.9127	35.8490	41.5233	48.0386	55.5112	64.0722	73.8698	85.0706	97.8622	112.4554
19	37.4043	43.7358	51.0737	59.5679	69.3889	80.7310	93.8147	108.8904	126.2422	146.1920
20	45.2593	53.3576	62.8206	73.8641	86.7362	101.7211	119.1446	139.3797	162.8524	190.0496
21	54.7637	65.0963	77.2694	91.5915	108.4202	128.1685	151.3137	178.4060	210.0796	247.0645
22	66.2641	79.4175	95.0413	113.5735	135.5253	161.4924	192.1683	228.3596	271.0027	321.1839
23	80.1795	96.8894	116.9008	140.8312	169.4066	203.4804	244.0538	292.3003	349.5935	417.5391
24	97.0172	118.2050	143.7880	174.6306	211.7582	256.3853	309.9483	374.1444	450.9756	542.8008
25	117.3909	144.2101	176.8593	216.5420	264.6978	323.0454	393.6344	478.9049	581.7585	705.6410
26	142.0429	175.9364	217.5369	268.5121	330.8722	407.0373	499.9157	612.9982	750.4685	917.3333
27	171.8719	214.6424	267.5704	332.9550	413.5903	512.8670	634.8929	784.6377	968.1044	1192.5333
28	207.9651	261.8637	329.1115	412.8642	516.9879	646.2124	806.3140	1004.3363	1248.8546	1550.2933
29	251.6377	319.4737	404.8072	511.9516	646.2349	814.2276	1024.0187	1285.5504	1611.0225	2015.3813
30	304.4816	389.7579	497.9129	634.8199	807.7936	1025.9267	1300.5038	1645.5046	2078.2190	2619.9956

附表B │ 复利现值系数表(*P/F, i, n*)

期数	1%	2%	3%	4%	5%	6%	7%	8%	9%	10%
1	0.9901	0.9804	0.9709	0.9615	0.9524	0.9434	0.9346	0.9259	0.9174	0.9091
2	0.9803	0.9612	0.9426	0.9246	0.9070	0.8900	0.8734	0.8573	0.8417	0.8264
3	0.9706	0.9423	0.9151	0.8890	0.8638	0.8396	0.8163	0.7938	0.7722	0.7513
4	0.9610	0.9238	0.8885	0.8548	0.8227	0.7921	0.7629	0.7350	0.7084	0.6830
5	0.9515	0.9057	0.8626	0.8219	0.7835	0.7473	0.7130	0.6806	0.6499	0.6209
6	0.9420	0.8880	0.8375	0.7903	0.7462	0.7050	0.6663	0.6302	0.5963	0.5645
7	0.9327	0.8706	0.8131	0.7599	0.7107	0.6651	0.6227	0.5835	0.5470	0.5132
8	0.9235	0.8535	0.7894	0.7307	0.6768	0.6274	0.5820	0.5403	0.5019	0.4665
9	0.9143	0.8368	0.7664	0.7026	0.6446	0.5919	0.5439	0.5002	0.4604	0.4241
10	0.9053	0.8203	0.7441	0.6756	0.6139	0.5584	0.5083	0.4632	0.4224	0.3855
11	0.8963	0.8043	0.7224	0.6496	0.5847	0.5268	0.4751	0.4289	0.3875	0.3505
12	0.8874	0.7885	0.7014	0.6246	0.5568	0.4970	0.4440	0.3971	0.3555	0.3186
13	0.8787	0.7730	0.6810	0.6006	0.5303	0.4688	0.4150	0.3677	0.3262	0.2897
14	0.8700	0.7579	0.6611	0.5775	0.5051	0.4423	0.3878	0.3405	0.2992	0.2633
15	0.8613	0.7430	0.6419	0.5553	0.4810	0.4173	0.3624	0.3152	0.2745	0.2394
16	0.8528	0.7284	0.6232	0.5339	0.4581	0.3936	0.3387	0.2919	0.2519	0.2176
17	0.8444	0.7142	0.6050	0.5134	0.4363	0.3714	0.3166	0.2703	0.2311	0.1978
18	0.8360	0.7002	0.5874	0.4936	0.4155	0.3503	0.2959	0.2502	0.2120	0.1799
19	0.8277	0.6864	0.5703	0.4746	0.3957	0.3305	0.2765	0.2317	0.1945	0.1635
20	0.8195	0.6730	0.5537	0.4564	0.3769	0.3118	0.2584	0.2145	0.1784	0.1486
21	0.8114	0.6598	0.5375	0.4388	0.3589	0.2942	0.2415	0.1987	0.1637	0.1351
22	0.8034	0.6468	0.5219	0.4220	0.3418	0.2775	0.2257	0.1839	0.1502	0.1228
23	0.7954	0.6342	0.5067	0.4057	0.3256	0.2618	0.2109	0.1703	0.1378	0.1117
24	0.7876	0.6217	0.4919	0.3901	0.3101	0.2470	0.1971	0.1577	0.1264	0.1015
25	0.7798	0.6095	0.4776	0.3751	0.2953	0.2330	0.1842	0.1460	0.1160	0.0923
26	0.7720	0.5976	0.4637	0.3607	0.2812	0.2198	0.1722	0.1352	0.1064	0.0839
27	0.7644	0.5859	0.4502	0.3468	0.2678	0.2074	0.1609	0.1252	0.0976	0.0763
28	0.7568	0.5744	0.4371	0.3335	0.2551	0.1956	0.1504	0.1159	0.0895	0.0693
29	0.7493	0.5631	0.4243	0.3207	0.2429	0.1846	0.1406	0.1073	0.0822	0.0630
30	0.7419	0.5521	0.4120	0.3083	0.2314	0.1741	0.1314	0.0994	0.0754	0.0573

期数	11%	12%	13%	14%	15%	16%	17%	18%	19%	20%
1	0.9009	0.8929	0.8850	0.8772	0.8696	0.8621	0.8547	0.8475	0.8403	0.8333
2	0.8116	0.7972	0.7831	0.7695	0.7561	0.7432	0.7305	0.7182	0.7062	0.6944
3	0.7312	0.7118	0.6931	0.6750	0.6575	0.6407	0.6244	0.6086	0.5934	0.5787
4	0.6587	0.6355	0.6133	0.5921	0.5718	0.5523	0.5337	0.5158	0.4987	0.4823
5	0.5935	0.5674	0.5428	0.5194	0.4972	0.4761	0.4561	0.4371	0.4190	0.4019
6	0.5346	0.5066	0.4803	0.4556	0.4323	0.4104	0.3898	0.3704	0.3521	0.3349
7	0.4817	0.4523	0.4251	0.3996	0.3759	0.3538	0.3332	0.3139	0.2959	0.2791
8	0.4339	0.4039	0.3762	0.3506	0.3269	0.3050	0.2848	0.2660	0.2487	0.2326
9	0.3909	0.3606	0.3329	0.3075	0.2843	0.2630	0.2434	0.2255	0.2090	0.1938
10	0.3522	0.3220	0.2946	0.2697	0.2472	0.2267	0.2080	0.1911	0.1756	0.1615
11	0.3173	0.2875	0.2607	0.2366	0.2149	0.1954	0.1778	0.1619	0.1476	0.1346
12	0.2858	0.2567	0.2307	0.2076	0.1869	0.1685	0.1520	0.1372	0.1240	0.1122
13	0.2575	0.2292	0.2042	0.1821	0.1625	0.1452	0.1299	0.1163	0.1042	0.0935
14	0.2320	0.2046	0.1807	0.1597	0.1413	0.1252	0.1110	0.0985	0.0876	0.0779
15	0.2090	0.1827	0.1599	0.1401	0.1229	0.1079	0.0949	0.0835	0.0736	0.0649
16	0.1883	0.1631	0.1415	0.1229	0.1069	0.0930	0.0811	0.0708	0.0618	0.0541
17	0.1696	0.1456	0.1252	0.1078	0.0929	0.0802	0.0693	0.0600	0.0520	0.0451
18	0.1528	0.1300	0.1108	0.0946	0.0808	0.0691	0.0592	0.0508	0.0437	0.0376
19	0.1377	0.1161	0.0981	0.0829	0.0703	0.0596	0.0506	0.0431	0.0367	0.0313
20	0.1240	0.1037	0.0868	0.0728	0.0611	0.0514	0.0433	0.0365	0.0308	0.0261
21	0.1117	0.0926	0.0768	0.0638	0.0531	0.0443	0.0370	0.0309	0.0259	0.0217
22	0.1007	0.0826	0.0680	0.0560	0.0462	0.0382	0.0316	0.0262	0.0218	0.0181
23	0.0907	0.0738	0.0601	0.0491	0.0402	0.0329	0.0270	0.0222	0.0183	0.0151
24	0.0817	0.0659	0.0532	0.0431	0.0349	0.0284	0.0231	0.0188	0.0154	0.0126
25	0.0736	0.0588	0.0471	0.0378	0.0304	0.0245	0.0197	0.0160	0.0129	0.0105
26	0.0663	0.0525	0.0417	0.0331	0.0264	0.0211	0.0169	0.0135	0.0109	0.0087
27	0.0597	0.0469	0.0369	0.0291	0.0230	0.0182	0.0144	0.0115	0.0091	0.0073
28	0.0538	0.0419	0.0326	0.0255	0.0200	0.0157	0.0123	0.0097	0.0077	0.0061
29	0.0485	0.0374	0.0289	0.0224	0.0174	0.0135	0.0105	0.0082	0.0064	0.0051
30	0.0437	0.0334	0.0256	0.0196	0.0151	0.0116	0.0090	0.0070	0.0054	0.0042

期数	21%	22%	23%	24%	25%	26%	27%	28%	29%	30%
1	0.8264	0.8197	0.8130	0.8065	0.8000	0.7937	0.7874	0.7813	0.7752	0.7692
2	0.6830	0.6719	0.6610	0.6504	0.6400	0.6299	0.6200	0.6104	0.6009	0.5917
3	0.5645	0.5507	0.5374	0.5245	0.5120	0.4999	0.4882	0.4768	0.4658	0.4552
4	0.4665	0.4514	0.4369	0.4230	0.4096	0.3968	0.3844	0.3725	0.3611	0.3501
5	0.3855	0.3700	0.3552	0.3411	0.3277	0.3149	0.3027	0.2910	0.2799	0.2693
6	0.3186	0.3033	0.2888	0.2751	0.2621	0.2499	0.2383	0.2274	0.2170	0.2072
7	0.2633	0.2486	0.2348	0.2218	0.2097	0.1983	0.1877	0.1776	0.1682	0.1594
8	0.2176	0.2038	0.1909	0.1789	0.1678	0.1574	0.1478	0.1388	0.1304	0.1226
9	0.1799	0.1670	0.1552	0.1443	0.1342	0.1249	0.1164	0.1084	0.1011	0.0943
10	0.1486	0.1369	0.1262	0.1164	0.1074	0.0992	0.0916	0.0847	0.0784	0.0725
11	0.1228	0.1122	0.1026	0.0938	0.0859	0.0787	0.0721	0.0662	0.0607	0.0558
12	0.1015	0.0920	0.0834	0.0757	0.0687	0.0625	0.0568	0.0517	0.0471	0.0429
13	0.0839	0.0754	0.0678	0.0610	0.0550	0.0496	0.0447	0.0404	0.0365	0.0330
14	0.0693	0.0618	0.0551	0.0492	0.0440	0.0393	0.0352	0.0316	0.0283	0.0254
15	0.0573	0.0507	0.0448	0.0397	0.0352	0.0312	0.0277	0.0247	0.0219	0.0195
16	0.0474	0.0415	0.0364	0.0320	0.0281	0.0248	0.0218	0.0193	0.0170	0.0150
17	0.0391	0.0340	0.0296	0.0258	0.0225	0.0197	0.0172	0.0150	0.0132	0.0116
18	0.0323	0.0279	0.0241	0.0208	0.0180	0.0156	0.0135	0.0118	0.0102	0.0089
19	0.0267	0.0229	0.0196	0.0168	0.0144	0.0124	0.0107	0.0092	0.0079	0.0068
20	0.0221	0.0187	0.0159	0.0135	0.0115	0.0098	0.0084	0.0072	0.0061	0.0053
21	0.0183	0.0154	0.0129	0.0109	0.0092	0.0078	0.0066	0.0056	0.0048	0.0040
22	0.0151	0.0126	0.0105	0.0088	0.0074	0.0062	0.0052	0.0044	0.0037	0.0031
23	0.0125	0.0103	0.0086	0.0071	0.0059	0.0049	0.0041	0.0034	0.0029	0.0024
24	0.0103	0.0085	0.0070	0.0057	0.0047	0.0039	0.0032	0.0027	0.0022	0.0018
25	0.0085	0.0069	0.0057	0.0046	0.0038	0.0031	0.0025	0.0021	0.0017	0.0014
26	0.0070	0.0057	0.0046	0.0037	0.0030	0.0025	0.0020	0.0016	0.0013	0.0011
27	0.0058	0.0047	0.0037	0.0030	0.0024	0.0019	0.0016	0.0013	0.0010	0.0008
28	0.0048	0.0038	0.0030	0.0024	0.0019	0.0015	0.0012	0.0010	0.0008	0.0006
29	0.0040	0.0031	0.0025	0.0020	0.0015	0.0012	0.0010	0.0008	0.0006	0.0005
30	0.0033	0.0026	0.0020	0.0016	0.0012	0.0010	0.0008	0.0006	0.0005	0.0004

附表C 年金终值系数表(F/A, i, n)

期数	1%	2%	3%	4%	5%	6%	7%	8%	9%	10%
1	1.0000	1.0000	1.0000	1.0000	1.0000	1.0000	1.0000	1.0000	1.0000	1.0000
2	2.0100	2.0200	2.0300	2.0400	2.0500	2.0600	2.0700	2.0800	2.0900	2.1000
3	3.0301	3.0604	3.0909	3.1216	3.1525	3.1836	3.2149	3.2464	3.2781	3.3100
4	4.0604	4.1216	4.1836	4.2465	4.3101	4.3746	4.4399	4.5061	4.5731	4.6410
5	5.1010	5.2040	5.3091	5.4163	5.5256	5.6371	5.7507	5.8666	5.9847	6.1051
6	6.1520	6.3081	6.4684	6.6330	6.8019	6.9753	7.1533	7.3359	7.5233	7.7156
7	7.2135	7.4343	7.6625	7.8983	8.1420	8.3938	8.6540	8.9228	9.2004	9.4872
8	8.2857	8.5830	8.8923	9.2142	9.5491	9.8975	10.2598	10.6366	11.0285	11.4359
9	9.3685	9.7546	10.1591	10.5828	11.0266	11.4913	11.9780	12.4876	13.0210	13.5795
10	10.4622	10.9497	11.4639	12.0061	12.5779	13.1808	13.8164	14.4866	15.1929	15.9374
11	11.5668	12.1687	12.8078	13.4864	14.2068	14.9716	15.7836	16.6455	17.5603	18.5312
12	12.6825	13.4121	14.1920	15.0258	15.9171	16.8699	17.8885	18.9771	20.1407	21.3843
13	13.8093	14.6803	15.6178	16.6268	17.7130	18.8821	20.1406	21.4953	22.9534	24.5227
14	14.9474	15.9739	17.0863	18.2919	19.5986	21.0151	22.5505	24.2149	26.0192	27.9750
15	16.0969	17.2934	18.5989	20.0236	21.5786	23.2760	25.1290	27.1521	29.3609	31.7725
16	17.2579	18.6393	20.1569	21.8245	23.6575	25.6725	27.8881	30.3243	33.0034	35.9497
17	18.4304	20.0121	21.7616	23.6975	25.8404	28.2129	30.8402	33.7502	36.9737	40.5447
18	19.6147	21.4123	23.4144	25.6454	28.1324	30.9057	33.9990	37.4502	41.3013	45.5992
19	20.8109	22.8406	25.1169	27.6712	30.5390	33.7600	37.3790	41.4463	46.0185	51.1591
20	22.0190	24.2974	26.8704	29.7781	33.0660	36.7856	40.9955	45.7620	51.1601	57.2750
21	23.2392	25.7833	28.6765	31.9692	35.7193	39.9927	44.8652	50.4229	56.7645	64.0025
22	24.4716	27.2990	30.5368	34.2480	38.5052	43.3923	49.0057	55.4568	62.8733	71.4027
23	25.7163	28.8450	32.4529	36.6179	41.4305	46.9958	53.4361	60.8933	69.5319	79.5430
24	26.9735	30.4219	34.4265	39.0826	44.5020	50.8156	58.1767	66.7648	76.7898	88.4973
25	28.2432	32.0303	36.4593	41.6459	47.7271	54.8645	63.2490	73.1059	84.7009	98.3471
26	29.5256	33.6709	38.5530	44.3117	51.1135	59.1564	68.6765	79.9544	93.3240	109.1818
27	30.8209	35.3443	40.7096	47.0842	54.6691	63.7058	74.4838	87.3508	102.7231	121.0999
28	32.1291	37.0512	42.9309	49.9676	58.4026	68.5281	80.6977	95.3388	112.9682	134.2099
29	33.4504	38.7922	45.2189	52.9663	62.3227	73.6398	87.3465	103.9659	124.1354	148.6309
30	34.7849	40.5681	47.5754	56.0849	66.4388	79.0582	94.4608	113.2832	136.3075	164.4940

(续表)

期数	11%	12%	13%	14%	15%	16%	17%	18%	19%	20%
1	1.0000	1.0000	1.0000	1.0000	1.0000	1.0000	1.0000	1.0000	1.0000	1.0000
2	2.1100	2.1200	2.1300	2.1400	2.1500	2.1600	2.1700	2.1800	2.1900	2.2000
3	3.3421	3.3744	3.4069	3.4396	3.4725	3.5056	3.5389	3.5724	3.6061	3.6400
4	4.7097	4.7793	4.8498	4.9211	4.9934	5.0665	5.1405	5.2154	5.2913	5.3680
5	6.2278	6.3528	6.4803	6.6101	6.7424	6.8771	7.0144	7.1542	7.2966	7.4416
6	7.9129	8.1152	8.3227	8.5355	8.7537	8.9775	9.2068	9.4420	9.6830	9.9299
7	9.7833	10.0890	10.4047	10.7305	11.0668	11.4139	11.7720	12.1415	12.5227	12.9159
8	11.8594	12.2997	12.7573	13.2328	13.7268	14.2401	14.7733	15.3270	15.9020	16.4991
9	14.1640	14.7757	15.4157	16.0853	16.7858	17.5185	18.2847	19.0859	19.9234	20.7989
10	16.7220	17.5487	18.4197	19.3373	20.3037	21.3215	22.3931	23.5213	24.7089	25.9587
11	19.5614	20.6546	21.8143	23.0445	24.3493	25.7329	27.1999	28.7551	30.4035	32.1504
12	22.7132	24.1331	25.6502	27.2707	29.0017	30.8502	32.8239	34.9311	37.1802	39.5805
13	26.2116	28.0291	29.9847	32.0887	34.3519	36.7862	39.4040	42.2187	45.2445	48.4966
14	30.0949	32.3926	34.8827	37.5811	40.5047	43.6720	47.1027	50.8180	54.8409	59.1959
15	34.4054	37.2797	40.4175	43.8424	47.5804	51.6595	56.1101	60.9653	66.2607	72.0351
16	39.1899	42.7533	46.6717	50.9804	55.7175	60.9250	66.6488	72.9390	79.8502	87.4421
17	44.5008	48.8837	53.7391	59.1176	65.0751	71.6730	78.9792	87.0680	96.0218	105.9306
18	50.3959	55.7497	61.7251	68.3941	75.8364	84.1407	93.4056	103.7403	115.2659	128.1167
19	56.9395	63.4397	70.7494	78.9692	88.2118	98.6032	110.2846	123.4135	138.1664	154.7400
20	64.2028	72.0524	80.9468	91.0249	102.4436	115.3797	130.0329	146.6280	165.4180	186.6880
21	72.2651	81.6987	92.4699	104.7684	118.8101	134.8405	153.1385	174.0210	197.8474	225.0256
22	81.2143	92.5026	105.4910	120.4360	137.6316	157.4150	180.1721	206.3448	236.4385	271.0307
23	91.1479	104.6029	120.2048	138.2970	159.2764	183.6014	211.8013	244.4868	282.3618	326.2369
24	102.1742	118.1552	136.8315	158.6586	184.1678	213.9776	248.8076	289.4945	337.0105	392.4842
25	114.4133	133.3339	155.6196	181.8708	212.7930	249.2140	292.1049	342.6035	402.0425	471.9811
26	127.9988	150.3339	176.8501	208.3327	245.7120	290.0883	342.7627	405.2721	479.4306	567.3773
27	143.0786	169.3740	200.8406	238.4993	283.5688	337.5024	402.0323	479.2211	571.5224	681.8528
28	159.8173	190.6989	227.9499	272.8892	327.1041	392.5028	471.3778	566.4809	681.1116	819.2233
29	178.3972	214.5828	258.5834	312.0937	377.1697	456.3032	552.5121	669.4475	811.5228	984.0680
30	199.0209	241.3327	293.1992	356.7868	434.7451	530.3117	647.4391	790.9480	966.7122	1181.8816

(续表)

期数	21%	22%	23%	24%	25%	26%	27%	28%	29%	30%
1	1.0000	1.0000	1.0000	1.0000	1.0000	1.0000	1.0000	1.0000	1.0000	1.0000
2	2.2100	2.2200	2.2300	2.2400	2.2500	2.2600	2.2700	2.2800	2.2900	2.3000
3	3.6741	3.7084	3.7429	3.7776	3.8125	3.8476	3.8829	3.9184	3.9541	3.9900
4	5.4457	5.5242	5.6038	5.6842	5.7656	5.8480	5.9313	6.0156	6.1008	6.1870
5	7.5892	7.7396	7.8926	8.0484	8.2070	8.3684	8.5327	8.6999	8.8700	9.0431
6	10.1830	10.4423	10.7079	10.9801	11.2588	11.5442	11.8366	12.1359	12.4423	12.7560
7	13.3214	13.7396	14.1708	14.6153	15.0735	15.5458	16.0324	16.5339	17.0506	17.5828
8	17.1189	17.7623	18.4300	19.1229	19.8419	20.5876	21.3612	22.1634	22.9953	23.8577
9	21.7139	22.6700	23.6690	24.7125	25.8023	26.9404	28.1287	29.3692	30.6639	32.0150
10	27.2738	28.6574	30.1128	31.6434	33.2529	34.9449	36.7235	38.5926	40.5564	42.6195
11	34.0013	35.9620	38.0388	40.2379	42.5661	45.0306	47.6388	50.3985	53.3178	56.4053
12	42.1416	44.8737	47.7877	50.8950	54.2077	57.7386	61.5013	65.5100	69.7800	74.3270
13	51.9913	55.7459	59.7788	64.1097	68.7596	73.7506	79.1066	84.8529	91.0161	97.6250
14	63.9095	69.0100	74.5280	80.4961	86.9495	93.9258	101.4654	109.6117	118.4108	127.9125
15	78.3305	85.1922	92.6694	100.8151	109.6868	119.3465	129.8611	141.3029	153.7500	167.2863
16	95.7799	104.9345	114.9834	126.0108	138.1085	151.3766	165.9236	181.8677	199.3374	218.4722
17	116.8937	129.0201	142.4295	157.2534	173.6357	191.7345	211.7230	233.7907	258.1453	285.0139
18	142.4413	158.4045	176.1883	195.9942	218.0446	242.5855	269.8882	300.2521	334.0074	371.5180
19	173.3540	194.2535	217.7116	244.0328	273.5558	306.6577	343.7580	385.3227	431.8696	483.9734
20	210.7584	237.9893	268.7853	303.6006	342.9447	387.3887	437.5726	494.2131	558.1118	630.1655
21	256.0176	291.3469	331.6059	377.4648	429.6809	489.1098	556.7173	633.5927	720.9642	820.2151
22	310.7813	356.4432	408.8753	469.0563	538.1011	617.2783	708.0309	811.9987	931.0438	1067.2796
23	377.0454	435.8607	503.9166	582.6298	673.6264	778.7707	900.1993	1040.3583	1202.0465	1388.4635
24	457.2249	532.7501	620.8174	723.4610	843.0329	982.2511	1144.2531	1332.6586	1551.6400	1806.0026
25	554.2422	650.9551	764.6054	898.0916	1054.7912	1238.6363	1454.2014	1706.8031	2002.6156	2348.8033
26	671.6330	795.1653	941.4647	1114.6336	1319.4890	1561.6818	1847.8358	2185.7079	2584.3741	3054.4443
27	813.6759	971.1016	1159.0016	1383.1457	1650.3612	1968.7191	2347.7515	2798.7061	3334.8426	3971.7776
28	985.5479	1185.7440	1426.5719	1716.1007	2063.9515	2481.5860	2982.6444	3583.3438	4302.9470	5164.3109
29	1193.5129	1447.6077	1755.6835	2128.9648	2580.9394	3127.7984	3788.9583	4587.6801	5551.8016	6714.6042
30	1445.1507	1767.0813	2160.4907	2640.9164	3227.1743	3942.0260	4812.9771	5873.2306	7162.8241	8729.9855

附表D 年金现值系数表(P/A, i, n)

期数	1%	2%	3%	4%	5%	6%	7%	8%	9%	10%
1	0.9901	0.9804	0.9709	0.9615	0.9524	0.9434	0.9346	0.9259	0.9174	0.9091
2	1.9704	1.9416	1.9135	1.8861	1.8594	1.8334	1.8080	1.7833	1.7591	1.7355
3	2.9410	2.8839	2.8286	2.7751	2.7232	2.6730	2.6243	2.5771	2.5313	2.4869
4	3.9020	3.8077	3.7171	3.6299	3.5460	3.4651	3.3872	3.3121	3.2397	3.1699
5	4.8534	4.7135	4.5797	4.4518	4.3295	4.2124	4.1002	3.9927	3.8897	3.7908
6	5.7955	5.6014	5.4172	5.2421	5.0757	4.9173	4.7665	4.6229	4.4859	4.3553
7	6.7282	6.4720	6.2303	6.0021	5.7864	5.5824	5.3893	5.2064	5.0330	4.8684
8	7.6517	7.3255	7.0197	6.7327	6.4632	6.2098	5.9713	5.7466	5.5348	5.3349
9	8.5660	8.1622	7.7861	7.4353	7.1078	6.8017	6.5152	6.2469	5.9952	5.7590
10	9.4713	8.9826	8.5302	8.1109	7.7217	7.3601	7.0236	6.7101	6.4177	6.1446
11	10.3676	9.7868	9.2526	8.7605	8.3064	7.8869	7.4987	7.1390	6.8052	6.4951
12	11.2551	10.5753	9.9540	9.3851	8.8633	8.3838	7.9427	7.5361	7.1607	6.8137
13	12.1337	11.3484	10.6350	9.9856	9.3936	8.8527	8.3577	7.9038	7.4869	7.1034
14	13.0037	12.1062	11.2961	10.5631	9.8986	9.2950	8.7455	8.2442	7.7862	7.3667
15	13.8651	12.8493	11.9379	11.1184	10.3797	9.7122	9.1079	8.5595	8.0607	7.6061
16	14.7179	13.5777	12.5611	11.6523	10.8378	10.1059	9.4466	8.8514	8.3126	7.8237
17	15.5623	14.2919	13.1661	12.1657	11.2741	10.4773	9.7632	9.1216	8.5436	8.0216
18	16.3983	14.9920	13.7535	12.6593	11.6896	10.8276	10.0591	9.3719	8.7556	8.2014
19	17.2260	15.6785	14.3238	13.1339	12.0853	11.1581	10.3356	9.6036	8.9501	8.3649
20	18.0456	16.3514	14.8775	13.5903	12.4622	11.4699	10.5940	9.8181	9.1285	8.5136
21	18.8570	17.0112	15.4150	14.0292	12.8212	11.7641	10.8355	10.0168	9.2922	8.6487
22	19.6604	17.6580	15.9369	14.4511	13.1630	12.0416	11.0612	10.2007	9.4424	8.7715
23	20.4558	18.2922	16.4436	14.8568	13.4886	12.3034	11.2722	10.3711	9.5802	8.8832
24	21.2434	18.9139	16.9355	15.2470	13.7986	12.5504	11.4693	10.5288	9.7066	8.9847
25	22.0232	19.5235	17.4131	15.6221	14.0939	12.7834	11.6536	10.6748	9.8226	9.0770
26	22.7952	20.1210	17.8768	15.9828	14.3752	13.0032	11.8258	10.8100	9.9290	9.1609
27	23.5596	20.7069	18.3270	16.3296	14.6430	13.2105	11.9867	10.9352	10.0266	9.2372
28	24.3164	21.2813	18.7641	16.6631	14.8981	13.4062	12.1371	11.0511	10.1161	9.3066
29	25.0658	21.8444	19.1885	16.9837	15.1411	13.5907	12.2777	11.1584	10.1983	9.3696
30	25.8077	22.3965	19.6004	17.2920	15.3725	13.7648	12.4090	11.2578	10.2737	9.4269

(续表)

期数	11%	12%	13%	14%	15%	16%	17%	18%	19%	20%
1	0.9009	0.8929	0.8850	0.8772	0.8696	0.8621	0.8547	0.8475	0.8403	0.8333
2	1.7125	1.6901	1.6681	1.6467	1.6257	1.6052	1.5852	1.5656	1.5465	1.5278
3	2.4437	2.4018	2.3612	2.3216	2.2832	2.2459	2.2096	2.1743	2.1399	2.1065
4	3.1024	3.0373	2.9745	2.9137	2.8550	2.7982	2.7432	2.6901	2.6386	2.5887
5	3.6959	3.6048	3.5172	3.4331	3.3522	3.2743	3.1993	3.1272	3.0576	2.9906
6	4.2305	4.1114	3.9975	3.8887	3.7845	3.6847	3.5892	3.4976	3.4098	3.3255
7	4.7122	4.5638	4.4226	4.2883	4.1604	4.0386	3.9224	3.8115	3.7057	3.6046
8	5.1461	4.9676	4.7988	4.6389	4.4873	4.3436	4.2072	4.0776	3.9544	3.8372
9	5.5370	5.3282	5.1317	4.9464	4.7716	4.6065	4.4506	4.3030	4.1633	4.0310
10	5.8892	5.6502	5.4262	5.2161	5.0188	4.8332	4.6586	4.4941	4.3389	4.1925
11	6.2065	5.9377	5.6869	5.4527	5.2337	5.0286	4.8364	4.6560	4.4865	4.3271
12	6.4924	6.1944	5.9176	5.6603	5.4206	5.1971	4.9884	4.7932	4.6105	4.4392
13	6.7499	6.4235	6.1218	5.8424	5.5831	5.3423	5.1183	4.9095	4.7147	4.5327
14	6.9819	6.6282	6.3025	6.0021	5.7245	5.4675	5.2293	5.0081	4.8023	4.6106
15	7.1909	6.8109	6.4624	6.1422	5.8474	5.5755	5.3242	5.0916	4.8759	4.6755
16	7.3792	6.9740	6.6039	6.2651	5.9542	5.6685	5.4053	5.1624	4.9377	4.7296
17	7.5488	7.1196	6.7291	6.3729	6.0472	5.7487	5.4746	5.2223	4.9897	4.7746
18	7.7016	7.2497	6.8399	6.4674	6.1280	5.8178	5.5339	5.2732	5.0333	4.8122
19	7.8393	7.3658	6.9380	6.5504	6.1982	5.8775	5.5845	5.3162	5.0700	4.8435
20	7.9633	7.4694	7.0248	6.6231	6.2593	5.9288	5.6278	5.3527	5.1009	4.8696
21	8.0751	7.5620	7.1016	6.6870	6.3125	5.9731	5.6648	5.3837	5.1268	4.8913
22	8.1757	7.6446	7.1695	6.7429	6.3587	6.0113	5.6964	5.4099	5.1486	4.9094
23	8.2664	7.7184	7.2297	6.7921	6.3988	6.0442	5.7234	5.4321	5.1668	4.9245
24	8.3481	7.7843	7.2829	6.8351	6.4338	6.0726	5.7465	5.4509	5.1822	4.9371
25	8.4217	7.8431	7.3300	6.8729	6.4641	6.0971	5.7662	5.4669	5.1951	4.9476
26	8.4881	7.8957	7.3717	6.9061	6.4906	6.1182	5.7831	5.4804	5.2060	4.9563
27	8.5478	7.9426	7.4086	6.9352	6.5135	6.1364	5.7975	5.4919	5.2151	4.9636
28	8.6016	7.9844	7.4412	6.9607	6.5335	6.1520	5.8099	5.5016	5.2228	4.9697
29	8.6501	8.0218	7.4701	6.9830	6.5509	6.1656	5.8204	5.5098	5.2292	4.9747
30	8.6938	8.0552	7.4957	7.0027	6.5660	6.1772	5.8294	5.5168	5.2347	4.9789

(续表)

期数	21%	22%	23%	24%	25%	26%	27%	28%	29%	30%
1	0.8264	0.8197	0.8130	0.8065	0.8000	0.7937	0.7874	0.7813	0.7752	0.7692
2	1.5095	1.4915	1.4740	1.4568	1.4400	1.4235	1.4074	1.3916	1.3761	1.3609
3	2.0739	2.0422	2.0114	1.9813	1.9520	1.9234	1.8956	1.8684	1.8420	1.8161
4	2.5404	2.4936	2.4483	2.4043	2.3616	2.3202	2.2800	2.2410	2.2031	2.1662
5	2.9260	2.8636	2.8035	2.7454	2.6893	2.6351	2.5827	2.5320	2.4830	2.4356
6	3.2446	3.1669	3.0923	3.0205	2.9514	2.8850	2.8210	2.7594	2.7000	2.6427
7	3.5079	3.4155	3.3270	3.2423	3.1611	3.0833	3.0087	2.9370	2.8682	2.8021
8	3.7256	3.6193	3.5179	3.4212	3.3289	3.2407	3.1564	3.0758	2.9986	2.9247
9	3.9054	3.7863	3.6731	3.5655	3.4631	3.3657	3.2728	3.1842	3.0997	3.0190
10	4.0541	3.9232	3.7993	3.6819	3.5705	3.4648	3.3644	3.2689	3.1781	3.0915
11	4.1769	4.0354	3.9018	3.7757	3.6564	3.5435	3.4365	3.3351	3.2388	3.1473
12	4.2784	4.1274	3.9852	3.8514	3.7251	3.6059	3.4933	3.3868	3.2859	3.1903
13	4.3624	4.2028	4.0530	3.9124	3.7801	3.6555	3.5381	3.4272	3.3224	3.2233
14	4.4317	4.2646	4.1082	3.9616	3.8241	3.6949	3.5733	3.4587	3.3507	3.2487
15	4.4890	4.3152	4.1530	4.0013	3.8593	3.7261	3.6010	3.4834	3.3726	3.2682
16	4.5364	4.3567	4.1894	4.0333	3.8874	3.7509	3.6228	3.5026	3.3896	3.2832
17	4.5755	4.3908	4.2190	4.0591	3.9099	3.7705	3.6400	3.5177	3.4028	3.2948
18	4.6079	4.4187	4.2431	4.0799	3.9279	3.7861	3.6536	3.5294	3.4130	3.3037
19	4.6346	4.4415	4.2627	4.0967	3.9424	3.7985	3.6642	3.5386	3.4210	3.3105
20	4.6567	4.4603	4.2786	4.1103	3.9539	3.8083	3.6726	3.5458	3.4271	3.3158
21	4.6750	4.4756	4.2916	4.1212	3.9631	3.8161	3.6792	3.5514	3.4319	3.3198
22	4.6900	4.4882	4.3021	4.1300	3.9705	3.8223	3.6844	3.5558	3.4356	3.3230
23	4.7025	4.4985	4.3106	4.1371	3.9764	3.8273	3.6885	3.5592	3.4384	3.3254
24	4.7128	4.5070	4.3176	4.1428	3.9811	3.8312	3.6918	3.5619	3.4406	3.3272
25	4.7213	4.5139	4.3232	4.1474	3.9849	3.8342	3.6943	3.5640	3.4423	3.3286
26	4.7284	4.5196	4.3278	4.1511	3.9879	3.8367	3.6963	3.5656	3.4437	3.3297
27	4.7342	4.5243	4.3316	4.1542	3.9903	3.8387	3.6979	3.5669	3.4447	3.3305
28	4.7390	4.5281	4.3346	4.1566	3.9923	3.8402	3.6991	3.5679	3.4455	3.3312
29	4.7430	4.5312	4.3371	4.1585	3.9938	3.8414	3.7001	3.5687	3.4461	3.3317
30	4.7463	4.5338	4.3391	4.1601	3.9950	3.8424	3.7009	3.5693	3.4466	3.3321